JN174079

共生社会の 創出をめざして

淑徳大学創立50周年
記念論集刊行委員会

【編】

学 文 社

執 筆 者 (執筆順)

磯岡　哲也　淑徳大学コミュニティ政策学部コミュニティ政策学科教授 (第 1 章)

藤森　雄介　淑徳大学アジア国際社会福祉研究所教授 (前国際コミュニケーション学部人間環境学科)(第 2 章, 年表)

渡部　　治　淑徳大学国際コミュニケーション学部文化コミュニケーション学科教授 (第 3 章)

田中　一彦　淑徳大学総合福祉学部実践心理学科教授 (第 4 章)

佐藤　俊一　淑徳大学総合福祉学部社会福祉学科教授 (第 5 章)

米村　美奈　淑徳大学総合福祉学部社会福祉学科教授 (第 6 章)

山口　光治　淑徳大学総合福祉学部社会福祉学科教授 (第 7 章)

戸塚　法子　淑徳大学総合福祉学部社会福祉学科教授 (第 8 章)

齊藤　順子　淑徳大学総合福祉学部社会福祉学科教授 (第 8 章)

結城　康博　淑徳大学総合福祉学部社会福祉学科教授 (第 9 章)

渋谷　　哲　淑徳大学総合福祉学部社会福祉学科教授 (第 10 章)

柏女　霊峰　淑徳大学総合福祉学部社会福祉学科教授 (第 11 章)

山下　幸子　淑徳大学総合福祉学部社会福祉学科教授 (第 12 章)

下山　昭夫　淑徳大学総合福祉学部社会福祉学科教授 (第 13 章)

本多　敏明　淑徳大学コミュニティ政策学部コミュニティ政策学科准教授 (第 14 章)

河津　英彦　淑徳大学教育学部こども教育学科教授 (第 15 章)

加藤　　哲　淑徳大学総合福祉学部教育福祉学科教授 (第 16 章)

田中　秀子　淑徳大学看護栄養学部看護学科教授 (第 17 章)

鈴木恵理子　淑徳大学看護栄養学部看護学科教授 (第 18 章)

山本　　功　淑徳大学コミュニティ政策学部コミュニティ政策学科教授 (第 19 章)

矢尾板俊平　淑徳大学コミュニティ政策学部コミュニティ政策学科准教授 (第 20 章)

境　　忠宏　淑徳巣鴨中学校・高等学校校長 (前淑徳大学通信教育部長・教授)(第 21 章)

土屋裕希乃　前淑徳大学通信教育部助教 (第 21 章)

斉藤　保昭　淑徳大学コミュニティ政策学部コミュニティ政策学科教授 (第 22 章)

森田喜久男　淑徳大学人文学部歴史学科教授 (第 23 章)

松薗　祐子　淑徳大学総合福祉学部社会福祉学科教授 (第 24 章)

2016 年 4 月現在

創立50周年記念論集の刊行に寄せて

大乗淑徳学園理事長　長谷川　匡俊

　21年前の阪神・淡路大震災は，私にボランティアとは何かを再考させる契機となり，5年前の東日本大震災の衝撃は，私に生死無常と生死共生を厳しく問わせずにはおかなかった。

　そしてこのたびの熊本地震である。巨大な本震と甚大な被害，今なお続く余震の恐怖など，被災地の方々のご不自由やご不安を思うと心痛むばかりである。そうしたなかで，先ごろ，南阿蘇村で暮らす淑徳大学の第一期卒業生三浦靖彦氏の活動を同期の細谷昭夫氏を通じて知ることができ，胸が熱くなるのを覚えた。以下にその一端を紹介しよう。ちなみに，三浦氏は他県からの移住者で，奥さんと二人でカフェと草木染の工房を営んでいる。

　熊本地震の発生後10日ほど経過した4月23日，震災で来園者がいない同村の観光イチゴ園を営む農家から彼に，「完熟しているイチゴを摘み取ってほしい，料金はいらないから」と電話があった。摘み取ってしまわないとイチゴが腐って，つぎの商品となるイチゴに差しつかえがあるという。避難所にいる子どもたちは喜んでイチゴ狩りをしているが，彼は考えた。収穫期を過ぎたイチゴを貰ってきて，イチゴ染めのスカーフを作ろう。染物にすれば買ってもらえるだろうし，制作実費を除いた売り上げをイチゴ園に回せば，少しは役に立つのではないかとひらめいたのである。

　翌日，さっそく無料開放されているイチゴ園から貰ってきたイチゴを，食べられる分はジャムに加工して，イチゴ園にプレゼントし，またお客さんにも買ってもらい，その他を染物にすることになった。彼のネット上の「日記帳」には，次のように記してある。

我が家では，瓶詰にしたジャムは保健所の関係で売れないけど，染物は大きな顔をして売れるから，後は買ってくださる方があればOK，今が一番の稼ぎ時となるイチゴ園さんにも少しは元気になっていただけるよう頑張ってみたいと思うのですよ。

　それからまもなく，この動きを聞きつけた時事通信社の記者がイチゴ染めの取材に来てネット配信，さらにテレビ報道もされ注文が相次いだ。私もさっそく仲間に入れていただいたのだが，三浦氏夫妻のこうした発想と行動力には，同氏の人柄はもとより，この土地になじんだ平素からの生活スタイルを彷彿とさせるものがある。被災地の内外にあって，被害をまぬがれた人にできることを，それぞれが身の丈と置かれている状況に即して考え，かつ行動する。三浦氏の，どこまでも自然体で行われる活動から私たちが学ぶものは少なくない。私はこれを地域における「それとなしの共生の実践」と呼びたい。淑徳大学の「利他共生」の実学教育が目指してきたものでもある。

　ところで，「共生」というと，同時代における人と社会と自然との関わりに目が向けられがちだが，それは横軸（空間軸）の共生であって，もう一つ大切な縦軸（時間軸）の共生を忘れてはならない。私が冒頭でふれた「生死共生」とは，実にこの縦軸の共生を呼び覚ますものである。東日本大震災の発生後，被災地を訪ねるたびに感じることの重要な一つに，ほんとうの意味における復興は，決して生きている者だけの努力で果たされるものではなく，亡き方々と共に成し遂げてゆくものだということがある。実はこの生死共生をもっとも身近に意識させた歴史的事件こそ，71年前の第二次世界大戦の敗戦と焦土からの復興である。しかし，のど元過ぎれば何とやらの喩のように，高度経済成長とともに，共生とはいっても，死者への言及はタブー視され，生者のみの閉じた共生に変質しつつ，歴史の教訓が置き去りにされてきた。そして，未来に生きる者への配慮にも事欠く無謀な現在主義を露わにしているのが現状だと言わざるを得ない。

　がんらい，仏教で「共生」というのであれば，先に述べた如く横軸の共生に加えて，縦軸すなわち「過去・現在・未来」の三世との共生を大切にすべきで

あろう。いま，ここを踏まえて，過去と未来との対話を繰り返す「共生」は確かに至難なことではある。けれども，学祖長谷川良信が創建した人づくりの最高学府であれば，たとえ遅々たる歩みであっても，このことを肝に銘じて前進してゆきたい。その先に見えてくるのが共生社会であろう。

　本書は，「福祉の淑徳」の創立50周年記念事業の締めくくりとして上梓される学術刊行物である。ただし，単なる論文集ではない味わいがあるはずである。執筆陣はみな建学の精神に思いを致しつつ，緩やかな統一テーマの下に研究の成果を問うている。原理・思想を押さえつつ現場や実践と切り結ぶ内容が多いところにも特色があるだろう。

　結びに，本書を昨年50回忌を迎えた学祖の霊前に捧げたい。また，この企画編集に尽力された編集委員会，とりわけ編集委員長の下山昭夫教授をはじめ，執筆にご協力いただいた教員各位にお礼を申し上げたい。そして，本書の出版を快くお引き受けくださった学文社の田中千津子社長に謝意を表する次第である。

平成28年6月

『共生社会の創出をめざして』刊行に寄せて

淑徳大学学長　足立　叡

　淑徳大学創立50周年を記念して，ここに『共生社会の創出をめざして』が刊行されましたことを，大学を代表して心から喜びとするものであります。本書の刊行に至る経緯，また刊行の目的，そして，本書の刊行が淑徳大学創立50周年を記念するに相応しい意義を有する点については，編集委員を代表して下山昭夫氏が，本書の冒頭の「『建学の精神』から『淑徳大学ヴィジョン』へ―淑徳大学創立50周年記念論集の編集にあたって―」で詳しく述べられているように，本書は，淑徳大学のこれまでの50年にわたる教育と研究を支え，かつこれからの更なる50年の歩みを支えていく『建学の精神』が，現在の各学部の専任教員の教育・研究をどのように支えているのかを，その一端なりとも，創立50周年を記念して，大学として社会に開示する義務と責任を果たすべく刊行されたのであります。

　近年，わが国のとりわけ私立大学の教育において，それぞれの大学の「建学の精神」にもとづく「自校教育」の重要性が指摘されています。その理由の一つとして，私立大学の存在の意味を問うことにおける「建学の精神」の大切さが挙げられるといえます。平成27年度の文部科学省の学校基本調査によりますと，わが国の大学の数は全体で779校あり，その内訳は，国立大学が86校，公立大学が89校，私立大学が604校であり，私立大学が大学全体に占める割合は77.5％となっています。わが国の大学の圧倒的多数を占める，これら604校の私立大学は全て，その建学（創立）において創立者によって明示された，互いに他と比較しえない，それぞれ独自の「建学の精神」に基づく教育と研究によって，その存在は支えられているといえます。こうした私立大学の存在は，

それぞれ国や地方自治体の行政上の教育政策のもとで設立されてきた，「建学の精神」を有しない国立大学や公立大学とはおのずと性格を異にするといえます。言い換えますと，どの私立大学も，社会に対する自らの教育と研究の存在根拠を，第一義的にその「建学の精神」によって提示しています。

したがって，私立大学は，自らの大学に入学し，そこで学ぶ学生に対して，その「建学の精神」をきちんと伝え，それを学生が主体的に学び，理解していくための「自校教育」への責任を負っているといえます。いうなれば「自校教育」なくしては，私立大学の教育は本来成り立たないといっても決して過言ではないといえましょう。そうした意味で近年，各私立大学での「自校教育」の大切さが指摘され，それへの取り組みがなされつつあるのだといえます。

しかし，こうした「自校教育」は，学生だけを対象にする教育ではなく，当然のことながら，当該大学に身を置く教職員と学生とが「共に学ぶ教育」という性格を有するものであります。特に専任教職員自らが当該大学へのアイデンティティを持つことなしに，その教育現場に「自校教育」は醸成されえないといえます。その意味で，本書は淑徳大学の専任教員としての執筆者各位の自らの「自校教育」として，その教育研究活動において，「建学の精神」がどのように活かされ，それが学生への教育にいかに還元されうるかを問う貴重な試みとして，高く評価されるものと思います。

最後に，本書は全学の専任教員に対して執筆の希望を募り，自主的に執筆の希望を申し出られた「有為の士」による論文から成り立っており，そうした各専任教員各位の取り組みに，心から敬意を表するとともに，本書刊行にいたる編集委員会の各位のご苦労に深く感謝するものであります。

平成 28 年 6 月

「建学の精神」から「淑徳大学ヴィジョン」へ

―淑徳大学創立 50 周年記念論集の編集にあたって―

1 淑徳大学の創立と「建学の精神」

　淑徳大学は 1965（昭和 40）年に学校法人大乗淑徳学園により，千葉県千葉市の地に社会福祉学部社会福祉学科の単科大学として創立された。当時の文部省に提出された設置認可申請書をみると，1964（昭和 39）年 9 月 18 日付けで設置認可の申請を行い，翌年の 1965（昭和 40）年 4 月 1 日の開設が，同年 1 月 25 日付けで認可されている。1 学年の入学定員は 100 名，収容定員は 400 名であった。

　私学の創立に際しては，多くの場合その創立者が大学設置の理念・目的を内外に示した「建学の精神」が存在する。そこには，創立者の高等教育を通じた人材育成の目的や期待あるいは大学教育に対する夢や希望が明らかにされるとともに，その大学の社会的ミッションが掲げられる。

　淑徳大学の「建学の精神」については，文部省に提出された設置認可申請書の設置要項に記載されている「設置の目的または事由」において次のように記されている。「本学は佛教精神に基づき，教育基本法ならびに学校教育法に則り広く一般教育の知識を授けるとともに社会福祉の専門教育を行い，高潔なる人格と豊かなる思想感情を培い，有能な専門職員を養成することを目的とする」とある。この旨は，申請書に添付された学則第 1 章総則の第 1 条にも明確に規定されている。

　本学の「建学の精神は」は仏教精神にある。

創立者である長谷川良信は，『淑徳大学の開学について―社会福祉学部の意図するもの―』のなかの「建学の精神」において，人材育成の目的を次のように規定している。すなわち，「本学は，大乗仏教の精神にもとずき，社会福祉の増進と教育とによる人間開発，社会開発に貢献する人材の育成を目的」とする。ここにいう「大乗仏教の精神」については，「理想的な国家社会の建設と真実な人間の形成とを志向するもの」と述べている。さらに，「真実な人間の育成は健全な社会の建設によってこそ可能であり，かつ健全な社会は真実な人間の育成をまたなければならない」としている。この「真実な人間の育成」と「健全な社会の建設」という「社会的実践」，すなわち本学の「教育目的の根幹」は，２つの柱から成り立っている。一つは「利己を絶し自律した人間として世界の平和と人類の福祉に向かって不断に歩まんとする態度」を身に付けさせることであり，いま一つは「現代社会の内包する諸問題を解決する具体的現実的方途を見出すために，日進月歩する学問的成果を広くかつ積極的に学び，高度な知識技術を身につけるとともに，進んで新たな分野を開拓し，それらを活用する叡智とを身につけた」人間の育成である（淑徳大学 10 年史編纂委員会 1976：278-279）。

　かようにみてくると，本学の「建学の精神」にもとづく人材育成の目的は，一つには，利己主義から脱却した自立する一個の人間として「世界の平和と人類の福祉」という，言うならば広義の「福祉社会の創造」に携わろうとする人材育成を目指していたのではないだろうか。２つには，そのためにその時代が抱える諸問題に対してそれを解決せんがための具体的かつ現実的な課題解決能力を身に付けるとともに，それに必要な学問的成果つまり高度の知識技術の積極的な吸収にとどまらない，開拓的精神や活用への志向性を有した人材の育成を構想していたのではないだろうか。

　長谷川は『社会事業の研究に就て』において，社会事業研究のあり方やその範囲について次のように語っている。すなわち，「近頃仏教言論界に社会事業論がチラホラ見えるのであるが，どうもまた社会事業の方法，目的，施設，資本という様な目先の必要に応ずる研究の声のみであって徹底的社会研究の機運

が到来せぬのは遺憾である」として，狭義の社会事業の方法や目的あるいは経営に係る研究のみでは不十分であると指摘している。そして，自らの社会事業研究の構想について，「原理論」「実理論」「実務論」の3つからなると提起し，このうちの「実理論」のなかの「現象論」の研究範囲を，「社会現象の研究」と「社会問題の研究」を対象にした「社会の静態動態及び問題を各種の方面より分析総合」することを通じて，これを「社会事業に対する実理的示唆」を受けることを期待しているのである（長谷川 2004：26-27）。

このように，長谷川の社会事業研究は，社会事業の方法や目的あるいは施設経営といった狭義の範囲にとどまらず，それと当時に，社会事業活動を必要ならしめる社会的問題の研究あるいはその社会的背景への探究，すなわち社会の「静態」や「動態」といったさまざまな社会変動や社会現象について，多方面から観察し，それらを総合的に分析することを通じた広義の社会事業研究をイメージしていたものと理解することができよう。

長谷川良信の社会事業研究は，優れて学際的であり，社会科学的な広範囲の教育研究活動の展開とその総合化が構想されていたのではないだろうか。

2 教育研究活動の展開と「淑徳大学ヴィジョン」

淑徳大学は，創立者長谷川良信が掲げた「同志的後継者の育成」を基本に，これまでの多くの時間を社会福祉学部社会福祉学科の単科大学として社会福祉学の教育研究活動を中心に展開してきた。その結果，社会福祉分野の専門職員の養成や特別支援教育分野の教員養成などの人材育成では，大きな成果を残しその社会的使命を果たしてきた。同時に，本学（学園全体を含め）の人材育成や教育機能に対する信頼や期待等から，狭義の社会福祉学教育にとどまることは許されず，地域社会や産業界等から強く要請された社会の国際化や成熟化に対処できる人材の育成や看護教育そして教員養成の領域での期待に対処すべく，「福祉社会の構築」にさまざまな局面から貢献できる人材の育成に取り組んできた。

その結果，現在では，４つのキャンパスに７学部13学科と２研究科を有する大学へと変貌した。千葉キャンパスには総合福祉学部（社会福祉学科，教育福祉学科，実践心理学科）とコミュニティ政策学部（コミュニティ政策学科），千葉第２キャンパスには看護栄養学部（看護学科，栄養学科），埼玉キャンパスには経営学部（経営学科，観光経営学科）と教育学部（こども教育学科）そして国際コミュニケーション学部（人間環境学科，文化コミュニケーション学科），さらに東京キャンパスには人文学部（歴史学科，表現学科）が設置されている。学部の総入学定員は1,155名，収容定員は4,680名（編入学定員を含む）である。これまでの卒業生総数は32,124名（うち，大学院生は726名）である。大学院は，千葉キャンパスに総合福祉研究科（社会福祉学専攻，心理学専攻），千葉第２キャンパスに看護学研究科（看護学専攻）が設置されている。

　本学創立50周年を目前にした2012（平成24）年12月に，本学大学協議会の議決により淑徳大学ヴィジョンが宣言された。淑徳大学ヴィジョンは，学則および大学の教育目標をもとに，淑徳大学が目指す「大学像の中長期ビジョン」である。そのテーマは『共生社会の創出をめざして─継承と改革─』である。

　このヴィジョンの策定は，大学創立50周年を一つの分岐点として，それまでの教育研究活動を振り返り，かつ総括して，「淑徳の歴史と伝統を継承しつつ，次代の高等教育機関にふさわしい教育内容と組織体制を構築する」ことによって，「共生社会の創出」に全学的に取り組むことを内外に宣言するものである。大学創立以来半世紀，長谷川良信の「建学の精神」に立脚し教育研究と大学運営を行ってきたのであるが，経済社会の変遷はいちじるしく，若年層の在り様などの大学を取り巻く社会的環境は大きく変貌してきている。大学を取り巻くかような社会的環境の劇的な変化に対処しつつ，大学としての固有な特色や伝統あるいは長所に基盤をおいた教育実践を一層成熟化させることによって，産業界や地域社会から求められる社会的に有為な人材を育成していかなければならない。それには，大学運営のシステムの効率化と高度化は当然のこととして，社会との関係のあり方の見直し，そして何よりも高等教育機関としての教育内容やその方法の見直しに着手しなければならないのである。

　ところで，長谷川良信は，淑徳大学社会福祉学部の第1回の教授会において「本学にいどむ私の気持」として3点あげ，そのうちの一つの教育方針を次のように語っている。「大学の使命としては人間教育と真理の探究との双修併進が望ましいことであるが，今日の4年制大学としては教育第一，研究第二と考えてやってゆきたい」と述べている。しかし，この発言の前には，「本学が社会科学系列の学部として学問体系を整備することは素より当然」であるとして，けっして研究を軽視しているものではないことを看過してはならないであろう（長谷川2004：600）。また，前出の『社会事業の研究に就て』では，「社会事業の必要，可能，緊急という事は今日は最早問題では無い，然し効果奈何が問題である。而も此の効果を徹底せしむるが為には充分に社会状態及び社会問題の研究を進めるという事が肝要である」としている。このように，長谷川は，大学における教育の重視を説くのであるが，合わせて研究活動がその基盤であることをけっして閑却してはいないのである。高等教育機関である大学教育は，その前提として研究活動の不断の進展が不可欠である。研究をふまえた教育こそ求められるのであるが，研究を一方的に伝える教育であってはならないのであり，学位プログラムのなかの授業の位置を見つめつつ，研究の成果を学生に伝えるための効果的な方法や工夫の研究も，今日さらに求められているのではないだろうか。

　さて，淑徳大学ヴィジョンの策定は，言うなれば，時代に即した「第2の開学」宣言でもある。

　淑徳大学ヴィジョンでは，「3つの展開軸」が示されている。

　その第一は，「教育の方向」であり，「利他共生の精神を礎とし，学士としての基本能力を備え，様々な分野で活躍する共生実践人材の育成」を掲げている。要するに，本学の人材育成の目標である。第二は，「社会との関係」であり，それは「地域社会に根ざし，世界にも開かれ，地域への貢献や世界との交流の拡大」を目指す大学である。第三は，「大学の運営」のあり方である。これについては「教職員一体で大学の仕組みを見直し，教育改革や組織改革を推進」するとされ，全学的体制での改革の推進が宣言されている。

淑徳大学ヴィジョンにおける「共生社会」では，その意味するところは「人と人が共に生きる社会を指すだけでなく，人と自然の調和や，大学と地域社会の連携など，あらゆる事物が豊かな関係性を持って存在する社会」を目指している。この「共生」については，学校法人大乗淑徳学園理事長である長谷川匡俊先生（前・淑徳大学長）が次のように説明している。すなわち，学祖の信条であり，本学の校訓ともいうべき「感恩奉仕」の精神とは，「生かされていることに感謝し（感恩），自分の与えられた命を他者にお返しする（奉仕）」ということである。この感恩の自覚から生じた「利他行」こそが，他者と対等な本来あるべき姿なのである。すなわち，「共生」とは単なる「一時的な共感や同情ではなく，強い意思を持って利他を実践すること」であり，「共生」とは「利他共生」であるとされている（長谷川 2011：2）。

3　本書の刊行目的・執筆者・構成

本書の刊行は，淑徳大学ヴィジョンのうちの「教育の方向」に深く関わるものである。同ヴィジョンではすでに述べたように，「利他共生の精神を礎とし，学士としての基本能力を備え，様々な分野で活躍する共生実践人材の育成」が宣言されている。

本書の刊行は，淑徳大学の創立50周年に際し，「建学の精神」である大乗仏教の「利他共生」の理念をふまえ，さまざまなアプローチにより本学のこれまでの教育研究活動を振り返り総括するとともに，これからの教育研究活動の将来展望，そしてそれらの課題を見出そうとする試みの一つである。このような取り組みは，将来的には，高等教育機関としての本学の教育研究活動の社会的使命や存在意義の確認を，ひいてはそのあり方を問い直すことにもつながってくるかもしれない。

なお，本書の企画・刊行については長谷川匡俊理事長が，強力な推進力の役割を果たされている。論文執筆に際しては，執筆者各自が本学の「建学の精神」を意識しつつ，それぞれの専攻する「専門分野に関連づけて」執筆されるよう

に依頼された。論文執筆者に対しては，刊行する本書の書名（その時点では仮の
タイトル）『共生社会の創出をめざして』が示され，全学の専任教員に対して執
筆の希望を募っている。その結果，自主的に執筆の希望を申し出られた「有為
の士」による論文から本書は成り立っている。したがって，本書においては，
本学が展開するすべての教育研究分野が網羅されているわけではないことをあ
らかじめお断りしておきたい。

【参考資料】

淑徳大学大学改革室（2014）「淑徳大学アニュアルレポート2014」

淑徳大学10年史編纂委員会編（1976）『淑徳大学10年史』

長谷川匡俊（2011）「感恩から生れる利他の実践」『Together（淑徳大学広報誌）』No.188

長谷川匡俊監修（2004）『長谷川良信全集　第1巻』日本図書センター

長谷川匡俊監修（2004）『長谷川良信全集　第2巻』日本図書センター

長谷川仏教文化研究所編（1988）『長谷川良信の宗教・教育・社会福祉』（建学の精神シリーズ
　　2）

平成28年6月

編集委員を代表して

総合福祉学部　下山　昭夫

淑徳大学創立 50 周年記念論集刊行委員会

委員長　　　足立　　叡（淑徳大学長）

副委員長　　田中秀親（淑徳大学副学長）

副委員長　　磯岡哲也（淑徳大学副学長）*

副委員長　　西塚　　洋（淑徳大学事務局長）

委員　　　　戸塚法子（総合福祉学部長）

委員　　　　星野英樹（国際コミュニケーション学部長）

委員　　　　田中秀子（看護栄養学部長）

委員　　　　山本　　功（コミュニティ政策学部長）

委員　　　　廻　　洋子（経営学部長）

委員　　　　隈　　正雄（経営学部長）*

委員　　　　新井保幸（教育学部長）

委員　　　　宇佐美正利（人文学部長）

委員　　　　境　　忠宏（通信教育部長）

委員　　　　千葉浩彦（総合福祉研究科長）

委員　　　　河野洋子（看護学研究科長）*

※各委員の役職名は本刊行委員会が発足した平成 27 年 6 月時点。

ただし，＊の磯岡副委員長，隈委員，河野委員については，平成 28 年 4 月 1 日に就任。

淑徳大学創立 50 周年記念論集編集委員会

磯岡　哲也（コミュニティ政策学部）

戸塚　法子（総合福祉学部）

山本　功（コミュニティ政策学部）

大谷　則子（看護栄養学部）

下山　昭夫（総合福祉学部）

（順不同）

（平成 27 年 6 月時点）

目　次

創立 50 周年記念論集の刊行に寄せて　　　　　　　　　　　　　*i*

『共生社会の創出をめざして』刊行に寄せて　　　　　　　　　*v*

「建学の精神」から「淑徳大学ヴィジョン」へ

　―淑徳大学 50 周年記念論集の編集にあたって―　　　　　　*vii*

第1部　共生の理念・原理をめぐって

第1章　宗教教育実践と建学の精神　　　　　　　　　　　　　*3*

　1　宗教教育の意味するもの　　*3*

　2　宗教教育の概念的整理　　*4*

　3　建学の精神と宗教教育　　*12*

　4　今後の宗教教育のあり方　　*16*

第2章　西山浄土宗における戦後仏教社会福祉事業の歴史　　　*21*

　1　仏教社会福祉事業研究の意義　　*21*

　2　西山浄土宗の概要及び資料について　　*22*

　3　仏教社会福祉事業研究の今後の課題　　*29*

第3章　利他共生の思想史的考察

　　―二宮尊徳から長谷川良信への架橋―　　　　　　　　　*33*

　1　二宮尊徳の思想と実践について　　*33*

　2　長谷川良信の思想と実践について　　*38*

　3　利他共生の思想史的普遍性について　　*42*

第4章　原理としての「トギヤザーウイズヒム」　　　　　　　47

　　1　「トギヤザーウイズヒム」と格差　47

　　2　「フオアヒム」正当化の論理　50

　　3　原理としての「トギヤザーウイズヒム」　53

第2部　社会福祉実践から考える

第5章　個々の不完全さから生まれる可能性

　　　　—生を覚醒する現象学試論—　　　　　　　　　　　　　63

　　1　不確実なことを確信する　64

　　2　個々の独自性を表す不完全さ　68

　　3　他者の生きざまにかかわるケア　72

第6章　共生を基盤とした臨床ソーシャルワーク　　　　　　　77

　　1　共生とは　77

　　2　共生を支える仏教思想　80

　　3　仏教思想とソーシャルワーク　85

　　4　臨床ソーシャルワークとは　87

　　5　臨床ソーシャルワークの基盤となる臨床的態度　89

第7章　社会福祉実践における利他共生

　　　　—福祉の仕事をする意味—　　　　　　　　　　　　　　95

　　1　社会福祉の歴史的展開　95

　　2　従事者がこの仕事を選んだ理由　98

　　3　筆者の体験にみる利他共生　100

　　4　従事者の声にみる利他共生

　　　　—公開サイトにみる従事者の声から—　102

　　5　社会福祉実践における利他共生　106

第8章　東アジア型ソーシャルワークモデル構築に向けた一考察

　　　　―韓国のソーシャルワーク事例の分析を通して―　　　　*111*

　　1　「人と環境の相互作用」：東アジア的理解の前提となるもの　*111*

　　2　「実践の視点」：東アジア型ソーシャルワークの特質　*119*

　　3　東アジア型ソーシャルワークモデル構築への課題　*126*

第3部　社会福祉制度をめぐる政策上の論点

第9章　格差社会における再分配システムの正当性

　　　　―共生社会の理念から考える―　　　　*135*

　　1　日本の少子化問題　*135*

　　2　社会保障と雇用対策　*138*

　　3　貧困の連鎖　*140*

　　4　経済的貧困と社会的孤立　*142*

　　5　めざすべき「共生」社会とは　*144*

第10章　共生社会創出のための生活困窮者支援実施体制を考える　*153*

　　1　生活困窮者支援とは　*153*

　　2　生活困窮者自立支援制度における自立相談支援事業　*154*

　　3　自立相談支援事業の実施体制　*156*

　　4　今後の動向　*164*

第11章　共生社会創出のための子ども家庭福祉サービス供給体制

　　　　―当事者の尊厳・人権擁護を基盤として―　　　　*167*

　　1　基本的認識―子ども家庭福祉サービス供給体制の限界―　*167*

　　2　子ども家庭福祉における当事者の尊厳，権利擁護を進める政策の

　　　　到達点　*169*

　　3　新しい子ども家庭福祉サービス供給体制を創設するための新しい理念の

検討 *173*

4 子ども家庭福祉の新たな展開を図るためのいくつかの論点と
若干の考察 *175*

5 共生社会創出のための「共生」概念の可能性 *180*

第12章 障害者権利条約から考える地域での共生について   *185*

1 障害者権利条約の国連採択 *185*

2 障害者権利条約の全体像 *186*

3 障害者権利条約批准に向けた国内法の整備 *191*

4 障害のある人とない人との地域での共生に向けて *195*

第13章 地域包括ケアシステムとコミュニティの再生   *201*

1 地域包括ケアシステムの政策形成過程 *201*

2 高齢者の生活支援政策におけるフレームワークの転換 *206*

3 コミュニティレベルにおける非営利活動の先駆性・開
拓性への影響 *207*

4 コミュニティの再生が構築する地域包括ケアシステム *209*

第4部 共生社会を構想するためのさまざまな論点(1)
—「ともに生きる社会」のために—

第14章 「ともに生きる社会」の認識危機としての排除   *215*

1 社会（認識）の分断の危機としての排除 *215*

2 機能分化社会における包摂／排除の問題性 *217*

3 社会福祉における相互浸透の問題 *219*

4 together with him と「人間のための社会」 *223*

第15章　わが国における児童虐待の認識と行政対応に関する考察　　*231*

　1　戦後における児童虐待の再発見　*231*

　2　わが国における児童虐待の認識と社会的対応の経緯　*232*

　3　児童虐待の伝統的イメージと法による定義の問題　*238*

　4　児童虐待相談の増加傾向について　*240*

　5　今後の課題　*244*

第16章　保育・教職課程と「福祉マインド」

　　　　―保育や教育で「福祉マインド」が求められる背景と，

　　　　その育成のためのカリキュラム―　　*247*

　1　淑徳大学の保育・教職課程　*247*

　2　「福祉マインド」とは　*249*

　3　大学入学前の学び，大学における学びと「福祉マインド」　*251*

　4　「福祉マインド」の学びの場　*252*

第17章　建学の精神と看護を考える　　*261*

　1　現代社会での看護の果たす役割　*261*

　2　淑徳大学の建学の精神と看護教育　*263*

　3　共生の理念と看護　*265*

　4　これからの看護を考える　*267*

第18章　仏教と看護のかかわり

　　　　―看護学の教科書から―　　*269*

　1　看護教育において日本の看護の歴史はどう教えられているか　*269*

　2　看護系の文献にみる仏教と看護のかかわり　*271*

　3　仏教看護教育の課題　*278*

第5部　共生社会を構想するためのさまざまな論点⑵
―コミュニティ再生の視点から―

第19章　地域社会とのつながりと自殺許容　　285
1　デュルケム自殺論から現代の社会学的自殺研究へ　285
2　分析1：地域社会とのつながりと自殺許容　288
3　分析2：自殺念慮と自殺許容　293
4　分析3：地域社会とのつながりと自殺念慮　295
5　結果と考察　297

第20章　共生社会のコミュニティ政策論
―ひとづくり，コミュニティづくり，そして地域（まち）づくり―　301
1　直面する危機―人口減少，少子化，高齢化社会―　301
2　地域づくりのための合意形成　309
3　「善きコミュニティ」のデザイン　316

第21章　人間成長と社会発展を繋ぐ共生のリーダーシップ開発の要件　321
1　キャリア発達と社会変革との連結　321
2　人間成長と社会発展を繋ぐリーダーシップ　323
3　利他行動を誘発する共感性とソーシャルスキル　326
4　共生のリーダーシップ開発の要件に関する実証的検討　328
5　共生のリーダーシップ開発に向けて　334

第22章　現代マーケティングにおける共生とケアについて
―共生とケアを基盤としたマーケティングを求めて―　339
1　現代マーケティングにおける共生について　339
2　現代マーケティングにおけるケアについて　346
3　共生とケアを基盤としたマーケティング活動について　349

第23章　アクティブラーニングとしてのフィールドワーク

　　　―丸の内ビジネス街を舞台とした歴史調査実習―　　　*355*

　　1　フィールドの舞台としての丸の内ビジネス街　*355*

　　2　フィールドワークの実際　*359*

　　3　フィールドワークの成果と課題　*364*

第24章　タイにおけるコミュニティ開発の背景

　　　―ソーシャル・キャピタルと共生―　　　*369*

　　1　ソーシャル・キャピタル論とコミュニティ開発　*369*

　　2　バンコクにおけるスラムの状況とスラム対策の流れ　*372*

　　3　参加型コミュニティ開発の背景　*379*

西山浄土宗戦後仏教社会福祉事業年表　　　*383*

あとがき　　　*437*

第1部　共生の理念・原理をめぐって

　学校には，その創立者が掲げる教育の理念がある。どのような方法により，どのような人材を育成して社会に送り出そうとするのか，教育機関としての目的が掲げられている。とくに私学の場合，その教育上の目的は「建学の精神」として，日々の教育実践の基盤となるものである。

　淑徳大学の「建学の精神」を端的に言うならば，それは大乗仏教の精神に基づく「利他共生」である。

　第1部では，淑徳大学の「建学の精神」である「利他共生」を主題とした4つの論文から構成されている。

　磯岡論文は，宗教教育実践における「建学の精神」の役割や意義について論じられている。高等教育機関に限定し，仏教系私学における「建学の精神」とそれを踏まえた宗教教育の課題が提起されている。

　宗教的背景を有する社会福祉実践あるいは社会福祉事業は，現在も，そして歴史をさかのぼっても数多あるだろう。藤森論文は，伝統的仏教教団の一つである西山浄土宗を取り上げ，仏教社会福祉事業としての取り組みの歴史的経過と現状について論じている。なお，藤森論文の「年表資料」は本書の巻末に配してある。

　渡部論文は，「利他共生」の思想史的考察として，二宮尊徳の思想と実践そして長谷川良信の思想と実践を概観している。そのうえで，「利他共生」の考え方が持つ普遍性について，さらに「利他共生が根底に持つ捨身の純粋性」が指摘されている。

　田中（一）論文は，本学の創立者長谷川良信の言である「トギヤザーウイズヒム」を取り上げ，それが救済の在り方を語っているだけではなく，実は「われわれ自身の存在の原理」であり，「われわれ自身の自然状態における本来の姿である」と述べている。

第1章

宗教教育実践と建学の精神

磯岡　哲也

1　宗教教育の意味するもの

　本稿の目的の一つは，混乱を来している宗教教育の概念的整理をすること，今ひとつは，大学での宗教教育実践と建学の精神との関係を考察することである。術語としての宗教教育は，文脈によって多義的である。近代以降，宗教界で宗教教育の必要性がいわれ，近年では文部科学省や中央教育審議会，学校教育界，宗教研究者の間で盛んに宗教教育の議論がなされている。研究の領域では，教育学よりも宗教学や宗教社会学などの宗教研究者の間で議論が重ねられてきた。議論の契機の一つは，1995年のオウム真理教事件であった。その後，宗教研究者の間では，学校教育でのこの分野の教育プログラムの欠落が指摘され，マスメディアなどのあやふやな情報ではなく，正確な事実と論理的な知見に基づいた宗教理解を促す教育の必要性が言われるようになった。宗教界からもそれぞれの立場から多様な議論が出されてきた。しかし，それらのあいだで「宗教教育」の意味内容が一致しないまま議論が進行し，かみ合わないきらいがあった。

　家族や地域社会単位での宗教教育も古くから行われてきた。むしろ，もともと宗教教育は，寺院や教会，民俗宗教の場合はイエやムラ単位で行われてきた。こうしてみると，宗教教育は，一つでなく，領域と視点によって複数が成り立つ。そこで，このような複雑さに対応して，宗教教育の概念的整理を試みることは意味があるだろう。宗教系大学での宗教教育は，宗教教育全体の一領域に

過ぎないのである。

　次節以降の展開について，本稿では，宗教教育と宗教にかかわる建学の精神との関係を考察する目的ゆえ，高等教育全般ではなく，宗教系私学に限ってみていく。高等教育には，大学のほか，短期大学，高等専門学校，専門学校，大学院も含まれるが，議論の拡散を避けるため，大学の学士課程を主たる議論の対象とする。さらに，筆者の関心は，昨今の大学での宗教教育実践にあることから，現代，すなわち文科省による大学教育改革が本格化する 1999 年の大学設置基準の大綱化前後以降現在までの期間となる。この時期は，わが国の宗教学・宗教社会学の領域で，宗教教育のあり方が議論され始めた時期とほぼ重なることから，適当と考える。

2　宗教教育の概念的整理

　今ではやや古典的となった宗教教育の類型としては，対象者を信仰に導き信徒として教化育成するための宗派教育，信仰に導くことはしないが「宗教的情操」を培うための宗教情操教育，宗教に関する知識を授け，宗教を理解させるための宗教知識教育の 3 つがある。しかしこの類型はすべての宗教教育を網羅しているわけではない。この 3 つは，それぞれの特徴点を典型的に示した理念型であり，現実には宗派教育のなかに宗教情操教育が，また両者のなかに宗教知識教育が重層的に組み込まれている。実際，宗学や神学の基礎学としては，当該宗教の歴史や倫理などの知識を学ぶことが普通である。

　そこで，作業仮説的に，教育する側の信仰を前提とする宗教教育と，信仰を前提としない宗教教育に二分する。ここでの「信仰」の意味は，成立宗教の教義・教説に限らず，それを含んではいるが，習俗などの民俗宗教も含んだ広義である。前者は，(1)家族・地域社会における宗教教育，(2)宗教団体における宗教教育，(3)宗教系学校等における宗教教育に細分化される。後者は，国公立学校における宗教に関する教育で，(4)文部科学省―中央教育審議会の指針に示されたもの，(5)宗教文化教育，(6)その他に分類される。以下でみていくこととする。

(1)　家族・地域社会における宗教教育

　わが国では，伝統的習俗や慣習を家族内で伝承していく文化が存した。それは民俗宗教的行動として，親から子，子から孫へと世代的に受けつがれていく。では現代の大学生は，年中行事のような習俗にどの程度関与しているのだろうか。ここで，1995 年に開始され，筆者も当初から参加している学生宗教意識調査の 2015 年調査[1] の結果をみていく。調査項目のなかで「今年の初詣」は，「家族で行った」46.7％，「自分だけで行った」14.7％で 6 割以上の回答者が行っている。「去年のお盆の墓参り」は，「家族で行った」55.4％，「自分だけで行った」1.0％で，5 割強が行っており，両者とも半数をこえて関与している。年中行事にかかわる本人は，これらを宗教行動とは意識せず，家族内の宗教教育の結果とも受け止めていないかもしれない，このような習俗にかかわるという規範が子どもに内面化され，世代間で伝承されていくとみてよい。あるいは，地域や日本社会全体の規模で伝承されてきたと捉えることもできる。日本各地に無数に伝わるまつりなどは，地域社会の社会教育的な宗教教育ともいえる。

(2)　宗教団体における宗教教育

　宗教教育は，宗教団体に必須の教育である。それは仏教寺院にもみられた。益田理広らは，佐久市中心部の仏教寺院の社会的機能を実証的に明らかにしている（益田他 2015：61-80）。それによれば，江戸期の寺院の機能には，供養，祭礼と寺子屋による初等教育の 3 種があり，寺請制度と相まって地域の文化的基盤となっていたとする。ことに寺子屋における読み書きなどの初等教育は現代の公教育に等しいほどの役割を担っていた。明治期の廃仏毀釈によって，その役割は辺縁化するが，その後現在に至るまで，保護司的な役割や各種の社会教育的の場として公教育を補完している。これらの社会的機能は，事例寺院のみではなく，日本社会に広くみられるものと思われる。益田らによれば，現在事例地域の複数の寺院は共通して，道徳，倫理や哲学に関する教育を志向してお

り，とくに若手の僧侶間で教育的な取り組みが活発になっていることが報告されている。

このように仏教寺院は，現代でもかつての寺子屋から形を変え，葬祭ばかりでなく，地域の人々のニーズにより，補完的ではあっても社会教育の機能が期待されているといえよう。

(3) 宗教系学校における宗教教育

近代以降，学校教育事業に乗り出した宗教で，もっとも早かったのは，外来して間もないプロテスタントであった。各教派の宣教師たちは，来日して直ちに宗教教育を伝道の一手段として行い，ミッションスクールを設立した。のちに，仏教宗派やカトリックが，学校教育に進出していった。仏教宗派では，明治政府の廃仏毀釈政策やプロテスタントの伝播・浸透に危機感を覚え，僧侶教育の改革に取り組んだ。

江島尚俊によれば，僧侶の養成学校を近代教育制度に合致させた形態に変え，いわゆる宗門学校を設置するが，それはあくまでも僧侶養成が目的で，一般社会向けの布教・伝道は全く構想されていなかったという (江島 2013)。

学校教育における宗教教育は，もっぱら宗教系私立学校でなされてきた。宗教系学校とは，設立の際に宗教団体または宗教的教育理念をもった創立者がかかわった私立学校のことで，先述した3分類の宗教教育は，児童生徒学生の信教の自由を認めたうえで，すべて可能である。現在日本には小学校から大学まで900あまりの宗教系学校があり，キリスト教系が3分の2を占める。次いで仏教系が約4分の1で，新宗教系，神道系の順となる。大半の宗教系学校では，小学校から高校までは週1時間程度「宗教」の授業が設置されている。礼拝や儀式への参加や，宗教的な課外活動を奨励・育成している学校が多い。祈りや礼拝の時間を毎日設定している学校も少なくない (磯岡 2005b)。また，いわゆる躾や情操教育の脈絡で宗教教育に力を入れている姿勢を広報する学校もみられる。

　大学レベルでは，2015年現在，宗教系大学（短大を含む）は，キリスト教系96校，仏教系53校，神道系4校，新宗教系3校である[2]。宗教の授業科目は，初等・中等学校と比較すると，宗教系大学では，仏教学科や宗学科のような専門の学科以外では，仏教やキリスト教入門的なひとつの科目を必修または選択にしたり，自由参加の宗教行事の機会を設けたりしている。また，日本仏教教育学会，日本キリスト教教育学会などの実践的な研究団体もある。

▌(4)　文部科学省―中央教育審議会の指針―

　一部の研究者の間では，宗教教育に関する議論が継続されてきた。文科省や中教審もわが国の伝統的価値や宗教情操には関心が深い。以下，中教審答申について2006年の教育基本法改正までを時系列にみていく。

① 1998年中教審答申「新しい時代を拓く心を育てるために―次世代を育てる心を失う危機―」(抄)

第1章　未来に向けてもう一度我々の足元を見直そう

　(1)「生きる力」を身に付け，新しい時代を切り拓く積極的な心を育てよう

　　　我が国は，継承すべき優れた文化や伝統的諸価値を持っている。誠実さや勤勉さ，互いを思いやって協調する「和の精神」，自然を畏敬し調和しようとする心，宗教的情操などは，我々の生活の中で大切にされてきた。そうした我が国の先人の努力，伝統や文化を誇りとしながら，これからの新しい時代を積極的に切り拓いていく日本人を育てていかなければならない。

第2章　もう一度家庭を見直そう

　ｖ) 家庭で守るべきルールをつくろう

　　(e) 家庭内の年中行事や催事を見直そう

　　　ある地域を取り上げて，家庭内の行事がどのくらい習慣として残されているかを調べると，8割以上の家庭で「年越しそばを食べる」，「暮れの大掃除」，「家族の誕生日を祝う」，「クリスマスの行事」が実施されており，

これに墓参りや節分などが続いている。さらに、子どもたちの地域への愛着心と家庭内行事の実施率との関係を見ると、総じて地域への愛着が強い方が行事の実施率も高くなっている。この調査結果は、家庭内行事が家族との触れ合いを深めるだけでなく、さらには地域社会との絆を強くするという役割を果たしていることを示唆する。

　また、宗教的な情操をはぐくむ上で、我が国における家庭内の年中行事や祭事の持つ意義は大きい。日本人の宗教観や倫理観は、日常生活そのものと深く結び付いている。我が国の伝統的な家庭内行事は、例えば、初詣や節分で無病息災を祈ったり、家族一緒に墓参りをして先祖と自分との関係に思いを馳せることなどを通じて、人間の力を超えたものに対する畏敬の念を深めるなど、宗教的な情操をはぐくむ貴重な契機となってきた。

② 2002年中教審答申「新しい時代における教養教育の在り方について」(抄)

第2章　新しい時代に求められる教養とは何か

　(2)　東西の冷戦構造の崩壊後、グローバル化が進む中で、他者や異文化、更にはその背景にある宗教を理解することの重要性が一層高まるなど、世界的広がりを持つ教養が求められている。そのためには、幾多の歳月を掛けてはぐくまれてきた我が国の伝統や文化、歴史等に対する理解を深めるとともに、異なる国や地域の伝統や文化を理解し、互いに尊重し合うことのできる資質・態度を身に付ける必要がある。世界の人々と外国語で的確に意志疎通を図る能力も求められる。

③ 2003年中教審答申「新しい時代にふさわしい教育基本法と教育振興基本計画の在り方について」(抄)

第2章　新しい時代にふさわしい教育基本法の在り方について

　2　具体的な改正の方向　(5)教育上の重要な事項　2　宗教に関する教育

　○宗教に関する寛容の態度や知識、宗教の持つ意義を尊重することが重要であり、その旨を適切に規定することが適当。

○教育と宗教とのかかわりについては，大きく，「宗教に関する寛容の態度の育成」，「宗教に関する知識と，宗教の持つ意義の理解」，「宗教的情操の涵養」，「特定の宗教のための宗教教育」といった側面に分けてとらえることができる。

○憲法に定める信教の自由を重んじ，宗教を信ずる，又は信じないことに関して，また宗教のうち一定の宗派を信ずる，又は信じないことに関して，寛容の態度を持つことについては，今後とも教育において尊重することが必要である。

○宗教は，人間としてどう在るべきか，与えられた命をどう生きるかという個人の生き方にかかわるものであると同時に，社会生活において重要な意義を持つものであり，人類が受け継いできた重要な文化である。このような宗教の意義を客観的に学ぶことは大変重要である。

　　また，国際関係が緊密化・複雑化する中にあって，他の国や地域の文化を学ぶ上で，その背後にある宗教に関する知識を理解することが必要となっている。

○しかしながら，現在，国公立の学校においては，現行法の特定の宗教のための宗教教育を禁止する規定（第9条第2項）を拡大して解釈する傾向があることなどから，宗教に関する知識や宗教の意義が適切に教えられていないとの指摘がある。このため，憲法の規定する信教の自由や政教分離の原則に十分配慮した上で，教育において，宗教に関する寛容の態度や知識，宗教の持つ意義を尊重することが重要であり，その旨を適切に規定することが適当である。

　　また，国公立学校において，特定の宗教のための宗教教育や宗教的活動を行ってはならないことについては，引き続き規定することが適当である。

○人格の形成を図る上で，宗教的情操をはぐくむことは，大変重要である。現在，学校教育において，宗教的情操に関連する教育として，道徳を中心とする教育活動の中で，様々な取組が進められているところであり，今後その一

層の充実を図ることが必要である。

　また，宗教に関する教育の充実を図るため，今後，教育内容や指導方法の改善，教材の研究・開発などについて専門的な検討を行うことが必要である。

　1998 年答申では，「継承すべき優れた文化や伝統的諸価値」として誇りとすべき先人の伝統価値のひとつとして「宗教的情操」が挙げられている。また家庭における節分や墓参りなどの年中行事を「人間の力を超えたものに対する畏敬の念を深めるなど，宗教的な情操をはぐくむ貴重な契機」として位置づけている。2002 年答申では，グローバル化が進むなかでの教養として，異文化の背景にある宗教を理解することの重要性を指摘している。2003 年答申では，教育基本法改正に向けて，宗教教育の方針として，「宗教に関する寛容の態度の育成」，「宗教に関する知識と，宗教の持つ意義の理解」，「宗教的情操の涵養」，「特定の宗教のための宗教教育の禁止」が明確に打ち出されている[3]。最後の項目は，国公立学校が該当し，宗教系私学では「特定の宗教のための宗教教育」が容認されていることは確認しておきたい。

　そして 2006 年には教育基本法が改正され，第 15 条「宗教に関する寛容の態度，宗教に関する一般的な教養及び宗教の社会生活における地位は，教育上尊重されなければならない」として「宗教に関する一般的な教養」の文言が加えられた。社会科の学習指導要領もこの路線に沿って改訂されている（磯岡 2009）。今なお当の公立学校関係者においては，宗教教育についての議論は活発であるとは言いがたい。現場では，むしろ宗教にかかわる事柄は避けられて来たといっても過言ではない。

(5) 大学における宗教文化教育

　20 年以上宗教教育の実証的研究をしてきた井上順孝とその研究グループは，大学での宗教教育のあり方として，宗教文化教育を提唱した。宗教文化教育と

は，グローバル化の進展にともなう人口の流出入，異なる文化をもつ住民同士の混住化に対応した異文化理解教育として自国及び他国の宗教文化の教養を深めるための教育である。

わが国の，幼児教育から大学までの各段階で，いかに現場が多国籍化し，多文化が共生しつつある状況にあるかについては，既に学校ごとに具体的な報告がなされている（佐久間 2015）。また，わが国社会の人口減少期を迎えて外国人労働者の受け入れが政府その他で検討されているが，受け入れ抑制策を採ったところで，人口を伴った外来文化・外来宗教の流入を抑えることは不可能であるように思われる。

宗教文化教育は端的に宗教文化の知識教育を意味する。教育する側の信仰や宗教への実存的関心が問われることはなく，体系的なカリキュラムと教育方法，適切な教材をもって実施される。また，宗教文化教育には，人格教育と直接結びつく宗教情操教育は，目標に入ってはいない。また，大学生や社会人を対象に，宗教文化士資格を取得するための宗教文化教育推進センターによる認定試験が年に2回実施されている。この試験の到達目標は次の3点である。(1)教えや儀礼，神話を含む宗教文化の意味について理解できる。(2)キリスト教，イスラーム，ヒンドゥー教，仏教，神道などの宗教伝統の基本的な事実について，一定の知識を得ることができる。(3)現代人が直面する諸問題における宗教の役割について，公共の場で通用する見方ができる（井上 2015）。この資格は，専攻する学部学科にかかわりなく，宗教文化に関心をもつ学生が，大学で所定の単位を修得したのちに受験して取得することを想定しており，旅行業，公務員，教員，葬祭関連さらにはIT関連企業，金融業や医療など多くの分野で役立つとされている。

(6)　その他の宗教教育

宗派教育でも宗教文化教育でもない，きわめて現代的な生の問題に対応する宗教倫理にかかわる教育がある。たとえば，いのちやスピリチュアリティを考

察する「いのちの教育」や「スピリチュアル・ケア」教育がそれである。弓山達也は，いのちの教育は，「自尊感情をはぐくむ」教育，学習指導要領のいう「生命の根源に対する畏敬の念」に着目することから，前述の3分類では宗教情操教育に重なる部分が多いとしている（弓山 2009：236-237）。

　近年，看護学や医学の分野では，スピリチュアル・ケアをテーマにしたおびただしい数の論文が発表されている。WHOの健康の定義にかかわる議論がその背景にあると考えられるが，これらの研究の発端は，従来の技術中心の医療に対する反省のうえにたったものと見るべきであろう。たとえば，ターミナル期にある患者の複雑な思いを受容し，よりよい生活の質を看護者が患者とともに考えていこうとする姿勢である。欧米やイスラム圏のように宗教文化が濃厚な社会とは異なるわが国において，スピリチュアル・ケアのあり方を探る意味は少なくない。ことに宗教系看護大学における宗教教育を実践する場合にはスピリチュアル・ケアの要素抜きには成り立ちにくいように思われる。

　他に，海谷則之は，浄土真宗僧侶の立場を背景に，ペスタロッチやデューイ，シュヴァイツァーやナーガールジュナなどの宗教教育論の検討をとおして，教育学的な人間形成的視点からあるべき宗教教育を追究する規範科学として宗教教育学を措定する。これは，特定の宗派教育のための教化法ではなく，教団にとっては宗派のあり方と宗教活動の指針となるという。また宗教教育学では，「デス・エデュケーション」がひとつの重要なテーマになるとしている（海谷 2011：16-22）。

3 建学の精神と宗教教育

(1) 仏教系大学の建学の精神にみる普遍的倫理

　大学における建学の精神は，その大学にとって教育活動の源泉であるといえる。とくに私学の場合，創立者の明確な教育目的や育成すべき明確な人間像が，

建学の精神に凝縮して表されていることが多い[4]。さらに，宗教系私学では，創立者が抱く何らかの宗教的価値を全面に出している。

　沼波政保は，日本仏教社会福祉学会大会での「建学の精神と災害支援」と題する基調講演のなかで，「建学の理念を失った時には大学は存在の意義を失うのであり，建学の理念は大学の存在意義そのものであるといっても過言ではない」とし，「これを失う時，私学の存在は消滅する」としている。そして「建学の精神にもとづいて教育研究をし，建学の理念を具現化して生きる人を育てることを目的としている大学であるからには，大学人として災害支援に携わる場合に，その自己の立ち位置を確認するものこそ，建学の理念でなくてはならない」とする。沼波のこの見方は，社会貢献活動に限らず，大学の教育活動全般について当てはまると思われる。ことに宗教系私学が，宗教教育に取り組む際は，建学の精神が教育のあり方に影響する一大要因になりうるはずである。

　沼波は，講演のなかで複数の仏教系大学の建学の精神を，ホームページから概観している。そこで，本稿でもいくつかを独自に選択してみていく。

① 東北福祉大学

　行学一如（学業も実践ももとは一つ），自利・利他円満（支え合い，ともに幸せに）

② くらしき作陽大学

　大乗仏教に基づく宗教的情操教育により豊かな人間性を涵養する

③ 大正大学

　智恵と慈悲の実践，4つの人となる─慈悲，自灯明，中道，共生

④ 東海学園大学

　勤倹誠実，共生（ともいき）

⑤ 愛知学院大学

　行学一体・報恩感謝

⑥ 四天王寺大学

　IBU が目指す理想の人材育成。それは卓越した国際感覚を持ち，人や社会とのコミュニケーションを通して，常に新しい物事に挑戦し，実現できる能力を育むことです。これはまさに，IBU の起源である四天王寺敬田

院を創設した聖徳太子の仏教精神を受け継ぐものにほかなりません。

⑦ 身延山大学

日蓮聖人の立正安国論の精神に則り，健全なる社会人として，広い視野に立った専門教育を施し，学術の理論及び応用を教授して，社会のために身を以て尽くすことのできる人間の養成を目的とする。

⑧ 相愛大学

人・こころ・慈悲　時代を拓くのはあなたです

⑨ 淑徳大学

大乗仏教の理念を建学の精神として，"together with him" の実践を通じての理想社会の建設と真実な人間の育成をめざす。

どの大学も，「慈悲」や「共生」，「社会につくす」などの表現で，仏教精神を基盤とした人間性の涵養や，共生社会の実現といった普遍的な目的を表現している。仏教系大学は，僧侶養成を除けば，創立者の意を体して，仏教精神による理想的な人間教育を志向しているように思われる。

筆者は，本学の「宗教社会と民族文化」や「宗教と科学」の科目のなかで，自然なかたちで "together with him" という学祖の精神に触れている。共生は，通宗教的な普遍的倫理だからである。このように，宗教関連科目では，建学の精神を標として教育目標を設定することが必要であろう。むしろ宗教系大学の宗教教育実践は，建学の精神抜きにはできないものと思われる。

他方，学生側では，どのような宗教教育を希求しているのか，次節で意識をみていく。

(2)　学生の宗教意識と宗教教育の意識

前述した 2015 年の宗教意識調査によれば，「現在，信仰を持っている」のは10.2%，宗教系私立大学（47.6%）では 12.9%，非宗教大学（52.4%：国公立や非宗教私立）では 7.7% だった[5]。宗教意識項目のなかで，「一般的に宗教は，アブナ

イというイメージがある」について，「そう思う」と「どちらかといえばそう
思う」を併せた割合は，全体で61.6%，宗教系60.5%，非宗教系62.5%であり，
また「宗教的トラブルがあったときに相談できるような公的な窓口の設置が必
要だ」については同様に，全体86.1%，宗教系84.7%，非宗教系87.4%と，と
もに宗教へのネガティブなイメージがみうけられる。

　反面，「どんなに科学が発達しても，宗教は人間に必要だ」は，同様に全体
54.4%，宗教系55.5%，非宗教系53.3%，「宗教を信じると心のよりどころがで
きる」は，全体55.0%，宗教系54.4%，非宗教系55.3%，「死後も魂はどこかに
存在し続ける」は，全体58.4%，宗教系60.5%，非宗教系56.5%であった。さ
らに，「神の存在を信じるか」について，「信じる」と「ありうると思う」を併
せた割合は，全体で59.6%，宗教系62.0%，非宗教系57.3%，「仏の存在を信じ
るか」については同様に，全体で56.4%，宗教系59.9%，非宗教系53.3%となっ
ている。こうしてみると，大学生がアブナイと感じ，警戒するのは，社会内存
在としての宗教集団であり，半数以上は宗教の役割を認め，神仏などの究極的
実在に肯定的であることが理解できる。

　次に，宗教教育に関する考えの項目についてみていく。6つの設問それぞれ
について，「そう思う」と「どちらかといえばそう思う」を併せた割合を記すと，
以下のようになる。

① いのちの大切さを教える授業を充実させた方がいい。　　　　　　　84.8%

② 高校までに日本や世界の宗教文化についての基礎的な知識を学んだ
　方がいい。　　　　　　　　　　　　　　　　　　　　　　　　　76.1%

③ 道徳の授業をもっと充実させた方がいい。　　　　　　　　　　　　63.3%

④ 神社や寺院など，日本の伝統的宗教施設を見学する機会を設けた方が
　いい。　　　　　　　　　　　　　　　　　　　　　　　　　　　59.7%

⑤ 坐禅や礼拝の作法など，各宗教の修行法を体験する機会を設けた方が
　いい。　　　　　　　　　　　　　　　　　　　　　　　　　　　49.6%

⑥ 高校までの教育で，愛国心を深めるための工夫をした方がいい。　　42.0%

　設問のニュアンスが，高校向けなので，これをもってして大学での宗教教育

への意見とは言えないが，①の「いのちの教育」と②④の「宗教文化教育」への希求意識は高いといえよう。

4 今後の宗教教育のあり方

　これまで記述したことを要約し，さらに考察を加える。宗教教育は，その脈絡によって多義的であることが確認された。すなわち，宗教教育の場は，家庭や地域社会，宗教団体，宗教系学校，公立や非宗教系私立などの非宗教系学校など多岐にわたるが，信仰を前提とする宗教教育と，信仰を前提としない宗教教育に大別できる。前者の場合，信徒や教団教師の教化育成の目的が明確なものから，宗教情操の涵養，広く宗教や伝統的習俗への理解を促すものまで多様なレベルが認められる。

　このうち，宗教団体の行う宗教教育は，基本的には布教と教化を目的とするいわゆる宗派教育となる。家庭や地域社会は，年中行事やまつりなどの伝統継承の場として機能している。学校における宗教教育は，教育基本法に則った内容が基本であるが，とくに国公立と非宗教系私学では，多文化共生を教える宗教文化教育が中核となる。宗教系私学では，それに加え，建学の精神にかかわる教育が主体となっていく。建学の精神は，私学にとっては，すべての教育活動の源であり，宗教教育の場合，建学の精神が直接教育の指針となりうることから，建学の精神と宗教教育は二重の意味で関連するといえる。

　しかしこのことは，必ずしも宗教教育イコール「建学の精神」教育（以下，建学教育）を意味するとは限らない。多くの場合，宗教教育は建学の精神を含んだ，それぞれの宗教への理解を促す教育であることが多いからである。創立者の理念は創立者自身の表現で表されていることが多く，それは創立者の生きた時代に規定された一回起的表現となる。しかし，仏教系大学における宗教教育は，それにとどまらず，釈尊の人生哲学やその後の仏教思想の展開，宗祖の生涯や教説を学習し，仏教的な智恵や洞察により，心の安定を得ることを識る意義も大きい。創立者の理想を理解するには創立者本人の仏教理解を紐解き，

たとえ一部分でもその生活史を追体験することが有効で，そのためには学生も仏教の素養が必要となる。

　建学教育は，宗教教育の脈絡以外に，自校教育，自校史教育でも展開されうる分野である。とするなら，宗教教育と自校（史）教育，建学教育との関係を整理する必要があるだろう。宗教系大学における宗教文化教育と建学教育については，端的にいって前者が多文化共生を意識した宗教知識教育で，後者は創立者の宗教的理想を，普遍的な現代的価値として理解し，それを卒業後も行為のレベルに転換しうる人材の育成のための教育といえる。そこでは，知識と理念の内面化と行為への見通しという3つの局面があるが，基本的に宗教文化教育は，建学教育の基礎学として位置づけられよう。他方，創立者の目的が，理想社会の建設に寄与する人材育成であるとすれば，宗教文化教育を受けなければ，建学教育を修められないわけではない。このように両者は重なりうる部分もあれば重ならない部分もある。自校・自校史教育は，学生の大学への帰属意識を醸成する契機となりえ，建学教育は，大学にとってはアイデンティティの源泉となる。中教審主導の大学教育改革は，グローバル・スタンダードな教育の質保証を求めるが，ともするとそれは大学の個性を喪失させ，均一化させるものと誤解されかねない。学生に，母校の特色を理解させるのが，建学の精神である。このように建学教育はまた，自校教育の支柱となりうる。

　地域社会で，道徳・倫理にかかわる教育を志向する僧侶がいたり，8割の学生が「いのちの大切さを教える授業」を望んでいたり，「デス・エデュケーション」が宗教教育の重要なテーマとして指摘されたりした。これらは，宗教教育が単なる皮相的な知識にとどまるものではなく，生命倫理や生きる糧たりうるものとして見通されていることを示している。同じテーマを扱う場合でも，中等教育と比較して大学教育では，大学生という発達段階に応じた展開及び深化が求められるはずである。その際，生き方や倫理における個別のテーマを貫く横串の役割として，建学の精神がある。

　今後は，宗教文化教育の深化の形態として，テーマごとに学士課程レベルの理解を促す教育も必要になるだろう。宗教学や宗教社会学では，現代の宗教現

象の変化を常に追っている。宗教文化をある視点からさらに掘り下げてみてい こうとする学生の希望に応えて，最先端の研究成果を採り入れた教育があって もよい。たとえば，人口減少社会や災害地域にあってソーシャル・キャピタル として多様な役割を果たしている寺院のありよう（櫻井・川又 2016）を理解する 教育などがそれに該当しよう。

これまでは，宗教教育の目的や内容を中心に議論されてきた。今後は，学士 課程教育に対応した学生の能動的学修を促すための教育方法に関する議論も必 要になるだろう。そして，正課や正課外教育における宗教教育でのサービス ラーニングや調査，PBL などの方法を採り入れ，学修成果に対する適切なア セスメントを実施することで，教育の質を保証していく。先にみたように，建 学の精神は，学生の行為のレベルでの変容を期待することから，単なる教育方 法の局面だけではなく，それは本来的にアクティブラーニングと親和的である ように思われる。

【注】

1) 「宗教と社会」学会・宗教意識調査プロジェクトと國學院大學日本文化研究所プロジェ クト「デジタル・ミュージアムの運営および教育への展開」によって実施されている。年 度の前期にメンバーの大学教員が自分の授業中に教室で一斉に調査している。20105 年は， 36 大学から 5,773 の有効回答（有効率 95.9％）。
2) 仏教系とキリスト教系の算出は，仏教系大学会議所属 53 校，キリスト教学校教育同盟 所属のプロテスタント系 78 校，日本カトリック学校連合会所属の 18 校とした。
3) 2003 年答申については，多方面から疑義や反論が出ている点も確認したい。次を参照の こと。日本弁護士連合会（2003）「中央教育審議会『答申』に対する会長声明」，中村清 （2006）「宗教教育をめぐる諸問題─ 2003 年中央教育審議会答申における宗教教育の捉え方 ─」『宇都宮大学教育学部教育実践総合センター紀要』第 29 号：217-228
4) 『「建学の精神」で知る大学の力』（朝日新聞出版）のように高校生向けに建学の精神を採 り上げて大学を紹介している雑誌もある。
5) 結果の全体の傾向は信者率バイアスの可能性がない非宗教系大学でみるべきである。

【引用・参考文献】

磯岡哲也（1997）「宗教系大学生の宗教意識」國學院大學日本文化研究所編『宗教と教育 日本の宗教教育の歴史と現状』弘文堂

磯岡哲也（2002）「大学生の宗教意識と宗教教育『アップ・トゥー・デート』」長谷川仏教文化研究所

磯岡哲也（2005a）「日本の宗教系学校における宗教教育の現状」『日本言語文化』第7輯，日本言語文化學會

磯岡哲也（2005b）「宗教系学校」井上順孝編『現代宗教事典』弘文堂

磯岡哲也（2009）「新学習指導要領における『宗教』」『教職課程年報』第7号，淑徳大学総合福祉学部教育実習運営委員会

弓山達也（2009）「いのちの教育と宗教教育」ベッカー・カール・弓山達也編（2009）『いのち教育 スピリチュアリティ』大正大学出版会

海谷則之（2011）『宗教教育学研究』法藏館

江島尚俊（2013）『近代日本の「宗門系大学」における僧侶養成と学術研究に関する実証研究』平成23～24年度 科学研究費補助金 若手研究（B） 研究成果報告書：49-50

沼波政保（2015）「建学の精神と災害支援―同朋大学におけるその関係性―」『日本仏教福祉学会』46号：1-15

佐久間孝正（2015）『多国籍化する日本の学校―教育グローバル化の衝撃―』勁草書房

益田理広・新井悠司・川口志のぶ・欒雅蓉（2015）「佐久市中心部における仏教寺院の機能変遷―地域文化の拠点としての寺院―」筑波大学人文地理学・地誌学研究会『地域研究年報』37：61-80

井上順孝編（2015a）『第12回学生宗教意識調査報告』國學院大學日本文化研究所

井上順孝（2015b）「国際的視点からみた宗教文化教育」『國學院大學研究開発推進機構日本文化研究所年報』第8号：33-45

櫻井義秀・川又俊則編（2016）『人口減少社会と寺院―ソーシャル・キャピタルの視座から―』法藏館

第2章
西山浄土宗における戦後仏教社会福祉事業の歴史

藤森　雄介

1 仏教社会福祉事業研究の意義

　社会福祉の歴史を紐解く際に，宗教との関わりを抜きに語ることはできない
ことは周知の通りであるが，特にわが国においては仏教に基づいた実践が古来
より行われ，その系譜は現在も脈々と息づいている。

　しかし，仏教社会福祉史研究として捉えた場合，古代，中世，近世，近代の
各時期区分には少なくない先行研究の成果が見られる一方，第二次世界大戦以
降の 20 世紀後半の仏教社会福祉事業に関しては，ほぼ未開拓の状態が永く続
いていた。

　このような問題意識を持ち，「個別の教団や仏教者個人の活動なり，個々の
社会福祉分野（種別）のいずれかを対象とするのではなく，ひとまず戦後の仏
教系教団全体をカバーして，その社会福祉事業や活動の歴史的展開の全体を俯
瞰し得る資料を提示」[1] することを目的として，2000 年度から 2002 年度の 3 ヵ
年に渡って文部科学省研究費補助金の交付を受けた「戦後仏教系社会福祉事業
の歴史と現状に関する総合的研究」(基礎研究〈B〉〈1〉　課題番号：12410058) がなさ
れ，その成果は，『戦後仏教社会福祉事業の歴史』および『戦後仏教社会福祉
事業年表』(共に長谷川匡俊編，法藏館，2007) として公になっている。

　同書の特色の一つは，「戦後仏教社会福祉事業の宗派別展開」として，いわ
ゆる「伝統仏教教団」の主要な宗派を取り上げているが，「仏教系教団全体を
カバー」とは言いつつ，当時のさまざまな制約から実際には宗派教団の全てを

21

取り上げきれているわけではないという課題が残った。

　本稿では，同書では取り上げきれなかった伝統的仏教系教団の一つである「西山浄土宗」について，関連する仏教社会福祉事業の戦後 50 年の概要を整理することで，残された「課題」の一つに応えるものである。

※本稿では，先に述べた研究成果との整合性を図るため，対象の時期を 1945 年から 2000 年までとしたうえで，4 つの時期区分ごとに整理を行っている。

2 西山浄土宗の概要及び資料について

　法然上人を宗祖とする浄土系宗派教団のうち，鎮西上人弁長を派祖とする「浄土宗」に対して，西山上人證空を派祖とするのが，いわゆる「西山派」である。

　西山派は，大正 8 (1919) 年に光明寺派，禅林寺派，深草派に分派の後，昭和 16 (1941) 年に再合同して「浄土宗西山派」となるが，その後また分かれて，現在では，「浄土宗西山深草派」，「浄土宗西山禅林寺派」，「西山浄土宗」の三派となっている[2]。

　本稿で取り上げる「西山浄土宗」は，1948 年に独立し，現在，寺院 596，教会 9，その他 2，教師数 827 人，信徒数 150,230 人である（文化庁編『宗教年鑑平成 27 年版』による）。

　また，本稿作成にあたって確認・使用した主たる資料は，宗報である『西山』および檀信徒向けの機関誌『ひかり』であるが，他に，西山専門学校（現　西山学園短期大学）校友会発行の『西山学苑』，『ひかり』の前身である『西山たより』も一部使用している[3]。

　なお，これらの資料から「仏教社会福祉事業」に関連があると思われる記事を出して年代順に整理した「西山浄土宗　戦後仏教社会福祉事業年表」を，資料として巻末に添付してある。合わせてご確認いただきたい。

※「年表」の作成にあたっても，先の研究との整合性を図るため，作表のレイ
　アウト，福祉分野の分類等について，『戦後仏教社会福祉事業年表』の凡例
　に準じて行っている。

(1)　終戦・戦後復興期（1945〜1958年）

　戦後の混乱のなか，宗派としても短期間の合同を経て新たに独立した西山浄
土宗としても慌ただしい状況が続いていたであろうことが資料のあちこちから
うかがうことができるが，そのようななか，1948年5月15日付で宗務長に就
任した中村是隆が，「就任の辞」において，「宗門新発足の此際，時代と睨み合
わせて宗門今後の在り方において改廃増補せねばならぬ問題が尠くありませ
ん」と述べたうえで明示した9つの課題のうちの一つに「社会事業施設の振作
拡充」をあげている点は，注目に値すると言えよう[4]。事実，戦時中は休園を
余儀なくされていた和歌山県湯浅町，深専寺の湯浅幼稚園が1949年4月より
再開されるなど，宗務長の発言に呼応すると思われる動向もみることができ
る。
　また，1953年に発生した九州や近畿地方の大水害に対しては，お見舞いの
一文を掲載するとともに，義捐金を募るなどの，継続的な対応がなされている。
　宗門関係者の活動としては，司法保護司として当時の殖田俊吉法務総裁より
感謝状をいただいた槙島隆文や民生委員の佐藤観暢に関する記事（『西山』第16
号，1951年1月1日），全国更生保護大会代表者の一人として選ばれた，円光寺
住職の青木亮範に関する記事等をみることができる。

(2)　高度経済成長期（1959〜1973年）

　「もはや戦後ではない」という言葉に象徴される経済状況の急速な好況のな
か，「福祉六法」体制の確立等，わが国の社会福祉制度にも大きな変化が訪れ
た時期である。

一方で，戦後混乱期からの経済的な「貧困」を抱えた層や，大規模な自然災害の被災者に対する公的な救済策が十分に整いきれているわけではなかった時代でもあった。

　そのような状況下で 1959 年 9 月 26 日に発生した伊勢湾台風に対し，西山浄土宗は積極的な動きを行っている。

　災害発生後の 10 月 15 日に発行された『西山』第 92 号によれば，まず宗内に東部罹災者救援対策本部が設置され，

・各寺院に見舞状の発送（9 月 27 日）

・現地に調査員を派遣して，被災状況を巡視（9 月 28 日～10 月 3 日）

・各寺院檀信徒に見舞状を発送（10 月 2 日）

といった初動の対応を取るとともに，救済募金運動を実施や被災状況の調査も継続して行っている。

　また，同号には，調査員として特に被害の多かった愛知・三重・岐阜の 3 県に入った脇田元応の詳細な報告の掲載とともに，和歌山「善徳寺婦人会」会員による托鉢や本山光明寺婦人会からの義捐金，京都西山学園による救援物資等の発送等，宗門関係者の積極的な支援活動が伝えられている。

　伊勢湾台風被害に対する同宗の積極的な対応については，「御法主猊下は，出身地が被災の中心地であったため，10 月 7 日にお見舞いに赴かれた」といった宗内事情もあったのではないかと考えられるが，他方で「チリ地震津波被害」や「第 2 室戸台風災害」等といった他の災害に対しても積極的な取り組みをみせており，災害救済支援全般に対する動向は，この時期の同宗の特徴の一つと捉えることができよう。

　他の特徴としては，宗門寺院が運営等で関わっている幼稚園，保育園に関する記事が，多く見られる点である。

　先にも取り上げた，和歌山県の湯浅幼稚園の他にも，京都市の六満保育園（満福寺），和歌山県有田市のひばり幼稚園（得生寺），和歌山県和歌山市の雄湊幼稚園（海善寺），福岡県古賀市の慈照保育園（称善寺），和歌山県和歌山市のざき幼稚園（総持寺），和歌山県有田市のぶっとく幼稚園（常楽寺）といった諸施設の記

事が複数載せられるとともに，宗内の教学部で西山浄土宗の寺院が経営する幼稚園保育園の実態調査を行うなど（『西山』第165号），関心の高さをうかがうことができる。

そして，これら一連の動きが，法然上人立教開宗八百年記念事業の一環として，「西山浄土宗保育連盟」の設立へと繋がっていったのであろう。

1973年2月10日の連盟結成の準備会を経て，9月17日に発会式が開催され，連盟規約の成立および役員の選出がなされた。

規約によれば，西山浄土宗保育連盟は，「幼児教育振興を図り宗祖の精神を体し，佛教情操を涵養すること（第四条）」を目的として設立された組織であり，初代理事長には，京都市六満保育園の内海奐乗園長が就任している。ちなみに当時の記事によると，発足時の加盟施設は24園，園児数5,000人，職員数250名であった（『西山』第241号，1973年2月25日および，『西山』第249号，1973年10月25日）。

なお，その他の宗全体の活動として，1967年10月に開催された第15回全日本仏教徒大会において，西山浄土宗よりアイバンク（眼球銀行）運動の展開について提案されたとあるが，その後の動向については確認できていない。この件については今後の課題としたい[5]。

同期における宗門関係者の活動としては，無料宿泊所の経営や免囚保護事業を行っている寺庭婦人の活動を紹介した谷中山人の一文（『西山』第153号，1965年4月25日）や，知的障害児施設であった大阪府立恵光学園（現 大阪府障害者福祉事業団 明光ワークス）での勤務経験を記した堀本賢順の一文（『西山』第177号，1967年6月25日），境内を八百津町に提供して，町営の福祉施設「蘇水園老人ホーム」を設置した岐阜県加茂郡八百津町の善恵寺（今井住職）を紹介する記事（『西山たより』第91号，1967年7月1日），1969年5月7日に落慶式が行われた奈良県大宇陀町の特別養護老人ホーム大宇陀寮および，その設立を発願した乗願寺住職川本清音師の人柄を伝える記事が掲載されている（『ひかり』第100号，1968年4月1日，『西山』第197号，1969年5月25日，『ひかり』第114号，1969年6月1日）。

(3) 低成長からバブル経済期 (1974〜1992年)

　「第一次オイルショック」以降の経済の低成長期を迎え，社会福祉にも逆風が吹き付けた時期であるが，西山浄土宗の活動には評価に値する活発なものもあった。

　それは，前節でも触れた「西山浄土宗保育連盟」の動向である。

　1974年4月20日には，宗祖大師開宗800年を記念して，西山浄土宗保育連盟，各園の永年勤続者の表彰式が行われ，勤続10年以上（最長は26年が1名）の職員33名が表彰されている。

　さらに，1975年3月4日には，西山浄土宗保育連盟理事会が開催され，その中で，禅林寺，誓願寺両本山の教学部へ呼び掛け，西山三派の保育連盟結成を促すとともに，今年度の総会には両山末の幼稚園，保育所（園）の参加を求めることが決定された（『西山』第265号，1975年3月25日）。

　そして，6月7日に，本山光明寺において禅林寺派の施設も交えた西山浄土宗保育連盟第3回年次総会と大研修会が開催された（深草派は，幼稚園，保育園は皆無のため，参加はなかった）。西山浄土宗からは，幼稚園，保育園合わせて25園中19園が参加，禅林寺派からは19園中11園が参加し，総勢120余名の盛大な研修会となった（『西山』第268号，1975年6月25日）。

　西山浄土宗保育連盟としての動向の詳細については，巻末の「年表」を確認いただきたいが，組織化以降も定期的に研修会を開催するなど，着実な実績を積み重ねていることは評価に値すると考えられる。ただ，年数を経ていくなかで，（資料を見る限りにおいては）「宗」との関係がみえづらくなっている点は気になるところである。

　他に，同期に特徴的なこととして，「同和事業」に関する事項が増えていく点である。

　これは，1979年におこった，当時の全日本仏教会理事長であり，曹洞宗宗務総長でもあった町田宗夫の差別発言（いわゆる「町田発言」）に端を発する，宗教界全体を巻き込んだ出来事であり，これを契機として，1981年3月の「『同

和問題」にとりくむ宗教教団連帯会議」(「同宗連」) が設立されている[6]。

　そして，この「人権同和問題」については，次節で述べるように 1990 年代以降の西山浄土宗が真正面から向き合わざるをえない課題の一つとなっていくのである。

　なお，『西山』第 271 号，1975 年 10 月 25 日の記事に，西山短期大学で「仏教福祉コース」の学生募集を行うとの掲載があった。大変興味深い事項であるが，本資料からは「社会福祉主事任用資格が得られる」との記載以外は掲載されておらず，カリキュラム等の詳細は不明である。今後の課題としておきたい。

(4) バブル経済崩壊以降 (1993〜2000 年)

　同期において特に取り上げておく必要があると考えられる事項として，「西山短期大学差別事件」がある。

　事件の詳細を掲載した 1993 年 2 月 25 日発行の『西山』第 461 号によれば，1992 年 1 月 30 日，西山短期大学で行われていた講義課目「社会調査論」において，A 講師が「好きな人ができたら，よく調べなあきません」と身元調査を肯定する発言を行ったことに対して，本講義を受講していた B さんの部落解放同盟東三条支部への告発により，1993 年 2 月 8 日に第 1 回糾弾会が開かれ，発言を行ったとされる A 講師のみならず，西山短期大学，西山浄土宗総本山光明寺及び，行政の指導体制に対して部落解放同盟京都府連合会が糾弾したという事件である。

　特に西山短期大学が仏教系の教育機関である点に着目して，「この光明寺がかかわる西山短期大学の『大学案内』によれば，『仏教はすべての生物の生き方を悲しいと思う心の上に成り立っている。人が生きて行くための喜びや悲しみをよく理解して，いつでも相手の立場に立って物を考えることが出来る心である。社会福祉とは，この地球世界から一人でも不幸な人をなくして行こうとする事である。一人でも不幸な人が居れば，自分も幸せになれない。本学は，この仏教精神を基盤として，社会の福祉に貢献出来るような有為の人材を人間

と人間の触れ合いによって育成する事を目的とする』とある。しかし，このたび身元調査を是認し推奨する差別事件をみるとき，『人が生きて行くための喜びや悲しみをよく理解して（中略），一人でも不幸な人が居れば，自分も幸せになれない』の文言は虚しい」と手厳しく批判している。

　本件について，宗側はその非を認め，宗務総長名にて「『同和』研修の徹底を期す」と題する以下の一文を同号の『西山』に掲載している。

　　「同和」研修の徹底を期す
　　冠省
　　　平素は宗義広宣に御協力たまわり，厚く御礼申し上げます。
　　　既報の如く去る平成四年一月三十日西山短期大学に於て，「社会調査論」講師Ａによって，「身元調査」を容認する差別発言がありました。
　　　このことは人間平等に救済される浄土教のおしえ，即ち全人類は凡夫という基本的人格によって平等であるとする我が宗の人間観に異なることは明白なるものであります。
　　　そのことについて，第一回糾弾会が本年の二月八日，京都府部落解放センターにて開かれましたが，宗門としてもこれを真摯に受け止め，改めて「立教開宗の本義に基き」，更に「本宗の教旨に立ちかえって，とくに同和研修の徹底をされることをお願い致します。

　　　　　　　　　　　　　　　　　　　　　　　　　　　平成五年二月
　　　　　　　　　　　　　　　　　　西山浄土宗宗務総長　榊原是久
　　　　　　　　　　　　　　　　　　　　　　　　　　末刹寺院住職各位

　その後，糾弾会は同年10月22日の第4回まで開催され，西山浄土宗総本山光明寺への糾弾要綱に対する所信表明を西山浄土宗が公表することを以て終了となっているが（『西山』第470号，1993年11月25日），その間にも，たとえば教学部内に「同和対策推進室」を開設するなど（『西山』第465号，1993年6月25日），

表面的なものに留まらない具体的な対応を行い，10月の糾弾会終了以降も人権同和問題に対する取り組みを継続して行っていることは，「年表」からも明らかである。

　その他の取り組みとしては，阪神・淡路大震災に関する記事が複数報じられているが，この件については，被災地に近い京都に総本山および宗務所がある宗派教団として，当然の関心事であったと考えられよう。

3　仏教社会福祉事業研究の今後の課題

　以上，巻末の「年表」を手掛かりに，戦後社会における西山浄土宗の仏教社会福祉事業の取り組み状況を辿ってみた。

　法然上人立教開宗八百年記念事業の一環として設立された「西山浄土宗保育連盟」に対しては，一宗としての継続的な支援の姿勢をうかがうことができる。

　また，90年代の「西山短期大学差別事件」以降の人権同和問題に対する一宗をあげての継続的かつ真摯な取り組みは，高く評価できるものである。

　一方で，それ以外の取り組みについては，その時々において熱心に取り組んでいる寺院や施設を好意的に取り上げているものの，一宗の活動とは成り得ていない。これは，良く言えば各寺院の自主性を尊重しているとも言えるが，浄土宗西山派の戦前期の活動内容に比してみた場合，戦後の一宗としての取り組み状況は少し寂しい感が否めないのである。

　たとえば，1942年9月に発行された『西山』第378号には，担当部局と思われる「社会課」が取りまとめた「派内社会事業一覧」として，司法関係として3施設，厚生関係として31施設の住所，施設名，担当者名もしくは寺院名が掲載されている。また，翌10月に発行された『西山』第379号には，「社会事業ニ就テハ既ニ届出済ノモノモアレドモ尚未届ノモノ多数アル模様ニツキ事務上差支有候條左記事項ニ該当セル事業ニ従事者ハ十月末日迄ニ宗務所社会課宛御回報相成度」と述べ，宗派として「社会事業調査」を実施して実態把握に努めている様子がうかがえるのである[7]。

当時は三派の合同の時期であり，また戦時中という社会状況の違いもあるが，一宗として社会福祉（社会事業）に取り組もうとしていた姿勢には，学ぶべき点もあるのではないかと考えるのである。

　東日本大震災以降，単なる制度の範囲では収まらない対人援助のニーズは年々増しているが，それらのうちの幾つかは，たとえば「グリーフケア」のように仏教者（宗教者）だからこそ担えるものも少なくない[8]。

　そのような新たな対人援助のニーズに対して，「西山短期大学」という人材養成の機能がある高等教育機関を持つ「西山浄土宗」は，さまざまな形でその社会的要請に応えていくことが可能ではないだろうか。

　21世紀を迎えて以降，加速度を増して変化していく社会の中で「寺院消滅」のような事態も現実味を帯びてきている[9]。

　改めて「宗派教団」のできること，寺院のできること，一僧侶としてできることの問い直しが求められている。

　これまで多くの社会福祉実践の足跡を残してきた浄土教系の宗派教団として，また戦後50年の取り組みを踏まえたうえで，各寺院を超えた，組織としての「西山浄土宗」の今後の可能性に期待していきたいと考えている。

【注】

1)　長谷川匡俊編（2007）『戦後仏教社会福祉事業の歴史』法藏館：2

2)　浄土宗及び浄土宗西山派の概要等の詳細については，たとえば，藤井正雄編（1979）『日本仏教基礎講座4　浄土宗』（雄山閣）を参照。

3)　西山浄土宗関係資料については，何点か補足を述べておきたい。まず，現在の西山浄土宗の宗報の役割を担っている『西山』は，戦前期においても，浄土宗西山派の宗報のタイトルとして使用されているので，注意が必要である。見分け方は「通し番号」である。戦前からの『西山』は1948年まで，400余号まで発行されている。現行の『西山』は1949年2月より，新たな通し番号となり，現在に至っている。

　　続いて，檀信徒向けの『西山たより』（資料によっては『西山だより』とするものもあるが，本稿では『西山たより』で統一しておく）は1959年12月から発行が開始された後，1966年7月よりタイトルが『ひかり』に改題され，現在に至っている。

4) ちなみに，中村が明示した他の課題は，国家の一大転換期における教法宣布の施設を如何にすべきか，教師養成の方法と機関，インフレ下における宗門財政経済の確立，変革渦中における寺院等級の改正，戦災寺院の復興，本来の共保問題，僧俗一体教国教化問題，であった（『西山学苑第4号』1948年7月：5）。

5) 当時の全日本仏教会発行の機関誌『全仏』にも，同会に付議された西山浄土宗からの案件として「仏教徒はアイバンク運動に積極的に参加しよう」が記され，「これは仏教者の社会的活動として重要なことであるが，予算その他のつごうで四十二年度には実施できなかったが，近い将来には実施することとし，その趣意を加盟宗派，団体に次唄した。ただし西山浄土宗では率先実行している」と述べている（『全仏』No.129：12～13）。

6) 「町田発言」や「同宗連」については，たとえば，宮城洋一郎「同和問題」((1)前掲書：217-227）を参照。

7) 『西山』第378号，1942年9月，14-16頁および，『西山』第379号，1942年10月，17-18頁を参照。

8) 東日本大震災における仏教者の取り組みについては，たとえば全日本仏教会，仏教NGOネットワーク，日本仏教社会福祉学会の3団体が協働で行ったアンケート調査が参考になる。なお，アンケート調査報告書の詳細については，全日本仏教会のホームページ（http://www.jbf.ne.jp/rescue_operations/2392.html）より，閲覧が可能となっている。

9) 「寺院消滅」という表現は，鵜飼秀徳の著作のタイトルより援用させて頂いた（『寺院消滅』日経BP社，2015）。同書は，今後の日本社会における寺院の在り方を考える際に非常に示唆に富む内容となっている。

　　資料の閲覧にあたっては，西山浄土宗宗務所の皆様に大変なご配慮を頂きました。この場をお借りして，謹んで御礼申し上げます。

第3章

利他共生の思想史的考察
―二宮尊徳から長谷川良信への架橋―

渡部　治

1　二宮尊徳の思想と実践について

　一代の碩学がその最晩年に残した自叙伝がある。大著『倫理学』を残した和辻哲郎（1889-1960）の『自叙伝の試み』のことである。この書で和辻は自分が育った故郷の村，家のこと，祖父や父のことなどを実に詳細に描いている。それは巨大なキャンバスに細部を丹念に描きこみつつ，やがてそれを全景になしてゆくという所作にも似ているのであるが，和辻はその最晩年において，自分の思想形成の根源を確かめようとしたのであろうか。

　小牧治（1913-2000）はその著『和辻哲郎』のなかで，和辻の人間形成の土壌をその生まれ故郷，山陽の仁豊野の風土と関連させて印象深く叙述しているが，そういう眼差しでみるならば，和辻の大著『倫理学』も，恒久の日本の自然と風土への共感と愛情を，国家共同体に収斂されてくる人間の間柄の倫理的展開として詳述したものとも言えるのであった。歴史における思想家の思想的個性というものを考えるとき，私たちは彼が生きた時代とともに，彼の生を育んだ自然の風土，土地というものを考えることができる。なぜなら彼はその時々の時代の課題にこたえようとすることにおいて思想の営みを形成するとともに，彼の生まれ育った風土からその思索の英気を与えられるからである。

　私はかねてより幕末の農政家である二宮尊徳（1787-1856）に関心を持ち，多少の拙文を著したこともあるが，一夏，彼の故郷であるところの小田原の栢山の地を散策したことがあった。酒匂川の堤がまっすぐにのびる，今では国道が

走っているその道筋に，尊徳が艱難辛苦の青春を送った土地が暑い夏の陽を浴びて広がっていた。小田急電車の栢山駅から富水駅に至る約２キロ足らずの一本道である。少年期の尊徳が労働する村人のために，子どもながらに草鞋を手作りし，並べたという土手は左方高めにまっすぐのびている。言うまでもなく，今では周辺に瀟洒な住宅が各所に点在しているが，その当時はのどかな農村地帯であったろう。こののどかな田園地帯を流れる酒匂川が時として洪水の牙をむき，多大な被害をもたらしたとは，この風景からなかなか想像することができない。しかし二宮一家が貧窮のどん底に陥った根本の原因もこの自然のもたらす災害のゆえであった。

　そのような体験のなかから立ち上がってきた尊徳の認識が，人間は何より「飯」を食うために生きているのであり，「理屈」を弄するために生きているのではないということである。そういう，あまりに当然な真理を，あまりにも率直に語ってくれる思想家は尊徳をおいて日本史上に探すのはなかなか困難であろう。「天下の政治も神儒仏の教もその実衣食住の三つのことのみ」(『二宮翁夜話』巻之三」)と尊徳は言いきっている。それは彼が何より土に生きる農民であったからであり，生涯，その農民であることの実存的自覚から離脱しなかったからである。

　そのような尊徳の代表的な評伝として，高弟の富田高慶（1814-1890）が一気呵成に書きあげた『報徳記』がある。この書の特徴は，その客観的な事実にこだわるのでなく，尊徳の持つ内面的な熱誠の核を伝えているところにあると思う。著者のその情熱はその第１頁から伝わってくる。蛇足ながら筆者の読書史のなかでも，この書はそういう書き手自身の溢れるような感動を伝えてくれた数少ない書物の一つであった。内村鑑三（1861-1930）はその『報徳記』をあたかも聖書に接するような気持ちで読んだという。そういう尊徳を鑑三は，西郷隆盛，上杉鷹山，中江藤樹，日蓮と並べて，『代表的日本人』のなかにあげていて，次のように述べている。

　　「自然」と結んでいる者は急がない。また現在のためにのみ事業を計画し

ない。彼は，いはば「自然」の流のなかに身をおいて，其を助け，斯くすることによって自分自身が助けられ，進ませられる。宇宙を背後に有って，事業の大なることは彼を驚かさない。『凡ての事に自然の道がある』と，常に尊徳は言うた。『されば自然の道を尋ねだし，其れに我が身を従はしむべきである。斯くすることによって山を平らかし，海の水を排かせて，土地そのものを我等の目的に役立たせることができる。』

　言うまでもなく，これは人間の無為を言いたてたものではない。人間世界の本質が偏狭なイデオロギーの対立にあるのでなく，宇宙のおのずからの胎動を呼吸するところにあり，それを吸収してこそ人間の営みが成立することを言ったのである。鑑三はそういう尊徳の呼吸を読み取ったのである。尊徳はそれを「天道」に対する「人道」という用語で表現した。それゆえこのふたつは対立の関係にあるのではない。ありていに言えば，「人道」は自然に対する人間の主体的働きかけであるが，それは対立にあるものへの働きかけなのではなく，それによって自分が生かされている自然の本然の力への働きかけなのである。尊徳が自己の生活倫理とも言うべきものを歌に託したいわゆる道歌にはこの呼吸を伝えるものが多い。「天つ日の恵みつみおく無尽蔵鍬でほり出せ鎌でかりとれ」「声（おと）もなく臭（か）もなく常に天地は書かざる経をくり返しつつ」等々，よくこの経緯を言っているものであろう。土を耕すという農業行為は，自己の生命が，自己につながる無窮の自然の生命力のなかに抱きとられ，それによって生かされることなのであり，自己の根源たるこの力に回帰しようとすることにほかならないのである。これが尊徳の根本的な思想である。

　根底にあるのはいわゆる経験主義といってもよい具体的な経験の重視なのであるが，そもそも尊徳において，具体的な経験から離れた知というものは考えることができない。知は経験のなかから立ち上がってくる生の確信にほかならなかった。

　尊徳の根本的な思想を伝えるものに，前掲『報徳記』のほかに，やはり尊徳の高弟といってよい福住正兄（ふくずみまさえ）（1824-1892）の『二宮翁夜話』，斎藤高行（さいとうたかゆき）（1819-1894）

の『二宮先生語録』がある。『報徳記』とあわせて，尊徳の日常身近に寄り添った高弟が尊徳の言葉を伝えたものである。それらを読むと，尊徳の思想，というより，思想的呼吸というものがよく理解できるのであるが，その一つに，書物を読むということについての尊徳の独特の姿勢がある。たとえばよく知られている『大学』冒頭の「大学之道。在明明徳。在親民。在止至善」(大学のみちは，明徳を明らかにするにあり，民をあらたにするにあり，しいぜんに止まるにあり) の解釈についてもまったく独特のもので，尊徳は徹底的に農事に即してわがものにしようとするのである。斎藤高行の前掲書の伝えるところであるが，今，佐々井典比古の現代語訳によって（原書は漢文）紹介すれば次のようである。

　これを田畑にたとえれば，明徳が物欲に覆われているのは，荒地ができたようなものであり，明徳を明らかにするのは，荒地をひらくようなものである。荒地をひらいて米穀を産みだす，それが「明徳を明らかにする」ことである。そして，その産米を得たならば，その半ばを食って半ばを譲り，くりかえし開墾して荒地を起こさせてゆく，それが「民に親しむ」ということである。この開墾と推譲の道は万世まで易わるべきではない。これが「至善に止まる」である。

　尊徳のほかに誰がこのような「奇想天外」な思考の発展をなしうるだろうか。ここには徹底的な農事の体験のなかからのみ生み出された知恵と祈念ともいうべきものがあり，尊徳の思想と行動の根幹に根差したものであることがわかる。
　尊徳はもとより書物を読むことが何より好きだったのであるが，書物にとらわれるということはなかった。これも『二宮先生語録』に伝えるところであるが，書物を読んで知るというのは闇夜に燈火をつけてみるようなものなのであるから所詮，限界がある。燈火の照らす向こうを見ることはできないのである。大切なのは「書外の理」を知ることである。そのためには心をもって見，心をもって知らねばならない。それが達磨の「不立文字・教外別伝」の言わんと

するところでもある。このような物言いのなかに、尊徳が文字につきつつ文字から離れるという姿勢を持っていることが納得されるであろう。

　先にあげた事例のなかで、「半ばを食って半ばを譲る」という表現のなかに込められた「推譲」の思想はまた尊徳の重要な論理であって、尊徳がいわゆる単なる自己保全の勤倹主義者でないことを明かすものである。「入るを計りて天分を定める」こと（分度の確立）、「今日のものを明日に譲り、今年のものを来年に譲り、其の上子孫に譲り、他に譲る」こと（推譲の実践）、ここには徹底的な私欲抑制の思考が見られるのであるが、それは単なる自己目的化されたものではない。この私欲抑制は利他の力となって社会のうちに生かされるのであり、それこそ「人道の極」であると尊徳は言う。「報徳」とはそういうことである。従って、利他は自利の反対概念なのではない。それはまったく相互的なものであり、私欲抑制の無理難題を言うのではない。尊徳が湯船の湯にたとえてそのことを説明しているのは尊徳ならではの味わい深い説明であろうか。尊徳は言う。「是を手にて己が方に掻けば、湯我が方に来たるがごとくなれども、皆向ふの方へ流れ帰る也、是を向ふの方へ押す時は、湯向ふの方へ行くが如くなれども、又我が方へ流れ帰る、少く押せば少く帰り、強く押せば強く帰る、是天理なり」（『二宮翁夜話』巻之一）。この文脈を味わえば、尊徳が常に世界は「一円の相」であると言っている意味もわかる。生活するということはこの一円の相において生きることである。それは自他が無用な対立を超えた根源的な一円の相において生きるということであり、かかる意味において狭小な現実を越えることでもある。それは現象としては、「私」を捨てて「公」におのれを転じてゆくことなのであり、そのことによって、はじめて「人間」が「人間」になるという認識にほかならないのであるが、それは根源的な一円の相における流動なのである。それが生活に即して実に力強く論じられているところに尊徳の魅力があると言えるだろう。

2 長谷川良信の思想と実践について

　ところで，淑徳大学創立者であるところの学祖，長谷川良信（1890-1966）は紛れもない仏教者であるが，残された著作を検証すればわかるように，その思索はおよそ仏教の根本義に常に立ち返っており，何宗として規定できるものではない。長谷川良信選集（全2巻1973年刊行）における夫人の長谷川よし子の序文はよく長谷川の人間的本質に触れていると思うのであるが，それは「宗教家，殊に僧侶の生活の本質が，伽藍にこもるのみでないことを自論（ママ）として，一つは，佛教を根柢に地域中心の社會事業の實踐に本領を見出していった」と述べている点である。また「病と貧とのどん底に在りながら，自分の思想思策を常に書くことによって自らを慰めていた」そして「涙もろく，感情が人一倍強く，自分の血潮の高なりを活字にして訴えた」とも述べているのであるが，長谷川の人間的本質を見事に述べた一段と言えるであろう。そのように実践がつねに内省の練磨に立ち返る相即の妙に長谷川の思想的本質があると言える。

　史上の偉大な人物はすべて空理空論をもって事足れりとはしない。思想家とはおのれの生活のなかにその思想を実証させてみせた人の謂である。実証するというのは，自己を偽ることなく，矛盾は矛盾のままに，全身全霊をもって時代と社会に自己をかける謂にほかならない。その意味で長谷川はまことの〈仏教〉を生きた思想家であった。この生きる姿勢は，前節に述べた二宮尊徳に見事に通うものがある。

　長谷川良信選集に収められている『社會事業とは何ぞや』(1919) にしても，『社會問題と宗教思想』(1926) にしても，それらが日本の社会事業の草創期の著作であることを考えれば，長谷川の体系的著作を代表するこれらの著作は紛れもない啓蒙的な輝きを持つ作品であることは明らかなのであるが，それにしても，文体の面から言えば，硬質な漢文体であり，啓蒙という側面から言えば，率直に言って難解な側面がないとは言えない。とはいえ，この難解さのなかから立ち上がってくる強い意志の力はどのような土壌から生まれたのかという自問のうちに私たちは押し返される。

　尊徳についても言われたように，人間の知的教養が幼少期の生育環境に根差す面があるとするならば，長谷川良信特有の難解な漢文体は，6 歳にして生家を離れ出家得道して育ったという体験が反映しているだろう。

　長谷川は 1890 年，茨城県西茨城郡に士族・長谷川治衛門を父とし，「なお」を母として生まれたが（選集年譜），6 歳のときに同県真壁の地の得生寺に養子として入籍，1905 年，真壁高等小学校 4 年を終えて上京するまでの 15 年間をこの地で過ごした。この真壁の地は奇しくも，尊徳が仕法を展開した青木村の地である。その仕法の痕跡は今でもこの地に尊徳の香を残している。ところで，この地における生育の経緯は長谷川の人格から無用な甘えというものをそぎ落とし，極めて強い意志的な性格を形成していったと見られる。むろん人間のやむにやまれぬ孤独の感情には抑えきれないものもあったであろう。その鬱積は反面，ものと人に敏感に反映する強い感情的資性をも形成していった。文章というものはおよそ人に訴えるために書くものであるが，長谷川の場合，そのことを踏まえながらも，間違いなく，自己自身の生の確証として書き続けたのであろう。その文章の背後から聞こえてくるのは，そういう自身の生を彫琢する厳しい鑿の槌音である。前述の長谷川よし子の叙述を内面から窺えばそのようなしだいになるだろう。

　著作を顧みると，何より次のような問題意識に私は突き動かされる。それは富と貧困の問題である。言うまでもなく，歴史を顧みれば，本来それが自分たちの生の基盤であるはずの民衆の生活を無視して，ただ自分たちの権力と富裕をのみ意図したもののいかに多かっただろう。一方的な権力がただ自らの富裕の確保をのみ意図するような体制下では，国民全体の生活の確保など顧みられるはずもない。ところで，その生活の確保とは畢竟何であろうか。

　上巻冒頭に収められている『社會事業とは何ぞや』には重要な示唆がいくつも溢れているが，私はそのうちのひとつの「衛生問題」の記述にことに注目するのである。「衛生問題」とは何か。長谷川は言っている。「社會問題とは畢竟社會衛生問題の事であると誰やらが言ったが，之は決して過言ではない」。それはこの問題が，学校や軍隊や工場等の個別の問題であることを越えて，「一

括した社會衛生」「社會醫事」の問題としての意義を持つからである。すなわちそれが「個人の領域を超越した実社會の問題」としての意義を持つところに固有の意味を認めるのである。「社會医事」というのは聞きなれない用語にも見られるが，長谷川良信によれば，当今，医学の進歩にはめざましいものがあるものの，その「社會的効果」には限界がある。積極的に国民衛生を振興して全体としての国民健康を増進するところに「必須緊急の大問題」があるとするのである。言うまでもなく，国民ひとりひとりの健康なくして国（社会）の維持など不可能であるからである。社会事業を医学にたとえれば，「基礎醫学」のようなものであるよりも「臨床醫術」にたとえられるということは（長谷川），それが切実な実践の要請を背負っているということであり，それゆえひとりひとりの「社會的本務」に帰結する問題であると言われねばならない。このように，長谷川は「衛生問題」という問題の把握のうちに，具体的な国民の健康確保を土台としての社会全体の向上と改革を見据える。その根幹は生活の改善にある。長谷川の眼差しは恵まれないもの，貧しきものへと透徹されてゆく。ところが「當今の富豪縉紳を見るに」かれらは何であろう，「労働階級に對する忘恩的仕打ち，窮厄無告の民に対する冷然たる態度，犯罪に對する同情なき言動の外，己れの社會的責任に就いては何等の反省も自覺もない有様，かくて五濁悪世の惨害は日に日に増長してくる」ほかにないのである。富や権力の上に胡坐をかくものへの満腔の怒りが噴出しているのを人はみるであろう。

　以下は李氏朝鮮王朝下のある事件のことであるが，1884 年に当時の「反体制派」とも言える朝鮮の近代化をめざす金玉均（1851-1894）を指導者とするグループが漢城（現在のソウル特別市）でクーデターを起こし，一時的に政権を奪取したことがあった。世に「甲申政変」といわれるものである。それは結果として失敗に終わったのであるが，その金玉均の最大の関心は民生の充実であった。彼には『治道略論』等の著作があるが，そこで訴えられているのは，公衆衛生の徹底，道路の整備・拡充，さらにこれらを土台とした商・農業の振興であった。彼には，衛生の欠如のために多くの命が落とされている現実がよく見えていた。要するに，権力の牙城であった当時の漢城においてすら，汚物に塗

れたむき出しの下水は庶民の健康と衛生の最大の問題だったのであり，一見，華麗な宮廷に潜む権力者にはそういうことはまったく関心の外のことだったのである。それゆえ，金玉均が，「近代化」ということの意味をこのように民生の充実の側面から訴えている点に私は格別の関心を向けた。庶民の生活の細部に差し向けるその眼差しの具体性に私は注目した。さきの長谷川の「衛生問題」の記述から私ははからずもその甲申政変のことを想起したのである。

　ところで，富めるものよりは，貧しきものの側に立っていた長谷川ではあったが，しかし，長谷川は，かといって，既存社会の急激な変革を意図していたというのではむろんない。『社會問題と宗教思想』のなかで，「社會運動の指導原理」として，「自由主義」「社會主義」「改進主義」の３つをあげ，宗教というものの社会に対する姿勢としてこの「改進主義」をとるのであると述べているところをみても，このことはわかる。「改進主義」とは，「自由主義の非社會的なると，社會主義の破壊的なる缺陥を補正し，社會進化の理法に従ひ，社會政策の體系的施設によって現在の社会制度を革新して，民衆の社會生活を整齊し，以て理想社会に漸進せんとするもの」である。

　「改進主義」ということの真率の中身は，つまりどういうことになるのであろうか。それは社会という対象を外在的な対象として非難し否定し破壊しようとすることではない。みずからもその一員としてそのなかにおき，社会のもたらす運命を自ら背負ってその向上改善を意図することであろう。むろんその場合，生活の基盤たる物質的な条件の改善は言うまでもないが，一方，重要なのは心の開拓であった。物質的条件の改善の究極の目的は「人格」の完成にあるからである。「この個性を引き延ばして以て充實して行かなければならない。もしも貧乏であるものが，一生を貧乏で終わってしまふ様では我々の個性を十分に發揮することが出来ない」（『社會問題と宗教思想』）という発言は，「人間の内心に根據を求めずして外部的な強制のみを以て社會改善を圖る」（同前）ことを否定する論と呼応している。そういう力の根源にまことの宗教の力があるというのである。そのときの「宗教」とは，言うまでもなく何宗というような個別の宗教を言うのではない。人間性の根本のいのちを揺るがし起こすような生命

力を言うのである。長谷川の宗教観は常にその根本をめぐっているのである。

3　利他共生の思想史的普遍性について

　そもそも利他共生はおよそ真率の宗教であるならば例外なく有するところの
目標なのであって，一人間の行為の問題としてみるならば，その思念と行為の
間に一髪の介在もない，まさに「おのずからにしてしかる」(自然) ものである
よりほかにない。自己の利益や幸福の念や，あるいはまた他者への否定的な反
発やらを，それらをなんら想定するものではない。

　私はここで近世哲学の泰斗，イマヌエル・カント (Immanuel Kant 1724-1804)
の論を振り返ってみたいのだが，カントはその『道徳形而上学原論』(原題
Grundlegung zur Metaphysik der Sitten) のなかで，普遍的道徳法則の前提となる
問題について論じている。その冒頭に「無制限に善とみなされうるもの」とし
て，「善意志」(das Guter Wille) をあげているのであるが，その対極におかれた
ものは人間の根本的な我執，エゴイズムである。カントはこれを「傾向性」(die
Neigung) と呼んだ。そして同書のなかで，事例を具体的にあげながら論じて
いる。商人の親切が結局私利を意図するものである限り，それは普遍的道徳性
の根拠とはなりえないのはむろんのこと，自殺もまた我執の現れとされた。最
も困難なのは，いわゆる慈善家，博愛家といわれる人びとの行為である。この
世には，他者に対する極めて高い同情心に富む人びとがいて，彼らの行為が格
別の虚栄心や利己心から出たものでなく，自他ともに喜ぶ結果を産むものであ
るとしても，カントはなおそこにも困難な問題を見出すのである。「たとえそ
の行為が義務にかない，またはた目には快いものであるにせよ，やはり傾向の
域を出ないからである」とカントが言うとき，カントがそこに見ていたものは，
人間の根源的な偽善臭というものであった。それは意識的な領域においてばか
りでなく，もっと根源的には無意識の領域において動く。その思念が存在する
限り，それは決して普遍的道徳法則の根拠とはなりえない。このカントの指摘
は極めて厳しいものがあると思われるのであるが，カントのみならず，この我

執の問題はおよそ倫理学の根本問題でもあった。顧みれば，鎌倉期の親鸞（1173-1262）が『歎異抄』等において述べていたのも人間の「善人誇り」ともいうべきものであったではないか。それは「善」を積んで，一歩一歩向上するような自己に満足する心である。しかし，むしろ一歩一歩下向する「救われない」自己を認識するところにこそ信仰の根源があるだろうと親鸞は言ったのである。自己と人間の心の闇を見抜くこの眼差しはカントの根底に通じるものであるが，そうしてみれば，まことの信仰に発する行為というものは，一切の前提的な思念を外し「やむにやまれぬところのおのずからしかる」行為というものでなければならないだろう。それがカントの言う「善意志」の力というものでもあった。

　また，『孟子』公孫丑章句上において孟子は言っている。「人に忍びざるの心」，すなわち，他者に向かって動く「やむにやまれぬ愛情の心」というものは，人間が本来的に持っているものであるとして，その根拠を今まさに井戸に落ちようとしている子どもをみたときの人の心にかけて言っている。そのとき人は例外なく，「怵惕惻隠の心」つまりなんの前提もない愛の心を発動するであろう。それは「交わりを孺子の父母に内るる所以にもあらざるなり。誉を郷党朋友に要むる所以にもあらざるなり。その声を悪んで然るにもあらざるなり」。すなわち，子どもの父母によく思われようとするからでもない，郷党朋友の人気を得たいがためでもない，あるいは救わなかったことによる悪い非難を恐れるがためでもない，まったく自然のいわば良心の発動なのである。朱子がその註のなかで「天理の自然」と言うのもその意味である。「やむにやまれぬおのずからしかる」行為とはそういうことなのである。

　私は拙著『道徳教育の原理と方法』のなかで，最終章に仏教の問題をとりあげ，仏教の持つ「無我」の根本思想は一切の存在の相対性を主張するものであるとともに，それは反面，転じて社会的積極性の一面を持つことをあげておいた。つまり，仏教は無我の消極性の上に胡坐をかくものでなく，無我の本質的積極的社会性をその本旨とするということである。しかし同時にそれは，およそ真正の宗教というものの持つ本質なのである。

同書のなかであげたのは，敗戦直後の混乱の社会において，隅田川沿いのバタヤ部落に身をおいて奉仕活動を続け，そこで死んだ北原怜子（1929-1958）とマザーテレサ（1910-1997）の例である。インドの最下層の貧民街で活動したテレサの事績については言うまでもないであろうが，両者に共通しているのは，私念，私心を離れた「やむにやまれぬおのずからしかる」行為の見事さである。苦悩や迷いや計算の上にされた行為なのではない。いわばそれは「捨身」の行為である。自分のためやなにかの目的のための手段なのではない。自然そのものなのである。

　それこそカントのいわゆる定言命法，「汝自身の人格並に他のすべての人格に例外なく存するところの人間性を常に同時に目的として用い決して単に手段として使用しないように行為せよ」の意味でなくて何であろうか。カントは博愛の行為のなかに潜む偽善性を否定したけれど，かれらのなかにそのような契機は微塵もみられない。道徳性の究極のかたちがそこにみられるのであるが，それは利他共生の持つ本質的な姿でもある。それがまた朱子が孟子の註において言う「天理の自然」であったろう。

　あえて「狂」という用語をあげるならば，利他共生が根底に持つ捨身の純粋性はまさにこの「狂」の精神に通じるものでもある。「狂」の精神の本質はなにものかへの捨身の純粋性にある。この論文では二宮尊徳に論を起こして長谷川良信に及んだのであるが，かかる捨身の純粋性こそ尊徳の，そして長谷川良信の持つ本質でもあった。

　そのことに関連して，私は本論を結ぶにあたり，長谷川良信選集のなかの印象深い一段をあげておきたいのであるが，それは『社会事業とは何ぞや』第四「視察篇」のなかの8月19日の記述である。長谷川良信は1914（大正3）年7月17日から8月31日まで関西歴遊に出立し，各所の施設を見て回ったことがわかるのであるが，この日，猛烈な腹痛に襲われた。「午前10時甘露寺を發足して神戸に向ふ。途未だ幾許ならざるに忽ち腹部の疼痛を起し胸迫り目眩み，次で下痢を催ふす。忍耐して一里を行きしも今や遂に能はず。窮餘路傍の松林

中に呻吟するに至る。吐瀉数次，全身枯木の如し。空しく樹下に臥して轉た孤獨の惨に泣く」。すなわち猛烈な急病に襲われたのである。こののち叙述はほぼ1頁を費やして書かれ，偶然にも金沢医専の2人の学生に遭遇し，その看病の配慮によって漸く極楽寺にたどり着いた顛末を記している。そして8月21日の次の記述がある。漸く体力を回復し，「天壽未だ夭せず，四大ほぼ本に復す。凛々の士氣を奮って今日より再び急途の巡察に堪へんとす」と。

　この一段をゆめゆめ単に急病の記録として読んではならない。長谷川良信独特の漢語的表現はむずかしいが，しかし漢語のみが表現しうるその精神の意気の躍動を読むものは見逃してはならない。それはあたかも一篇のドラマを見るような映像的躍動感に溢れているのであるが，日本の社会的現実への思い，社会事業へのその純粋な内面的熱誠を，主観の内部からよく伝えていると言える。まさに長谷川良信は「利他共生」の「熱」の人だったのである。

　前節でも述べたように，長谷川が幼少期を送った現在の茨城県真壁の地は，奇しくも尊徳が困難に耐えて仕法を展開した青木村の地であった。尊徳のなかには，実に粘り強い農村的土着性といってもよい精神が脈打っているが，かれはその地を歩きながら常に人間の「心の荒蕪」を開くことを念願としていた。「心の荒蕪」を開くことこそ尊徳仕法の究極の目的と祈願であった。再び，尊徳に言及するのであるが，病の晩年，尊徳は日光神領の開発命令を幕府より受けた。その折の尊徳の言葉を福住正兄が『二宮翁夜話』(巻之二) に伝えている。「わが本願は人々の心の荒蕪を開拓して天寿の善種仁・義・礼・智を培養して善種を収穫し，また蒔き返し蒔き返し国家に善種を蒔き弘むるにあり」「心の荒蕪一人開くる時は，地の荒蕪何万町あるも憂ふるに足らざるなり」。すなわち土に生きた尊徳であったが，その究極の思いは人間の心の開拓であったのである。それは死を予感した尊徳の魂の声とも言えるものであった。

　長谷川良信の根源にあるものも，尊徳の言葉を借りるならば，間違いなく，民衆の「心の荒蕪」を開くことにあったであろう。その生涯を貫く不撓不屈の精神は，尊徳のいわゆる「農村的土着性」というものとは異なるとしても，土地と人への愛情に発し民衆の現実に徹底して寄り添う実践のなかから生まれて

きたものである。選集はその祈念の航跡の紛れもない記録なのである。それゆえ「教育」は，長谷川良信の生涯においてどうしても辿りつかねばならない必然の事業であったであろう。人びとの「心の荒蕪」を開こうとする祈念はその必然として大学の創立事業において大輪の花を咲かせたのである。

【引用・参考文献】

和辻哲郎（1978）『自叙伝の試み』(和辻哲郎全集）岩波書店

和辻哲郎（1977）『倫理学』(和辻哲郎全集）岩波書店

小牧治（1993）『和辻哲郎』清水書院センチュリーブックス

内村鑑三（2011）『代表的日本人』岩波文庫

内村鑑三（2011）『後世への最大遺物　デンマルク国の話』岩波文庫

富田高慶（1938）『報徳記』岩波文庫（一円融合会「現代版報徳全書」1及び2に現代語訳所収）

佐々井典比古（2012）『二宮先生語録』(斎藤高行原著の現代語訳・一円融合会「現代版報徳全書」5及び6に所収）

福住正兄（1973）『二宮翁夜話』(岩波日本思想体系）『二宮尊徳　大原幽学』(「一円融合会現代版報徳全書」8及び9に現代語訳所収）

佐々井信太郎（2013）『解説　二宮先生道歌選』(現代版報徳全書）一円融合会10

二宮尊徳（1973）『三才報徳金毛録』(岩波日本思想体系）『二宮尊徳　大原幽学』

長谷川仏教文化研究所（1973）『長谷川良信選集』上下（その後全集全4巻が2004年，日本図書センターより刊行された）

イマヌエル・カント（1969）『道徳形而上学原論』岩波文庫

イマヌエル・カント（1970）『実践理性批判』岩波文庫

唯円（1968）『歎異抄』岩波文庫

朱子（中華民国58年1月再版）『四書集註』芸文印書館

渡部治（2012）『道徳教育の原理と方法』八千代出版

第4章

原理としての「トギヤザーウイズヒム」

田中　一彦

1　「トギヤザーウイズヒム」と格差

　淑徳大学を象徴する言葉として，もしも一つを選ぶとすれば，その候補には
いくつかの言葉が挙げられるのかもしれないが，そのうちから「共生」を選ぶ
人はおそらく最も多いことであろう。そしてその言葉の元になっているのは，
学祖長谷川良信の次のような言葉であることもまた，淑徳大学の関係者にはよ
く知られている。

> **「救済は相救済互でなければならない。即ちフオアヒム（彼の為めに）で
> はなくて，トギヤザーウイズヒム（彼と共に）でなければならない。」**[1)]

　この言葉が記されたのは1919年，大正8年のことであった。つまり，ほぼ
今から100年も前のことであって，その当時には「フオアヒム」という救済の
態度がごく普通の，当たり前のことだったのであろう。したがってその当時，
この言葉はまさに瞠目に値する，画期的な言葉であったに違いない。

　けれどもその画期的でラディカルな性格は，現在の学生諸君にとって必ずし
もわかりやすいものではない。すなわち単に一つの言葉，スローガンとしてだ
けのことであれば，その言葉の意味を理解することは，さほどむずかしいわけ
ではあるまいが，問題はそのことの日々の生活における切実さ，重みがどれほ
ど伝わっているか，そしてそれがいったい何と重なり，何と抵触するものなの

か，言い換えればこの言葉のもつ奥行きと拡がりがきちんと理解されているかどうかである。それにもしかすれば，その言葉のわかりにくさは現在，学生諸君にとってばかりのことではないのかもしれない。

1919年（大正8年）といえば，関東大震災や昭和恐慌よりも前の時期で，国内に空前の好況をもたらし，また多数の成金をも生んだと言われる第一次世界大戦が前年には終わり，その反動から不況に見舞われ始める，そのちょうど転換の時期であったろう。言うまでもなく，社会全体はまだきわめて貧しい状態にあったから，そこには極端な貧富の格差も存在していて，一般には多くの人びとがまだ民度の低い状態にあったと思われる。

確かに教育について言えば，大正期には，当時の義務教育である尋常小学校への就学率こそほぼ100%に近かったものの，その後の中等教育機関への進学率は20%にも達していなかった。世の中では，電灯がすでに東京のほぼ全域に行きわたり，街路には荷車や人力車，数少ない自動車や自転車と並んで路面電車も一部に走ってはいたが，信号機はまだ存在しなかったし，ラジオ放送も始まっておらず，電話もまだ交換手を介して相手を呼び出す方式であった。むろん電気洗濯機，電気冷蔵庫，電気掃除機などの家庭用電気器具はまだ存在していないし，多くの人びとはごく普段まだ和服を着ていたであろう。こうした世相の下，一定額以上の直接国税納税者で，しかも25歳以上の男子のみが選挙権を有するという，明治以来の制限選挙制度は依然として存在していたし，オースチンやフォードなど外国から輸入した自家用車を乗り回す富裕層も現れたらしい。しかしその一方で，当時の二大国民病の一つは栄養失調の一種の脚気であり，それによる死者数も年間2万人を超えていたようだ。すなわち多くの庶民の食生活はごく粗末なものだったし，こじきや浮浪者もそして貧民窟（スラム）も日常的に周囲には存在しているのだった。これらの事実だけからでも，当時のいちじるしい貧富の差の存在は，十分にうかがい知ることができるであろう。

このような背景のなかで事実上，上層あるいは中層の人びとが下層の人びとに救済の手を差し伸べるという行為は，あくまでその下層の「誰かの為」であること，自分自身は決してそのような救済を必要としていない篤志をもつ人間

であり，一方その相手は救済を必要とする人間であること，こういう捉え方をすることは，おそらくごく自然なことだったのだと思われる。そのような捉え方に基づいた救済の行為はきわめて尊い，十分な敬意を払われるべきものだったのであり，差し当たり「相救済互」などとは思いもよらぬことだったに違いない。つまりその裏にあるのは，現在で言えばいわゆる差別の意識ということになるだろうが，しかしそうした捉え方をすることがごく自然と考えられるほどにも，当時は生活のあらゆる面にわたって実質的な格差が，すなわち単に収入のみならず，教育や知識，食事や着衣，趣味や嗜好，そして結局は住居と生活の細部にわたる様式に至るまで，その格差が大きかったのもまた事実なのだと思われる。

　それゆえ学祖は，この格差自体を根本的に解消していく方法として，一方では女子教育をきわめて重要な柱として考えざるをえなかったのであろう。言うまでもなく，その女子教育を受けて巣立った卒業生たち自身が，将来自らの手で子どもを育て，その子どもが育っていく家庭の環境と生活様式をも設（しつら）えていくのであろうから。だからこそまた学祖は，しきりに情操教育を，あるいは「美育」（真善美聖の四徳のうち美を優先的に標的とする教育）を強調していた[2]のだとも思われる。それがたとえ迂遠と見えようとも，結局はいちじるしい格差の根源を解消していく着実な道に違いない，と。

　さて翻って，現在はどうであろうか。「東京で最後のこじきを見たのは，一九七〇年の前後だった」（塩見 2008：11）とも言われるが，確かにわれわれは，全体に貧しく，しかも極端な格差が存在する社会とはもうはるか以前に決別したはずで，すでに社会は当時とは比べものにならないほど豊かになり，成熟社会とすら呼ばれるようになっている。しかしそれにもかかわらず，やはり格差が改めていちじるしく拡大してくるとなれば，再びそのような差別的な捉え方を当然と考える人びとが現れてきても決して不思議ではないのかもしれない。すでに，たとえば人種差別についてアメリカでは，黒人に対して最も差別的であるのはプア・ホワイトと呼ばれる白人の最貧困層であって，すなわち彼らは勤労意欲に乏しく怠惰で悪習にまみれ，多くの黒人と同様に貧困だからこそ，

彼らにとって最後に残る白い皮膚の色の優越意識に強くこだわるのだと言われていた時期があった[3)]。激しい差別には，その激しさの理由があるというわけである。その意味ではいつの時代であろうとも格差のいちじるしい拡大は，社会の中にちょうどプア・ホワイトのような，境界的な人びとの層を生み出すのであろうか。

　ところが事態はそれを越えて，格差のいちじるしい拡大ゆえにそのような捉え方が一部に再び息を吹き返してきたというよりも，むしろ「フオアヒム」の救済のいったいどこが悪いのかと開き直り，それこそがまさに本来の福祉の姿であるとでも言わんばかりの言説が臆面もなく登場してきて，さらにそれを積極的に称揚するような人びとまでが現れてくるとなると，「トギヤザーウイズヒム」を信条とする淑徳大学人としては事態をただ黙って看過することはできない気持ちがしてくる。もちろん，そこでは「トギヤザーウイズヒム」と対比した形で「フオアヒム」の救済が言い立てられているわけではないのだが，しかし実質的には結局それと違いのないような主張が近年は陰に陽に現れてきていると，どうにも筆者には感じられるのである。

2　「フオアヒム」正当化の論理

　では，そうした主張がいったいいつどのようにして現れてきたのかと言えば，少なくとも筆者の印象では，1970年代から80年代にかけて登場してきたと言われるリバタリアニズムの思想（それはしばしば経済的効率ばかりを重視して福祉を顧みない市場原理主義と言われたりもしているが）に伴って，それとともに現れてきたように思われる。「それとともに」というのは，リバタリアニズム自体がそのような主張をしているとは必ずしも言えないからであるが，ともあれまずはそのリバタリアニズムとはどのようなものなのかを，以下ざっとみてみることにしたい。ただし，登場してからすでにかなりの時日が経過しているリバタリアニズムについては，それがリベラリズムとどう違うか，どのような思想家がそこに含まれるかなど，その全体をわかりやすく整理して紹介した書物も

すでに存在する[4]し，また現在の筆者にはその広範にわたる哲学思想についての仔細な検討や整理をするだけの余裕も能力もない。ここではそれらの概説書などをも参考にしながら，差し当たり当面の論点に即してその主張をごく簡単に眺めてみる作業に事を限定したい。すなわち，そのリバタリアニズムの主張の大略とは，おおよそ次のようなものであると考えることができよう。

　リバタリアニズムといえば一般に，自由主義の政治哲学思想の一つと言えるのだろうが，その特徴としては何よりも「個人の自由」が尊重され，重視される点が挙げられるのであろう。したがってリバタリアニズムは，その「個人の自由」に制限を加える権力について，一般に強く嫌悪し，それを極力排除しようとする。そしてそこから，われわれの私有財産権もきわめて重視されてくると同時に，他方では「個人の自由」を侵す権力が排除された社会として市場社会が想定され，しかもとりわけ自由競争市場こそが「個人の自由」が実現される社会のあり方として最も尊重されてくることになる。それゆえ，この市場に何らかの公権力的な制限を加えるものとしての政府の介入には，あくまで批判的な立場がとられることになるので，市場から生じた富の不平等や格差を再分配によって是正しようとする政府の介入もまた，基本的には嫌悪され，批判される。そのような福祉国家は非効率的で，個人の自由を侵害し，人びとの自助努力を妨げ，政府に対する人びとの依存性を助長するものだと主張されるのである（橋本 2008：6）。大方のリバタリアンはこのように公権力への嫌悪を共通してもっているが，では最終的にそもそも政府は存在すべきか否かとなると，リバタリアンの間でも必ずしも意見は一致しない。

　それでは，そのように考えるリバタリアンは，福祉については，いったいどのように考えているというのだろうか。政府の介入を基本的に嫌悪するリバタリアンは，したがって国家による福祉の供給には強く反対する。しかしながら一方で，民間企業や各種のボランティア団体，相互扶助団体等の活躍には期待し，民間における人びとの自発的な福祉行為には大いに賛成するのであって，だから橋本祐子（2008）によれば，彼らは「福祉国家」ではなく，「福祉社会」をめざしているのだとも言われる。つまり彼らによれば，本来われわれの福祉

行為は全く自発的なものであって，それこそが福祉の重要な原点であったはずなのだが，現在では既存の各種の福祉制度の存在のおかげで，そのような本来の自発的福祉行為の発現が抑制されてしまっているというのである。すなわち，国や自治体が一律に行ってくれるのなら，あえて一人ひとりが手を挙げて行う必要もなくなるという訳である。したがって，われわれはむしろ国家による福祉の供給を撤廃して，本来の自発的福祉行為のありのままの発現に可能な限り委ねるべきなのであって，それによってこそわれわれの社会はより一層自由で活力のある，本来の生き生きとした姿を取り戻すことになるだろうというのである。もっともこの国家による福祉供給撤廃の議論については，それが全面的撤廃か部分的撤廃かでリバタリアンでも意見が分かれるようだが[5]。

　さて，ここまでの福祉に関するリバタリアニズムの主張の限りでは，ただ救済が，本来国家によって行われるべきでなく，人びとの自発性によって行われるべきであると主張されているに過ぎないとも思われよう。ところが他方でリバタリアニズムの主張は，むしろ効率性，生産性，経済成長を重視する市場競争主義の経済理論と強く結びつき，しばしば両者はほとんど区別しがたいほど密接に連携した形で語られてくることになる。というのも，政府権力の介入を嫌悪し批判して，国家を必要悪と捉えるリバタリアニズムは，従来国家などの行政が果たすべきと考えられていた機能を，むしろ自由競争市場のほうが効率的に，かつ公正に果たしうると考えているのだし，一方で，たとえば新古典派と言われる市場経済学では，「人びとが個人として合理的に行動し，自由競争をすれば，市場はもっとも効率的な状態を実現できる」と考える（佐伯 2015：172）のだから，結局は自由競争市場の称揚に収斂してゆく両者の主張の親和性には，きわめて強いものがあるのである（森村 2001：102-122）。

　こうして経済学と強く連携することにより，リバタリアニズムは現実の政策にも大きな影響を及ぼすようになったのはすでに周知のとおりであろう。さらにこれに加えて，われわれの素朴な世間智のレベルでは，市場における勝者が自らの過去の努力を強調して自分の勝利や獲得した財を正当化しようとする実力主義の議論[6]（メリトクラシー）や，市場における敗北の原因はあくまで当人の自由意思に基

づく行動にあると自業自得をもっぱら主張しようとする自己責任論の議論が，たとえ乱暴で粗雑な立論であったとしても，リバタリアニズムにいわば便乗してしばしば語られてくる。むろんそれらの議論はすでに存在する格差をあくまで合理化しようとする議論であり，また勝者の自己正当化の議論であって，そのような議論が姿を現してくるのも，実は歴史上これが初めてというわけではない。すでにそれ以前にも，大きな格差の存在していた明治時代には，ほぼ同様の議論が行われていたらしい[7]。そして「フオアヒム」の救済の行為を本来の福祉の姿として称揚する例の声も，多くはこのような粗い議論の文脈の中から聞こえてくるのである。

　リバタリアニズムのめざす自由競争の市場社会では，強く自由競争が奨励され，同時に一方では人びとの自発的福祉行為が大いに奨励されることになる訳だが，となればいきおいその自発的福祉行為は「トギヤザーウイズヒム」というよりも，むしろ「フオアヒム」へと傾くことになるであろう。というのも，一般に自由競争市場における自発的福祉行為となれば，その市場における勝利によってパワーを得たものが，そのパワーに基づいて弱者を救済する行為となる傾向があるだろうこと，言い換えれば強者の，弱者に対する「フオアヒム」の行為となりがちであろうこと，これは比較的わかりやすい話ではなかろうか。そこでは勝者と敗者，富者と貧者はすでに明確に分岐しており，その前提の上での「フオアヒム」の救済は，格差の拡大という自由競争市場に固有の不備，不足を正当に補完する行為として，あたかも至極まっとうな，賞賛に値する行為であるかのように語られることになる。

3　原理としての「トギヤザーウイズヒム」

　では，このような主張の問題点は，そもそもどこにあるのだろうか。
　すでに述べたように，ここではそのような主張をごく簡単に眺めただけなので，したがってその問題点についても，学問的に周到で精確な指摘を行うことはもとより望むべくもないのだが，それでも上記のような主張に関する限りで

は，少なくとも次のような点を指摘することが可能であると思われる。

　たとえば，リバタリアニズムについて言えば，その論理にはある種の牽強付会が内包されていることに，われわれは気づくべきであろう。というのも，一方において福祉国家が人びとの自助努力を妨げ，人びとの依存性を助長すると主張して，どちらかと言えば怠惰で利己主義のネガティヴな人間像を強調しておいて，他方では国家による福祉の供給を廃止し，すべてを人びとの自発的な福祉行為に委ねるべきであると言って，われわれ人間のもつ利他性に全面的な信頼を置くかのようなポジティヴな人間像を語るというのは，どう見てもそこに矛盾があると言わざるをえないからである。あるいはそこでは，2種類の人間像が恣意的に使い分けられていると言ってもよい。もしもそれらの両面が，確かにわれわれの中には存在することが事実であるとしても，それら両者はわれわれの中でどのように共存しているのかについて，詳しい検討がまずなされてしかるべきであろう。リバタリアニズムには共感的な森村進（2001）でさえ，「リバタリアンは人間の利他性を楽観的に過大評価している傾向がある」(195)と指摘する。

　あるいは，「人びとが個人として合理的に行動し，自由競争をすれば，市場はもっとも効率的な状態を実現できる」と考える経済理論と連携したリバタリアニズムについて言えば，おそらく次のような問題を指摘できるであろう。すなわち，たしかにわれわれは個人として合理的に行動する場合があり，またそうしようと努めている人もあろう。さらに人びとの間，すなわち社会には，何らかの交換という市場的な側面があることも疑いなく事実であろう。しかし，だからといって「人びとは個人として合理的に行動する」と仮定し，また社会一般を市場として捉えることが，果たして妥当であるのかどうか，これはまた別の問題であろう。ある現象にAの側面がたしかに存在するとしても，それがあくまで一面に過ぎないという限定的条件を無視ないし軽視して，当の現象があたかも全面的にAであるかのように錯覚して論理を展開することになる還元主義的思考は，少なくとも社会科学や人間科学における限り，現象の過度の単純化を生み，一見もっともらしいが実は現実から遊離した，空疎な論理を

導きやすい。ごく卑近な例を挙げれば，愛し合う男女の熱烈なキッスを，単な
る「粘膜と粘膜との衝突」に過ぎないと捉えて議論を進めることは，たとえ虚
偽とは言えないとしても，明らかに当の現象自体を捉え損ねた，見当はずれの
議論を生むことになろう（Romanyshyn 1989）。

　ところで，リバタリアニズムが社会一般を市場として捉えるという点につい
ては，まるで言い訳でもするかのように，リバタリアニズムは「市場の外の
ヴォランタリーな人間関係」や人格的交流，社交も重視するのであって，つま
り「市場を社交に対して優先させるものではない」などとも言われている（森
村 2001：105-107）。確かに元来はそうであるのかもしれない。しかし一方で，
リバタリアニズムは市場競争主義の経済理論ときわめて深く密接に連携した上
で，そもそも市場とは，警察・消防や貨幣発行，道路建設等の国家の諸機能を
十分代替しうるものだし，また個人の自由を最も実現しうる場であるばかり
か，人びとの間の連帯をも可能にするウインウインの協力の場でもある（森
村 2001：113-121）と，あたかも市場が万能であるかのように語られるのだから，
市場の外の人間関係や社交的側面に目をくれる必要は，もはやそこにはほとん
ど残っていないのであろう。

　さらにまたリバタリアニズムは，すでに述べたように「個人の自由」をきわ
めて重視する訳だが，その「個人」については，その内容の詳細な検討が行わ
れることはほとんどなく，一般にそれはあたかも自明の，当然の前提であるか
のように扱われる。というのも佐伯啓思（2004）によれば，まず自立した個人
を先験的に措定しておいて，「個人は社会や国家に先立ってすでに自立してお
り，その個人には自由が本来備わっている」と考える捉え方は，ホッブス以来
の近代社会論の当然の前提だったからである（62-67）。したがってそれは，も
ちろんリバタリアニズムだけの問題では決してないわけだが，疑ってみる必要
もない前提なのであり，それとは異なる種類の個人を考えてみることなど，お
そらく思いもよらないことなのであろう。

　しかし，あえて言うまでもないことだが，自立した個人を先験的に措定する
ことが妥当であるとは，われわれにはとても思われない。われわれはいったい

何を根拠に、「社会や国家に先立ってすでに自立している個人」を考えること
ができるであろうか。そのような捉え方が、近代という時代を推進してきた一
面が仮にあるとしても、実態として個人は、社会や国家に先立ってすでに自立
していることなどありえないであろう。われわれ人間は、自分の生まれてくる
国や社会を選ぶことなどむろんできないし、そして生まれてから周囲の社会と
交わることなく個人として自立することもありえないのである。

　社会と交わることなしに人間が育った事例としては、いわゆる野生児の事例
がすぐに連想されるかもしれない。しかし野生児の事例については、一般に発
見以前の状況があくまで推測の域を出ない以上、厳密な意味で社会と交わるこ
とがなかったかどうか、実はかなり覚束ないのが実情である。とはいえ比較的
信頼できると言われる事例からだけでも、社会との交わりを欠いたことの影響
は言語的能力を含めてきわめて深刻であって、その後の教育によってそれを修
復するのはとてつもなくむずかしいことが推察される（cf. 田中 1996：110-114）。
さらに動物学的には、われわれ人間は他の動物と比べてはるかに未熟な状態で
生まれてくると言われる（ポルトマン 1961）が、となればわれわれ人間はその分
だけ、両親を含む周囲の共同体によって養育される期間が長引かざるをえず、
そしてまたその分だけわれわれ人間の社会的性格は根の深いものであるという
ことになろう[8]。

　それゆえ、社会や国家に先立って自立した複数の個人同士が、対等の立場で
公正に競い合う自由競争市場とは、実はわれわれの想像上の産物であり、幻想
にすぎないのだと思われてくる。というのも個人は周囲の社会抜きに自立して
いることなど決してありえないのだし、したがってまたお互いが対等の立場で
公正な条件の下に競い合うということも厳密にはありえないのだから。にもか
かわらず、自由競争市場において自分が勝利を得たのは、あくまで自分自身の
努力の賜物であると実力主義的に考える勝利者・富裕層は、詮ずる所それが事
実であると自分自身で信じたいのでもあろうが、しかし彼らがそう信じる限
り、その裏では必然的に、貧困層の人たちが貧困に陥ったのはその人自身の過
去の努力不足、すなわち怠惰のせいであると暗黙の裡に主張していることにな

るであろう。もちろん，表立って声高に主張されるのは常に自分自身について，すなわち自分の成功は自身の絶えざる努力の所産であるという部分であろうが。ともあれ，このような主張の裏にある前提は，皮膚の色の場合と同様に，決して逆転する可能性のないお互いの立場であることには注意が必要である。すなわちそこでは，自由競争市場における勝者と敗者が決して交わることなく固定化されて捉えられており，そしてそれは最終的に差別へと発展してゆくのかもしれない。

　それゆえ，このような背景の中で富裕層によって行われる救済は，もちろん自発的な福祉行為であり，また市場社会を現実に補完するものではあるのかもしれないが，しかしそれは必然的に「フオアヒム」の色の濃い救済とならざるをえないことであろう。というのも，そこではお互いの立場は決して逆転しえないのだから。

　したがって，そのような一方的な救済が相救済互となり，「フオアヒム」が「トギヤザーウイズヒム」となるためには，その前提として，現在の自分の置かれた立場が，もっぱら自分自身の努力に起因するという捉え方を捨てなければならないであろう[9]。個人は決して社会や国家に先立って自立しているわけではないのだから，その市場における成功や失敗も，環境や素質や生育歴から切り離された個人の，努力や怠惰にもっぱら起因することなどありえないのである。言い換えれば，たとえ個人の努力や怠惰が現在の立場に何らかの差異を生んでいたとしても，それらの努力や怠惰ということ自体が，すでに当人の環境や素質や生育歴などとの複合的な関係の結果生じていることにほかならない。そのように捉えてみれば，市場における成功も，決して自分自身の努力だけから生まれたものとは思われず，むしろ自分自身が成功へと至る努力をなしえた諸条件への感謝の念こそが生じてくるのではあるまいか。

　さて，このように論じてくれば，あの「トギヤザーウイズヒム」とは，救済の在り方であるばかりでなく，それ以前にわれわれ自身の存在の原理でもあると思われてくるであろう。仮にわれわれ自身がその事実に気づいていないとしても，すでにわれわれは「トギヤザーウイズヒム」という在り方をしているの

であって，もともとそれ以外の在り方をすることは不可能であるのに違いない。にもかかわらず，自分自身があたかも「社会や国家に先立って自立している」かのように思い込んだうえで，「フオアヒム」の救済こそが，尊重すべき自由競争市場に固有の不備，不足を補完する本来の福祉であると考えるのは，傲慢のそしりを免れない錯誤ではあるまいか。そう考えれば，「トギヤザーウイズヒム」と言われる相救済互の救済とは，むしろわれわれ自身の自然状態における本来の姿であり，われわれはその本来の姿を決して忘れてはならないこと，そのことを「共生」という言葉は指し示していると思われてくるのである[10]。

【注】

1) 長谷川良信 (2004)「社会事業とは何ぞや」『長谷川良信全集』第 1 巻，日本図書センター：86

2) 長谷川良信の「教育についての論説」(2004『長谷川良信全集』第 2 巻および第 3 巻，日本図書センター) 参照。

3) プア・ホワイトの語はもともと学術用語ではないが，廣瀬典生 (2007) によればすでに 1860 年に Daniel Hundley が，白人の最貧困層を poor white trash と呼んで，その差別の記述を行っている(Hundley, Daniel R. (1860) *Social relations in our southern states*, H. B. Price.)。

4) たとえば，森村 (2001)，橋本 (2008)，など。

5) たとえば，森村 (2001：195-197) を参照。

6) サンデル, M. (2010：205-207；Sandel, M. J. 2009：158-160) を参照。

7) たとえば，塩見 (2008：102) を参照。

8) ここではこの問題にこれ以上深く立ち入ることはしないが，われわれが根底的に社会的な存在であるという問題については，筆者はすでに別の箇所において論じたことがある (cf. 田中 1996：93ff.)。

9) このような捉え方を捨てることは，日本人を含め，個人主義をとらない東洋の人間にとっては，もしかすると比較的容易なことなのかもしれない。

10) 「トギヤザーウイズヒム」については，その前提には個人の自立があるのであって，さもないとそれは自他の未分化な，単なる共依存の状態をも含むことになりかねないとか，

それはそもそも「フオアヒム」との対比によってはじめて意味をなしうる相関概念なのだから，単独で理解されるべきものではない，といった議論がありうるであろう。しかし，ここで「トギヤザーウイズヒム」の語によって指されている事態とは，それらとは次元の異なる事態であって，すなわちそのような自他の分化や未分化が問われるわれわれ人間存在の成立基盤の次元のことであり，その次元が「トギヤザーウイズヒム」であるからこそ，われわれには時に「フオアヒム」という救済の行為すら生まれる可能性があり，また競争ということも敢えて奨励されうるのであろう，その基礎的事態のことなのである。

【引用・参考文献】

長谷川良信（2004）『長谷川良信全集』(全 4 巻) 日本図書センター

橋本祐子（2008）『リバタリアニズムと最小福祉国家』勁草書房

廣瀬典生（2007）「リリアン・スミス―南部白人の心の闇を追求した作家―ポストコロニアリズムの時代における再評価」『外国語・外国文化研究』14, 関西学院大学

森村進（2001）『自由はどこまで可能か―リバタリアニズム入門―』講談社

ポルトマン, A. 著，高木正孝訳（1961）『人間はどこまで動物か―新しい人間像のために―』岩波書店

Romanyshyn, R. D. (1989) *Technology as Symptom & Dream,* Routledge.

佐伯啓思（2004）『自由とは何か―「自己責任論」から「理由なき殺人」まで―』講談社

佐伯啓思（2015）『さらば，資本主義』新潮社

Sandel, M. J. (2009) *Justice: What's the right thing to do?* Penguin books.（鬼澤忍訳，2010『これからの「正義」の話をしよう―いまを生き延びるための哲学―』早川書房）

塩見鮮一郎（2008）『貧民の帝都』文藝春秋

田中一彦（1996）『主体と関係性の文化心理学序説』学文社

第2部　社会福祉実践から考える

　　社会福祉学の教育研究領域は，臨床あるいは実践の領域と政策や制度研究の
アプローチの2つの領域に大別されるといってよいであろう。ここに収載され
ている諸論文は，いずれも社会福祉実践の基盤的諸側面を中心軸に議論を展開
している論考である。

　　佐藤論文は，援助者としてのソーシャルワーカーの基本的態度の持ち方，あ
るいは「成長の可能性」の契機について述べている。フランクルの言う「不完
全さ」という存在の在り方の視点，あるいは「自分のできないことや弱さ」に
向き合うことから生み出される，援助者の可能性について述べている。

　　米村論文では，本学の「建学の精神」を踏まえたソーシャルワーカー養成は
その基盤を仏教思想におくのであるが，そのことによるソーシャルワーク支援
の基盤として求められる基本的姿勢や態度について明らかにしている。

　　山口論文は，福祉や介護サービスを含めた広義の社会福祉実践の従事者が「福
祉の仕事をする意味」について，既存の統計調査研究のデータの解析などから
分析している。金銭的な対価にとどまらず，「利用者から何らかの喜びや力を得
ている」ことが重要な動機づけであることが明らかにされている。

　　戸塚・齊藤論文の主題は，両名の長期的な研究の到達目標である「東アジア
型ソーシャルワークモデル構築」のための足掛かりとして位置づけられる論考
である。戸塚担当分では，韓国で刊行されたソーシャルワーク事例集の分析を
通じて東洋的な論理思考やアジア型文化が有する特徴を考察している。齊藤担
当分は，韓国のソーシャルワークについて，法・制度の実態に関連づけながらホー
ムレス福祉施設での事例分析からアプローチしている。

第5章
個々の不完全さから生まれる可能性
―生を覚醒する現象学試論―

佐藤　俊一

1　不確実なことを確信する

　私たちの人生が予め示されたレールの上を進んでいくのだとしたら，生きていくことに大きな不安を抱くことはないだろう。しかし，現実には確固とした保証がないため，多くの人たちは安全を求めて健康に，人間関係にトラブルが生じないように，事故にあわないようにし，自然災害から身を守ることを志向している。だが，どんなに予防しても不幸は起こるし，おそらく人生で不幸を感じることがない人はいないだろう。そして，不幸から抜け出し幸せになることを考え，行動しようとするのだが，そうした生きる態度から果たして本当に生は充たされるのであろうか。

　上記のことに関して哲学者ヤスパース（K. Jaspers）は「人間は，幸福であるときよりも不幸であるときの方が，自分自身であることのできやすいものである。だから逆説的なことには，人間は，幸福であろうとするにはあえて勇気をもたなければならないほどである」(ヤスパース 1932：404) と指摘する。したがって，困難に直面したとき，私たちは苦悩するなかで幸福なときに気づかなかった生きる意味を見出すことが可能になるのだが，逆に幸福のなかで自分自身であることのむずかしさを教えてくれている。

　困難な課題に直面したとき，私たちは自分の無力さやできないことを嘆く。そして，困難な理由を課題の大きさや困難さの所為にする。そうした態度からは，先のヤスパースが指摘するような「自分自身であることのできやすいもの

である」という生き方にはならない。しかし，不安のなかで悩みながら困難なことを自分自身がどのように引き受けるかによって，制限された自由のなかで自分らしくなることができる。具体的には，人生の課題に直面したとき，「自分のできないことや弱さ」とどのように向き合うのかが問われる。そうしたときに私たちがどのように決断するのかにかかわるのだが，本稿においては人間の尊厳を問い続けたフランクル（V. Frankl）の言う「不完全さ」(フランクル 2005) という存在のあり方から社会・文化的な世界であたりまえにしている生き方を明らかにし，基礎づけることを行っていく。

(1)　実証的であることの確認

　ここで最初に検討しておかなければならないことは，不完全さや弱さというテーマに取り組むときの学問のスタンスである。いわゆる科学的な方法に基づいたアプローチでは，こうしたテーマに取り組むことに限界があることは容易に想像できる。なぜなら，たとえば「弱さ」とは，個人の体験であり，主観的なものであるからである。実証に基づいた客観性を追求する科学においては正面から取り上げられることはまずない。そのため，多くの人たちが抱いている科学の実証性に対する考えを明らかにする必要があるだろう。近年の保健医療・福祉分野においてエビデンス（evidence）が強調されているが，そこでも実証性に基づいて示されるということが多くの場合に自明なことになっている。したがって，実証性をどのように考えるかは，エビデンスの基になる考えを方法論的に問いかけることであり，エビデンスを基礎づけることになる。

　実証性の根拠となることは，多くの場合に科学的な手続きを踏んでいること，具体的にはどんな方法で研究されているかである。実験であり，また最近では調査においては量的・質的な調査方法に基づいて行われていることが一般的であろう。ここで注意しなければならないのは，一つは仮説に対する考えである。当然のことだが，仮説は研究者の主観によって立てられる。最近ではグランデッドセオリーのように仮説を立てない方法もあるが，やはりそこにも因

果律の絶対視や還元主義など研究における先入見が入り込むことも起こる。したがって，客観性を求める科学的研究において，避けて通れない方法論的なテーマとなる。

　そこで改めて実証性ということを検討する必要がある。かつてフッサール（E. Husserl）は経験主義を批判するなかで，「もしも『実証主義』ということが，一切の学問を，絶対に先入見に囚われずに，『実証的なもの・そこに定立されているもの』すなわち原的に把握されうるものの上にもとづけようとすること，といったほどの意味のものとするならば，われわれは真性の実証主義者なのである」(フッサール 1950：108) と言明している。つまり，現象学こそ実証性を重視した学問だと言っているのである。なぜなのだろうか。そこには，現象学的方法は，先入見に囚われずに前提となっていることを明るみに出すことを徹底していることが論拠になっている。

　ところが，現象学は一般的には実証性から程遠く，難解な観念の哲学と理解されていることが多い。取り上げられるテーマは，世界，身体，時間，意味など，すべてのことが私たちの主観や体験にかかわり，いわゆる科学的方法では証明されにくいテーマである。しかし，先に指摘した実証的方法の仮説や先入見とは，まさしく現象学が取り上げるテーマを抜きに成り立たないし，考えられないことも明白であろう。したがって，現象学は，私たちが日常的に経験する現象をこうした生の根本的な課題から基礎づけることを行うのであり，実証的なものとは私たちの体験に与えられた最も始原的なものを意味していることを教えてくれているのである。

(2)　体験に基づく学問とは

　さらに，もう一歩進んで現象学のアプローチを確認する必要がある。それは本稿の副タイトルに，「生を覚醒する」と名づけたことに関連している。生の覚醒とは，一人ひとりが体験することであり，またその体験を抜きに論じても意味が無い。したがって，現象学の基本的な姿勢である基礎づける試みは，当

然のことであるが体験を出発点としているのであり，だからこそ主題である「不完全さ」に取り組むことができるのである。体験をありのまま記述すること，そこから始めていくことである。そして，体験を大切にすることが学問を大切にすることを証明していくことになる。

　体験に基づくとは，ただ体験することに止まるものではない。現象学的探究とは，体験を体験とたらしめるものを，体験の根底にあるものを明らかにしようとする試みである。たとえば，「見る」という行為は，一般的には主体が対象に働きかけることであると理解されている。ところが，私たちは日常的に「景色が目に入ってきた」という体験をしている。対象の方が働きかけてきているという現象である。また，ソーシャルワーカーが経験を積むことで，「今まで見えなかったクライエントの気持ちが見えるようになった」という体験をする。自分が主体となってクライエントへ必死になってかかわっていこうとしたときに見えなかったことが，気づいたら見えるようになっているのである。こうしたことは，主体と対象とを別々において，主体が対象にどうやって接近するかという一般的な理解を問いかけるものであり，関係からの発想の必要性を示している。したがって，正確には見るではなく「見える」と表現することが，日本語としては妥当になる。見えるとは一人で行うことではなく，「（見える）対象あるいは相手と，（それが見えている）自分との間に生じている現象，あるいは関係なのである」(早坂泰次郎 1986：87) ということができよう。

　上記のように体験を理解する際に前提としている知覚の枠組みを問い直すことを可能とする。また，それだけではなく，見えるということは，見る人の世界のなかでの革新がおこり，見えなかったものが見えるようになるという新たな体験によって変容をしているということができよう。こうしたことは，宗教哲学者のマクマレイ（J. Macmurray）が「経験から出発しながらそれらは経験のうちに与えられているものの限界をはるかに超えながら，しかもそれらが合理性をもっているのは，それらが正しく経験に基づいているからなのである」(マクマレイ 1946：56) と宗教的反省として論じていることと通じるものがある。体験から出発し，体験を超えたところから体験を捉えなおし，また体験に戻って

くるということを行うことである。従来の科学的と言われる方法をもって説明することはむずかしいだろうが，体験に基づいていることを確信することであり，不確実なことの可能性を決断できるようになる。

　こうした一連の発見とは，「新たな誕生，覚醒の過程」(フロム 1956：180) とも言うことができよう。したがって，こうした現象学的方法は，近年注目されているスピリチュアリティを正しく理解することにも役立つのだが，本稿では現象学に基づく体験の理解からスピリチュアリティを「生の覚醒」と呼び検討したい。他方で，スピリチュアリティとは霊的なもの，宗教的なものとして受けとめられることがある。ここで注意しておきたいことは，宗教的とは，呪術，呪縛的なものとして勘違いされていることが多々あることである。ここでいう宗教とは，特定の宗教の問題ではなく，宗教的態度であり，それは「私たちの内面の生命の溢れるばかりの豊饒と充実を意味している」(谷口 1962：186) のである。したがって，正しい宗教の理解と同様に，スピリチュアリティとはあくまでも私たちの体験に基づいており，体験を豊かなものにしてくれ，個々人の可能性を拡げるものである。そうした理解ができれば，たとえばソーシャルワーカーにとってアセスメントし，援助計画を立て，それに従って行動するという方法と，スピリチュアリティを大切にする実践とは，両立するものであり，両立することによってお互いの役割を果たすことになる。このことに関連して宗教哲学者の谷口隆之助は「人は取り除きうる危機はできるだけ取り除こうとし（科学的態度），取り除きえない危機には，そのまま身をあけわたすことによって生きている（宗教的態度）」(谷口 1979：200) と２つの態度を同時に生きていることを自覚することの必要性を示している。

2　個々の独自性を表す不完全さ

(1)　できない自分を表す

　ソーシャルワーカーとして仕事をしていると，病気や障がいによってクライエントがそれまでできていたことが，できなくなるという辛さを聴くことが度々ある。そうしたとき，私たちは「できなくてもよい」あるいは「できない自分を受け入れる」ことが必要だという対応をする。社会や周囲から必要とされることができなくても，一人のかけがえのない存在として生きる価値があることを知ってもらう。そうすることで，自分の足元を確認し，先に進みだすことができるからだ。

　ところが，そうした課題とはクライエントだけに限ったことではない。援助者であるソーシャルワーカー自身が向き合わざるをえないこともある。以前に，経験はまだ少ないが地道に実践を続けている卒業生のYさんから次のような相談があった。彼女は，脳の奇形による脳出血を数年前に発症し，その後は大きな後遺症もなく職場復帰していた。ところが，数ヵ月前から，身体の調子が悪くなり，〈てんかん〉の発作があった。薬を飲んでコントロールしているが，再発作がいつ，どこで起こるかもわからない。

　幸いなことに，勤務先が病院なので理解が示され，また上司も無理をしないようにと気を使ってくれていた。しかし，先に指摘したように予想できないてんかんの発作のことで不安を抱えていた。そのため，今後をどうしたらいいのか，もっと負荷がかからない仕事へ変わった方がいいのではと考え，私のところへ相談に来たのだった。

　Yさんの話を聴いていて，仕事は大変だが，職場の理解がある。また，病院という環境で発作への対応ができることがわかった。それならば，あえて職場を変わって新しい環境でのストレスに向き合うよりは，今の職場で働いた方がよいのではないかと私は感じた。だが，彼女は辛いといい，悩んでいる。上司

を始め，多くの職員が気を使ってくれており，それに応えなければいけないという人間関係も負担になっているようだ。そこでズバリ何が最も辛いのか問いかけてみた。彼女は，戸惑いながらも「こんな私が職場にいていいのか」と毎日思っていると答えてくれた。こうして，今の自分をことばにすることで，向き合わざるをえない課題がハッキリした。私はYさんに，「あなたがいつもクライエントに対してできなくてもいい，できることをすればよいと伝えているよね」と指摘した。私のことばに涙を流しながら頷いていくなかで今の自分を受け入れ，Yさんは決断することができた。そして，とりあえず半年間続けてみて，実際にどこまでできるかを考え，改めて検討しようということになった。

　当たり前のことだが，他人に対して行っていることが，自分の問題となると簡単にいかないことが起こる。それは，決して「わかっていない」からではなく，誰もが「一人ではできない」ことを表している。クライエントはソーシャルワーカーに受けとめられることで対応が可能となる。同様に，ソーシャルワーカーもできない自分，できないことを誰かに受けとめてもらうことで決断できる。そうした弱さを表せる自由さが，援助者として成長できる可能性でもある。

(2)　不完全であることから生まれる独自性

　困難な課題に直面したとき，私たちは自分の弱さやできないことが明らかになる。冒頭にヤスパースを引用して示したように，不幸のなかにいるときに自分らしくなる機会が訪れている。Yさんは思いもよらぬ病いで苦しんでいるのだが，できないと逃げるのではなく，できない自分を表すことで今の自分を受け入れることができたのである。ここにフランクルが言う生きる意味の基本となる「一回性と独自性」が問われていることがわかる。Yさんは自分の病いの体験からもたらされる一回一回の困難なことに，どのように応えるかが問われている。それに応えることとは，同じ一回は二度となく必ず終わりがあること，その中で決断して生きていることが一回性を大切にすることになる。同時に，

辛いことではあるが，誰もが有している人間の不完全さと向き合い，自身を独自な存在としてハッキリさせる機会としている。できない自分を表すことは，「個人は確かに不完全であるが，どの個人もその人独自な仕方で不完全だからである。個人は完全ではなく一面的であるが，しかしそのことによって独自なのである」（フランクル 2005：153）ということを体現することになる。反対に，フランクルも指摘するようにすべての人が完全であるならば，個人は代替可能となってしまう。このように，誰もがもともと不完全な存在であることが，個人の独自性を示していることがわかろう。

　私たちはもともと不完全な存在であるが，個々の不完全さは，社会的・文化的な次元において〈弱さ〉やできないこととして表れる。その際に弱さに対してどのような態度をとるかで自分自身が問われることになる。弱さと向き合うことで，誰もが有している不完全さを，また不完全な私を大切にできる。こうして，私たちは取替えのきかない独自な存在となり，生きる意味を見出すことができるのである。その決断が，「生を覚醒する瞬間」であり，自身の体験に基づいて起こることなのだが，今の自分を超えていき，そして日々の日常の自分に戻って来ることが可能になるのである。

　他方で，多くの人たちは，社会や組織の中で生きていくために弱さやできないことを表せなくなっている。たとえば，対人援助職として経験を積めば，また管理職になれば常に後輩や部下のモデルとして，いろいろなことがわかり，できることが求められる。そのため，できないこと，わからないことなどを隠し，自分を守る態度になっている。また，組織全体が立てられた目標に向かって歩むことに目を向けており，目標の達成に邪魔になるようなことは，できるだけ避けるようにしている。しかし，そうしたなかでは，いくら教育を体系的に行っていっても，取替えのきく職員を養成しているのであり，かけがえのない一人ひとりを大切にする人材養成にはならない。そこに潜在的にある課題とは，人間が不完全であるということを閉じ込めて，見えなくしてしまっていることである。弱い自分を表せないことは，自分を，また他者を信頼できない態度であり，孤立し一人で生きることになる。個人はただ機能的に，組織から

期待されることに従って行動することになり，その結果，個々人の可能性は奪い取られることになってしまう。

(3)　一人ではできない

　数ヵ月後にYさんから連絡があった。その後も悩んでどうしたらいいのかという日々が続いたとのことだった。やはり苦悩することのなかからしか決断はできない。同時に，それはできないことを潔くあきらめ，自分のできることを行うと決断することである。苦しいことだが，断念することが大事であり，そうすることで次にすることを揺るがないものにできる。その後，手術などいろいろな経緯があったが，現在は別の病院でソーシャルワーカーをしている。

　自分のことになると簡単にできないのは，Yさんだけではない。だから，私たちは，もともと一人では生きていないこと，〈関係性（relatedness）〉が意味をもつ。彼女が体験したことは苦しいことであったが，一人では生きていないという関係性を発見し，弱さと向き合うことで新たに生まれることができたのである。したがって，人間が不完全な存在であること，そしてフランクルが教えてくれているように不完全さが個々の独自性であるとは，相手との関係のなかでわかることであり，お互いが独自性を理解していくことで尊重し合える関係になる。

　ここでもう一つ確認をしておきたい。社会・文化的な次元で不完全さは弱さやダメさとして表れるのだが，それを受けとめ支えるのは，やはり同様に弱い人間である。強い人間であるとはね返してしまうし，近づきにくい。近づきやすい人は，受けとめてくれる人であり，弱さを出している人である。弱い人間が一生懸命になって相手を受けとめるのであり，だからこそ一生懸命さ，誠実さが伝わるのである。このように考えると，私たちが不完全な存在であることが，人間が関係的存在であることを教えてくれているのであり，一人ではできないことを可能にすることがわかる。困難な課題に遭遇したとき，普段は気づかない弱い，できない自分が見えてくるのだが，そうした弱さと向き合うこと

は一人ではできない。見守ってくれ，必要な時に手を差し出し支えてくれ，またあるときには突き放すように叱咤激励してくれる相手がいることで可能となるのである。このことは，日常の人間関係の課題に止まらず，対人援助の援助関係ということにおいても共通しているテーマになる。

3 他者の生きざまにかかわるケア

(1) 相手の人生である

　対人援助を行う人は，他者の生活や人生にかかわっていき，自分の人生のなかでは登場しないようなことに実践のなかで出会うことになる。そうしたとき，相手は今困っているが，助けを求めていない。しかし，辛いだろうなと感じると何かしたくなってしまう。援助者には結構お節介な人が多く，また，お節介でないと人をケアすることはできないのだろう。明確に物事をすべて区分して，これは私の仕事，それは私の仕事ではないと分けてしまえないし，他人のことだけど，気になる。そういう人が援助者には多いように思える。

　お節介な人たちが他人の人生にかかわっていくのだが，やはり，それは相手の人生であることを実践するなかで痛いほど身体で知ることになる。援助者がいくら心配をしても最終的には相手がどうしたいか，どうするかにかかっているからである。この辺りの区別がつかないと，ただのお節介で終わってしまう。つまり，援助の限界ということがあり，裏返すと可能性もあることになる。いくら援助者がよかれと思えることであっても，相手がそう思わなければ押し付けをしているだけで，ケアをしていることにはならない。

　ここで改めて，確認しておきたい。ソーシャルワーカーが支援を行っても最終的に決めるのはクライエントである。だが，これは本人が決めたことだからといって，全部それで済ませることはできるだろうか。そうしたらソーシャルワーカーはいなくても同じであるし，あるいは余計なことを言う人はいない方

がよいかもしれない。また，ソーシャルワーカーがいることで反発するような決定をするかもしれない。しかし，最終的に決定するのはクライエントであるから，私たちはすべての責任を負うことができない。すべてを担うことはできないが，クライエントが自分で決められるようにかかわるという責任があり，先に指摘した援助の限界だけでなく，そこから可能性が生まれることが起こる。具体的な例から考えてみよう。

(2)　偶然という必然

　私のゼミに所属していた K さんは，一般病院のソーシャルワーカーとして就職するが，精神保健福祉に強い関心をもち，5 年ぐらい勤めた後に希望して精神科の単科の病院に移ることになった。

　初出勤の日に予定では病棟に行き，入院患者に挨拶することになっていたが，その前に少しケース記録やカルテを見る時間があった。記録を読んでいると長期入院している 50 代の女性のことが気になった。そのため病棟でその人を探して挨拶した後に，彼は，初対面の相手に対して「ずいぶんと長いこと入院されていたのですから，今後は退院して地域で生活をしていきましょう。そのために私はお手伝いしますよ」と話しかけた。彼はやる気満々で，長期入院している人が地域で暮らせるようになることは，幸せなことだと，学習したとおり，理想どおりに行動したのである。ところが，それを聴いて女性は驚いて固まってしまった。「まずいな」と思いながらも，翌日も病棟に行き声をかけたところ，「私のそばに来ないで」と大声で叫ばれた。K ソーシャルワーカーは相手のことを理解しないで，一方的に自分の考えを押しつけたことを後悔した。しかし，それで諦めるのではなく，辛い場面も相当あったが，その後も相手のことをわかろうとしながらかかわり続けた。その結果，半年後に彼女は退院できた。嬉しいことに，退院するときにその女性は K ソーシャルワーカーに，「あなたが最初に言ってくれた時は本当に怖かったし，嫌な人が来たと思ったけど，あなたのおかげで私は地域で暮らせるようになりました」と感謝のこ

とばをかけてもらえた。

　こうした事例からわかることは，私たち援助者がすべての責任を担うことはできないが，相手が自分で決められるようにかかわる責任があることを教えてくれている。もちろん，本人が納得でき，援助者も良かったと思える決定ができるといい。Kソーシャルワーカーは，最初の日に相手を怖がらせるという失敗をし，自分のダメなところに気づいた。しかし，彼はそれでダメだと諦めるのではなく，何度も何度もその女性に会いに行き相手のことをわかろうとした。彼が行ったことは，不完全な自分を使って相手に誠実にかかわるということだった。その結果，相手の気持ちが動いたのだ。それは予め予測できたことではない。

　ソーシャルワーカーにとってアセスメントして援助方針として考えたことを計画通りに進められることは，専門職として求められることである。他方で，対人援助の実践とは，一人ではなく相手がいることで行えるのであり，こちらがいくら綿密に計画しても相手がその通りに動いてくれるとは限らない。多くのソーシャルワーカーは，むしろ計画通りにいかないことを多く体験しているだろう。そこには科学的態度だけでなく，援助者が感じたことを大切にし，自分を使うということで，相手の気持ちを動かし決断できるようになるというスピリチュアリティに基づくケアがあることがわかろう。このように，実践においては常に偶然がつきまとうが，それは一つの必然でもあると言うことができる。そして，この偶然という必然に対応するために求められるのは，ソーシャルワーカーの感性であり，ゆえにスピリチュアリティが大切なことになる。

(3) 贈られた生命に対する態度

　他者の生にかかわるということは，言うまでもなく大変なことである。その大変なことを対人援助職は仕事として行っている。援助の実践においては，単に相談のためのケースとしてだけでなく，不完全な存在として課題を通して苦悩し，決断することで自身の生きることを実現しようとしているクライエント

に出会う。先に紹介したＹさんは，自身が病いによって仕事を続けていいのか苦しんでいる。そして，病いという運命からから逃れることができない。Ｋソーシャルワーカーが出会った女性は，人生の大切な時期をほとんど病院で過ごし，その過去を変えることはできないし，今後も病院で過ごすことが当たりまえと思っていた。このように，運命的とも思える変えられない状況のなかにいる。究極の不自由さのなかで，彼女たちは不完全な自分を使って決断することができた。つまり，どんなに限界づけられていても，私たちは自由に生きることができるのである。そして，「無償の生の喜び」(谷口 1962：158) を感じ，生を覚醒することができる。

　谷口は，上記のことに関連して，死という誰もが避けられない運命に対しても自由であることができると指摘する。もちろん，死ななくなるという意味ではない。死は歴然とした事実としてありながらも，生の一回性のなかで生きる責任に応えることで生を充実させることができる。同時に，不完全な独自性を備えた個々が，自分らしくなることができるのである。こうしたことが可能となるとき，私たちは，論理としてではなく，体験として死へ自由になっているのである。

　不完全さから個々の可能性を論じていくことは，私たちが贈りものである生命をどのように受けとるのかという課題を示している。日常のなかに埋没していることで，多くの人たちは生命を自分のものであり，好きなように使っていいと勘違いしている。自殺という今日の社会的課題もこのことに関係している。しかし，変えられない運命に対してどのような態度をとるかということで，先に示したように自由になり，生の喜びを感じることができるとは，「贈られた生命を一つの課題として受けとめて生きる」(谷口 1962：159) ことを表している。もちろん，そのプロセスは簡単なことではない。事例でも見たように苦悩し，苦しむのだが，そのなかで大切なことを発見できる。

　このように，私たちは贈りものである生命をどのように生きるかということが問われており，そのことに応える責任がある。その責任を果たしていく行動のなかで，個々の可能性は開けてくる。可能性に挑む機会は常に身近にあるの

だが，多くの人は見過ごしているし，見ようとしない。相手を大切にしようと感じたときに自分のことを忘れて動けるかなのだが，いつでもそこから始まる。

【引用・参考文献】

Fromm, E.（1956）*The Art of Loving*, Harper & Brothers, New York.（鈴木晶訳，1991『愛するということ』紀伊國屋書店）

Frankl, V.（2005）*Ärztliche Seelsorge Grundlagen der Logotherapie und Existenzanalyse*, Deuticke im Paul Zsolnay Wein.（山田邦男監訳，2011『人間とは何か―実存的精神療法―』春秋社）

Husserl, E.（1950）*IDEEN ZU EINER REINEN PHÄNOMENOLOGIE UND PHÄNOMENOLOGISCHEN PHILOSOPHIE*, Martinus Nijhoff, Haag.（渡辺二郎訳，1979『純粋現象学と現象学的哲学のための諸構想』みすず書房）

早坂泰次郎（1986）『「関係」からの発想』IPR 研究会，絢文社

Jaspers, K.（1932）*Philosophie.*（小倉志祥・林田新二・渡辺二郎訳，2011『哲学』中央公論新社）

Macmurray, J.（1946）*The Structure of Religious Experience*, Yale University Press, New Haven Connecticut.（谷口隆之助訳，1965『人間関係の構造と宗教』誠信書房）

谷口隆之助（1979）『聖書の人生論』川島書店

谷口隆之助（1962）『疎外からの自由―現代に生きる知恵―』誠信書房

Frankl, V.（1946）*AERZTLICHE SEELSORGE*, Franz Deuticke, Wien.（霜山徳爾訳，1957『死と愛―実存分析入門―』みすず書房

Frankl, V.（1984）Homo Patiens: Versuch einer Pathodizee.（山田邦男・松田美佳訳，2004『苦悩する人間』春秋社）

佐藤俊一（2015）「人間関係の現象学―対象化への視点―」足立叡編著『臨床社会福祉学の展開』学文社

佐藤俊一（2014）「見えるの発見―対象とならないものを見る―」『研究会誌 IPR』No.21，日本IPR 研究会

第6章

共生を基盤とした臨床ソーシャルワーク

1　共生とは

　1965年に開学した淑徳大学は，建学の精神を「共生」とし，教育・研究活動の実践理念として掲げている。高等教育機関としての社会的な使命を果たすべく，それを人材育成の目標としている。この共生は，大乗仏教の精神に基づく「理想的な国家社会の建設と真実な人間の育成とを志向するもの」であり，「人間は社会と断絶した単なる個人として生存しているのではなく，個々人の関連協力のもとに生存しており，その総体ないし全体として社会を形成している。かくして，真実な人間形成は健全な社会の建設によってこそ可能であり，かつ健全な社会は真実な人間の育成をまたねばならない。人類の福祉ないし社会福祉の基点もここにもとめる」(大乗淑徳学園 2003：126) とし，まさに人間と社会の両者の関係を見据えた共生関係を基点とした淑徳大学の存立意義が示されている。50年前に建学の精神に基づく福祉社会の構築を目指し，社会福祉学部の単科大学として創立され，社会の現実に即した実践家を育成すべく教育・研究が続けられている。学祖である長谷川良信は，「真の社会福祉実践家」の育成を目的に創立し，開学前の研究者の教員が揃う教授会において「授業なり，学習なり，研究なりに当っていつも念頭に置きたいことは『良識に富む社会事業の実際家』ということで，理論のための理論家や，何が真理？　何が正義？　といつた問題の理論的究明に忙しくて現実の済生利民に直接役立たないような抽象論議やソヒスト的学究はこれをとらない」と実践を顧みずに行う抽

象的な論議を目指さず，現場に役立つ学問を学生に教育すると宣言している（長谷川 1965：600）。本章では，建学の精神である共生社会の実現を目標とする社会福祉実践であるソーシャルワークの基盤を仏教思想におき，その仏教思想とは何を指しているのかを明確にし，ソーシャルワークとの関係を考える。さらにソーシャルワークの基盤の仏教思想を押さえた上で，ソーシャルワークの支援の基礎としてソーシャルワーカーに求められる姿勢や態度等についてあきらかにする臨床ソーシャルワークとして位置づけていくことを目指す。

　21世紀を迎える以前から「共生（きょうせい）」は，あらゆる分野のテーマや政策提言，宣伝・広告等に用いられており，近年では，深みを持たずに多用されるなかで使い古された感さえある。それだけ，融和でイメージ性も強く，価値対立が生み出されにくい言葉としてわれわれのなかに浸透しているといえるであろう。しかし，多用された影響によりいささか軽く言葉が扱われている実態も否めない。そこで，改めて「共生」の概念整理を試みることから始めたい。

　生物学の用語である共生は，symbiosis の訳語で生物の生存様式を表しており，同生態系で生息する生物が互いによって生存が可能という関係を表す。相手がいないと生きていけない互いに利益を受け合っている場合を相利共生（そうり）（mutualism）といい，片方だけが相手からの利益を受けている場合を片利共生（へんり）（commensalism）という。さらに，片方だけ相手から利益を受け，その相手に（近年，損失（悪影響）ばかりともいえないとの研究もあるが）損失を与えている場合を寄生（parasitism）という。生物学において共生は，相手に損失を与えようともその個体間のあり方の質の具合いや結びつき方の内容を問わず，共生という概念で捉えられている。

　分野は異なるが生物学的な概念も包含し，人間社会において「共生（ともいき）」として提唱し，実践活動として示したのは，浄土宗僧侶で「共生会（きょうせいかい）」の創設者である椎尾弁匡（1876-1971）である。芹川博通は，椎尾の著書を示し，「宇宙万象のすがたは，すべてが『縁りて起る』とする仏教に一貫した根本思想の『縁起』の世界観に思想的根拠を置き，これをわかりやすく『共生（ともいき）』という語で表現した。『共生』の語は，直接的には，善導の『共生極楽』や『願共諸衆生，往生

安楽国』の文によるものであるが，『共生』の思想は，とくに第一次世界大戦の現代思想や国際思想，それに国体思想の実質たる同胞主義などの根拠にもとづくもので，弁匡は『万法の根本実相は共生』にあり」(芹川 2000：38) と結論づけ，「共生」を仏教の基盤思想である「縁起」として表している。さらに，「弁匡によると，共生とは，『人間としての真実生活を全うする』ことで，『ほんとうに生きる』ことであるという。『ほんとうに生きるということは，単なる存在の思想を打破して，常に進歩あり，調和あり，美しさある生きる道に進むにあります。(中略) 天地を抱擁して歩々進歩せしむ大生命の中にともにいかされるをいう』人間と人間の共生きはいうまでもなく，人間と動植物との共生き，人と大地や天空などとの共生きの現実こそ人生の実相である，とする。ここに彼の共生主義が，現代の生物学的・エコロジカルな『共生』の課題の先駆をなすものであることを，知ることができよう。」(芹川 2000：38) と生物学上の共生の課題の先駆をなすとして，領域を超えた捉え方がなされていると評価している。続いて，「弁匡は，共生とはいったい何かを主張し，何をさそうというのかを自問し，つづいて，ひとたび共生の道にめざめて生きる体験を得たならば，この道こそ真実であり，天地の大道，永遠の生命であるとする。この道によってこそ人間真実の生活が全うされるのであり，この道によってこそ一切が生きるのであると主張して，『共生』の包括的な意味を述べる」(芹川 2000：38-39) と芹川は，椎尾が共生を生き方の問いかけ，すなわち仏教における菩薩道として捉え，仏教の福祉理念を内包し，仏教の社会教化・社会事業の思想として具現化していると概観している。さらに仏教学研究者の梯信暁も「共生とはどちらかが異なった価値観を一方的に排斥し自らに同化させることによって共に生きようとするものでないことは言うまでもなく，個々人それぞれのあり方が尊重され認められ相互に支えあう生であり，そこにおいて自己変革がなされるところに成り立つ生と言えるであろう。その意味で，菩薩の活動こそ共生の原点であり，浄土は共生の理念が具現された世界と言える」と指摘している (梯 1999：248)。共生の具現化として椎尾は，1922 年に第 1 回が開催された「共生運動」を年に数十回実施したとされ，この運動は，宗教に基づく社会教化運動といわ

れており，「大正から昭和にかけての社会的変動に対応して，仏教の社会性，寺院の社会事業を通じて仏教の社会性，寺院の社会事業を通じて仏教に真の生命を見出そうとする運動（中略）個人的解脱ではなく『社会的に解脱し真の共生^{いき}を完うすべきである』とする諸縁和合による仏教の社会化を求める共生運動であった。この運動は，渡辺海旭^{わたなべかいぎょく}〈1872-1933〉の『共済』論につながるものであって，（中略）社会福祉を提起する仏教理念となった」(池田 2006：127) とされている。椎尾の活動が社会福祉実践そのものとはいいがたいが日本の古代から続く仏教徒による社会福祉実践をあげれば枚挙にいとまがない。淑徳大学創立者の長谷川も幼い頃から仏門に入り，浄土宗徒としてのアイデンティティのもとに貧民に対する支援活動を行ってきた。同じように先人の仏教徒が貧民や子ども，病者，高齢者に主体的にかかわる活動を行い続けた。その活動の基軸であり，困難性が高く厳しい活動を支え続ける基底は，いうまでもなく仏教思想である。いいかえれば，社会福祉の実践を支える社会福祉思想には，深く仏教思想が関連し，その根底を支えている部分があるといえる。中垣昌美は，「真の自由と平等の世界に生きることができるという仏教的生き方は，仏教福祉の源流でもある。真実を正しく認識し，縁起所生の法（因縁果の法則）を直視することによって，緊張の緩和や痛みからの解放，ないし癒しの福祉的実践を展開することができる。しなければならないのではなく，せざるをえない自然な主体的行為としての社会福祉活動こそが，仏教社会福祉の源流である」(中垣 2006：142) と言及している。

2　共生を支える仏教思想

　本節では，仏教思想の縁起観を源流とする共生が社会福祉実践や思想をどのように支えているのかを考える前に共生を支える仏教思想について示しておきたい。仏教は，現実の苦しみを理解し，その苦しみから解脱することを目指す。したがって，共生を提唱した椎尾は，共生運動により，社会的な解決を共生運動の実践に求めたといえる。これについて，「椎尾は仏教を主体とした『共生^{ともいき}

思想』を仏教と社会事業とをつなげる思想と位置づけ，仏教実践および仏教社
会事業実践の新たな展開を求めていたといえよう」と指摘されている（落
合 1995：126）。この世にあるすべてのものが相依相関の関係によって成り立ち，
つまり縁によって共に生き，生かされているという共生の実相があり，縁起に
よって共生社会が実現するとしている。この共生を支えている仏教思想につい
て次に考えていきたい。

　足立叡は，長谷川の社会福祉に関する実践と理論を概念的に整理したものを
「長谷川仏教社会事業論」として展開している。そこでは，長谷川の人間理解
の社会学的視点に焦点を当て，実践と理論における長谷川の臨床的な視点とそ
の意義を明らかにしている（足立 2003：3）。そこで長谷川の「仏教は孤在独存
を否定する。すべては社会関係の上に成立し，一として単独の個性は認められ
ないのである。個人とは社会の一面である。一切を共存共生の上に眺めてこそ
始めて真実の識見を樹立することができる」（長谷川 1926：26）と「仏教は社会
が個人の協同体といふ以上に，個人はすなわち社会なりであつて，社会以外に
個人の存在を認めないものである。若しも人あつて個我を主張するならば，そ
れは縁起を知らざる自殺的態度となすのである」（長谷川 1926：34）を論文から
引き，「縁起」，「無我」，「慈悲」として人間存在の関係性への視点に着目して
いる。まさに長谷川は，人間が独我的存在であることを否定し，個人と社会と
の関係性の視点をはっきりと述べている。ソーシャルワークという言葉を用い
てはいないが社会福祉の実践であるソーシャルワークの基本的視点が示されて
いるといえよう。仏教思想である「関係性」を理念の基盤とした「縁起」，「無
我」，「慈悲」が社会福祉の目指す共生社会を構築する共生の思想を支えている
のである。次に，「縁起」，「無我」，「慈悲」をソーシャルワークの基礎を問う
臨床ソーシャルワークの基盤となる理念とし，さらに仏教思想である「無常」
を人と環境との相互作用を重視するソーシャルワークの観点から加え，その思
想と実践的なあり方を検討していく。まず，この4つの思想について簡単に確
認しておきたい。

(1) 縁　起

　縁起は，「因縁生起」の略で仏教の中心をなす思想である。椎尾は，「仏教は無我の根底に立ち縁起の実相を主張いたします。すべてに個体の孤立を認めませぬ。一切は縁によってできあがってゆくのであります。誰人といえども一個人として独存すべきものではありません。この肉体が衆縁の合成であるように，その存続もまた衆縁の力であります。縁に遠近の差別こそあれ，全世界をあげて，一切が相依相関でないものはありません。」(椎尾 1925：7）と関係性の思想として明らかにし，「仏教は法即ち宇宙万象そのものの生成関係を説明して因縁生と言い，或は単に縁生，縁起と説いた。即ち『諸法は因縁によって生ず』といい，或は『縁起を見る者は法を見，法を見る者は縁起を見る』と教えている。是れ一切の存在相は相互依存の関係に外ならないことを示すのであり，その関係は複雑錯総して極まる所なく所謂無盡の縁起であつて，一物の存在の為には衆多無数の因縁が縦横に交渉し，天地一切の生命は陰に陽に作用し互に無量の要素，無数の条件を具備して現出する所のものである。而もかくして成れる事物の形態は，決して絶対的本質的なる存在ではなくして，所謂限り衆多の要素条件の相互に縁りすがれる仮和合の状態に過ぎない。」(長谷川 1926：34）と示している。有形無形の全てのものは，さまざまな条件や原因によって生まれるものであって，それ自体が単体として存在するものはない。人と人との関係や人と社会の関係も相互関係があって成り立っている。仏教学にも精通する社会福祉学者の吉田久一は，「原始仏教の根本思想は，縁起相関的『相依相対』『相互依存』である。『我』を否定して，他者の不幸を自己の不幸とみた。現実の世間は相互矛盾で，否定をはらみつつ依存しあっているとみる。『絶対平等』に基づく『共生』，その結果として『和合』が特色である。」(吉田 1955：155-156）とし，社会に現れているものは，依存と対立関係の中で存在し，矛盾と依存関係の連鎖にある。そう考えると社会で生きる人間は，自分の意識から外れたところで他者と自分を分け隔てずに大切にすることが求められていることがわかる。

(2)　無　　我

　世界的宗教学者の鈴木大拙は，無我とは，「世俗において我々の精神活動の主体であると考えられている自我魂 (ego-soul) などというものは存在しない。」，「無我論は，種々の精神作用の協力や統合が存在するということを否定するものではない。仏教では，この協力体系を我 (ātama) ではなく識 (vijñāna) と呼ぶ。識とは意識のことである。一方，我とは具体的な実体として考えられる自我 (ego) のことであり，それは心の最奥にあって自らの判断にしたがってあらゆる主観的活動をつかさどる実在の行為主体を意味する。そしてこの考えが，仏教では断固として否定されているのである。」(鈴木 1907：35-36) と全ての事象は，原因と結果（因果）で成り立っていると論理的に考え，真の実体はないと説明している。これは，自我＝自我意識ではなく，我そのものを認めないということではない。長谷川も「万有は悉く因縁会遇の結果であつて，一として個体的存在は無い。従つて人間，動物などの生物に於いても勿論個在として自我なるものは無いのであつて，畢竟無我である。かくして仏教は自我を打破し，無我に体達することによつて，自己の徹底的解放を得るというのである。」(長谷川 1926：35) と示し，さらに「而して更に吾人が如何なる状態に於て存在するかを見るに，是れ又，自己一人の存在ではなくして他人との関係に於ける存在に過ぎない。即ち他人に対する自己であり，父母に対する子であり，主人に対する従者であつて，単独なる自己や，子や従者なるものはあり得ないが如く，自他は相互関係であり，更に自他一如であり，円融無碍である。即ち仏陀が一人一切人，一切人一人と説かれたが如く，単一なる自我の個性を否定して，我他彼此の見解を絶した相互依存の関係こそ無我なりとすべきである。」(長谷川 1926：36) と述べている。個人は，単に一人として存在するものではなく，現に存在もしておらず，意識を超えたところに自分が存在していると捉えられる。そして，個人の存在が社会を構築し，個々人の関係を営みながら社会が存在するということを縁起と無我の関係についても示していることがわかる。

(3) 慈　　悲

　「慈悲」は，初期の仏教から基本的で実践的な徳目であるとして教示され，
一切の生きとし生けるもの全てに無量の愛情，慈しみの心を提供することが強
調されてきた。慈悲は，合成語であり，初期の仏教では，「慈」を強調しており，
遅れて「悲」もそなえるようになったが，もとは別々の言葉である。「慈」は，
友人，親しい人という「友愛の念」というところから真実の愛や友情という意
味である。「悲」は，哀れみ，悲しみ，同情という意味である。仏教学者の中
村元は，「慈と悲とどうちがうか，ということが問題となる。南方の伝統的保
守的仏教においては『慈』とは『同朋に利益と安楽とをもたらそうと望むこと』
（与楽）であり，悲とは『同朋から不利益と苦とを除去しようと浴すること』（抜
苦）であると註解している。」(中村 1970：118) と説明し，2つの文字は，語意が
いちじるしく似ており，合成語としてあまり区別されずに使用されているとい
える。さらに「慈悲は，求めることのない愛である。われわれは与えられる慈
悲に対して，ただ無限の感謝を捧げるのである。後世の『法華経』においては，
釈尊の言として，『一切の生きとし生けるものはわが子なり。』というが，慈悲
は子に対する親の愛情を純粋化して考えられたものであろう。慈悲は人間を超
えてしかも人間のうちに実現されることが要請される。実践の究極的な理想な
のである。人間のうちにあるものでありながら，しかもそれを超えたものとし
て現れるのである。」(中村 1970：126-127) と示し，慈悲の慈しみは，限定した範
囲内での慈しみではなく，惜しみなく無量であり限界がないところで他者に同
情し，そこから支援が生まれてくるということを指している。現代でいうと，
利他の心としても慈悲の意識の執着を超えた「無我」のところで差別意識のな
いボランティアの実践が展開されているということである。

(4) 無　　常

　仏教では，「諸行無常」といい，起こる全ての現象は，生滅し，変化せずに

常に同じであることはないと説いている。人は，常に死の恐怖，危険にさらされその身体はもろくはかない。死や病い，老いに代表される人間がもつ苦しみは，自分の思い通りにいかない現実や希望から外れたことにぶつかるところで起生してくる。いくらあがいても生老病死の苦から逃れることができないため，病いも老いも死も起こる現実から避けようとする欲望自体を捨て去ることを仏教はすすめる。苦しみも自然現象ではなく，原因があり，それを取り除くことが必要となる。個々の原因ではなく，根本原因となる欲望を捨てれば，まどうことがなくなる。しかし，人間が欲望を捨てるということを実現することは容易なことではない。そこで，欲望を捨てるということからではなく，常住の不変が真理であると仏教は教える。人間が無常を理解できないために嘆き悲しみ，苦しむのであるが，全て無常であるということを知るときに心の平安が生まれると導く。ソーシャルワークの支援過程において「苦悩とどう向き合うか」がクライエントの大きな課題となる場合がある。苦しみそのものをソーシャルワーカーが理解したいと接近し，クライエントを受けとめようと接近する行為そのものにクライエントが勇気づけられ，その苦悩と真正面から向き合うことができるのである。

3　仏教思想とソーシャルワーク

　社会福祉学の教科書では，社会福祉が制度として始まった歴史を1601年のエリザベス救貧法とし，1869年に設立された民間団体の慈善組織協会の活動や1884年設立した「トインビー・ホール」におけるセツルメント活動がイギリスで萌芽し，アメリカに移入された後にソーシャルワークの体系化がなされたと示している。国家制度としての救貧活動の確立前にも慈善事業の福祉実践は宗教家らにより展開されていた。慈善事業は，『旧約聖書』にある人間が本来もっている「隣人愛（カリタス）」の教えを基盤とするキリスト教精神に基づいて行われた支援活動であった。近代以前から行われている相互扶助的な支援活動よりも慈善活動は，実践活動の基盤が広く，見ず知らずの他者に対する献

身的な活動であった。隣人に施しを与えることにより，自らの魂が救われ免罪符的な意味をもち神に仕える行為という神との関係の中でのボランタリーな実践活動であり，こうした宗教思想の基盤の上に社会福祉実践が展開されていた。日本でも，1549 年に鹿児島県に上陸したイエズス会宣教師の伝道活動によりキリスト教とそれに根付いた慈善活動が広がった。しかし，日本におけるキリスト教徒の慈善活動のはるか前より，仏教思想を理念とした福祉実践が展開されていた。日本の社会福祉の始祖的な地位であるといわれるのが聖徳太子 (574-622) である。日本最古といわれる今でいう保健，福祉，医療の専門施設である「四箇院」を創設したと伝承され，奈良時代に入って民衆の救済活動を展開した僧侶である行基 (668-749) の活動も注目すべきである。当時の僧侶は，寺にこもり民衆への布教活動さえも禁止されていたが行基は，積極的に民衆の生活に入り，貧しい農民を助ける活動，特に池や橋の建築をする水利工事を行った。その他僧侶が展開する仏教思想を基盤とした福祉実践は数多くある。仏教思想に基づく福祉活動は，現代にまで継続されているが日本では，戦後のGHQ によりアメリカからソーシャルワーク実践や理論体系が導入されたために仏教思想における福祉実践は，クローズアップされない。影が薄い状況であっても，仏教思想を基盤におく共生を建学の精神とする淑徳大学で展開されている教育・研究の理念は，ソーシャルワークの基礎をなしているといえる。ソーシャルワークの基礎としての仏教思想の概念整理が乏しいなかで吉田は，「社会福祉にとって重要なことは，社会福祉問題の社会的認識と，その社会福祉問題を担っている人々の人間的実存に，いかに迫り，問題解決をするかということである。特に後者は宗教的福祉の課題の中心である。終末は原初に戻り，そこから問い直すことにある。原始仏教や原始キリスト教が，二十世紀末福祉に提示するものは何か。(1)仏教のもつ『「生きとし生ける者」に対する「無量」の慈悲』にしろ，キリスト教的アガペーの持つ『永遠のヒューマニズム』にしろ，どちらもニヒリズム，エゴイズムを否定しながら，新たな状況を生み出す内面的エネルギーを提供するものである。慈悲やアガペーは，階級的差別や国境を超えたものである。(2)仏教的『共生』『自他不二』的縁起相関と，キリス

ト教的『公正』『正義』とは，教義的建て前を異にしながら，社会福祉政策や
福祉サービス実践を内面から支え，共に社会福祉価値を提起するパートナーと
なっていく使命がある。(3)仏教的『生きとし生ける者』，キリスト教的『神の像』
は，前者は生物全体の『仏性』を保証し，後者は『社会福祉対象』の人格・人
権を保証し，そこから個人の『自立―自由』を考えている。」と仏教とキリス
ト教との対比によってそれぞれの宗教の理念の社会福祉への活かされ方を整理
している（吉田 1995：162）。

　仏教は，哲学だともいわれる側面をもつが人間存在の把握の仕方を示し，人
間のあり方や生き方を追求するものといえる。仏教学者水谷幸正は，「『いま，
ここに，生かされて生きる』。この実感と自覚が，仏教への入口であり，また
目標でもある。人間としての『いのち』を持って（仏教的には，いただいて，と受
けとめる），二度とないこの人生をいかに生きぬいてゆくかということを，歴史
的社会の面においてのみ考えてゆくのではなくして，時間的空間的に無限大の
拡がりの中において自分自身の存在感を感得し認識してゆくことを仏教は教え
てくれる。」(水谷 1999：14-15) と示している。ソーシャルワークは，対象をどの
ように援助者自身を使いながら理解を深めていくのか問われているわけである
が，仏教思想における先に述べた共生を支える４つの思想は，対象者をどのよ
うに理解するのかということだけではなく，援助者であるソーシャルワーカー
自身の「人間のあり方や生き方」の指針になっているということである。

4　臨床ソーシャルワークとは

　臨床ソーシャルワークは，社会福祉学の分野論としてクライエントをみるも
のではなく，あくまでも人間関係学を基礎に置き，関係性を基盤としてソー
シャルワークを実践していくものといえる。そこでは，臨床社会福祉学を基礎
学問として，対象者であるクライエントをソーシャルワーカーとの関係性のな
かでどのように理解していくかを思考していく実践の学である。「臨床的
(clinical) とは，ヨーロッパ中世における聖職者の独自な役割を意味した。病者

の身体的苦闘が終わりに近づき死に臨むことが認められる時，全き孤独の不安におののく精神を創造者たる神との出会いへと導く営みである。このように臨床的とは，人間に対する全人的配慮の態度を示すことばである」という指摘からもそのことは明らかである（岩井 1973：1）。早坂泰次郎は，「臨床（的）」という語を用いる場合には，「場としての臨床」と「態度としての臨床」(早坂 1988：52）との相違があらかじめ明確になっていなければならないとする。それは，ソーシャルワーカーにとっても対人援助の専門性に関わる重要な点である。その点について，足立は，「社会福祉教育にとって，社会福祉実践における知識や技術を支える，援助者の方法論とでもいうべき意味での『臨床的』(すなわち先にみた『態度としての臨床』）思考とそのことへの厳しい訓練や体験学習というものを欠くならば，その結果として，制度や政策による場合と同様，そこでの人間＝クライエントは現場的『技術主義』の対象として，つまりいわゆる『場としての臨床』のための知識や技術の操作的『対象』として取り扱われてしまうことになりかねないということだといえよう（足立 2003：96）としている。ソーシャルワークの実践において，究極的には「自己の本質を見失ったもしくは危機的状態」に悩むクライエントを支援することを「臨床ソーシャルワーク」は目指す。支援対象であるクライエントは，「自らが存在する意義」を真から理解し，確信が持てない状態に位置していると考えられる。実存が揺らぐクライエントに対する心理的な支援と同時に生活課題の改善を目指した具体的な支援の実施が必要となる。この状態から積極的に自分の問題に悩みながらも自己の生きる意味を発見することを目指すためには，他者の力が有用であり，生活に根ざした現実的な支援を実現するソーシャルワークが求められ，「一人の人のために自己自身を投入し，その人と全人格を傾けて『ともにいる』態度」(早坂 1988：51）を有するソーシャルワーカーの助力が必要となる。

5　臨床ソーシャルワークの基盤となる臨床的態度

(1)　当事者性をもつこと

　私たち人間は，困っている人を目の前にしたときに無関心でいることはできない。こうした手を差し伸べる行為が他者に対する援助の根本的な動機として存在する。実践家でもあり社会福祉学者でもある阿部志郎は，「福祉の哲学は，机上の理屈や観念ではなく，ニードに直面する人の苦しみを共有し，悩みを分かち合いながら，その人々の持つ『呻き』への応答として深い思索を生み出す努力であるところに，特徴がある」(阿部 2008：8) とし，「『呻き』を全体的＝全人格的に受けとめ，いかに主体的な自己の存在をあげて対応するかが問われるので，知識や技術をどう活用し生かすかの『態度』と『精神』の問題となる。呻きは，局部の痛みというより魂の痛みだからである。」(阿部 2008：10) と述べる。他者の痛みや苦しみを全人格的に受けとめるとは，他者の痛みをまるで自分の痛みのように感じ取り，受け取るということである。先に示した「慈悲」であり，他者の悲しみに自分も同じように苦しみ哀れみをもち，共感し，思わず手を差し伸べる精神である。人間一人ひとりは，それぞれが代理不可能な存在であり，一人の幸せや人格を重んじることを前提に支援が存在する。他者に対し，当事者性をもって相対することを支援の基盤としており，その人間理解の仕方がソーシャルワーク実践の特徴といえる。

(2)　クライエントと同様の生活者として生きる

　日常生活の中で最低限生きるうえでのあるべきものが欠けた場合，不自由や不満を感じる。生活上の要求が満たされない状況は，生活者である当事者にとって現実的な課題である。とりあえずそれを置いて他のことを考えるということができない事柄として目の前に現れる。「われわれの生活問題は，その問

題当事者にとっては，単なる理論的説明ではすますことのできないほどの現実的課題であって，ともかくも現実的に利用できる条件によって解決するか，代償的方法によって満足するか，いずれにしても解決を求めてやまない問題である。それは生活とは，しばらくでも休んだり，やめたりすることのできない絶対的かつ現実的な課題だからである。」(山縣他 2012：5）という。ソーシャルワーカーは，自分の生活を歩みながらその生活全体を把握し，その主体的存在として暮らしている。他人に侵されない自分の生活を営んで一瞬とも抜けられないという感覚を援助者が自らの生活感覚同様にクライエントに対してももつことが必要であり，それをどこまでも生活の現実的感覚として備えていることがクライエントの生活ニーズを的確に把握するために必要である。こうした点において支援者の経験的な生活感覚は，クライエントの生活を理解するうえで有用であり，生活支援者になくてはならないものである。そこに毎日の生活であってもわれわれは「無常」の現象にいることを知る必要性がある。毎日は，同じであるわけではなく，常に変化のなかにいることを理解し，無常の現実のなかでその瞬間での身のおき方を考えることになる。しかるに「今ここで」の対応が重要となるのである。

(3) 関係性から意味の発見

　ソーシャルワーカーは，たとえば，病いや障がいを体験することによって「自分の存在意義は何なのか」と自己否定的に悩み続け，「自分の生きる意味」を見失い希望を失って生活に支障をきたすクライエントに出会う。そこでは，生活障害を契機として「自らの存在を問う」支援が必要となる。生活障害の課題をクライエントの全体性として捉え，人間存在のあり方から支援していく視点が必要となる。人間存在は，関係性のなかでこそ発見できるものである。決して人は，一人では生きていないという事実が理解できるときに自己の存在は，自己のみで成り立っておらず自分の意識を超えたところにいるという「無我」に気づく。そうしたときに自己と他者の関係に改めて目が向き，自己がど

うあるべきなのかを考えていく支援が可能となる。生活障害を扱うソーシャル
ワーカーとして意味の発見への支援は，生活支援とセットなって現れてくると
いうこととクライエントがニードとして表明しないことが多いためにその支援
提供には，研ぎ澄まされた感性が求められる。

‖ (4) 弱さの受容と苦悩の肯定

　1980年代に入り，ソーシャルワークの分野においてストレングスの視点が
うたわれるようになった。それまでの医学モデルとは異なり，クライエントの
可能性や能力，強みに着目して支援を展開することが主たる概念である。スト
レングスが着目される以前は，クライエントの弱さや困難性をピックアップ
し，その弱さを補い生活問題を改善するためにさまざまな社会資源を利用する
ことで支援をしてきた。しかし，弱さをアセスメントし，補い強化するだけで
は，クライエントが主体的に問題解決していくことがむずかしいということか
らも，クライエントのストレングスを引き出し，それを伸ばす視点が取り入れ
られるようになった。こうして，わが国の実践現場においてもストレングスが
多用され，ソーシャルワーカーの視点としても導入されるようになり一般化し
ている。しかし，支援の展開過程のなかでクライエントの強さが強調されても
クライエントの弱さや不完全さがなくなるわけではない。強さから支援を展開
する一方でクライエントの生活障害を引き起こす背景ともなりうる弱さや不完
全さに着目していく必要がある。クライエントは，弱さや脆さを感じているか
らこそ相談や支援活動につながるのである。また，クライエントの弱さや脆さ
にソーシャルワーカーは，感情を動かされ支援へと身体が動き，クライエント
がみせる弱さに出会う。その弱さや脆さ自体にクライエントが向き合い，それ
自体の改善や緩和する支援関係において，共にチャレンジすることが問題解決
の道につながる。その時にクライエントは，できれば目の当たりにしたくない
自身の弱さや脆さに真正面から向き合い，事実を受け止めることで課題解決に
つながる。共にその過程を歩もうとしてくれるソーシャルワーカーの存在は大

きい。ソーシャルワーカーがクライエントの弱さや脆さを否定せずに受け止めるからこそクライエントにも受け止める姿勢が芽生える。そして，弱さに向き合うこと自体がクライエントにとっての苦悩ともいえる。苦悩は，クライエントを人間的に成長させ，生き方を変える力を有している。したがって，ソーシャルワーカーは，苦悩を排除したり，避けたりするための支援を展開するのではない。支援においては，クライエントの苦悩から価値基準を見直したり，生きる意味の再発見につなげることを目指していくのである。「人生は，苦である」と仏教では捉え，生理的，心理的な苦しみを意味するだけではなく，人間の存在するそのものが苦であると考えている。この苦悩を全く排除することはできないが，この苦悩に向き合う態度，自らの生き方やどのように身をおくのか，現実を考える支援が必要となる。そこで「無常」という常住不変を理解し，苦悩の根本原因である欲からの離脱という理念が助けとなるであろう。

　困難にあるクライエントをどうわかろうとするのかは，ソーシャルワーク支援の「肝」の部分である。それは，何かを知るという物としての支援者側の関心で評価的に相手をみるということではない。「わかる」という行為は，自分の興味を中心に据えるのではなく，相手の興味や関心それ自体をわかろうとすることである。わかろうとすることは，支援者側の尺度で評価するのではなく，クライエントの世界の側に行き，相手を主体として，意味の源泉をもつ人してその世界を理解することに努めることである。合わせて，知るとは異なり，「わかる」とは，自分が「かわる」ということをも意味し，「わか（ろうとす）る」態度をとることで自分を変化させ，結果的に成長させることにつながる。

　このように，ソーシャルワークにおいて，どのように対象に関与（臨床的態度）していくのかは，その結果を左右する重要な点である。これを一言で表すならば，「コミットメント（commitment）力」であり，事象に対し積極的に関与する力が求められる。「commit」の名詞形であるがその語源は，「委ねる」「関わりあうこと」「誓約，公言する」であり，「責任をもって関わる」という英語には，日本語より重い意味が含まれている。そこには，「相手に援助や愛情を真剣に

継続的に与える」という意味がある。この「コミットメント力」を備えたその上に専門的な実践力となる技術や知識が活かされ，社会福祉の実践であるソーシャルワークが展開されることになる。したがって，ソーシャルワークにもさまざまなアプローチ方法があるが，それらの効果を左右するその一つが臨床的態度といえ，専門的な技術や知識の下支えをしているのである。そこでは，実践者の生き方が厳しく問われていると言えよう。その基盤として仏教思想がなし得ていることを思考してきた。人の行為を判断・決定し，優先順位等の選択をするために理念や思想が必要となる。常に人も社会も変化するなかで支援者も解釈し決断をしていかざるをえないが，そこで理念・思想が指針として役立つ。この根本となる考え方がソーシャルワークの鍵となるといえよう。

【引用・参考文献】

大乗淑徳学園（2003）『大乗淑徳教本』大乗淑徳学園

長谷川良信（1965）「教育についての論説」（長谷川匡俊監修，2004『長谷川良信全集　第 2 巻』日本図書センター）

芹川博通（2000）「共済主義と共生主義」小林孝輔・古田紹欽・峰島旭雄・吉田久一監修『現代日本と仏教Ⅳ　福祉と仏教』平凡社

梯信暁（1999）「浄土教と共生の思想」日本仏教学会監編集『仏教における共生思想』平楽寺書籍

池田敬正（2006）「椎尾弁匡」日本仏教社会学会編集『日本仏教社会福祉辞典』法藏館

中垣昌美（2006）「無」日本仏教社会福祉学会編集『仏教社会福祉辞典』法藏館

落合崇史（1995）「14. 椎尾弁匡」原典仏教福祉編集委員会編『原典仏教福祉』渓水社

足立叡（2003）「淑徳社会福祉学の今日的意義—長谷川仏教社会事業論にみる臨床的視点とその現在性—」淑徳社会福祉研究編集委員会『淑徳社会福祉研究』第 10 号淑徳社会福祉学会

長谷川良信（1926）『社会問題と宗教思想』大東出版社（長谷川匡俊監修，2004『長谷川良信全集　第 2 巻』日本図書センター）

椎尾弁匡（1925）『共生講壇』（椎尾弁匡，1973『椎尾辯匡選集　第九巻』山喜房佛書林）

Daiset Teitaro Suzuyki（1907）*Outlines of Mahāyana Buddhism*, London, and Company 1907.（佐々木閑訳，2004『大乗仏教概論』岩波書店）

中村元（1970）『原始仏教　その思想と生活』日本放送出版協会

吉田久一（1995）「解説　仏教と福祉」原典仏教福祉編集委員会編『原典仏教福祉』渓水社

岩井祐彦（1973）「発刊のことば」立教大学社会福祉研究所編『立教大学社会福祉ニュース・
　　第1号』立教大学社会福祉研究所

早坂泰次郎（1988）「感性と人間関係」日野原重明編『アートとヒューマニティ』中央法規

足立叡（2003）『臨床社会福祉学の基礎研究　第2版』学文社

阿部志郎（2008）『改訂版福祉の哲学』誠信書房

山縣文治他編（2012）『社会福祉における生活者主体論』ミネルヴァ書房

水谷幸正（1999）『仏教を知る』浄土宗

中村元（1967）『慈悲』平楽寺書店

中村元（1981）『自我と無我』平楽寺書店

諸富祥彦（2016）『知の教科書　フランクル』講談社

長谷川匡俊（2002）『宗教福祉論』医歯薬出版

第7章

社会福祉実践における利他共生
―福祉の仕事をする意味―

山口　光治

1　社会福祉の歴史的展開

　少子・高齢社会が急速に進む現代のわが国において，団塊世代が後期高齢者に至る 2025 年には，253 万人の介護人材の需要が見込まれている（厚生労働省 2015）。「現状推移シナリオ」に基づくと，約 38 万人の需給ギャップ（不足）が予測されており，介護職の確保が喫緊の課題として指摘されている。ここでいう「現状推移シナリオ」とは，2015 年度以降に取り組む新たな施策の効果を見込まず，近年の入職・離職等の動向に将来の生産年齢人口の減少等の人口動態を反映した供給見込みをさしている。また一方で，障害者福祉分野においても支援にあたる人材の不足が課題となっており，学生の実習指導や研修で訪れた施設からは，ぜひ学生を現場に送り込んでほしいと嘆願されることが多い。福祉サービスにおける需要の増大や多様化が見込まれ，利用者本位の質の高い福祉サービスが求められる時代にあって，その要となる福祉人材が量的に，さらに質的に十分確保できないでいるのが今日の現状である。社会にはあまたの職業があり，社会福祉に関する職業に就こうとする人は一定程度存在するのは事実であるが，それでも不足しているのである。社会福祉領域といっても幅広く，特に介護保険制度や障害者総合支援法にかかわる分野での福祉人材の養成と確保が国家的な重要課題となっている。

　このように福祉人材が量的・質的に求められる社会情勢のなかで，社会福祉の仕事（ここでは福祉や介護サービスを含めて「社会福祉実践」という）に携わってい

る者は，それに職業として従事し，対価としての生活の糧を得ている。しかし，社会福祉実践から得られるものとは，それだけなのだろうか。福祉や介護サービスに従事する者（以下，「従事者」という）といっても，その職業選択の理由は千差万別であり，自ら積極的に選択して仕事を選んだ者もいれば，人に勧められたり，この仕事しかなかったという者もいるであろう。どのような理由で社会福祉実践へ従事することに至ったとしても，収入を得る手段であることは共通である。しかし，その仕事を通して他に得ているもの，収入額の高低に関係なく得られるものは他にないのであろうか，といった疑問が生じてくる。そうした筆者の問題意識は，社会福祉実践に従事する者の「福祉の仕事をする意味」の問題として焦点化され，長谷川良信が言うところの「利他主義」を糸口に整理を試みるものである。筆者の理解では，長谷川自身は「利他共生」という言葉を用いてはいないが，本稿では次の意味で用いることにした。長谷川は「淑徳教育の基本精神―70周年記念祭に際して―」の文章の一節に「菩薩の本領は大慈悲を実行することであり，これは己れを後にして，人を先にする，世のため，人のために立ち働くことが結果的に自己のためにもなるという，逆の真理の応用を生活態度とすることである」(長谷川1981：100-101) と記している。そこから，利他共生を「社会のため，他者のために立ち働くことにより，結果的に自己のためにもなる」という意味で用いることにした。

　次に，社会福祉の歴史を振り返り，社会福祉実践が社会的に必要となってきた経緯についてふれておきたい。なぜ社会福祉という社会的施策が形成されてきたのかについて簡単に述べるとすれば，貧困問題を原点に，その原因が個人の責任から社会の責任へと捉えられ，国家の責任として国民の最低限度の生活を保障することを位置づけたからである。わが国では，日本国憲法第25条が，その理念を示しており，それを具現化するために社会福祉の各法律が制定され，その法制度に基づき施設サービスや在宅サービス，行政機関等が設けられ，そこに従事者が配置され，本来国家が行うべき社会的役割（「社会のために」）を担い，各種福祉サービスを提供しているのである。しかし，残念ながらそのような公的で重要な役割を担うはずの従事者が，福祉サービス利用者に対して虐

待や暴力，経済的搾取等をしてしまう事案が発生している。社会からは福祉施設や従事者の責任が問われることは言うまでもないが，また一方で，従事者自身には福祉職に従事する意味，社会のために働く意味が問われているといえる。

　さらに，仲村優一の整理（仲村 1991：21-46）をもとに，社会福祉の歴史的発展をやや詳しく概観すると，今日の社会福祉につながる取り組みは，欧米においてもわが国においても，まずは貧困への対処からその歩みが始まっている。中世封建社会において生じた貧困は，村落共同体という集団内部の相互扶助により助けられ，社会全体の問題としては認識されていなかった。しかし，集団内部で助けることができず，網の目から漏れる貧民などもおり，それに対しては，カトリック教会や修道院によって「貧困者であっても神の前には神の子として同胞愛のもとに等しく救済されなければならない」とする宗教的慈善事業が始められた。

　また，わが国においても，生活困窮に陥った人は，まず頼りにしたのは親族であり「親族相救」という考え方を基本としていた。次に手をさしのべたのは，協同生活を余儀なくされている村人で，「隣保相扶」が行われた。封建社会における貧困は，社会問題とされず，家や村などの単位で相互救済することが当然とされた。

　近代の資本主義社会への転換期においても，貧民に対しては社会の秩序を脅かす存在と捉えられ，厳しく取り扱われ，貧困に陥るのは個人の性格や欠陥，努力の欠如といった個人責任である見方がなされた。その後，産業革命がはじまり，近代国家へと発展するなかで，社会調査が行われて，貧困の原因は個人の責任ではなく，むしろ，低賃金と雇用の機会が不足するといった社会の側の責任であることが明らかにされた。その頃より近代的社会事業が始まり，それが福祉国家，そして防貧も含めた社会保障，社会福祉へと発展してきている。つまり，貧困を含めた社会福祉の問題に対しては，国家の責任として取り組まねばならないものであること，そして，それを直接的に担い，福祉サービスを提供しているのが従事者であるということを確認しておきたい。

そして，わが国では 2000 年を一つの境に，高齢者の介護制度と障害者福祉の支援制度を中心として，契約方式が導入され，自らが主体的に福祉サービスを選択していく時代へと至っている。しかし，そのことは一方で公的な責任を果たしてきた措置制度から，自己決定・自己責任論の強調による契約利用へ転換することによる，社会福祉の公的責任の後退を意味することが危惧された。実際に，福祉施設経営者や従事者の意識のなかには，市場原理主義によるサービスの一つとして「経営第一」としか考えられていない面もあり，福祉サービスの質は従事者の質に左右されるといわれるが，サービスの質よりも単に従事者の数をそろえることに終始している面もみられている。また，先に述べた福祉人材難の問題も背景にあり，そのマイナスの影響によるものなのか，従事者による不祥事も絶えない。

数ある職業の一つとして福祉職や介護職を選択したとしても，その仕事を通して，働く意味，「私がこの仕事をする意味」について感じ，考える機会はあるであろう。筆者の拙い経験からしても，その人その人にとっての社会福祉領域で働く意味があり，人は誰しも思考の原則を知っているし，持っている。今日の社会福祉実践を担う従事者においても，収入を得る以外に，それぞれにとってこの仕事をする意味があると考える。

2 従事者がこの仕事を選んだ理由

では，従事者は社会福祉実践をなぜ選んだのだろうか，『平成 26 年度「介護労働実態調査」の結果』(介護労働安定センター 2015) から見てみたい。

(1) 調査概要と方法

本調査は，厚生労働省からの委託を受けて公益財団法人介護労働安定センターが毎年実施している調査であり，「事業所における介護労働実態調査」と「介護労働者の就業実態と就業意識調査」の 2 つの調査をまとめたものである。

　「事業所における介護労働実態調査」は，全国の介護保険サービスを実施す
る事業所から無作為抽出した 17,295 事業所を対象にアンケート調査を実施し
たものであり，有効回答は 8,317 事業所で，有効回収率は 48.1％であった。「介
護労働者の就業実態と就業意識調査」は先の事業所のなかで，1 事業所あたり
介護にかかわる労働者 3 人を上限に選出した 51,885 人に対し，調査票を配布
してアンケート調査を実施したものであり，有効回答は 20,334 人で，有効回
収率 39.2％であった。

　調査対象期日は，原則として 2014 年 10 月 1 日現在であり，調査実施期間は，
2014 年 10 月 1 日～10 月 31 日であった。調査方法は，自計式郵送方法によっ
ている。

(2)　調査から見えること

　2 つの調査のうちの「介護労働者の就業実態と就業意識調査」の「仕事につ
いての考え方」の項目のいくつかの設問に注目した。一つは「現在の仕事を選
んだ理由」，次いで「現在の仕事の満足度」，そして「今の仕事の継続意志」で
ある。

　「現在の仕事を選んだ理由」については，複数回答であるが次のような結果
であった。もっとも多かったのは「働きがいのある仕事だと思ったから」であ
り，全体の 52.6％。次いで，「資格・技能が活かせるから」で 36.2％，「今後も
ニーズが高まる仕事だから」が 35.3％，「人や社会の役に立ちたいから」
32.0％，「お年寄りが好きだから」25.6％，「介護の知識や技能が身につくから」
24.3％，「身近な人の介護の経験から」16.5％と続いている。

　この設問の回答の第 1 位が「働きがいのある仕事だと思ったから」という結
果であったが，次の設問の「現在の仕事の満足度（満足＋やや満足）」の結果の
第 1 位が「仕事の内容・やりがい」53.5％であり，また「今の仕事の継続意志」
の回答の第 1 位が「働き続けられるかぎり」で 54.8％であることを鑑みると，
介護労働に働きがいを期待し，実際に働きがいを感じており，働き続けられる

限り働こうという考えを持っている者が半数を占めていることがわかる。

　また，「現在の仕事を選んだ理由」の選択肢には，先に述べた7項目の他に「生きがい・社会参加のため」，「給与等の収入が多いから」，「自分や家族の都合のよい時間（日）に働けるから」，「他によい仕事がないため」などがある。しかし，そのほとんどが回答者自身の利益につながる選択肢であるといえる。また，他者のことを第一とした選択肢としては，「今後もニーズが高まる仕事だから」，「人や社会の役に立ちたいから」があり，ともに回答結果からは30％強の回答であり，社会や他者のために自己を活かそうとする姿勢が垣間見える。さらに，「あなたの今の仕事や職場には，次のようなことがあてはまりますか」という設問に対する回答では，「利用者の援助・支援や生活改善につながる」43.5％，「専門性が発揮できる」34.5％，「自分が成長している実感がある」32.1％，「仕事が楽しい」33.0％，「福祉に貢献できる」30.5％となっており，介護の仕事の社会的意義につながる「利用者の援助・支援や生活改善につながる」，「福祉に貢献できる」が高い割合を占めている。これも介護に従事している者の社会的役割や他者のために福祉の仕事を選ぶという認識がみてとれる。

　では，具体的に従事者の声から利他共生について考えてみたい。

3　筆者の体験にみる利他共生

　大学を卒業し，高齢者福祉の仕事に従事した筆者自身の体験から，利他共生について体感したことを挙げてみたい。このことは，すでに『大学で福祉を学ぼうとするあなたへ』（山口 2007）のなかに詳しく記しているが，ここではその一部を紹介しておきたい。

　高齢者への介護や生活相談にかかわり，高齢者やその家族との出会いから，多くのことを考え，学ぶ機会を得てきたことについて述べているなかに，次の部分がある。やや長いが引用してみたい。

　「これまで出会った多くの高齢者から学ばせていただいたからこそ，今の自

分があることを痛感します。たとえば，福祉に関する知識や技術は，それなり
に研修を受け学習すれば得ることができますが，人生には必ず終わりがあり，
そこに向かって生きている人をどう理解し，どう考えてかかわればよいのかと
いう思想や価値は，高齢者と実際に出会い交わらなければ体得し得なかったの
ではないかと思います。これは教え込まれて身につくというよりは，高齢者と
ともに時間や空間を過ごしながら，その高齢者と自分とが出会う体験を通して
考え，その考えを整理して言葉や文章で表現していくことで身についていくも
のだと思います」(山口 2007：59)

　「私も就職した当時，同じようなことを思いました。老い衰えて介護を必要
とする高齢者のために，『自分が何かしてあげよう』，『してあげたい』と。悪
意こそ無いものの，その当時，私は介護を受けていた高齢者と同じ目線でいた
のだろうかと振り返ると疑問が残ります。人のために何かをすると粋がってい
たのは，私のエゴ（自分のためだけのこと）だったのかもしれません。そして，
それを自覚するのにはあまり時間がかかりませんでした。(中略)多くの高齢者
との対話を通して感じたのは，さまざまな人生を経てきた高齢者の『人間とし
ての大きさ』です。私が個人的に抱えている悩みなど取るに足らないと感じる
ぐらい，人生の艱難辛苦（困難に出会い辛く苦しいこと）を経験されており，そう
いう高齢者と接するなかで，逆に私自身が高齢者に支えられていると感じるこ
とも度々ありました。いつも高齢者の相談にのり『あなたに聞いて欲しい』と
言われ，高齢者を支えているつもりでいた私は，実はいつの間にか高齢者のみ
なさんに支えられていたのです。まさに，『彼のためにではなく彼と共に』い
る自分に気づいたといえます。」(山口 2007：59-61)

　拙い筆者の体験を高校生にわかりやすく言語化したものではあるが，社会福
祉実践は対人間への支援であり，利用者を中心に置いた支援でなければならな
い。そして，その利用者との人格的交流の過程を通して相互に影響を受け合い
ながら，従事者は利用者への支援を行うことが，結果的に従事者自身の成長に
つながっていることを実感していくのである。

　従事者の声にみる利他共生—公開サイトにみる従事者の声から—

(1)　従事者の声の収集

　前節では筆者自身のことを述べたが，ここではさらに幅広く，さまざまな福祉従事者の声を，公開されているインターネットサイトから引用し，利他共生について考えてみたい。引用した資料は，出典を明記しないが，介護保険施設と障害者支援施設のホームページ上に，介護職員や福祉施設職員の声として紹介されているものであり，その内容を信頼して引用した。それらのデータを引用する際に，厳密には正確な調査や確認が求められるのであろうが，今回は科学的な分析が目的ではなく，あくまでも従事者の主観的な声を垣間見ることが目的であり，このような方法を採った。公開されている文章が長い場合には，その一部を省略させていただき，「利用者との関係のなかで従事者が感じている意識」に関する部分を中心に抜粋した。そして，利用者との関係で，自分自身が考えていること，得たものが読み取れる部分に下線を加えた。

(2)　従事者の声

①Ａさん

　入社したその日に，「オムツ交換」，「入浴介助」など始めてのことばかりを一人でやらされ，不器用で，仕事も遅かった私は，厳しい先輩達に指導を受けながら，何度涙を流したか分かりません。それでも，やめずに続けられたのは，ある入所者の方からの言葉があったから。ある日，いつものように先輩に罵倒された時，入所者の前では泣けないと我慢して，倉庫に隠れて泣いたあと，涙も完全に拭いて何気ない顔であるお年寄りの側に行った時でした。<u>「どうしたの？」</u>たったそれだけなのに，わ〜って涙が溢れてきたのです。なぜなら，その方は重度の認知症で，ご家族の顔も分からない方だったのに，私の様子がい

つもと違うことに気づいていらっしゃったのです。その日以来，私のなかで何かが変わったような気がします。

②Bさん

　自分以上に長く生きて経験を積み重ねている利用者の方たちから，教えてもらう事はとても大きいと思います。介護者という立場ではありますが，それに応えるのが自分たち次世代の役割なのかもしれません。気負わず，笑顔で，利用者の方の『ありがとう』を大切に思いながら仕事が出来たら…最高の人生になるかもしれません。

③Cさん

　地域で生活する人への介護保険の仕事に携わってきて思うのは，利用者の生活に触れながら，年を重ねて生活していくことや病気や障害を持って生きることが一人で難しくなった時，それでも自分らしく生きて行こうとする方々やそうしか生きられない方たち。その生き様を間近でリアリティを持って巻き込まれながら見られることと，自分がこれからどう年を取って生きたいのか…多くの人生を追体験したり，小説を読むように本人のききがたりをライブで聞けるのがこの仕事の凄みだと思う。その希望の種を大切にしたいと思う。

④Dさん

　私がこの職場を選んだ理由は，日々の生活の場において利用者の方を支援するということに興味を持っていたからです。在学時の施設実習を通して，より一層福祉の現場で働きたいと思うようになりました。高齢者の介護・生活支援は未経験でしたが，利用者の方がこれまで歩んでこられた人生に思いを馳せ，価値観や思いを尊重し，入居されてからも，その方らしく生活できるよう支援していくこの仕事は，とてもやりがいのあるものだと感じています。

⑤Eさん

　この仕事の好きなところ。日々の小さなケアの積み重ねを通して，利用者の方に関わっていけることです。様々な人生経験を教えていただいたり，出勤時に「今日は寒かったでしょう」と声をかけていただいたこともあり，自然と笑顔になれます。利用者の方との関わりから関係性も深まり，その方を知ること

ができます。そういったやりとりや関わりのなかでの気付きからその方に必要なケアや支援が見えてくることもあります。関わりの楽しさ，大切さを日々感じています。

⑥Ｆさん

　介護老人保健施設で介護職員をしています。私は，大学で社会福祉士を目指していたため，具体的な介護の方法や実践についてほとんど学びの経験なく入社しました。４月の，入社して間もないころ，まだ右も左もわからない私に，一人の利用者様から，「不安そうねぇ。大丈夫よ。あんたのがんばりは私たちが見てるから。」という言葉と笑顔をいただきました。その時，人の笑顔にこんなに救われるんだな，と感じたと同時に私も笑顔でがんばろう！と思いました。

⑦Ｇさん

　特別養護老人ホームで介護職員をしています。私は，小学校６年生の時から福祉の道に少し興味を持ち，介護福祉士が取得できる高校に進みました。利用者の方から「ありがとう」と言われた時が，介護の仕事に就いて良かったと思える瞬間です。これからも笑顔を忘れず，利用者の方に信頼される介護福祉士になります。

⑧Ｈさん

　どんな仕事も大変な事は沢山あると思いますが，他人から必要とされ，感謝される職場は，限られていると思います。入所者の方から，「たすかった～。」「ありがとう。」の言葉をもらうと，やりがいを感じ，本当にこの仕事を選んで良かったと思います。

⑨Ｉさん

　入居者の方々の食事，排泄，入浴などの援助をさせて頂くなかで，「ありがとう。」という言葉は，一番の励みになります。又，親しくさせて頂くなかで，名前を覚えて下さったり，入居者の方から声をかけて頂いた時や，関わりのなかで笑顔が見られた時などは，本当にうれしく，"がんばっていこう！"という気持ちが湧いてきます。大変な面もありますが，入居者の方の笑顔は，私に

とって，とても力になっています。

⑩Jさん

　介護は一見すると，介護する者が，介護される者に何かを与える（してあげる）と思われがちですが，むしろ，その逆です。介護を通じて，教えて頂くことの方が多いように感じます。簡単ではないですが，人として成長していくきっかけになる仕事ではないかと思います。

┃ (3)　従事者の声から見えるもの

　ランダムに選んだ10名の従事者の声を挙げたが，それぞれに利用者との関係のなかで従事者自身の変化が読み取れ，確かな何かを得ているように読み解くことができる。従事者は，その仕事に就き，はじめは介護しよう，お世話しようと思ってかかわり始めたのだろう。この仕事は，介護する側と介護される側，支援する側と支援される側という関係から始まる。つまり「利用者のために」という目的からである。しかし，時間をかけながら人間関係が形成されるなかで，そのような関係性ではなく変質していくように感じる。つまり，「援助の対象としての利用者」という認識から，「自分を支えてくれている対等な他者としての利用者」へと利用者の存在が変化したように読み取れる。そして，このことは，社会福祉実践は利用者が生きていくことを援助するということであるので，援助者と利用者の関係を「してあげる，してもらう」という関係から，「ともに生きる」という対等な関係への転換を意味する。また，福祉サービス利用者への理解としては，「援助の対象としての人間」から「ともに生きる存在としての人間」へと転換が求められることも意味しているといえよう。

　これまでいくつかの資料から，社会福祉実践においては，単に労働の対価としての収入を得るだけではなく，利用者から支えられ，励まされている従事者の存在があることをみてきた。そして，その基盤にあるものは，社会のため，他者のために立ち働くことにより，結果的に自己のためにもなるという利他共生の思想ではないかと推測する。このことは，本来，長谷川が言う「菩薩道の顕現」であり「犠牲の精神であり，奉仕の精神であり，己を捨てても，人のために尽くそうとする献身報恩の誠であり，努めて止まざるヒューマニズムの貫行であり，社会道徳の徹底的実践。」(長谷川 1981：101) であるのかもしれない。しかし，長谷川の一文は 1963 年に書かれたもので，今日の社会福祉実践においては，一つの職業ゆえにそこまで言及することは困難であり，そのままを受け入れるには時代にそぐわないように感じる。

　また，長谷川は仏教社会事業家の心がまえのひとつとして次の内容を挙げ，仏教の布施行から利他共生について述べている。

　「ロ　長兄とか弟妹とか，すべて現実の世間では相対的に自他を分別せねばならないが，本質的には親子兄妹はもとより他人も世間も結局自分の拡大に外ならないのであるから，他人にしてやることは，つまり自分にすること，他人を愛し，他人に布施し，他人に慈善することは，とりも直さず，自分が布施され，慈善されることで，世に謂う情は人の為ならず，自分の為であるわけだから，仏教社会事業は，どこまでも他人に奉仕するというような，他人行儀のしてやる的な，お為ごかしのものであってはならないし，どこまでも自分を愛する如く，それと同質な深さ，厚さ，切実さとを以って，拡大された自分であるに過ぎない他に対してつくすのでなければならない」(長谷川 1995：10-11)

　さらに，長谷川が淑徳大学を開学するにあたって書かれた文章のなかの「本

学志望者への期待」の項には，もう少しわかりやすく書かれている。「自己の
利益追求に急でなくして人のために尽くすことが人間最高の理想であり，喜び
であって，自己の幸福もおのずからその中に見出されるという大乗仏教の真理
を身につけ，観音菩薩や地蔵菩薩のような社会事業の生きた働き手」(長谷川
2004：430) を多数，社会に送り出したいと記されている。

　長谷川の利他主義に関しては，多くの研究者が解釈を試みている。その一人，
仲村の解説が理解に役立つ。仲村は記念講演「学祖長谷川良信先生の業績とそ
の今日的意義」のなかで，長谷川良信が言うところの社会事業について，「上
下の関係での公の権威を伴った救済では本当の救いにならない。地域で共に生
活する者として，(中略) その地域の人たちと対等な友人関係で援助を提供する，
そういう関係で提供される援助でなければ意味がない。」(仲村 1993：14-15) と
し，また救済事業を今日的ことばで言い換え「共に生きる者としての立場でそ
の人たちに対し，対等の関係で援助者になると言う考え方を基にして提供され
る援助でなければならない」(仲村 1993：14) と表現している。そして，仲村は
その精神は今日でも十分通用することを指摘している。この精神こそ，今日の
社会福祉実践において求められる「利他共生」であると言えよう。

(2)　エンゲージド・ブッディズム (Engaged Buddhism)

　エンゲージド・ブッディズムという言葉を最近耳にした。それは，タイのエ
ンゲージド・ブッディスト (社会参画する仏教者) の指導者であるスラック・シ
ワラック師の講演であった。エンゲージド・ブッディズムとは，スラック師の
言葉を借りると「本質的な欠陥をもつグローバル経済はすでに破綻している。
変革は避けられない。仏教はその変革に参画する。仏教にとって豊かさの指標
とは，自然や社会と調和した平穏な暮らし，均衡，自律，自己尊厳，自分の文
化に対する誇り，充足感，寛大さ，そして深い意識などからなる。」(スラック
2011：123) としている。仏教は人間の「苦」の原因を明らかにし，克服しよう
とするが，従来の仏教では「苦」の原因は個人の内面にある無知や欲望と考え

られていた。しかし，「苦」の原因には社会が生み出したものもあるとし，その矛盾や社会構造の変革に仏教徒が参画していこうという動きがエンゲージド・ブッディズムであり，注目されている。

　このエンゲージド・ブッディズムという言葉は，「社会参加する仏教」，「行動する仏教」，「参加し合う仏教」，「闘う仏教」などと訳されてきたようだが，定訳はない。阿満利麿はその著書において，「社会をつくる仏教」という表現でエンゲージド・ブッディズムを紹介し，「『エンゲイジド・ブッディズム』という言葉は新しくとも，その思想や実践は，つまるところ，仏教がそのはじめから目指してきた，『利他』という，わが身をあとにしても，同朋の救済を願う教えに端を発しているとも解釈できる」(阿満2003：11) と述べ，仏教のなかに深く根ざすものだとしている。

　このことは，利他共生が他者のために立ち働くことにより，結果的に自己のためにもなるという，自己と他者という関係のなかで捉えられていたものが，さらに広い視点に立って，社会全体がより良くなる方向へ変えていく力にもなることを示唆している。だが，しかし，このエンゲージド・ブッディズムは言葉こそ新しいが，すでに長谷川によって取り組まれてきている仏教社会事業と相通じるものがあると解釈できる。ようやく利他共生を社会に向けて行動化していく動きが，東南アジアから世界へ発信されたという点で興味深い。

　長谷川良信が言うところの「利他主義」を糸口に，社会福祉実践に従事する者が介護や支援という利他行為を通して，利用者から何らかの喜びや力を得ていること，そして，そのことが「福祉の仕事をする意味」の一つとして存在することを述べてきた。「人間はひとりでは生きてはいない」と言われるように，従事者は利用者を支えているとともに，利用者から支えられてもいるという事実があった。利用者のためにと思って働いていた従事者が，利用者と共に存在している自分に気づき，それを意識しながら利用者との関係を生きる過程は，まさに利他共生を体現していることと言えよう。従事者は，誰に強要されるのではなく，自ら選んで従事している。そして，そこでの社会福祉実践は，誰か

の幸せにつながり，自分も幸せになれる。このような従事者の心のよりどころ，
信念に置かれるものが，仏教的基盤としての利他共生なのではないだろうか。

【引用・参考文献】

厚生労働省社会・援護局福祉基盤課福祉人材確保対策室「報道発表資料 2025 年に向けた介
　護人材にかかる需給推計（確定値）について（2015 年 6 月 24 日）」
　http://www.mhlw.go.jp/stf/houdou/0000088998.html　2016 年 2 月 29 日閲覧

長谷川良信（1981）「淑徳教育の基本精神—70 周年記念祭に際して—」長谷川仏教文化研究
　所編，長谷川匡俊著『大乗淑徳教本』大乗淑徳学園

仲村優一（1991）『社会福祉概論（改訂版）』誠信書房

介護労働安定センター（2015）「平成 26 年度『介護労働実態調査』の結果」
　http://www.kaigo-center.or.jp/report/pdf/h26_chousa_kekka.pdf　2016 年 2 月 29 日閲覧

山口光治（2007）「1 福祉の仕事の魅力とは」山口光治編集代表『大学で福祉を学ぼうとする
　あなたへ』みらい

長谷川良信（2004）「淑徳大学の開学について—社会福祉学部の意図するもの—」長谷川匡俊
　監修『長谷川良信全集第 3 巻』日本図書センター

長谷川良信（1995）『建学の精神シリーズ 1　仏教社会事業に関する管見』長谷川仏教文化研
　究所

仲村優一（1993）「記念講演録　学祖長谷川良信先生の業績とその今日的意義」『研究年報』第
　20 号，長谷川仏教文化研究所

Sulak Sivaraksa（2010）*The Wisdom of Sustainability: Buddhist Economics for the 21st Century*,
　Souvenir Press.（辻信一・宇野真介訳，2011『エンゲージド・ブッディズム入門 しあわせ
　の開発学』ゆっくり堂）

阿満利麿（2003）『社会をつくる仏教—エンゲイジド・ブッディズム—』人文書院

日本仏教社会福祉学会編（2014）『仏教社会福祉入門』法藏館

第8章
東アジア型ソーシャルワークモデル構築に向けた一考察 ―韓国のソーシャルワーク事例の分析を通して―

戸塚　法子，齊藤　順子

1 「人と環境の相互作用」：東アジア的理解の前提となるもの

　戸塚と齊藤は，2014（平成26）年より，ソーシャルワークにおける東アジア型実践モデル構築に向け，段階的に研究活動を進めてきている（戸塚・齊藤 2015；戸塚 2015；戸塚 2016）。本稿では，これまでの考察に基づきつつ，近年韓国で公刊されたソーシャルワーク事例集のなかから，実践過程およびクライエントとその家族に関する心理・社会的状況の変化を比較的具体的に描写している事例を本稿におけるモチーフとし，両名が継続的に研究課題として設定してきている観点からそれぞれ考察を試みていった。

　戸塚は，東アジア型ソーシャルワークモデルを下支えする東洋的な論理思考や東アジア型文化が有する特徴を，モチーフとする韓国における援助事例が織り成す「人と環境の相互作用」の理解に絡ませつつ考察していった。齊藤は，韓国のソーシャルワークを，福祉法・制度の実態と関連づけながら，当該国のホームレス福祉施設等における援助事例を分析・考察していった。

　以下，戸塚，齊藤の順でそれぞれの考察を展開していくが，両者の視点からの考察を通し，最終的には本稿の主題である東アジア型ソーシャルワークモデル構築にとってのひとつの足掛かりとしていきたい。

　戸塚は，東アジア型ソーシャルワークモデルを構築するに際し，東洋的な論理思考をいかに当該モデル構築に盛り込んでいったら良いかということに関心を向け続けてきた。このことは，荒木博之（1973：98）による「単なる欧米の

形だけの模倣が，形式だけの移植が，いかに結果として悪い意味での日本的な
ものにつくりかえられ，それが日本的な社会構造のなかでいかにマイナスの要
因として働いてきたかの実例は枚挙にいとまのないほど存在する」との指摘に
も象徴されるところである。荒木はこれを，"底辺忘却型の文化移植"(1973：
99) と呼んでいる。今後こうした連鎖を断ち切るためにも，ソーシャルワーク
領域において，東アジアのなかで醸成され，発展してきた文化的な知の遺産に
目を向けていくことは有益であると考える。

　今回戸塚が着目したものは，事例中に散見されるクライエントが周囲との間
でつくりあげている "相互作用" に見られる様相である。生態学的に捉えるな
らば，相互作用つまりクライエントの周囲とクライエントとの間のエネルギー
交換にみられる特徴である。そこには，クライエントが暮らす時代が創出する
物理的制約やさまざまな条件が横たわっており，そうしたなかで「片利共生（関
係者の一方が利益を得て他方には影響がない関係）」や「片害共生（一方が損害をこうむ
り他方は影響を受けない関係）」あるいは「相利共生（両方が利益を得る関係）」とい
う３つの "共生" の型が知られているところである（D. サダヴァ 2014）。本稿で
は，対象事例を中心にクライエントが「片利共生」「片害共生」の状態から，「相
利共生」へと転じていく過程の考察を通し，いかに「相利共生」へと転じていっ
たのか，その脈絡において東洋的な論理思考をどう盛り込むことができるのか
を，モチーフとして取り上げた事例を中心に考察していく。

東洋的論理思考を適用した事例考察（展開手法）

　今回は以下の２事例を通じ，東洋的論理思考が提示する "事例の読み解き方"
の応用可能性について考察する。

[対象文献]

事例 1

　チェ・ソンファ（2012)「7　涙包み」『日常としての社会福祉実践と相談』第
　2部，共同体：217-225

事例２

韓国女性の電話　付設　韓国女性主義相談実践研究所企画，イ・ミヘ他
(2012)『女性主義相談と事例スーパービジョン』第２部女性主義相談事例
スーパービジョン第１節「こんな夫とはもう暮らせない」(キム・ヨンジャ) 学
紙社：43-56

事例１の概要　(下記の事例要約・要約事例中の下線および波線は戸塚による)

　当時の女性たちと同様，本人 (母親) は多くの悔恨と悲しみを抱いて生きて
きた。実家が独立運動により没落。その後戦争による夫の不在中に出産。嫁と
しての辛さ，夫の気性の激しさ，浮気 (時代の男性たちの価値観)，夫の頻繁な手
術と介護を余儀なくされる。時代を象徴する新しいタイプの有識女性として社
会的に活躍したかった夢も挫折した (娘たちは現在それを満たしている)。娘はそう
した母親の物語を聞かされながら育つ。その後娘は成長につれ，母親が語る物
語には多くの偏見と矛盾があることに気づくようになった。時代的激動期に
あって，当時の韓国人が困難や失敗，挫折を数多く体験した時代に，母親は一
人息子として多くの特権を有していた夫のおかげで金銭的に不自由せず，多く
の人が手術も受けられず死んでいった時代に，多くの使用人に囲まれ何不自由
のない生活をおくることができた。にもかかわらず，母親は夫に多くの恨みを
抱いていた。やがてそのことが家族全員に良くない影響を与えることになって
いった。しかし母親自身，夫に恨みを抱きつつその深い沼から抜け出せず苦し
んでいた。その一方で，困難を抱える女性や家族のために最善を尽くし，献身
的な奉仕活動を行うことが彼女の自慢であった。母親自身，多くの長所や力を
有していたにもかかわらず，"涙の包み (＝欲求の未充足，自尊心の傷)" を抱き，
夫に執着し続ける状況を娘は放っておくことはできなかった。娘は，母親がこ
れまで父親に抱いてきた執着から離れ，父親に対する視点を正しく取り戻すこ
とが，母のみならず家族全員にとって必要と考えた。現に母親は夫を愛し誇り
に思っていた。娘は，自分が伝える言葉を母親は充分理解できると信じていた。
　そんなある日のこと，娘は母親に「自分だけの世界に閉じこもり，満たされ

てこなかったことに執着し，自ら犠牲的立場を装ってきたのはあなた（母親）の選択であった」と伝えた。その一方，母親のユーモアがどれだけ家族全員に大きな慰めとなっているかということも娘は母親に伝えた。しばらくの間，母親は言葉を失った。娘との会話の後から，母親は少しずつバランスを取り戻していった。娘とそれまで分かち合って来なかった胸の内も語られるようになっていった。その後母親は故郷で多くの家族やたくさんの動物と遊んでいた頃のことを娘に話し始めた。当時母親はそうした生活から解放されることを待ち望んでいたが，今振り返って見れば，当時が一番幸せだったということに母親自身，気づくことができていった。

　監獄のようなそれまでの苦しみから抜け出せたこと自体，母親にとって嬉しそうであった。こうしたなかで母親は，自らを癒していく力を回復することができていった。

[考察]

　本事例は，娘が“会話療法（ナラティブセラピー）”を適用し，自らを犠牲者と見なしていた母親を，悲しみに浸り続ける状況から解き放たれるようにしていった事例として掲載されていた。娘が母親を自らの力で人生に積極的に生きていくことができるように助けていった事例である。比較的短い事例であり，どのように娘が母親と向き合ったのか，その詳細については十分伝わってこないが，本事例における母親の好転を捉えていく際に，東洋的思考方法が有効であるように思われる。

　まずこの母親は，何不自由のない生活を送っていたが，夫の気性の激しさや浮気，その後の夫の手術や介護を余儀なくされるなかで，自身が社会的に活躍したかった夢も破れ，そうしたことから生じる不満によって「思いどおりにならない状況（＝片害共生）」から抜け出せずにいた。そして長い間，母親はそうした苦しみ（煩悩）から逃れることができずきた。事例中に出てくる母親の「困難を抱えた女性や家族のために最善を尽くし献身的奉仕活動を行ってきた（＝善行）」ことも，実は母親が自らの苦しい状況を否定し「より良い」自分になろうと自己目的的に成長や発展を求め続ける行為（現実から目を背ける行為，否

定原理に基づく承認やプラスの評価を求める行為）に陥っていたと読み解くことが可能である（そのままの現実を否定して発展や成長を求める“否定原理”に基づく図式：A＝A＋α）。苦しい現実を見たくないという母親の思いが強ければ強いほど，献身的善行にはまっていった可能性（理想我と現実我との乖離）も否定できない。母親が自身の苦しみを「なくそう」とする限り，「なくそう」とする「思い」からは逃れることができなかったのであろう。母親は，自身が長年抱えてきた「受け入れたくないもの（＝A）」，即ち時代が招いた圧倒的で理不尽な現実（＝制御不可能）のなかで敗北してしまった自分の悲しみを，「受け入れられるもの（＝非A）」として捉え方自体を変えていくこと（＝質的転換）が求められていた。その悲しみを（母親の傍らにいる）娘が共有していったことによって，悲しみが少しずつ和らぎ始め，娘との間に“肯定原理”が働いていることが実感できたことにより，母親は自ら前進していくための足場を確保し，穏やかな日常を取り戻していくことができていったのではないだろうか。事例途中に一瞬「母親は言葉を失った」という記述がある。ここで，母親はまさに仏教思想でいう「空」に近い状態に至ったのではないかと考えられる。仏教思想でいう「空」とは，言葉以前の境地のことであり，周囲との交わりが絶たれた閉じられた世界であり，ただ「ある」だけの状態を指す。母親は悲しく辛い状況から抜け出すために，娘の力を借りたことになる（無条件に肯定してくれる他者との関わりのなかで自身を肯定する準備をする＝足場の確保）。母親にとって“自身を映し出す鏡としての存在”が娘であったに違いない。その鏡としての娘の力を借りて，母親は自らを肯定していくことができていったと読み解くことができる。言葉を失い「空」に近い境地を経ることによって，母親は少しずつものの見方が拡がり，豊かさを実感する（＝相利共生）ことができていっている（母親は「空」に到達したいと思っていたのではなく，気がついたら「空」に近い状況に至っており，それまでの「辛い思い」も和らいでいった）。鏡の役割を果たした娘の行為は，東洋文化の基本原理として知られている「虚」を取り込んだアプローチとしても捉えることができよう。即ち娘が自身の内を「空っぽ」にすることで相手（母親）を呼び込み，そのことにより（母親による）発想の自由な転換がなされたことで，母親が“自

他一体の境地（＝相利共生）"に至ったと捉えることも可能である。

事例２の概要 （下記の事例要約・要約事例中の下線は戸塚による）

　来談者（妻）の夫は自己中心的で日頃から頻繁に離婚を口に出す。来談者は離婚されては大変と思い，夫の言うがままに実家から貰った財産を夫の名義にした。周囲の言葉に従い，大きな息子（＝夫）に耐えるのが最善と考えた来談者は，夫の機嫌に合わせて暮らしてきた。普段から言葉の暴力はあったが，今回拳で頭を打たれ耳（聴覚）に異常が生じた。このことから来談者は今後暴力を受けて生きていきたくないと決心した。さらに夫のゲーム中毒で子どもたちにも影響が出ており，来談者は離婚を決心するに至った。その後妻は「女性の電話」を紹介され相談に至っている（→家庭内暴力専門の相談員対応）。

(1) 導入と準備段階：信頼感の形成と構造化

　家庭内暴力の被害女性は，暴力を自分のせいにし萎縮している場合が多い。暴力は本人のせいではないことを知らせてあげることが必要である。ジェンダー理論を適用し，性役割と社会化による構造の問題であることを明らかにしなければならない。来談者が相談室のドアを叩いた勇気を支持し，励まさねばならない。危機状況の確認と相談時間の確認（10分前）も必要である。

(2) 探索段階：目標の設定

　本事例では妻がすぐに自分の話を始めた（早期に相談内容を要約し，解決したいことに焦点化し，目標を設定することが重要）。本事例はその機会をうまく摑めなかった。本事例は，相談目標を「離婚決心」がしっかりとついた状態で，妻の長所を探し離婚後も生きていけるように力量を強化し，離婚訴訟に際し準備するものや訴訟手続き情報を提供することにした。今回の暴力だけでなく，感情的・経済的暴力をたくさん受けてきたことを妻に自覚させていく必要がある（相談員は，来談者に離婚で得るものと失うものを分析するよう促し，子どもの問題や経済的・情緒的自立についても十分な期間をとって準備をさせる必要有り）。本事例では目標を「家庭内暴力に対する認識の幅を広げ，夫の暴力に対処する方法を模索してみる」とするのが良い。目標は実践可能で小さい方が良い。

⑶ **理解段階：望ましい方向への変化に重点をおいた相談を行う。**

　①**家庭内暴力への認識**：家庭内暴力に対する妻の考え方を変えねばならな
い。妻は家庭内暴力を単純な夫婦喧嘩だと思ってきたが，その域を越え"夫の
権威から派生する家庭内暴力"であることを知らせるべき（時々の暴力を悪夢と
思って生きてきたが，我慢しても状況は変わらないばかりか深化していくことに気づかせる
ことで変化を生み出すことができる）。②**暴力のサイクルを通じ暴力を話す**：多くの
被害女性は，誰も自分を助けてくれないという悲壮感と仕方がないという絶望
感を抱いている。暴力を耐え続けることで加害者はますます暴力をふるい，強
度も深く周期も短く繰り返されていく。被害女性たちは加害者（夫）を恐れる
ようになり，より依存し周りから隔離され加害者のもとを去ることがむずかし
くなっていく。暴力のサイクルトレーニングを通し，来談者は自らの暴力経験
を具体的に思い浮かべるようになる。「変化」は来談者が暴力の被害者と認め
ることから始まる。③**性役割の分析，権力の分析**：自分が賢くなかったために
こうした状況をつくったという罪悪感が妻にはあった（妻に対し自分への非難から
逃れられるようにし，夫や夫の実家中心という社会的雰囲気のなかで受けてきた抑圧を認め，
それを表現できるように助けるべき。本事例の場合，妻には実家の父から貰った家もあり，
子どもに勉強を教える力もあり，推進力や積極性もあり，暴力に対処する力と今後生きてい
く自信を持たせていくことが大切。相談者は性役割と権力の分析を通じて，暴力は夫の間違
いであり妻も暴力を防ぐためにさまざまな手法を模索してきていることを彼女に自覚させて
あげねばならない。今後は妻が自身を中心にした生活を考えられるよう，妻の力量を強化し
ていかなければならない）。

　④**行動段階　終結段階**：終結段階では相談過程を通じ，内容を整理し助けに
なった部分と不足している部分を話し合い，次の方向を決定する。終結段階で
は，今回の相談目標と実践的行動へのフィードバックを一緒に模索していく。

　　考　　察

　来談者（妻）は，夫からの長年にわたる暴力という理不尽で圧倒的な現実に
巻き込まれ，感情的・経済的・身体的に多くの圧力を受けてきた。悲壮感と絶
望感を伴い，萎縮し恐れ，暴力の原因は自分にあると見なし自身を非難し続け

てきた諸々の事実（＝「受け入れたくないもの：A」）を「受け入れられるもの（＝非A）」と捉え直し，悲しむ妻（来談者）の愛しさやかけがえのなさを援助者として受け入れていく過程において，先の事例と同様に東洋的な論理思考を盛り込む余地があると考えられる。"肯定原理"を妻（来談者）が実感できる場のなかで，妻が自由に生きていく力を回復させ，犠牲者としてではなく（否定原理に基づき，今の現実を否定し発展や成長を続けていくのではなく），自身の生活の幅を拡げ豊かにしていく新たな物語の主人公として前進していくためには，ここでも相談員（援助者）が「虚」を取り込んだアプローチにより，相手の力を引き出し，相手の力を引き寄せることが求められる。そして来談者である妻の，これまでどうすることもできなかった否定的な世界観を"質的に反転"させていくには，先の事例と同様に，まずは「空」に近い境地に妻自身が到達（「受け入れたくないもの（＝A）」が「受け入れられるもの（＝非A）」として捉え直されていく：肯定原理が作動することが必要になってくる。言葉も思いも一瞬消えた閉じられた世界：心や身体を悩ませるいっさいの思いがなくなった世界）することが，次なるステージへと進むまさに"質的転換点"となってくる。

　家庭内暴力という相互の関係性が絶たれてしまった，まさに「片害共生」の状態に長期間おかれ続けた妻の物理的環境における変化と期待されるパターンへの順応は，松尾芭蕉が摑んだ「さまざまな嘆きに満ちた人生を微笑をもって乗り越えていくたくましい生き方」である「かるみ」の境地へとつながっていくようにも思われる。

　本稿では，仏教的論理思考としての「空」，即ち絶対不可能な原因と結果の関係に"ひねり"を加えることで，クライエントが望む方向に結果を転換させていく捉え方，自己の世界観を徹底的に転換することで苦しみを乗り越えようとしていく「般若心経」にも通じるこうした捉え方は，日本のみならず同じ文化的ルーツをもつ東アジアにおける生活問題の解決に，確たる位置を占めるものになっていくように思われる。佐々木閑（2014：111）が指摘するように「自我が超自我や無意識やイド等に分割され，個人が細断され，肝心の自分自身が

見失われてしまっている」ごとく，分析的で抽象的な西洋哲学的考察（西洋流の分析科学）から"丸ごとのその人"を捉えようとする"東洋的分析把握"への転換が今後ますます期待されていくのではないだろうか。

2 「実践の視点」：東アジア型ソーシャルワークの特質

　韓国の社会福祉政策，社会福祉制度について論ずる研究はあるものの，韓国のソーシャルワーカーの実践や事例研究は少ない。（戸塚・齊藤 2015）で述べたように，韓国においてもわが国同様にソーシャルワーカーの国家資格である社会福祉士（1級〜3級）が制度化され，社会福祉館等には法的に配置が義務付けられている。

ホームレス福祉施設における実践事例考察

　そこで，韓国のホームレス福祉施設におけるソーシャルワーク実践事例を取り上げ，韓国ソーシャルワーク実践の考察を行う。

[対象文献]

事例3

　カソリック聖母ヨンボシスター会ソウル市立ヨンボ自愛園編著（2014）「聴覚障害のあるホームレス女性の主体的な日常生活支援のための地域社会の統合戦略」『質的再構成研究方法を用いた事例管理発表資料集』：21-37（イ・インヘ 発表）

事例4

　カソリック聖母ヨンボシスター会ソウル市立ヨンボ自愛園編著（2014）「境界線知的障害のあるホームレス女性の孤立した生活態度の改善のためのアプローチ」『質的再構成研究方法を用いた事例管理発表資料集』：38-49

事例3の概要 （下記の事例要約，要約事例中の下線は齊藤による）

　クライエントは聴覚と言語障害がある73歳の女性であり，29年間施設に入所している。2011年に統合失調症による精神障害者の手帳を取得（3級），妄想，

幻聴などの陽性症状はあるが，人格変化は顕著ではない。手話を学習する機会がなかったために他者とのコミュニケーションに困難があり，施設で孤立した生活を送っている。クライエントがニーズを充足し，他者とコミュニケーションのある生活を送れるよう，クライエントのおかれている状況が変化し，成長できるという信念から事例として選択された。

① **インテーク**：クライエントは田舎と言える地方の出身，両親，夫，娘2人と住んでいたが，夫が死亡したため家出をした。手話のできる職員が質問した内容に答えていないことから正式な手話を学んでいないことがわかった。

② **アセスメント**：クライエントはおしゃれをしたいと望むが，望むようには購入できない，他者へ想いを伝えたいが相手が聞き取れず辛さを感じている，肩と腰に痛みがある。社会福祉士は，クライエントがニーズをスムーズに伝えられず，そのため時には激しい感情を表出する，ほとんどの時間を単独で部屋で過ごすことを問題と受け止めている。

③ **目標設定と実行計画**：目標は「他者と交流のある生活」であり，そのためにa.手話の学習（社会福祉士と一緒に），b.余暇時間に「編み物の会」への参加，c.痛みに対するリハビリの実施。

　　スーパービジョンでは，a.「クライエントを理解し，エンパワメントを上げるため最も基本的で重要である」b.「クライエントを観察し，好きなことを見つけて肯定的に連携することが重要」c.「依頼サービスは基本的な社会福祉サービスであり，適切である」と指導がなされた。

　　5回の介入により，クライエントの関心が高まり，社会福祉士と一緒の時間が増えると情緒的な安定がみられ，他者との交流も増えた。

④ **計画過程のモニタリング**：他者と一緒に過ごす時間が増えたが，ある瞬間からサービスを拒否する姿も見られたためその問題背景の把握を行った。それは，クライエントの内的葛藤，生活の変化と安定のバランスの不均衡であることがわかった。

⑤ **スーパービジョン**：あえてクライエントは障害のない人の中に入り，不自由を甘受しなければならないのか，73歳のクライエントが他者の期待する

役割を果たさなければならないのか，施設で本人なりの生活を送っているクライエントに自己決定が狭められた介入が真のソーシャルワーク実践であるのかと指導された。

　その結果，今までのサービス計画と介入はクライエントが本当に願うものであるか考察が不十分であり，変化の主体がクライエントであることを見落とし，社会福祉士のペースに合わせていたのではないかと振り返りがなされた。

⑥ **問題の再アセスメント**：クライエントのニーズは，②と同様。クライエントのペースに沿って運動などのスケジュールをこなしているが限られた空間であり，生活領域が拡大していない，長期間の施設生活により社会的活動が脆弱であり，周囲に意味ある他者が存在しない，クライエントの立場を共感し，理解する他者がいないと捉えた。

⑦ **修正された目標と計画実行**：目標は，地域社会のネットワークを通じた主体的な日常生活と修正され，具体的には，社会的ネットワークの形成，主体的な日常生活の運営，地域の社会資源を活用した社会的な統合とした。実施内容として，意味のある他者との交流支援，自ら余暇活動を運営できるよう支援，クライエントが参加可能な地域の資源を開発，それらの資源を連結する。

　スーパービジョンでは，地域社会との統合の過程で，クライエントが地域社会の中で，本人が希望する役割を遂行できるよう支援するのは意味があり，地域社会がクライエントの周囲に集まりネットワークを形成するのも意

表8-1　事例3で用いたソーシャルワーク技術

	リハビリ・手話	面接・社会適応訓練	編み物の会の組織	地域社会の連携
実践の範囲	—	ミクロ	メゾ	マクロ
介入技術	依頼	直接介入	間接介入	仲介活動
福祉士の役割	連結者	教育者，仲介者	ネットワーク形成者	資源連結者，擁護者

味があると指導された。

6回〜8回の介入では、クライエントの現在の感情を表現できるよう支援し、その結果、同じ障害を持つ仲間との関係ができ、仲間と一緒に外出するようになった。介入の前半では、社会福祉士としての自信とアイデンティティを持てず、依頼された介入技術が多くを占めている。しかし、支援する過程やスーパービジョンを通して直接的、間接的な介入の割合が増えた（**表8-1**）。

事例4の概要 （下記の事例要約、要約事例中の下線は齊藤による）

クライエントは境界線知的障害をもつ女性であり、29年間施設で生活している。本事例は、クライエントが施設のプログラムにまったく参加しておらず、ある特定の人以外、コミュニケーションをとらないため、クライエントがより人間関係の幅を広げ、自然な自己表現をして、個性のある人間として生活することを期待し、選択された。

① **インテーク**：クライエントは米国に生まれ、両親は現在も米国に住んでいると思い込んでいる。結婚して3人子どもを産んだが、離婚後、姑が引き取り、一度も会っていない。クライエントの家庭が貧困なため小学校3年までしか学校へ通えず、ピアノを習っている従妹が羨ましかった。父には親密な思いを抱いているが、母には抱いていない。現在は、施設で生活しているが、家に帰り、勉強をしたいと望んでいる。

② **アセスメント**：クライエントはいつか自身の家に帰り、以前できなかった勉強をすることを望んでおり、社会福祉士は、クライエントが家族に抱いている感情、自己の表現ができない部分、長期の施設生活がクライエントの帰宅願望を強めていると捉えている。

③ **目標設定と実行計画**：短期目標は、a.ピアノのレッスンとb.音楽療法を提供し、生活に活気を持つ、継続的なc.運動とd.リハビリを行い、身体の健康の維持をする。長期目標は、クライエントの健康増進と夢への挑戦を行い、現在よりも楽しい老後になるよう支援する。

　それらに対し，スーパービジョンでは，クライエントの話の信頼性の確認，目標設定の曖昧さ（誰のための目標，73歳でのピアノレッスンが適切であるか），クライエント自身による目標設定の必要性，課題の優先順位，クライエントと社会福祉士の信頼関係が形成できているか，が指導された。

④ **計画過程のモニタリング**：ピアノを媒介にし，その過程を通して徐々に幅を広げる。ピアノのレッスンを6回実施。4回目にクライエントは音階の理解の問題に直面し，レッスンの辞退の意思を表明する。5回目のとき他の利用者がピアノを弾くのを見学しに来た。周囲を見渡せるようになり，自尊感情が芽生え，社会福祉士との関係形成が始まる。介入の5回目に，非構造的な面接を行った。その結果，クライエントは海のある地方の生まれ（米国ではない）。父が母を見初め，嫁に迎えた。母がクライエントに嫉妬をするため，父には会いたいが，母には会いたくない。家庭が貧困のためクライエントが10歳のとき他の家に預けられ，勉強せずに働かされた。従妹がピアノを弾いており，羨ましかった。クライエントは軍人である夫と結婚したが，離婚。クライエントは，ここ（施設）での生活は，自分に合っていない。不安で快適ではない。

⑤ **スーパービジョン**：社会福祉士とさらに信頼関係が形成されることにより具体的な事実が表現されるようになること，クライエントの男性（父・夫），女性（母・姑）に対する心理的問題，劣等感と優越感の両価性があり，クライエントに対する構造化された生活の意味を再解釈してかかわる必要があると指導された。

⑥ **問題の再アセスメント**：クライエントは幼い頃より個人的，社会的に支持され，保護される環境がないまま育ち，貧困のために10歳で親から分離され自宅を出たことが衝撃となった。父に対する両価的な思い（自分への暴力・会いたい人）は軍人である夫につながり，母に対する思い（男の人をだますような人）が姑に対する競争心とつながった。従妹への強い羨望と境界的知的障害が「ここ（施設）の人と自分は別」との思いを生み，自ら孤立した生活を送る結果となっている。

⑦ **修正された目標**：短期目標としては，故郷訪問（一番幸せだった頃を思いだし自尊感情を取り戻す），ピアノ教室へ通う（学習のための欲求充足），長期目標としては，サークルなど社会生活技能の強化（自尊心の向上），感情のサポート（認知行動療法）を行う。

事例3・4の考察

　2事例とも女性のホームレス福祉施設での実践事例である。ホームレスとなった女性が入所し，かつ障害を抱えている。事例3は夫と死別後，事例4は離別後，地域を離れ，2人とも29年間施設で生活をしており，施設では他者とコミュニケーションがとれず，クライエントから他者とコミュニケーションをとらずに孤独な生活を送っている．社会福祉士が孤立したクライエントの生活に着目し，介入した支援過程が述べられている。以下の視点から考察を行う。

1）ソーシャルワーク実践の背景となる韓国の福祉政策・制度

　韓国の社会福祉は，植民地統治から解放され，大韓民国，朝鮮民主主義人民共和国の2つの国が樹立，1950年の朝鮮戦争勃発後，貧困問題が顕著となり，1961年に生活保護法が成立（1981年改正），1960年代より児童福利法等の福祉関連法が成立した（金 2008；權 2013）。1970年に社会事業法が制定，1980年代前半は社会福祉サービス関連法が成立した時期である（沈 2011）。障害者の福祉法が成立するのは1981年の心身障害者福祉法（1990年「障害者福祉法」へ改称）であり，韓国の障害者を取り巻く状況を大きく変える法制度が整ったのは，2001年国家人権委員会法，2006年障害のある人の権利に関する条約，2007年障害者の差別禁止及び権利救済等に関する法律（崔 2009；武並 2008）である。障害者の差別禁止及び権利救済等に関する法律に着目すると，第2章6節に家族・家庭・福祉施設などで，障害者の意思に反する過重な役割強要，意思決定過程での排除の禁止，第3章に「障害女性および障害児童など」が設けられており，要保護性が高いにもかかわらず，歴史的に差別的な待遇を受けてきた児童・女性の障害者に対する差別禁止を独立させている（内閣府 2008）。

　韓国の福祉法・制度から事例3，事例4のクライエントが入所した1985年

当時，配偶者がおらず，女性であり，障害を抱え，地方から都市に出てきたクライエントがいかに生活上の困難を抱えていたかを読みとれる。金（2008）は障害者へのインタビューから韓国が障害者数に対し，施設や社会的支援が少なく，「貧しい人は障碍者（障害者であること：筆者注）を捨てるしかない。国民基礎生活保障制度の受給者でないと施設に入ることすら難しい」と述べている。事例のクライエントが選択の余地のないまま施設に入所し，29年間という長い年月，どれだけ自身のニーズや自己決定が尊重された生活を送ってきたのだろうか。また，家族主義の強い韓国のなかで，家族とかかわりがない生活を送るクライエントの想いやニーズを社会福祉士がどのようにキャッチし，支援に反映しているか，次に論じる。

2) 支援過程からみるソーシャルワーク実践の視点

　韓国のホームレス福祉施設は，生活施設のひとつであり，社会福祉士が勤務する分野として位置づけられている。社会福祉士の主な業務は依頼人のための業務，カウンセリング，情緒面の支援，ボランティアの能力の開発，ボランティア管理（パク 2007）である。

　事例3では，クライエントはおしゃれがしたい，しかし，クライエントの望むおしゃれは費用的に厳しい。社会福祉士は孤独なクライエントに「他者と交流のある生活」を目標として，a.手話の学習，b.編み物の会の参加，c.リハビリの実施を計画し，介入を行っている。支援計画段階のスーパービジョンでは，a. b.と，c.のホームレス福祉施設の依頼サービスとして肯定的な評価がなされた。しかし，再アセスメント段階でのスーパービジョンでは，クライエントの「エンパワメント」「主体性の尊重」が問われている。クライエントが本人なりの生活を現在営んでいるのも自己決定なのではないか，社会福祉士のペースで支援を展開しているのではないかとのスーパーバイザーからの問いかけである。

　事例4では，クライエントの健康増進と夢への挑戦，現在よりも楽しい老後生活への目標が掲げられ，ピアノレッスン，音楽療法，リハビリなどのプログラムを提供する支援計画が立てられた。スーパービジョンでは，誰のための目

標であるのか，クライエント自身による目標設定の必要性が指摘されている。事例3と同様，クライエントの「自己決定」「主体性の尊重」の捉え方が問われている。韓国もわが国同様，北米のソーシャルワークの影響を強く受けている。両事例ともに，インテーク・アセスメント・支援計画のプロセスにどの程度クライエントが参加できているのか，クライエントと社会福祉士のやり取りの記述が少ないため十分に読み取ることが困難であるが，社会福祉士がクライエントの「自己決定」「主体性の尊重」をどのように解釈して支援に反映しているか，日本の実践事例と比較検討することにより両国の文化的背景が明らかになると考える。

3 東アジア型ソーシャルモデル構築への課題

　わが国のソーシャルワーク教育に関して，異なる文化的背景をもつ北米のソーシャルワーク理論を「紹介，解説し，わが国の社会福祉のなかに適用し，定着させ，あるいはわが国の社会福祉のなかにソーシャルワークを育成することにエネルギーを費やしてきた」(古川 2004：7) と批判がなされて久しい。筆者らは，日本の風土になじむソーシャルワークモデル構築へのステップとして，欧米とは異なる独自の文化を育んできた東アジア圏で行われているソーシャルワークに着目し，その分析過程において，①援助の背景にある文化的要素，思想の抽出 (戸塚・齊藤)。② ①の作業を通じて，東洋的論理思考とその事例への活用可能性を探る (戸塚)。③ ①の作業を通じて韓国の福祉関連法制度の下でのソーシャルワークの把握 (齊藤)，という3つの観点から考察を進めてきた。

　上記①に関する一つ目のアプローチとして，戸塚と齊藤はここ数年，韓国のソーシャルワーカーたちに，日本同様，北米のソーシャルワーク教育を受けてきた彼らが，実践のなかで「文化的な意識」や自国のソーシャルワークに「文化性」「自国の独自性」をどう盛り込んでいるのかについてインタビューを試みてきた。われわれにはそれを通して韓国独自の文化や思考の一端を垣間見られ

るのではという期待感があった。しかしインタビューを重ねるなかで，韓国の
ソーシャルワーカーもクライエントも日常を「ここ（韓国）」で生活する生活者
であり，「ここ（韓国）」にある文化や価値観は，彼らの生活や行動様式の奥深
くに根付いているがゆえに，容易に彼らから言葉として出てくるものではない
ことに改めて気づかされた。

　そして①に関するもう一つのアプローチは，韓国で出版されたソーシャル
ワーク事例集のうち，クライエントとその家族の心理・社会的な変化を比較的
盛り込んでいる事例の分析であった。われわれが今回分析の対象にした文献の
簡単な概要が以下（最後）のものになる。ここから，戸塚は東洋的文化に根ざ
した論理思考の応用可能性を意識しながら事例を読み解き（上記②），齊藤は韓
国の法制度と絡ませながらソーシャルワークの考察を行った（上記③）。そうし
た作業から浮かび上がってきたクライエントの生活，クライエントの思い，ク
ライエントと家族とのつながりがどのように繰り出されてくるのか，韓国にお
けるその独特なパターンの一端を垣間見ることができたように思う。

　今後，われわれは研究をさらに進めていくにあたり，韓国に加え日本のソー
シャルワーカーへのインタビューを実施していくとともに，引き続き両国の
ソーシャルワーク実践事例集の収集・分析から見えてくる文化，価値観を映し
出した行動様式の分析を続けていきたい。根本（2005：5）による「実践事例
集は多く出版されるようになったが，これを比較検討した論文すらない」との
指摘は，10数年経った今もなお通用している。今後はさらに中国のソーシャ
ルワーク事例も収集し読み解く作業を通して，日本，韓国，中国3ヵ国間の
ソーシャルワーク事例の比較検討を通し，東アジア型ソーシャルワークモデル
構築に向けてのさらなる足掛かりを固めていきたい。

　以下は，先に言及した文献リスト（概要付き）になる。今回の事例検討にあ
たり，初期段階としての素訳を朴慶恵氏にお願いをしたことを付記しておきた
い。

【文献リスト】

①チェ・ソンファ（2012）「7　涙包み」『日常としての社会福祉実践と相談』
　共同体：217-225
　…社会福祉学を専門とする著者が（本稿：事例1），具体的なソーシャルワー
　　クに関して充分イメージのわかない学生に対し，少しでも学生に理解が得
　　られるようになればとまとめられた実践事例集。

②シンジョンコン・ギョンニン他（2011）「宗教社会福祉と霊的資源開発」『社
　会福祉実践と霊的資源』シンジョン：31-34
　…韓国の社会事業はキリスト教，仏教宗教的な基盤を中心とした組織によっ
　　て運営されてきた経緯があり，韓国の社会福祉は宗教の影響なくしては言
　　及できないが，社会福祉と精神性に関する研究が宗教的実践に集中してき
　　た傾向があり，社会福祉と霊的な資源の開発に関する研究が少ないと指
　　摘。社会福祉における霊的なアプローチは，人間生活の中で肯定的な影響
　　を与える動的資源となると言及している。

③シンジョンコン・ギョンニン他（2011）「宗教社会福祉の実践と課題」『社会
　福祉実践と霊的資源』シンジョン：36-42
　…②に引き続き，韓国の社会福祉施設でも宗教・社会福祉団体がほとんどの
　　役割を担っている。2005年基準でプロテスタント，カソリック，仏教に
　　よる障害・児童・老人福祉施設が87％（786/906施設），そのうちカソリッ
　　クは50％以上を担っている。その他献血，角膜移植，ホスピスボランティ
　　アに宗教家が多く参加している。また，宗教社会福祉法人のうちプロテス
　　タントは52.15％と，韓国の社会福祉施設の運営状況についても言及がな
　　されている。

④カソリック聖母ヨンボシスター会ソウル市立ヨンボ自愛園編著（2014a）「聴
　覚障害のあるホームレス女性の主体的な日常生活支援のための地域社会の統
　合戦略」『質的再構成研究方法を用いた事例管理発表資料集』：21-37（イ・イ
　　ンヘ　発表）
　…ホームレス福祉施設におけるソーシャルワーク実践事例集（本稿：事例3）。

⑤カソリック聖母ヨンボシスター会ソウル市立ヨンボ自愛園編著（2014b）「境
界線知的障害のあるホームレス女性の孤立した生活態度の改善のためのアプ
ローチ」『質的再構成研究方法を用いた事例管理発表資料集』：38-49

…ホームレス福祉施設におけるソーシャルワーク実践事例集（本稿：事例4）。

⑥韓国サラン畑　ブチョンオジョング老人福祉館編著（2008）「第7章　強み
の（強占）観点で，家族に会う家族と手を引く」『社会福祉実践現場　事例管
理　適用と理解Ⅱ』ガクケンシャ：127-141

…高齢者のデイサービスおける家庭訪問の事例と家族支援プログラムの展開
について，ストレングスの視点から分析が行われている。

⑦ホン・ヨンス（2009）「糖尿病患者に対する教育と相談」『医療社会福祉　事
例研究Ⅰ』シンジョン：108-112

…医療福祉におけるソーシャルワーカーの実践事例を疾患別に取り上げてい
る。糖尿病の患者が入院して，糖尿病管理のための教育プログラム，集団
プログラム，個人プログラム，社会福祉士によるカウンセリングを受け，
退院した事例の展開過程とその分析が言及されている。

⑧韓国女性の電話　付設　韓国女性主義相談実践研究所企画，イ・ミヘ他
（2012）『女性主義相談と事例スーパービジョン』第2部女性主義相談事例
スーパービジョン第1節「こんな夫とはもう暮らせない」（キム・ヨンジャ）
学紙社：43-56

…「韓国女性の電話」は，1983年に設立された女性DV被害者に対する相
談支援を実施しているNPO団体である。「韓国女性の電話」は女性に対
する暴力を社会問題として認識し，運動を展開している。女性主義（フェ
ミニスト）アプローチに基づき相談業務，広報活動，相談員の養成を行っ
ており，同書は相談員養成プログラムのなかでのスーパービジョン実践事
例集である（本稿：事例2）。

⑨コン・ジンスク，バク・ジヨン（2010）「韓国型事例管理モデル：複数（二つ）
のチームケース管理」『事例管理の理論と実際2版』ハッジシャ：85-102

…「事例管理」(日本でのケアマネジメント)の2つ方法「ケースチーム」「管理チー

ム」について，「ケースチーム」は，ケースマネジャーとスーパーバイザー
で構成され，直接的・間接的なサービス全体の責任を両者が負うことが紹
介され，児童虐待事例を用いてプロセスと抑えるべきポイントが解説され
ている。「ケース管理」は，チーム長（機関長，あるいはスーパーバイザー）と
ケース管理者が担当し，臨床専門家，地域専門家が集まり，資源に関連す
る議論とサポートを行うというプロセス展開と2つのチームの援助原則の
事例が取り上げられている。

【引用・参考文献】

会田雄次（1972）『日本人の意識構造　風土・歴史・社会』講談社

荒木博之（1973）『日本人の行動様式―他律と集団の論理―』講談社

板坂元（1971）『日本人の論理構造』講談社

稲沢公一（2015）『援助者が臨床に踏みとどまるとき　福祉の現場での論理思考』誠信書房

大久保喬樹（2015）『岡倉天心　茶の本』NHK出版

岡潔（2014）『春宵十話』KADOKAWA

岡潔（2014）『春風夏雨』KADOKAWA

カソリック聖母ヨンボシスター会ソウル市立ヨンボ自愛園編著（2014a）「聴覚障害のあるホー
　ムレス女性の主体的な日常生活支援のための地域社会の統合戦略」『質的再構成研究方法を
　用いた事例管理発表資料集』：21-37（イ・インヘ　発表）

カソリック聖母ヨンボシスター会ソウル市立ヨンボ自愛園編著（2014b）「境界線知的障害の
　あるホームレス女性の孤立した生活態度の改善のためのアプローチ」『質的再構成研究方法
　を用いた事例管理発表資料集』：38-49

加藤周一（2014）『文学とは何か』KADOKAWA

韓国女性の電話　付設　韓国女性主義相談実践研究所企画，イ・ミヘ他（2012）『女性主義相
　談と事例スーパービジョン』学紙社

金永子（2008）『韓国の福祉事情』新幹社

權順浩（2013）「韓国における自活事業の成立と歩み」大友信勝編『韓国における新たな自立
　支援戦略』高菅出版：41-72

玄侑宗久（2015）『荘子』NHK出版

崔栄繁（2009）「韓国の障害者法制―障害者差別禁止法を中心に」小林昌之編『発展途上国の
　障害者と法―法的権利の確立の観点から―』調査研究報告書アジア経済研究所：29-63

佐久協（2012）『孔子　論語』NHK 出版

佐々木閑（2014）『般若心経』NHK 出版

佐々木閑（2015）『ブッダ　最期のことば』NHK 出版

佐々木健一（2010）『日本的感性　感覚とずらしの構造』中央公論新社

サダヴァ，D. 他，石崎泰樹・齊藤成也監訳（2014）『アメリカ版大学生物学の教科書第 5 巻生態学』講談社

鈴木孝夫（1990）『日本語と外国語』岩波書店

武並正宏（2008）「韓国障害者福祉の今後の展望」『川崎医療福祉学会誌』18（1）：109-119

立川武蔵（2003）『空の思想史　原始仏教から日本近代へ』講談社

谷崎潤一郎（2014）『陰翳礼讃』KADOKAWA

チェ・ソンファ（2012）「7　涙包み」『日常としての社会福祉実践と相談』共同体：217-225

沈載虎（2011）「韓国社会福祉サービスの変化と地域福祉」日本福祉大学 CEO プログラム企画，後藤澄江・小松理佐子・野口定久編『家族 / コミュニティの変貌と社会福祉の開発』中央法規：151-164

土屋惠一郎（2015）『世阿弥　風姿花伝』NHK 出版

鶴見和子（1973）『好奇心と日本人』講談社

戸塚法子（2015）「わが国の社会福祉領域で求められるべき “相談援助方法論” 構築に向けて —日本型ソーシャルワーク構築に向けての基礎研究（1）—」『平成 26 年度　総合福祉研究』19：淑徳大学社会福祉研究所：113-126

戸塚法子（2016）「“日本型ソーシャルワーク” に必要な要素としての “東洋的・日本的理解” を読み解く」『平成 27 年度　総合福祉研究』20，淑徳大学社会福祉研究所：77-84

戸塚法子・齊藤順子（2015）「日本と韓国のソーシャルワーク実践を基礎づける文化的背景に関わる一考察—日本型実践モデル構築に向けての “序論” として—」『淑徳大学研究紀要（総合福祉学部・コミュニティ政策学部）』49：143-160

ドレングソン・アラン著，井上有一監訳（2001）『ディープ・エコロジー——生き方から考える環境の思想—』昭和堂

内閣府（2008）『平成 21 年度　障害者の社会参加推進等に関する国際比較』内閣府

日本福祉大学 CEO プログラム企画，後藤澄江・小松理佐子・野口定久編（2011）『家族—コミュニティの変貌と社会福祉の開発—』中央法規

根本博司（2005）「実践記録の現状と課題」『ソーシャルワーク研究』31（3）：4-11

パク・ブンヒュン（2007）「韓国におけるソーシャルワーク教育」日本社会事業大学社会事業研究所編『アジアのソーシャルワーク教育』学苑社

長谷川櫂（2014）『松尾芭蕉　おくのほそ道』NHK 出版

長谷川眞理子（2015）『種の起源　ダーウィン』NHK 出版

蜂屋邦夫（2013）『老子』NHK 出版

船曳建夫（2010）『「日本人論」再考』講談社

古川孝順（2004）「社会福祉研究法とソーシャルワーク研究法」『ソーシャルワーク研究』29
　（4）：4 -11

南博（1974）『日本人の心理』岩波書店

山口仲美（2014）『清少納言　枕草子』NHK 出版

湯浅邦弘（2014）『孫子』NHK 出版

第3部　社会福祉制度をめぐる
政策上の論点

　第2部では社会福祉学の臨床あるいは実践の領域に関する諸論文が収載されていた。対して，第3部は，社会福祉学の教育研究領域のうち，社会福祉政策や制度研究のアプローチによる諸論文が収載されている。共生社会を構想する場合，狭義の社会福祉制度の現状分析や政策課題の検証のみならず，少子化と高齢化が進行するなか社会保障制度の持続可能性への問い掛けも避けて通ることはできない。

　結城論文では，社会保障制度における世代間の「所得の再分配」機能の危機的状況について，「福祉部門への集中的な投資」による「福祉循環型社会システム」の構築が提唱されている。

　渋谷論文は，生活困窮者自立支援制度の柱である自立支援事業の実施機関に対する現状分析をふまえ，福祉事務所におけるソーシャルワーク機能の低下や専門職配置の問題が明らかにされている。

　柏女論文は，今日の子ども家庭福祉制度体系における「子ども・子育て支援制度」と「児童福祉制度」，「障害児支援」との分断のおそれが指摘され，共生社会創出の視点から子ども家庭福祉の原理論の必要性について論究されている。

　山下論文は，障害者権利条約の採択と批准そして関係する国内法（障害者関連法制）の整備状況を確認するための検証作業が行われている。それをふまえ，「地域社会の中での障害のある人とない人が共に暮らしていくことの実現に向けての論点」が指摘されている。

　下山論文は，地域包括ケアシステムの政策形成過程を整理し，内在するいくつかの問題点を指摘している。また，コミュニティレベルでの社会福祉活動の先駆性や開拓性への影響の懸念，そしてコミュニティ再生の課題と可能性について言及している。

第9章
格差社会における再分配システムの正当性 ―共生社会の理念から考える―

結城 康博

1 日本の少子化問題

トランプで大富豪という伝統的なゲームがある。ゲームを始める前から大富豪というアドバンテージを有したプレイヤーは強いカードを獲得でき，有利にゲームを展開できる。このゲームの面白さは，強いカードを有していない不利となったプレイヤーが勝つことにある。何回かゲームを繰り返すうちに，運や駆け引きによって大富豪が大貧民に落ちることもある。

しかし，実際の社会では有利なプレイヤーがアドバンテージを得れば，税や保険料を多く負担して，貧しい人々に「財」が再分配され，トランプゲームのようにはならないだろう。これらが「社会保障制度」という社会システムであり，格差是正に大きな機能を果たしている。

いわば社会全体が「共生」という理念に類似した形で，「所得の再分配」が達されている。本稿では，市民ないし国民が共に生きていくという考えと，格差是正が目指されている「再分配」機能について考えていきたい。

(1) 世代間再分配の危機

昨今，政府は成長戦略の一つに，社会での女性の積極的な活用を掲げ，さらなる男女共同参画社会を推進しようとしている。「社会保障制度」の持続可能性を考えるうえで，喫緊の課題となる少子化対策を重要な政策課題としている。

135

実際，内閣府のデータによれば，2010年における生涯未婚率は男性が約2割，女性が約1割と結婚にとらわれないライフスタイルが社会では珍しくなくなった（図9-1）。年間の婚姻件数も1972年約110万組の最高時から比べると，2011年約66万組と過去最低を記録し，今後も減少傾向にある。現代社会において「結婚」という価値観にとらわれない人が増えている。当然，少子化の要因の一つとして，この婚姻件数の減少が考えられる。

　現在，シングルマザーが増えつつあるが，未だ日本社会では子どもを産むには結婚というプロセスを踏むことが基本的な価値観から，生涯未婚率の上昇は自ずと少子化を加速化させてしまう。

　もっとも，女性の第一子平均出産年齢は，1975年の25.7歳に対し2012年30.3歳と，男女共同参画社会の拡充によって30歳を過ぎて出産することが当たり前な社会となった。高学歴化により大学を卒業した女性が一定程度社会でキャリアを積んで，結婚・出産というライフスタイルが浸透しつつある。しかし，その結果，第二子，第三子と女性が複数回の出産をするとは限らなくなった。2012年の合計特殊出生率が1.41となり1996年以来16年ぶりに1.4台を

図9-1　男女の生涯未婚率の推移

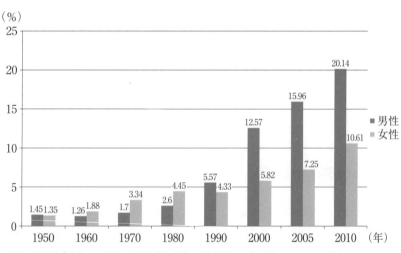

出所）内閣府『平成27年版　少子化社会対策白書』（平成27年6月23日）より作成

回復したとはいえ，1985年の1.76に比べると，はるかに及ばない。

　このように，若い世代の「財」を一部，政府が徴収して，所得が得られにくくなった高齢者層に「所得の再分配」をする「世代間再分配」といった社会保障制度の基本構造は，日本では危機的状況である。

(2)　少子化問題を解決するには

　そのため，産休・育休といった仕事にブランクがあっても女性のキャリアに不利とならない企業体質を全産業に普遍化し，場合によっては産休期間のみで仕事に復帰できるように0歳児保育所の一層の拡充など，4～5ヵ月程度の休業期間で女性が安心して仕事に復帰・継続できる雇用・育児システムの整備が不可欠であろう。

　もっとも，さらなる女性の社会進出は好ましいことではあるが，それによって女性の結婚・出産の年齢がさらに引き上がり，さらなる晩産化が進む可能性が高くなる。いわば科学的に考えるならば，合計特殊出生率を高めていくには，20代から30代前半に結婚・出産というライフスタイルを浸透させ，子育てしやすい社会環境に改善しなければならない。女性の出産時期といった医学的な事象も踏まえながら，雇用環境や育児環境の変革を忘れてはならないであろう。

(3)　世帯構造の変容

　日本の家族形態は三世代家族が減少し「核家族化」と言われながらも，実態は一人世帯が多く，2010年国民生活基礎調査によると全世帯のうち25.5％となっている。そうなると，世帯単位を基軸に構築されている日本の社会保障制度に歪みが生じてくる。

　しかも，一人世帯が増えるということは不平等さも明確化されていく。例えば，年金制度は，夫の厚生年金と妻の国民年金を併せて約22万円が平均受給モデルとされているが，一人世帯が増えると一人が受給する年金額で老後を暮

らさなければならず家計が厳しくなる。

　また，年金の保険料においても専業主婦は保険料が実質免除されているが，そうでない一人世帯の人は，しっかりと納めなければならず両者の負担格差が鮮明となる。

　いっぽう医療保険制度においては，毎月，支払う保険料は世帯単位となっており個人単位での制度設計にはなっていない。そのため，個人単位で支払う際の保険料が高く，世帯主以外の世帯員との差が拡大する。財政難が指摘されている社会保障制度において「負担と給付」の実態が，一人世帯と世帯主以外の世帯員とに差が生じれば，不平等な社会保障制度と認識され信頼が得られなくなる。

　確かに，一昔前は，一人暮らし世帯の割合が低く，しかも，その中には独身の現役世代が多く，いわば独身貴族を楽しむといった経済的に負担の少ない層もいた。しかし，現在の一人世帯は，独居高齢者や非正規雇用者といったように，経済的に厳しく世帯を持てない層が多くなっている。

　このように，今後も一人世帯が増えていくことが予測されるなかで，いずれ「負担と給付」を個人単位とする決断を下さなければ，不平等なシステムが拡張するばかりである。今後，18歳未満の子育て世帯に限っては世帯単位の考え方を維持し，それ以外においては，原則，個人単位で保険料の負担や給付のあり方に，社会保障制度全体を再構築すべきであろう。そして，併せて税制度などの「扶養」といったシステムも見直していかなければならない。

2　社会保障と雇用対策

(1)　企業の格差問題

　いっぽう「社会保障制度」の財源となる税金や保険料を負担しているのは，現役世代といった「人」だけでなく，法人といった「企業」も大きな役割を果

たしている。

　そこで，2015年度予算案をみると，「国際競争」という名の下に政府は段階的に法人税を3.29％引き下げることを決めた。それに対して中小企業を除くものの実質2倍の「外形標準課税」の増税が盛り込まれている。「外形標準課税」とは企業の床面積や従業員数など客観的な外観から課税するものである。法人税は収益が黒字の企業に関してのみ課税するのに対して，それらは赤字でも課税される仕組みとなっている。

　もっとも，今回の「外形標準課税」改革においては，黒字の企業に関しては減税となる措置が講じられている。つまり，黒字の企業は減税施策が促進され，赤字企業はさらに増税幅が拡大する仕組みとなる。これによって企業側に競争を強化させて経済の活性化につなげていく政府の意図が窺える。頑張る企業は減税の恩恵を受けさせ，努力不足の会社は増税を強化して危機感を認識してもらう狙いがあるのかもしれない。

　しかし，そもそも現在黒字化されている企業は大手株式会社が多くを占め，200兆円以上もの内部留保がある。しかも，昨今の株高の影響によって，これら大企業の資産額は増加傾向にある。いわば法人税減税を強化して市場経済で有利となる大企業は，ゲームを始める前から恩恵が与えられる先の大富豪ゲームの様相を呈している。

(2)　雇用形態の変容

　厚生労働省の資料によれば，1985年雇用者全体に占める，非正規職員といったパート・契約社員・派遣社員などの割合は16％弱に過ぎなかった。しかし，2011年には35.2％までに上昇した。確かに，昨今，働き方の価値観も変わり正規職員を好まない労働者もいないわけでもない。しかし，このような終身雇用制度の解体が続けば，社会保障制度の不安定化を招きかねない。

　周知のように医療・年金・介護・労働といった社会保険制度は，労働者である被保険者と，雇用者である事業主が支払う保険料で賄われている。ただし，

税金である公費も投入されており，同様に労働者と事業主の双方が税金といっ
た形態でも負担している。

　つまり，非正規職員の割合が高くなれば，賃金も正規職員と比べて低水準と
なって保険料や納める税金も低くなり，結果的には社会保障財源が少なくな
る。

　また，繰り返しになるが，20〜30代の未婚率が高くなった背景には，安定
した雇用環境が築けず結婚して家庭を築くことに踏み切れない男女が増えてい
ることにある。実際，少子化対策といった場合，保育サービスの拡充や育休・
産休といった子育てシステムに目が向けられがちだが，安定した雇用環境が整
備されることが最優先されるべきだ。

　つまり，このまま雇用の流動化が進めば，社会保障財源の確保につながらず，
少子化対策の是正にも結び付かない。再度，終身雇用制度の再構築を図らなけ
ればならない。しかも，不安定な雇用者が増えれば個人消費にも影響をきたし，
結果的に内需の規模を縮小させてしまい，企業利益においても大きなデメリッ
トとなる。そして，企業による税収も伸び悩み，繰り返しになるが社会保障に
おける財源確保も未知数となる。

　いわば雇用政策と社会保障制度は表裏一体の構図であり，短期的な企業経営
の効率化を優先して終身雇用制度の解体に向かう動きは，長期的には日本全体
の社会保障制度の不安定化を招く危険性をはらんでいるといえよう。

3 貧困の連鎖

(1) 教育と経済格差

　貧しい家庭に生まれても，子どもの努力次第で奨学金などを利用しながら一
流大学に進学し，それなりの社会的地位と賃金を稼げるといった「平等社会」
は日本では崩れつつある。『平成21年度文部科学白書』では「家計負担の現状

と教育投資の水準」と銘打って，教育格差における現状を問題提起した。

その中で親の年収と高校卒業後における調査報告が公表され，4年制大学の進学率において年収1,000万円超の家庭では62.4％，1,000万円以下は54.8％，800万円以下は49.4％，600万円以下は43.9％，400万円以下は31.4％となっている。

同年度4年制大学の進学率は約50％であるから，明らかに親の年収と大学の進学率は関連している。なお，東京大学学生委員会が行った東大生に対するアンケートでは，1985年時は親の年収450万円以下が35.9％であったのに対し，2009年では20.1％。逆に1985年時は親の年収1,050万円以上が13.9％であったのに対し，2009年では27.5％となっている。

もちろん，4年制大学に進学したからといって将来の賃金が保障されるとは限らない。

高卒であっても大卒者よりもはるかに高額な賃金を稼いでいる者もいる。しかし，労働政策研究・研修機構の統計によれば，大卒のほうが高卒よりも勤務年数が少ないにもかかわらず生涯年収は3,000万円も違うことから，高学歴のほうが賃金水準は高い傾向にある。

つまり，親の年収が高いほど高学歴になる確率は高く，生涯賃金も高額になる可能性が高くなる。このことは社会保障政策にも大きく影響を及ぼす。

(2) 教育政策と共生

昨今，児童福祉の現場では「貧困の連鎖」といった問題が深刻化している。貧しい家庭に生まれた子どもは，大人になっても低賃金労働者として働く可能性が高く，再度，貧困家庭を築き，そして，その子どもも貧困層となるというのだ。

厳しい家庭環境のなかでは塾に行く費用も工面できず，幼い時から美術館や博物館，映画といった文化的な暮らしにも縁遠くなる。このような児童・学生による家庭環境が，教育格差につながり大人になっても階層化していくのである。

高度経済成長期であれば，公立学校の授業を真面目にこなしていれば，それなりの大学に進学できた。しかし，今は，小学校から英語やIT教育が導入され，学校以外での教育機会に恵まれれば，それだけ有利となる。

　全体の教育水準が高くなることは歓迎すべきだが，親の年収格差によって，その子どもの教育水準に差が生じることは，結果として「貧困の連鎖」を招く一因となる。

　そのため，低所得者家庭の児童や学生には，塾代を工面するとか文化的な機会を提供するなどの，福祉・教育的なサービスを早い時期から提供していかなければならない。子どもは親を選べないのだから，社会で補塡するしかない。

4 経済的貧困と社会的孤立

(1) 孤立する高齢者

　超高齢化社会の到来により独居高齢者や老夫婦世帯が増加することで，社会からの孤立化が懸念される。たとえば，孤独死，高齢者虐待，介護殺人，老老介護といった問題は，高齢者世帯が社会と孤立化していることで引き起こされる。社会とのパイプが少しでもあれば，福祉・介護サービスにつなげることができ，最悪の事態を招くことも回避できるであろう。高齢者世帯が社会から孤立化する要因としては，家族機能や地域社会機能の希薄化によって，潜在的に社会サービスが必要とされる高齢者世帯が顕在化されにくくなっているからである。

　しかし，もう一つの要因として経済的貧困を忘れてはならない。つまり，65歳を過ぎた高齢者でも一定の経済的収入が確保されれば，友人や親戚とも夕食・懇親会などの交流を持つことができ，あるいは高齢者間の趣味活動などで社会とのつながりを継続できる。また，遠い親戚の子どもでもお年玉を通して交流を深めることができる。しかし，家計が厳しくなれば，付き合いなどの金

銭的余裕がなくなり社会との交流機会も減っていく。

　実際，筆者が高齢者現場で相談員の仕事に従事していた際，家計が厳しい高齢者世帯では知人の葬式への参列をためらうという相談を受けたことがある。葬儀に行くと5千〜1万円の香典を供えることになり，世代的にも亡くなる知人が多い高齢者世帯の一部には，本当は葬儀に行きたいのだが手ぶらではいけないという。特に，毎月の年金収入が5万円程度の国民年金受給者にとっては，香典代は大きな出費となる。

　また，健康上の格差も指摘され，2011年度厚労省によるデータによれば，介護保険サービスを利用している65〜69歳は約18万人となっている。そして，2010年度厚労省国民生活基礎調査においても，同年齢層で約13％の人が健康状態について「よくない」「あまりよくない」といった結果が示されている。

　つまり，健康寿命が伸びたといっても65歳以降になると健康上の問題を抱えている人も少なくなく，個人差によるところがある。

(2)　年齢を重ねるごとの格差

　ジニ係数といって，0〜1の値を示し，1に近づくほど格差が拡大している度合いが認識できる指標がある。厚労省「平成23年所得再分配調査」によれば，世代間の当初所得と再分配所得は年齢を重ねるごとに格差が拡大している（図9-2）。

　当然，現役世代であれば就労収入があるため格差の拡大は高齢者と比べれば低い。しかし，65歳を過ぎれば年金収入が家計の多くを占め，国民年金，厚生年金，企業年金，共済年金による給付額から考えても格差が拡大することは明らかだ。

　このように，現役世代では当たり前の出費でも，一部の年金生活者にとっては大きな負担となり，徐々に社会参加がむずかしくなる。そして，友人や遠い親戚などの縁が遠くなり社会から孤立化していってしまう。

その意味では，高齢者間格差を是正していくには，低所得者を中心に社会保障制度を充実させ，年金収入などの可処分所得が保険料や税金等で目減りさせない方策を講じることで，社会からの孤立を防ぐことを忘れてはならない。

図9-2　年齢階級別ジニ係数

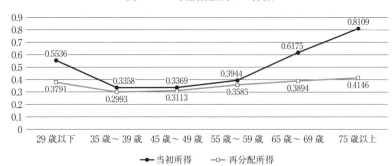

出所）厚生労働省「平成 23 年所得再分配調査報告書」：30-31 により作成

5　めざすべき「共生」社会とは

(1)　女性の社会進出と福祉国家

　厚労省の 2013 年国民生活基礎調査によれば，要介護者の高齢者と同居している家族の割合が 6 割を占め，そのうち主介護者として配偶者が 26.2％，子21.8％，子の配偶者 11.2％となっている。ただし，これらの主介護者のうち約7 割が女性であり 59 歳未満が約 3 割を占めている。しかも，別の厚労省の統計によれば介護等を理由に年間約 10 万人が仕事を辞めており，その約 8 割が女性となっている。

　いっぽう児童のいる世帯が 1986 年 1,736 万世帯であったのに対し，2013 年には 1,208 万世帯と大幅に減少している。しかし，ひとり親と未婚の子のみ世帯数が 72 万世帯から 91 万世帯に増加している。なお，母親の仕事の状況に関

しては正規職員が 19.4％であるのに対し，仕事なし 36.9％，非正規職員 34.6％
となっている。

　共働き社会が浸透したとはいえ，依然として子育ては母親のほうに偏ってい
る。もちろん，以前と比べて「子育ては母親」「介護は嫁や娘」といったように，
育児・介護が女性に偏る傾向は是正されつつある。しかし，男性と比べるとそ
の役割は女性のほうが未だ高い。

　そのため，政府が社会において女性の活用を目指すのであれば，未だ女性に
偏っている育児や介護の役割を社会で担っていくことは必然的となる。確か
に，男性も育児や介護の責任を果たしていくことはいうまでもないが，非正規
職員となることは労働力の減退を招くことになり現実的ではない。

(2) 育児・家事を共に行う

　その意味では，さらなる保育サービスを充実し女性が正規職員として働く環
境を整備し，併せて，子どもが熱を出せば夫婦どちらでも，直ぐに職場を早退
し保育園に迎えにいける雇用環境にしていかなければならない。そして，女性
の管理職を増やしていくのであれば，50 代から増えている介護離職に歯止め
をかける意味で，介護サービスの充実も必要不可欠になる。

　夫が育児や介護に協力的となることを前提としながらも，社会的に育児や介
護の充実を図らなければ完全な女性の社会進出は果たせない。いわば女性の社
会進出を保障する国家は，「高福祉高負担」といった福祉国家をめざすことに
行きつくことになる。

　数年前，福祉国家の代表ともいえるスウェーデンに 1 週間程度視察したのだ
が，はじめから高福祉高負担がめざされたのではないと認識した。労働力不足
によって共働き社会に迫られ育児・介護といったサービスが社会化されてい
き，結果的に福祉国家となっていったのがスウェーデンといえる。仮に，日本
も完全な男女共同参画社会を成し遂げるならば，必然的に高福祉高負担といっ
た福祉国家をめざすことにならざるをえない。

(3) 福祉の乗数効果

「乗数効果」という経済用語を耳にしたことがあるだろうか。数年前，国会で財務大臣が認識不足の答弁を行い話題となった専門用語である。現政権の三本の矢の一つである公共事業への投資も乗数効果をねらっている。

しかし，昨今，公共事業による乗数効果はそれほど期待できずGDPを増やすどころか，かえって国債発行を増大させ金利を上げてしまう。その結果，民間投資を減少させてしまい景気回復には効果がないと評されることもある。確かに，過去の誤りを繰り返すだけかもしれない。

それならば，同じ財政出動をするのであれば，福祉部門へ集中的に投資して福祉サービスを充実させてはどうだろうか。いわゆる「福祉循環型社会システム」をめざし，サービスが充実することで福祉従事者の雇用増大と賃金引き上げによって，内需経済を活性化させて景気回復につなげるのである。

(4) 介護士人材不足

昨今，慢性的な介護人材不足が深刻化している（表9-1）。介護・医療現場では現状のサービス維持すら危ぶまれ，患者や要介護者の生活が不安定となっている。

特に，介護士不足は喫緊の課題となっており，新設された介護施設では介護士が集まらず開設が大幅に遅れるといった事態も生じている。平均年収280万〜300万円といった介護士の賃金では，夜勤業務や生命を預かる仕事にしては低賃金化して人材が集まらない。

厚労省の資料によれば，2011年度で約153万人の介護士が従事しており，看護師・准看師は約140万人と，計約300万人が医療・介護現場で働いている。今後，ますます超高齢化の進展によって，これらの人材を確保していかなければ安定した医療・介護サービスは維持できない。

公共事業は，今後，外国人技能実習制度の活用も勧められることから，支払

われる賃金の一部は内需経済の活性化には結びつかず海外への送金へまわってしまう。いっぽう医療や介護従事者に支払われる賃金は，ほぼ100％日本国内で使途されるか貯蓄にまわる。その意味でも，少なくとも賃金と個人消費を考えて，公共事業よりも医療・介護分野に投資したほうが乗数効果は期待できる。

　新たな公共事業は，多少，不便さはあっても必要不可欠のインフラとはいえない。しかし，超高齢化社会においては現役世代においても，親の介護といった視点から医療・介護サービスは重要である。医療や介護を「負担」から「内需刺激策」といった発想の転換が求められる。

(5)　資産における再分配

　従来から「社会保障制度」における負担の理念としては，所得ベースで捉えられており，例外を除いて資産は考慮されてこなかった。これは所得の補足は可能ではあっても，資産の把握はむずかしく，負担の公平性に欠けるためであった。

　しかし，一定の金融資産を有しているか否かで，特に，社会保険上の負担の増減を考慮する仕組みは，今後の超高齢化社会を乗り越えていくうえでは避けられない。多額の金融資産を有している者が低所得という状況だけで，社会保険上の負担が全く資産を有していない低所得者と同じでは公平性に欠けるので

表9-1　介護福祉士養成施設の定員充足状況の推移

	2006年	2008年	2010年	2012年	2013年
学校数	405校	434校	396校	377校	378校
定員数	26,855人	25,407人	20,842人	19,157人	18,861人
定員充足率	71.8%	45.8%	75.7%	66.5%	69.4%
離職者訓練等を活用した入学者を除いた充足率	—	—	56.6%	51.7%	54.0%

出所）厚生労働省「第2回社会保障審議会福祉部会福祉人材確保専門委員会資料2」: 47
（2014年11月18日）より作成

はないだろうか。

2015年10月からはマイナンバーの配布が実施されたが，遠くない将来，法改正が実現できれば預貯金との連動性が可能となり，資産把握が的確になされ公平な負担の仕組みの素地が見通せる。

もっとも，そもそも資産は若い時に努力・節約して築き上げた財産であり，社会保険上の再分配に使途すべきではないといった気運が高まる可能性もある。そうなれば資産を基にした社会保険上の再分配の仕組みは実現できなくなる。

(6) 世代内扶養への転換

そして，「世代内扶養」の強化が考えられる。内閣府『平成27年版高齢社会白書（全体版）』では，高齢者65歳以上が世帯主で世帯人員2人以上の平均貯蓄額は約2,377万円と，全体の2人以上世帯の平均貯蓄額は1,739万円なのに対し約1.4倍となっている。当然，長い人生経験のある高齢者世帯のほうが貯蓄額は高くなる。

しかし，高齢者間の世代内でみると，高齢者65歳以上が世帯主で2人以上において4,000万円以上の貯蓄を有する世帯が17.6％を占めるものの，同じく2人以上世帯で300万円未満の貯蓄しかない世帯が13.1％を占めている。明らかに65歳以上の高齢者間において格差が生じている。これらは所得面である年金額においても同様である。国民年金のみの受給者の額は月平均5万円であるのに対し，厚生年金や企業年金受給額は15万〜25万円以上と，かなりの差がある。

同世代を生きた人たちが世代内で「所得及び資産の再分配」の強化を図り，後の世代である子や孫らに負担を強いることのないシステムの構築は不可欠であろう。具体的には，早い段階で来年から実施されるマイナンバー制度と預貯金とを絡めた法改正を実施し，金融資産の透明化を図りながら，一定以上の所得及び金融資産の保有者に対しては，医療及び介護保険の一律3割自己負担を

課すべきであろう。また，さらに相続税の増税を図り，現行の基礎控除3,000万円を引き下げ，かつ税率の引き上げも実施していくべきである。また，高額な年金受給者においては，それらの基礎年金部分の国庫負担分1人約3万円の年金受給額を停止する方策も考えられる。

　このような世代内の再分配機能を強化する方策に対して，決まって富裕層の海外移住（タックス・ヘイヴン）といったモラルハザードの議論が生じる。しかし，海外に移住する富裕層は，ほんの一握りであろう。実際，筆者も年に数回海外出張するが，日本ほど利便性に富んだ国はないと考える。まして，医療や介護サービスの質や量は言うまでもない。

(7)　フェアな社会とは

　市場経済の中で一生懸命努力して良いアイデアを生み出し成功した人びとから，高額な税金や保険料を徴収して不遇な人に財を「再分配」することに消極的な考えがある。フェアな市場経済の中で得た富において，「正直者が損をする」ことは許されるべきではない。「再分配」システムは重度障害者や不運な子どもらなどに限定的にすべきという「小さな政府」こそが，公正な社会システムというのだ。

　いっぽう「大きな政府」に基づき市場経済で配分された富を，もう一回，税金や保険料として国などに納め，困っている人びとなどの社会的弱者に「再分配」することが公正であり社会保障の充実を主張する考え方もある。

　もっとも，現在，生活保護費が3.7兆円を超え不正受給費も約173億円という現状から，社会保障サービスの行き過ぎが問題視されている。「自助」という理念に基づいて市場経済の中で敗者となった層を，社会がフォローするのは限定的でいいのではないかと。先の国会でも改正生活保護法が成立し，今後，生活保護の申請手続きが厳格化される。

　確かに，不正受給などは許されるべきではない。しかし，だからといって生活困窮者は自業自得であり，フェアな市場経済で敗者となったのだからといっ

て，やむなしでいいはずがない。

⑻ 「トリクルダウン」について

また，日本経済全体を考えれば，富める者が先行して利益を向上させ経済成長を促し，それによって「所得の再分配」によってタイムラグを経て，最終的には社会的弱者にも恩恵が得られる「トリクルダウン」といった経済理論が指摘されるであろう。

しかし，昨今，日本の経営者は家族的な企業経営理論が希薄化しており，利益を得たとしても内部留保にまわしてしまい労働者への分配率を引き上げ，または下請けの中小企業との取引額を上げる傾向は限定的であろう。

「トルクダウン」といった理念は，再分配に類似した「共生」の理念とはほど遠く，結果的には格差を助長させてしまうのではないだろうか。

⑼ 勝ち組も「共生」という枠内

実際，市場経済において一生懸命働いた結果，勝つ人もいれば，負ける人もいる。たとえ勝者であっても，本当に自分の実力だけで成功したのかは疑問である。もちろん，本人の努力なくしては成功を収めることはむずかしいであろう。しかし，そこには「運」なども大きく寄与している。

勝者は偶然に恵まれた家庭で育ち教育機会や人的関係も豊富で，初めから市場経済の中で有利なプレーヤーである人が多い。むしろ，貧しい生活環境の中では相当な努力をしない限り，勝負できるプレーヤーにさえなることさえもできない層がいる。

つまり，本人の努力に見合った富の配分は言うまでもないが，併せて自分の力だけで勝者になったわけではないのだから，一定程度，税金や保険料を納めて生活困窮者に富が再分配されるべきだ。

市場経済ではフェアなルールに基づいて経済活動がなされているものの，そ

こに参画できること自体が，一部，幸運であり決して自分の力だけではないことが認識されるべきである。しかも，勝負に勝っても永遠に勝てる保証は誰にもない。目まぐるしく変わる社会環境で，いつでも誰でもが生活困窮者に陥る可能性は否定できないと考えられる。

【参考文献】

奥村芳孝（2010）『スウェーデンの高齢者ケア戦略』筒井書房

閣議決定（2011年1月25日）「新成長戦略実現2011」

川本隆史（1995）『現代倫理学の冒険―社会理論のネットワーキングへ―』創文社

京極高宣（2010）『共生社会の実現』中央法規

岡伸一（2012）『グローバル化時代の社会保障―福祉領域における国際貢献―』創成社

佐藤博樹・矢島洋子（2014）『介護離職から社員を守る』労働調査会

ジョン・ロールズ著，川本隆史・福間聡・神島裕子訳（2010）『正義論改訂版』紀伊國屋書店

内閣官房国家戦略室（2010年10月8日）「新成長戦略実現会議第2回会議議事要旨」

二木立（2007）『介護保険制度の総合的研究』勁草書房

広井良典（2009）『グローバル定常型社会』岩波書店

Amartya Sen, *Inequality Reexamined*, Russell Sage Foundation, Oxford [England] : Clarendon Press, 1992.

第10章
共生社会創出のための 生活困窮者支援実施体制を考える

渋谷　哲

1 生活困窮者支援とは

　相互扶助や慈善活動，社会事業や社会福祉の理念や歴史をみても，その基本となる対象は生活困窮者であり，これらの者への支援が始まりといえるだろう。学祖・長谷川良信も1918年3月に東京府慈善協会主査と巣鴨方面救済委員を委嘱され，通称「二百軒長屋」で生活する住民への調査を実施し，生活改善を試みるため10月に移住し宗教大学の学生を引率してセツルメント活動を開始している。そこでの組織的な取り組みが必要であると感じ1919年1月にマハヤナ学園を創設しているが，学祖の社会事業活動も対象は生活困窮者であった。

　戦後，生活困窮者への支援は，救貧制度としての生活保護制度，防貧制度としての世帯更生資金貸付制度（現生活福祉資金貸付制度）や社会手当（児童手当・児童扶養手当等）を柱に展開されたが，近年の生活困窮者へは，これらの制度だけでは対応できなくなり，2015年4月より生活困窮者自立支援法が施行された。

　生活困窮者への新たな制度と，それを支援する新たな実施体制で施行されたことは，生活保護制度の実施機関である福祉事務所による従来の支援では限界があると評価されたことを意味している。筆者はこれまで，共生社会を創出するための生活困窮者への支援は，行政機関である福祉事務所による実施体制が効果的かつ効率的であり，それにより公的責任がとれると考えてきたが，新たな制度の実施体制は筆者の思いとは違うものとなっている。

そこで本稿では，生活困窮者自立支援制度の柱となっている自立相談支援事業の実施機関（福祉事務所と委託先）の現状から，福祉事務所による支援，つまり行政機関による直営方式では限界があるのか，どうして委託方式を取り入れた実施体制となったのかについて考察したい。

2 生活困窮者自立支援制度における自立相談支援事業

(1) 生活困窮者自立支援制度の概要

この制度は，近年の経済構造の変化，社会的に孤立するリスクの拡大，稼働年齢層を含む生活保護受給者の増加，貧困の世代間連鎖といったことに対応し，これまで十分でなかった生活困窮者への支援を目的として創設されたものである。

もちろん生活困窮者への支援はこれまでも行われてきた。第一のセーフティネットとして年金・医療・労働保険といった「社会保険」が，そこからの漏救に対しては第二のセーフティネットとして「求職者支援制度や住宅手当制度」が，それでも生活困難な者へは第三のセーフティネットとしての「生活保護制度」といった3層からなるセーフティネットである。生活困窮者自立支援制度は生活保護受給者以外に対応するものなので，これまでの第二のセーフティネットを強化したものといえる。

生活困窮者自立支援法（以下，法）の第6条には事業として，①自立相談支援事業，②住居確保給付金の支給，③就労準備支援事業，④一時生活支援事業，⑤家計相談支援事業，⑥学習支援事業，⑦その他必要な事業の7つが規定されている。

これら事業の実施主体は法第3条で「福祉事務所設置自治体」としており，法第4条と第5条で①と②は必須事業，③〜⑦は任意事業と規定している。なお，福祉事務所設置自治体とあるので，福祉事務所を設置する町村は実施主体

となり，設置していない町村は都道府県福祉事務所が実施主体となる。

(2)　生活困窮者自立相談支援事業

　法第4条第1項には「都道府県等（筆者注：福祉事務所設置自治体）は生活困窮者自立相談支援事業を行うものとする」とあり，生活困窮者自立支援制度の中核的な事業と位置づけられている。

　これは，①生活保護に至る前段階から早期に支援を実施することにより，生活困窮の状態から早期に自立支援をする。②生活困窮者への相談支援体制の充実により，福祉事務所の負担を軽減し，社会資源の活性化と地域全体の負担を軽減することを目的としている。

　具体的には，生活困窮者から相談（インテーク）を受けて，①生活課題を評価・分析（アセスメント）してニーズを把握し，②ニーズに応じた支援が計画的かつ継続的に行われるよう自立支援計画を作成（プランニング）し，③その支援計画に基づいて支援が包括的に行われるよう，関係機関との連絡調整をするなどの業務を行う（インターベンション）事業である。

　なお，自立相談支援事業の実施には主任相談支援員，相談支援員，就労支援員を配置することになっているが，特に資格要件は規定されておらず，養成研修の受講が義務づけられている程度である。

　また，法第4条第2項には「都道府県等は，生活困窮者自立相談支援事業の事務の全部又は一部を当該都道府県等以外の厚生労働省令で定める者に委託することができる」と規定しており，福祉事務所設置自治体は直営または委託により実施することになっている。

3 自立相談支援事業の実施体制

(1) 全国と千葉県の現況

2015年6月に公表された厚生労働省調査（厚生労働省2015：4）によると，全国での自立相談支援事業の実施体制は福祉事務所設置自治体による直営方式が40.0％，委託方式が49.0％，直営＋委託方式が11.0％と，直営方式との併用を含めると約6割の自治体が委託方式で実施している。

委託先（複数回答）は，社会福祉協議会が76.0％と多く，次いでNPO法人が12.6％，社会福祉協議会以外の社会福祉法人が8.0％，社団法人・財団法人が6.7％，株式会社等が6.3％となっている。事業の実施場所は，役所・役場内が61.5％，委託先の施設内が36.2％である。

それに対して，三島木大樹の調査（三島木2016：10）によると，2015年8月現在，千葉県内の自立相談支援事業の実施体制は次の通りである。ただし，市部福祉事務所のみで，町村を管轄する郡部福祉事務所は調査から除外されている。

福祉事務所設置自治体による直営方式が6ヵ所（15.8％），委託方式が31ヵ所（81.6％），直営＋委託方式が1ヵ所（2.6％）と，直営方式との併用を含めると38自治体のうち8割強の32が委託方式で実施している。

委託先（複数回答）は，社会福祉協議会が15ヵ所（46.9％）と多く，次いで社会福祉協議会以外の社会福祉法人が8ヵ所（25.0％），NPO法人が6ヵ所（18.8％），社団法人・財団法人，株式会社等，複合型（NPO法人と株式会社等の共同運営）が各1ヵ所（各3.1％）となっている。

これら全国と千葉県の実施体制を一覧にしたのが**表10-1**，委託先が**表10-2**である。

全国と千葉県を比較すると，千葉県には大きな違いがある。全国では約4割の自治体が直営方式で実施しているが，千葉県は約2割弱と少なく，委託先を

表 10- 1　自立相談支援事業の実施体制

	直営方式	委託方式	直営＋委託
全　国	40.0%	49.0%	11.0%
千葉県	15.8%	81.6%	2.6%

注) 全国は 2015 年 4 月現在，千葉県は 2015 年 8 月現在の
　　調査である。
出所) 厚生労働省 (2015：4)，三島木 (2016：10) から
　　筆者作成

表 10- 2　自立相談支援事業の委託先

	社会福祉協議会	社会福祉法人	NPO 法人	社団法人 財団法人	株式会社等	複合型
全　国	76.0%	8.0%	12.6%	6.7%	6.3%	
千葉県	46.9%	25.0%	18.8%	3.1%	3.1%	3.1%

注) 全国は 2015 年 4 月現在，千葉県は 2015 年 8 月現在の調査である。
出所) 厚生労働省 (2015：4)，三島木 (2016：10) から筆者作成

みると，全国では約 8 割が社会福祉協議会であるが，千葉県は約 5 割弱と少な
く，社会福祉協議会以外の社会福祉法人への委託が多いが，この理由は何であ
ろうか。その一つとして考えられるのは，千葉県が 2004 年から単独事業とし
て展開している「中核地域生活支援センター」(以下，中核センター) の存在であ
ろう。

　中核センターは千葉県の郡部福祉事務所と保健所を組織統合した「健康福祉
センター」が管轄する 13 の健康福祉圏域 (指定市の千葉市，中核市の柏市と船橋市
は除く) ごとに設置されており，24 時間 365 日体制で，総合相談活動，地域コー
ディネート事業，権利擁護事業の 3 つに取り組んでいる。総合相談は対象者や
生活課題を限定しないため，法や枠組みにとらわれない複合的なニーズにも対
応している。

　事業の実施主体は千葉県であるが，運営は社会福祉法人や医療法人，NPO
法人等に委託しており，現在設置されている 13ヵ所の内訳は，社会福祉法人

8ヵ所, NPO法人3ヵ所, 医療法人2ヵ所である。この社会福祉法人8ヵ所のうち5ヵ所は, 中核センターが管轄している自治体から自立相談支援事業を委託されており, これが千葉県での自立相談支援事業が「社会福祉法人への委託が多い」理由である。つまり中核センターにおける相談活動の実績や体制から, 自立相談支援事業の委託先として適切であると自治体から評価されたといえる。

(2) 直営方式の意義

全国では約4割, 千葉県では約2割の自治体しか直営方式で実施していないが, 直営方式の意義やメリットとしては次のことがいえるだろう。

第一は, 行政機関によるサービスの実施は, 生存権保障の公的責任を明確化できることである。生活困窮者の支援は社会保障の基本であり, 最後のセーフティネットである生活保護行政と一体的に実施することで捕捉率を高め漏救のないサービスが提供でき, それにより生存権保障が確立できると思われる。

社会的リスクに対して経済的な保障が必要な人は, 「生活困窮者→要保護者→被保護者」という過程をたどるというのが法の前提にあるようにみえる。しかし, 法第2条第1項で定義している「生活困窮者(現に経済的に困窮し, 最低限度の生活を維持することができなくなるおそれのある者)」と, 生活保護法で想定している「要保護者」にどれほどの違いがあるのか。筆者は福祉事務所での勤務経験があるが, 生活困窮者と要保護者を分けるラインや層などなく, 現実には「生活困窮者=要保護者」であると感じている。

生活保護法第27条の2「相談及び助言」には「保護の実施機関は, 要保護者から求めがあったときは, 要保護者の自立を助長するために, 要保護者からの相談に応じ, 必要な助言をすることができる」と規定している。ここでの要保護者とはまさに生活困窮者のことであり, 生活困窮者に対して要否判定を実施し, 要であれば生活保護を, 否であれば生活保護法以外の社会資源を活用してサービス提供するのが福祉事務所のソーシャルワーカーの業務である。

　第二は，福祉事務所には生活困窮者への支援ができる体制が既に整っていることである。特に市部福祉事務所は社会福祉法で社会福祉 6 法事務所と位置づけられ，多くの福祉事務所には総合相談窓口が設置されている。社会福祉 6 法で対象としていない精神障害者への保健福祉に関しても，障害者自立支援法の施行により福祉事務所が担っており，生活困窮者が活用する社会資源を調整できる機能がある。近年では地域包括支援センターや障害者相談支援事業所が設置されているが，これら相談機関が委託方式で運営されていたとしても所管部署は福祉事務所であり，連携がスムーズに図られている体制にある。

　また，生活保護のソーシャルワークにおいては，2005 年から生活保護における 3 つの自立の概念（就労自立・日常生活自立・社会生活自立）に基づく「自立支援プログラム」が導入されており，被保護者への支援が積極的に展開されてきた実績もある。そのことからも，福祉事務所には生活困窮者への支援ができる体制とソーシャルワーク実践が既に整っているといえよう。

　第三は，直営方式であれば相談者に 1 ヵ所の窓口で対応できることである。前述した厚生労働省調査（厚生労働省 2015：3）によると，自立相談支援事業の実施場所，つまり相談窓口が設置されているのは，役所・役場内が 61.5％，委託先の施設内が 36.2％，公的施設内が 8.3％，民間物件（賃貸）が 5.0％である。

　役所・役場内に設置といっても，生活保護を含めた相談窓口と，自立相談支援事業だけの相談窓口の 2 通りが考えられる。この調査報告にはその内訳までは示されていないが，直営方式の場合は総合相談窓口や生活保護の相談窓口で対応，委託方式の場合は福祉事務所の各窓口とは別に設置が一般的であろうが，第一の点から考えると前者の相談窓口であればワンストップで済み，いわゆる「たらい回し」も軽減されよう。

　対して「役所・役場以外」に設置している自治体が約 4 割ある。地域包括支援センターや障害者相談支援事業所といった相談機関が新たに設置されてから，社会福祉の相談機関が法や制度別となり，介護保険法施行前は「社会福祉の相談は，とりあえず福祉事務所」で構わなかったが，現在では住民からみると「どこへ相談に行ったらよいの」との状況になっている。住民が役所・役場

へ相談に行くことは心理的なハードルがあることは確かだが，少なくとも生活困窮に関する相談窓口は分散することなく，その場で対応できる体制が望ましい。

朝日新聞の 2015 年 12 月 31 日朝刊では，「生活困窮者自立支援制度が十分に機能していない。厚生労働省のまとめでは，相談件数の全国平均は目標を下回った」と報じており，同 2016 年 1 月 12 日では，「相談への対応は自治体で濃淡—窓口の設置場所や住民への周知方法は自治体によって異なる」と指摘している。生活困窮者の早期発見・早期対応で自立につなげるという制度の趣旨を，住民や関係機関に浸透させることが当面の課題であろう。

(3) 直営方式の限界

自立相談支援事業の実施機関に委託方式が導入されたことは，福祉事務所による従来の支援では限界があると評価されたことを意味しているが，直営方式の限界としては次のことがいえるだろう。

第一は，専門職の確保が困難であることだ。自立相談支援事業の実施機関には，相談支援業務のマネジメントや地域の社会資源の開拓と地域連携を行う「主任相談支援員」，相談支援業務の全般にあたる「相談支援員」，就労支援に関するノウハウを有する「就労支援員」が配置されており，表 10-3 が全国の配置数である。地域により相談件数や内容が多様であるために兼務が認められ

表 10-3　自立相談支援事業の支援員数

2015 年 4 月現在

		主任相談支援員	相談支援員	就労支援員
配置数（人）	総　数	1,257 （100%）	2,284 （100%）	1,698 （100%）
	内専任	649 （51.6%）	1,005 （44.0%）	388 （22.9%）
	内兼務	608 （48.4%）	1,279 （56.0%）	1,310 （77.1%）
	実人数	4,162 人		

出所）厚生労働省（2015：9）から筆者作成

ており，全国 901 の福祉事務所設置自治体に 4,162 人が配置されている。

　また，3 職種の支援員が取得している資格が**表 10-4**である。社会福祉士または精神保健福祉士資格者が主任相談支援員では 48.4％，相談支援員では 36.4％と高く，これに社会福祉主事資格者を加えると主任相談支援員は 92.8％，相談支援員では 64.9％となっており，主任相談支援員は一定の力量がある者が配置されている。

　それに対して福祉事務所の査察指導員と現業員が取得している資格が**表 10-5**だが，主に相談支援業務を担っている現業員の有資格者は 73.4％である。生活保護担当の現業員は 79.3％と 8 割近いが，市部福祉事務所での福祉 5 法担当，郡部福祉事務所での福祉 2 法担当の現業員は 58.5％と低い。社会福祉法第 15 条第 6 項には「査察指導員と現業員は社会福祉主事の資格取得者でなければならない」と規定されているが，有資格者が約 7 割の現状からすると，この規定は形骸化しており，いわゆる「3 科目主事」にも該当していない者が福祉

表 10-4　自立相談支援事業支援員の資格取得状況（複数回答）

2015 年 4 月現在

	主任相談支援員 n = 1,257	相談支援員 n = 2,284	就労支援員 n = 1,698
社会福祉士	37.2%	27.5%	17.7%
精神保健福祉士	11.2	8.9	5.2
社会福祉主事	44.4	28.5	21.9
保健師	1.7	0.8	0.6
キャリアコンサルタント	2.9	3.9	11.9
産業カウンセラー	1.4	2.7	5.8
介護支援専門員	17.2	10.1	7.5
障害者相談支援専門員	3.4	1.5	1.5
介護福祉士	8.7	7.5	6.0
その他	12.8	15.0	18.7

出所）厚生労働省（2015：10）から筆者作成

表 10-5　福祉事務所の査察指導員・現業員数と資格取得状況

2009 年 10 月現在

	総数 （人）	担当別数（人） （%）		有資格者数（人） 有資格率（%）		資格取得者数（人） 資格取得率（%）		
				対総数	対担当 別数	社会福祉 主事	社会 福祉士	精神保健 福祉士
査察 指導員	3,221	生活保護担当	2,596 (80.6)	2,363 (73.4)	2,024 (78.0)	1,937 (95.7)	80 (4.0)	7 (0.3)
		福祉5法 福祉2法	625 (19.4)		339 (54.2)	309 (91.2)	24 (7.1)	6 (1.7)
現業員	19,406	生活保護担当	13,881 (71.5)	14,237 (73.4)	11,006 (79.3)	10,299 (93.6)	641 (5.8)	66 (0.6)
		福祉5法 福祉2法	5,525 (28.5)		3,231 (58.5)	2,791 (86.3)	305 (9.4)	135 (4.3)

出所）厚生労働統計協会（2015：239）から筆者作成

事務所のソーシャルワーカーとして従事しているのが実状である。

　このような相談支援業務を行うに最低限必要な資格と思われる社会福祉主事任用資格（社会福祉士と精神保健福祉士を含む）の保有率だけをみても，自立相談支援事業の主任相談支援員の方が一定の力量があるといえ，福祉事務所では専門職の確保が困難である。

　しかも福祉事務所の場合は定期的な人事異動があり，現業員の経験年数の短期化という問題もある。厚生労働省社会・援護局監査資料によれば，2009 年度の「現業経験 1 年未満の現業員の割合」は 25.4％（木本 2015：129）であり，4 年の経験で他の部署へ異動する状況である。これについて木本明は「経験年数の短期化という現状からは，現業員が『専門職としての役割を果たすための前提条件を欠いている状況にある』」という危惧を抱かざるを得ない。また，査察指導員の 4 人に 1 人が現業員の経験がないなかで，スーパービジョンの実施は困難なことであろう。さらに，自治体職員が福祉事務所の現業員へ異動を希望しないため『なり手がいない状況』であり，このことは生存権を保障する生

活保護制度の足元が『揺らいでいる状況』にある」(木本 2015：129) と指摘している。

　第二は，柔軟に対応するソーシャルワーク活動が弱いことである。自立相談支援事業が本格的にスタートして 1 年が経過し，各地の事業所から報告された実践活動をみると，積極的なアウトリーチ，夜間や休日にも対応するなど，どこもクライエントの相談に対して柔軟に対応している。この事業は千葉県の中核センターの取り組みがモデルの一つとされたようだが，生活困窮者という対象者の限定はあるが，従来の枠組みにとらわれず複合的なニーズにも対応していると評価できる。

　筆者も福祉事務所でのソーシャルワーカー時代，積極的なアウトリーチや夜間対応も実践してはいたが，公務員という立場もあり，緊急対応や休日出勤の許可がもらえず歯がゆい思いを何回も経験した。それを考えると社会福祉法人等への委託方式は，公務員が行う直営方式よりも柔軟にソーシャルワーク活動が展開できるといえる。

　第三は，福祉事務所の総合相談窓口や生活保護の窓口が，これまで積極的に生活困窮者へ対応してこなかったことである。前述したが，本来であれば生活困窮者からの相談に対しては，いわゆる「水際作戦」などせずに生活保護の申請権を保障し，申請のあった者に対しては要否判定を実施して，要であれば生活保護を，否または申請の意志がない者へは生活保護法以外の社会資源を活用してサービス提供するのが福祉事務所のソーシャルワーカーの業務である。

　筆者は今から 14 年前に「生活に困窮した者が福祉事務所に相談に来る理由は『生活保護の相談』を含む『生活問題の相談』であることを認識することがインテークの段階におけるポイントである。つまりインテークの段階での面接者の役割は，来所した方の生活問題を整理し，適切な相談機関やサービス提供機関につなげることである」(渋谷 2002：110) と指摘した。しかし実態としては，面接者がインテークの段階で実質上の要否判定を行い，要の者だけに申請書を渡し，否の者へは「生活保護は受けられません」と言って門前払いしていた福祉事務所が多かった。これでは生活困窮者の支援を任せられないと評価されて

も仕方ないだろう。

4　今後の動向

　本稿では，生活困窮者自立支援制度の柱となっている自立相談支援事業の実施機関の現状から，福祉事務所による支援，つまり行政機関による直営方式の意義と限界を考察した。直営方式では専門職の確保が困難であり，柔軟に対応するソーシャルワーク活動が弱いことから，委託方式が導入されたといえよう。

　しかし，そのことにより福祉事務所の課題は深刻なものになったといえる。それは，自立相談支援事業が委託方式で実施されることにより，福祉事務所のソーシャルワーク機能が，ますます低下していくことである。委託方式が導入された在宅介護支援センター以降，新たに地域包括支援センターや障害者相談支援事業所が設置されたことにより，福祉事務所のソーシャルワーク業務が縮小化しているが，これでは生活問題全般に対応できるソーシャルワーカーは育たないといえる。

　その解決・軽減のためには，自立相談支援事業を直営方式で実施する自治体を増やすことが一つの方法であるが，そのためには福祉事務所に有資格者の専門職を配置する必要がある。しかし，職員採用の試験区分として「社会福祉職」を実施している自治体が少ないためこれも困難であろう。

　千葉県では委託方式との併用を含めると38自治体のうち7つの自治体が直営方式で実施しているが，このうち5つが職員採用の試験区分として「社会福祉職」を実施，または5年以内に実施した自治体である。このように社会福祉職の採用試験があれば，直営方式での実施が可能であることは，全区直営方式で実施している横浜市をみれば明らかである。自立相談支援事業の委託方式の導入により，福祉事務所のソーシャルワーク機能が低下していくことがないよう，今後も実施体制の動向について注視する必要があろう。

【引用・参考文献】

岡部卓編（2015）『生活困窮者自立支援ハンドブック』中央法規

木本明（2015）「第 7 章 専門職の役割と相談援助活動」渋谷哲編『低所得者への支援と生活保
　護制度』みらい

厚生労働省（2015）「調査報告 生活困窮者自立支援制度の事業実施状況について」

厚生労働統計協会（2015）『国民の福祉と介護の動向 2015/2016』厚生労働統計協会

渋谷哲（2002）「第 6 章 保護の実施体制と関連分野」川上昌子編『公的扶助論』光生館

自立相談支援事業従事者養成研修テキスト編集委員会編（2014）『生活困窮者自立支援法自立
　相談支援事業従事者養成研修テキスト』中央法規

三島木大樹（2016）「千葉県における生活困窮者自立支援制度の実施体制に関する一考察」
　2015 年度卒業論文，淑徳大学

第11章
共生社会創出のための子ども家庭福祉サービス供給体制
―当事者の尊厳・人権擁護を基盤として―

柏女　霊峰

1　基本的認識―子ども家庭福祉サービス供給体制の限界―

　社会福祉において，当事者の尊厳の保持と権利の保障・権利擁護は近年の二大潮流といえる。個人の生命や尊厳を奪う行為である虐待から利用者を守り，その権利を擁護する（積極的権利擁護を含む）仕組みづくりがその一つである。各分野における家庭内虐待防止や施設内虐待防止等が進められ，これに関しては，子どもの命を守るという観点から，子ども家庭福祉分野が他分野を先導しつつ今日に至っている。

　一方で，社会福祉における利用者，当事者の尊厳への注目は，2000年の社会福祉基礎構造改革に特徴的である。基礎構造改革は，「パターナリズムからパートナーシップへ」とのスローガンにみられる如く，利用者主体の選択と契約によるサービス供給体制を志向し，自己決定とそれを補完する当事者の権利擁護の仕組み（権利擁護事業や後見制度，苦情解決の仕組みなど）を用意した。この流れは，2000年の介護保険制度，2005年の障害者施設等給付制度，2015年の子ども・子育て支援制度の創設に結びついていく。子ども家庭福祉分野におけるこの視点の改革は，家族の一体性重視，世帯重視，親の第一義的責任といった観点から他分野に遅れ，結果的に，後述する都道府県と市町村に二元化され，職権保護を色濃く残す供給体制が継続している。

　これからの子ども家庭福祉サービス供給体制を考察するためには，こうした

政策がもたらしたマクロ，メゾ，ミクロレベルの影響について考察していく必要がある。本稿においては，主としてマクロレベルに焦点を当てつつ，当事者の尊厳，人権擁護，地域における包括的対応を基盤とする共生社会創出の視点から，子ども家庭福祉サービス供給体制のあり方を検討することとする。

まず，わが国の子ども家庭福祉についていえば，2つの大きな潮流が子ども家庭福祉サービス供給体制を市町村と都道府県に二元化させているといえる。図11-1は，子ども家庭福祉分野におけるサービス供給体制の流れを俯瞰したものである。

少子化対策は1990年の1.57ショックに始まり，待機児童問題，いわゆる規制緩和や三位一体改革，公的契約制度である認定こども園創設，次世代育成支援施策を経て子ども・子育て支援制度創設に至る。この分野では，子育ての「社会的支援」や「社会連帯」等が理念となる。

一方，要保護児童福祉は，1994年の子どもの権利条約締結から子ども虐待対策（1996年から本格開始）における家庭に対する公権介入の強化，司法関与の拡充が続き，配偶者暴力防止，被措置児童等虐待防止等権利擁護の流れを作り出していく。この分野では，「公的責任」「公権介入の強化」による「権利擁護」が理念となっている。このように，子ども家庭福祉は，いわば子どもの育ち・子育てに対する『支援と介入』の強化をセットにして進められていくこととなる。

図11-1　子ども家庭福祉サービス供給体制改革の動向と今後の方向

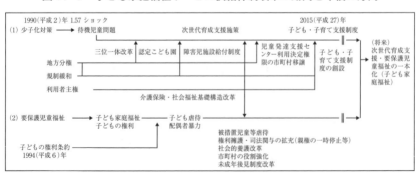

出所）柏女（2008：141）を改正

　そして，これが子ども家庭福祉の二元行政を形作る。この両システムを分断
したままの体制整備は限界を迎えていると感じられ，このままでは，それぞれ
の国の所管[1]が異なることを踏まえ，子ども家庭福祉制度体系そのものが「子
ども・子育て支援制度」と「児童福祉制度」，「障害児支援」とに分断されてし
まう事態も招きかねない。次のステージ，つまり，両システムの統合に向けて
の見取り図，羅針盤を用意しなければならない時期に来ており，包括的・一元
的体制づくりの実現が求められている。そのことが，子育てを通じた共生社会
の実現を生み出していくこととなるのである。これが，筆者の基本的認識であ
る。

2　子ども家庭福祉における当事者の尊厳，権利擁護を進める政策の到達点

(1)　介入性強化と子育て支援の一体的進展―子ども虐待防止施策の進展―

　子ども虐待防止に関してこの 10 年間に進められてきた施策には，大きく 2
つのポイントがある。その第一は，「公権力の家庭への介入性強化」とその一
方における「子育て家庭に対する支援の強化」である。いわば，前述したとお
り，「介入」と「支援」がセットで進められてきたといえる。近年では，臨検・
捜索制度，親権の一時停止制度の創設と子ども・子育て支援制度の創設がこれ
に相当する。
　第二は，市町村の役割強化の方向である。特に 2004 年の児童福祉法改正に
より要保護児童対策地域協議会（以下，「要対協」）を設置して子ども虐待の地域
における登録・支援システムを創設したことは，エポック・メイキングなこと
であった。要対協は英国のいわゆるエリアチームの実践を参考に，子ども虐待
の地域登録と機関連携による支援をめざしたものである。介入性の強化は，い
わゆるパターナリズムの原理に基づく子どもの最善の利益を保障する国家（公
的）責任論[2]によるものであり，子育て支援はいわゆる社会連帯[3]に基づく政

策であるといえる。

　これらの2つの原理から進められるという特徴を持つ子ども虐待防止制度であるが，子ども家庭福祉，子ども虐待防止制度の二元行政（社会的養護が都道府県，地域子育て支援が市町村）が現存しており，この2つの視点は必ずしも十分に生かされてはいない。たとえば，子ども虐待対応は第一次的には市町村の責務とされながら，子ども虐待通告全国統一番号189（いちはやく）の通告・相談先は都道府県行政機関である児童相談所とされ，児童相談所に業務が集中する仕組みとなっている。また，被虐待児童の保護をめぐる児童相談所と市町村の不調和も頻繁に起こっており，こうしたことが地域包括支援を進めにくくしているとされる。このように，実施主体の不整合が高齢者福祉，障害者福祉とは異なる課題を引き起こしているのである。

(2)　子ども・子育て支援制度の意義と到達点―子ども家庭福祉制度の複雑化並びに基礎構造の異なるシステムの並立―

　筆者の整理（柏女 2015a：153 など）によると，2015 年度から創設された子ども・子育て支援制度の淵源は，2000 年の介護保険法施行並びに社会福祉法の制定・施行，すなわち社会福祉基礎構造改革にさかのぼることができる。その年，高齢者福祉制度において介護保険制度が創設された。また，障害者福祉制度において支援費制度が始まり，それは 2005 年の障害者自立支援法に基づく障害者施設等給付制度につながった。

　子ども家庭福祉・保育においては，その 10 年後，紆余曲折を経て，2015 年度から子ども・子育て支援制度が創設されたのである。これで，高齢者福祉，障害者福祉，子ども家庭福祉・保育の3分野それぞれに，狭義の公的福祉制度と利用者主権を重視する給付制度との併存システムが実現したことになる。

　子ども・子育て支援制度は，いわゆる社会づくり政策としての福祉改革と人づくり政策としての教育改革の結節による所産である。この制度の背景は，①待機児童対策，②地域の子どもを親の事情で分断しない，親の生活状況が変化

しても同じ施設に通えること，③幼児期の教育の振興，3歳以上の子どもに学校教育を保障，④全世代型社会保障の実現，の4点といえる。

　なお，子ども・子育て支援制度の創設と同時に，狭義の子ども家庭福祉分野の改革も進められてきている。それぞれの改革のキーワードは，「親と子のウエルビーイング」(保育・子育て支援)，「あたりまえの生活—家庭（的）養護と地域化の推進」(社会的養護)，「地域生活支援」(障害児童福祉)，「豊かな放課後生活の保障と生きる力の育成」(児童健全育成) といってよい。すなわち，ウエルビーイング，子どもの最善の利益，あたりまえの暮らしという3つの保障の実現を基本的視点としている。この実現のためには，**図11-2**のように基礎構造の異なるシステムが入り組んで複雑化してしまった子ども家庭福祉基礎構造の改革が必要とされる。子ども家庭福祉・保育の今後の方向は，分野ごとの分断を解消し，包括的でインクルーシヴな基礎構造を創り上げることである。

　筆者 (柏女 2008：37-38) は，これまで，橋の上に乗った年金・医療・介護の

図11-2　子ども・子育て支援制度創設と新たな子ども家庭福祉制度体系

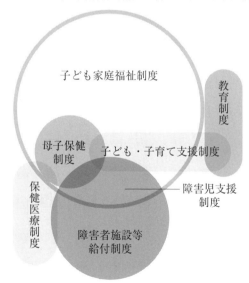

出所）筆者作成

三つ葉を支える橋桁を増やす政策としての少子化対策ではなく，社会保障に「育児」を組み込み，年金・医療・育児・介護の四つ葉のクローバーとしての社会保障政策こそが，人間の一生を包括的に支援する仕組みの創造につながると主張してきた。子ども・子育て支援制度の創設により，子ども家庭福祉・保育制度は，社会保障の一環としての制度に第一歩を踏み出したといえ，そのことが子ども・子育て支援制度創設のもっとも大きな意義といえる。

(3) 子ども家庭福祉サービス供給体制の到達点

① 子ども家庭福祉サービス供給体制の地方間分権の到達点

　このような歩みはあるものの，子ども家庭福祉基礎構造の改革は，遅々として進んでいない。子ども家庭福祉分野におけるサービス供給体制について，市町村を中心として再構築する方向は時とともに支持されつつあるものの，その歩みは遅々としている。そして，現段階における到達点としては，障害児を含む在宅福祉サービス供給体制に関しては市町村を中心に再構築する方向が検討され，また，その他の要保護児童福祉についても，現段階では，児童相談における市町村の役割強化や要保護児童対策地域協議会等の協議会型援助の定着を図りつつ，その基盤整備が進められている段階といえる。筆者の研究（柏女 2008：138，など）からは，都道府県から市町村への地方間分権化を進めるためには，市町村実施による「地域性・利便性・一体性」の確保と都道府県実施のメリットと考えられている「効率性・専門性」との分立，整合性の確保が課題とされる。

② サービス利用のあり方に関する到達点

　一方，サービス利用のあり方に関しては，戦後の制度創設以降，行政による職権保護に基づくサービス供給が論議されることはほとんどなかったが，1990年代半ばから保育所利用制度のあり方検討を出発点として論議が始まることとなる。公的介護保険制度や障害者支援費制度の導入ともあいまって，成人の社会福祉サービスの利用がいわゆる職権保護に基づく措置制度から当事者・利用

者と供給主体との契約に基づく制度に大きく転換されているなかにあって，子ども家庭福祉サービスの利用制度については，親権との関係や職権保護の必要性から，保育所や助産施設，母子生活支援施設が行政との公的契約システムであることを含め，いわゆる行政によるサービス供給を図る制度が堅持されている。

　しかしながら，2006 年 10 月からの認定こども園制度の導入や障害児施設給付制度の導入など子ども家庭福祉サービス利用のあり方を当事者・利用者と供給主体とが直接に向き合う関係を基本に再構築する流れは，着実に広がりつつある。そして，この流れは，2015 年度創設の子ども・子育て支援制度に引き継がれていく。しかし，国会における修正によって保育所が保育の実施方式を継続することとされるなど，契約を補完するシステム整備が不十分なこともあって，公的責任論が根強く残ることとなっている。

3　新しい子ども家庭福祉サービス供給体制を創設するための新しい理念の検討

　こうした到達点を踏まえて，新たな時代の子ども家庭福祉サービス供給体制を確立するためには，現行の子ども家庭福祉サービス供給体制を形作る原理を明らかにするとともに，新たな原理を打ち立てなければならない。利用者たる親子の尊厳や権利擁護についてその原理を明らかにするとともに，「子どもの最善の利益」「公的責任」「社会連帯」「子どもの意見表明・参加の確保」といった権利擁護の理念と，「地域生活支援」，「共生社会の創出」や「ソーシャル・インクルージョン（社会的包摂）」といったいわゆる福祉社会づくりの理念とを，整合ある形で組み立てていかねばならない。すなわち，子ども家庭福祉の原理論が必要とされるのである。ここでは，紙幅の関係もあり，全体を通底する社会づくりの原理として筆者が重要と感じている 2 つの原理について簡潔に考察する。

(1)　ソーシャル・インクルージョン

　現代の社会福祉を通底する政策目標の一つとして挙げられるのは，包括的・一元的体制づくりをめざす理念である切れ目のない支援，並びにソーシャル・インクルージョン（social inclusion：社会的包摂）概念[4] である。ソーシャル・インクルージョンは，わが国においては，2000 年の「社会的な援護を要する人々に対する社会福祉のあり方に関する検討会」報告書において注目され，「包み支え合う（ソーシャル・インクルージョン）ための社会福祉」が必要とされた。子ども・子育て支援制度における「妊娠期からの切れ目のない支援」や幼保連携型認定こども園の創設理念として語られる「親の働き方に左右されない子どもの視点」や，後述する「子ども家庭福祉分野における民間ベースのプラットフォーム形成の提言」などは，まさに，ソーシャル・インクルージョンをめざす政策，運動論であるといってよい。

(2)　共生社会の創出

　本書の統一テーマは「共生社会に資する…」である。「共生」は一種の流行語のように，近年では，生活や政策を語るときの常套句として使用される。内閣府「共生社会」政策統括官といった行政部署名として使用されたり，「…，相互に人格と個性を尊重しあいながら共生する社会を実現するため，…」(障害者の日常生活及び社会生活を総合的に支援するための法律第 1 条の 2) など法律用語として使用されたりもしている。政府関係報告書[5] にも随所にみられている。さらに，「社会福祉学を学ぶことは，（中略）社会の連帯に基づいた共生社会の実現に貢献しうる市民の育成に必要な基礎を提供するものである。」との表現[6] にみられるとおり，社会福祉学や専門職養成においても，重要な目的概念として使用されている。

　しかし，その定義は定まったものがなく，本書においても，明確な定義のもとに使用されているわけではない。ここでは，内閣府の研究会[7] が引用した代

表的な定義である寺田貴美代（2003：60）の定義「人々が文化的に対等な立場であることを前提とし，その上で，相互理解と尊重に基づき，自─他の相互関係を再構築するプロセスであり，それと同時に，双方のアイデンティティを再編するプロセスである。」を引用するにとどめておきたい。

　なお，「共生社会」を福祉社会づくりという視点から捉えた場合，共生とは，人間社会における各種の営みを「関係を生きる」共生の視点から捉えることであり，また，「共生」を形作ることのできる社会の仕組みや土壌を構築する営みを考えることができる。また，「子ども家庭福祉における共生社会の創出」とは，子どもや子育て家庭にとって社会的排除のない世界，ソーシャル・インクルージョンをめざす共生社会の実現と捉えられる。そのことが，「すべての国民が，…相互に人格と個性を尊重し合いながら共生する社会を実現する」ことにつながると考えられる。

4　子ども家庭福祉の新たな展開を図るためのいくつかの論点と若干の考察

　子ども家庭福祉サービス供給体制のあり方を検討する際には，以上の現状や理念を踏まえたうえで，たとえば，以下のような論点を視野に入れていくことが必要とされる。

(1)　子どもの権利擁護の仕組みを整える

　図11-3は，施設入所児童の権利擁護と施設，行政機関の対応をまとめたものである。紙幅の関係で説明は省略するが，こうした狭義の施設入所児童の権利擁護体系以外にも，施設入所時に子どもの意見を聞くこと，子どもの人権オンブズマン制度，いじめ防止対策推進法に基づく基本方針の策定や重大事態への対処などがある。今後は，その内容を実体化していくことが求められる。とともに，子育てに関する私権への公権の介入策は，子育てに対する社会的支援とセットで進められるべきことを忘れてはならない。

図 11-3 施設入所児童の権利擁護と施設・行政機関の対応

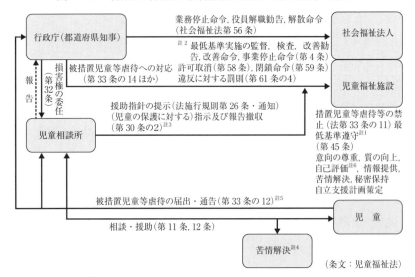

(条文：児童福祉法)

註1：最低基準は設備及び運営に関するもの。
　　目的(第2条)，職員の要件(施設長を含む)(第7条)，平等に取り扱う原則(第9条)，虐待等の
　　禁止(第9条の2)，懲戒権の濫用禁止(第9条の3)，秘密保持等(第14条の2)，苦情への対
　　応(第14条の3)等が関係
註2：児童相談所長に委任することはできない。
註3：都道府県知事の権限であるが，法第32条により措置権が委任されていれば，当該権限も地方
　　自治法第153条により児童相談所長に委任されていると考えるのが妥当。
註4：施設入所児童からの苦情申立て：運営適正化委員会等による解決(社会福祉法)
註5：被措置児童等虐待対応の仕組みは平成21年4月から施行。
註6：社会的養護関係5施設種別は，3年に1度以上，第三者の受審と結果公表が義務化。

出所）柏女（2015b：83）を一部改正

(2)　公民協働による切れ目のない支援を進める

　子どもの権利擁護は，行政と民間・地域活動との協働によって初めて達成さ
れることを忘れるわけにはいかない。制度は切れ目が生じることが宿命であ
る。インクルーシヴな社会づくりを実現するためには，切れ目を埋める民間の
制度外活動を活性化し，制度内福祉と制度外活動との協働が必要とされる。制
度の隙間を埋め，課題を抱える子どもや子育て家庭を発見，支援し，必要に応

じて専門機関につなぐなど新制度と協働した民間のボランタリーな役割が重要
となる。

　全国社会福祉協議会（全社協）は，2010 年 12 月に『全社協　福祉ビジョン
2011』を策定している。同提言は，「現在の福祉課題・生活課題の多くは，つ
ながりの喪失と社会的孤立といったことと関わりが深く，住民・ボランティア
がこうした問題に目を向け，要援助者と社会とのつながりを再構築していく取
り組みが期待されているのです。」と述べ，制度内福祉サービスの改革ととも
に制度外福祉サービス・活動の開発・実施を提言している。

　また，全社協は，こうした民間活動の活性化を子ども家庭福祉分野において
図るため，2014 年 10 月末に「子どもの育ちを支える新たなプラットフォーム
—みんなで取り組む地域の基盤づくり—」と題する報告書[8]を提出している。
こうしたプラットフォームが基盤となって個々の子どもや家庭に対する支援
ネットワークが形成され，その結果，制度内福祉と制度外福祉の協働が進み，
切れ目のない支援が実現していくこととなるのである。

(3)　子ども期の始期と終期にまつわる課題を克服する

　子ども家庭福祉の特性として，「子ども」期は有期性があるということがあ
る。つまり，その始期と終期があるということであり，それぞれのつなぎをど
のように位置づけるかという課題がある。

　始期については，妊娠期からの切れ目のない支援が必要とされ，要保護児童
対策地域協議会も特定妊婦を支援対象とするなど，部分的には支援の幅が広が
りつつある。ただ，一般には，母子保健法と児童福祉法の理念や施策に切れ目
があり，この点をいかにつなぐかが問われることとなる。2016 年の児童福祉
法等の一部を改正する法律において，母子保健法に児童虐待防止機能が付加さ
れたことで，両法の近接が図られたことは評価される。今後は，妊婦，女性の
尊厳と胎児の権利，望まない妊娠・出産など緊急下の女性の視点と子どもの権
利をめぐる議論も必要とされる。

また，終期については，特に社会的養護における18歳の壁問題[9]が課題である。また，発達障害，引きこもり，無職少年などの課題もある。子ども・若者育成支援推進法は，それらを引き継ぐ体制にはなってはいない。公職選挙法改正により2016年度から18歳以上に選挙権が与えられているが，それに伴って，民法の契約その他，個の自立を支援する法改正や特定場面における保護期間の延長に係る法改正等も検討されなければならない。

　また，他分野（公的扶助等）との整合性も必要とされる。さらに，特別養子縁組成立後の支援など，制度がつくる終期の妥当性についての議論も必要である。

(4) 子ども家庭福祉サービスの対象把握の仕組みとサービス供給体制を考える―権利主体性と契約主体性とのずれをめぐって

　子ども家庭福祉分野の特性として，子どもは理念的には権利行使の主体として認識（権利主体性）されるが，実際にはサービス利用の契約主体たりえず，一般的には，保護者が契約主体性を有することとなることが挙げられる。つまり，サービスの利用ないしは供給にあたっては，子どもの意向と親の意向の方向に配慮が必要とされ，子どもの意向は，保護者とともに専門家も判断主体となる。

　そのため，子ども家庭福祉サービス供給の仕組みをめぐっては，子どもや子育て家庭の尊厳を守り，権利を保障するため，子ども，親，公（行政や司法）の三者の意向調整を軸に以下の類型をもとに考察していくことが必要とされる（柏女　2007：109-110）。

① 子ども及び親の意向が同一方向

　親が子どもの福祉ニーズを的確に代弁していると考えられる場合であり，親のワーカビリティが高い場合である。この場合は，親が子どものためにサービス契約を結ぶことが可能であり，かつ，適当である。なお，自由契約の場合には専門家の判断は必要ないが，いわゆる公的契約の場合には，専門家の利用要件の確認などが必要とされる。また，子どもの意向に対する配慮も必要とされる。

② 子ども及び親の意向が異方向（その可能性を含む）

　子どもの福祉ニーズと親のニーズが異方向であったり，親のニーズが顕在化していないなどの場合である。この場合には，子どもの真の福祉ニーズの判定，親への代弁や説得，子どもと親のニーズの調整，強制介入的なサービス利用が必要とされる。司法決定による入所方式も必要とされる。

③ 子ども，親，公の意向が異方向

　たとえば，子どもが万引き等により親の関心を求め，親はその矯正のために子どもに過度な体罰をふるい，児童相談所が子どもを親から救出するべく職権一時保護を行う場合などが考えられる。親が児童相談所を訴えることもときにみられているが，こうした事例は現行システムのなかではよほどのことがなければ表面化しにくく，また，対応も困難である。子どもや親の声をしっかりと聞き取る第三者機能の強化が必要とされる。

　このように考えると，子ども家庭福祉サービスの利用形態は，契約方式，職権保護方式，司法決定方式の3方式の組み合わせのうえに成立すると考えるのが妥当である。

(5) 地域包括支援体制の構築をめざす

　子ども家庭福祉における地域包括支援体制の整備は重要な課題である。高齢者福祉や障害者福祉においては，原則として第一義的な実施主体が市町村に一元化されているため，地域包括支援センターや小地域活動が実施しやすい体制といえる。しかし，子ども家庭福祉は，前述したとおり，市町村と都道府県に実施体制が二元化されているため，地域における包括的な支援体制がとりにくいといってよい。都道府県と市町村の機関が輻輳して事例検討会議を行う必要があり，しかも，それらの機能や財源が背反的[10]であったりするため，チームアプローチがとりにくいのが現状である。

　要保護児童対策地域協議会や利用者支援事業（利用者支援専門員）などにその可能性を見出すことができるが，障害児童の場合は自立支援協議会や指定障害

児相談支援事業所（障害児相談支援専門員）がその機能を果たすなど，領域別に
システムが異なっている場合もあり，むずかしい。また，子育て世代包括支援
センター事業など母子保健と子育て支援・保育をつなげるワンストップ拠点も
検討されているが，ここに子ども虐待など都道府県の権限に属する問題があっ
た場合には，家庭児童相談室や子ども家庭支援センターの機能だけでは不十分
である。こうした総合的視点をいかに整備するかが，「尊厳性」の確保と「権
利擁護」には必要とされる。

5 共生社会創出のための「共生」概念の可能性

　最後に，本章が目的とする子ども家庭福祉サービス供給体制のあり方検討に
おける目標概念である「共生社会創出」における「共生」について付言してお
きたい。3(2)で述べたとおり，「共生」概念は多義的であるが，本書における
「共生」は淑徳大学の建学の理念をもとにしており，その意味ではいわゆる仏
教社会福祉を意図している[11]。

　仏教は，「共生」の生き方を強調する。共生とは，縁起思想に基づく自他の
関係を表す概念であり，人びとが構成する社会のありようを示す概念であると
いえる。藤森（2006：79）は，「『自他不二』の縁起的相関関係を基盤にもつ『共
生』は，現代社会に対応する仏教の社会的役割を根拠づけ，相互の交流と連帯
を強化しながら，みんなのためのみんなの福祉を具現化する仏教社会福祉の重
要な価値概念になっている。」と主張する。

　ちなみに，「自他不二」とは，自己と他者が一体であることを指す。自分も
他者も関係のなかの存在であり，自分を愛することは，他者と不可分の関係に
ある自分，すなわち他者を愛することにもつながるとの視点である。それは，
自と他は本質的に分けられないといういわば「無の哲学」（佐伯 2014：26）とも
いうべき思想体系に通ずるものである。そこから，「共生」は，社会福祉の理
念としての意義をもつこととなる。

　ところで，社会福祉学の体系化は，多くの場合，西洋の思想的土壌にその淵

源をもっている。本稿で取り上げたソーシャル・インクルージョンなどは，まさにそうであるといえる。その西洋の思想について佐伯（2014：208）は，「西洋の近代的合理主義や科学を特徴づけている論理は，何らかの意味で，主体を客体から分立させ，対立させ，主体が客体を理性的に捕捉する」と述べる。これを個人に当てはめると，自他の区別と「個の確立」がその根本原理ということになり，その根底にはキリスト教的価値が横たわる。個の確立，自立と自立した個同士のゆるやかな連帯，「共生」にはそうした意義があるといえる。

　仏教的価値とキリスト教的価値という基盤が異なるところから出発する「共生」概念を，わが国における社会福祉，子ども家庭福祉にいかに適用するかが，サービス供給体制検討の鍵になるのかもしれない。

【注】

1)　子ども・子育て支援制度は内閣府が中心で所管，子どもの権利擁護や社会的養護は厚生労働省雇用均等・児童家庭局，障害児支援は社会・援護局障害保健福祉部がそれぞれ所管している。

2)　いわゆるパレンス・パトリエ（parens patriae）に基づくもので，親によって保護と救済が十分に受けられない児童を，国家が親に代わって保護と救済を行うという考え方である。戦後に創設された措置制度並びに措置費制度はこの考え方に基づいている。

3)　社会福祉基礎構造改革について（中間まとめ）(1998) は，「これからの社会福祉の目的は，従来のような限られた者の保護・救済にとどまらず，国民全体を対象として，このような問題が発生した場合に社会連帯の考え方に立った支援を行い，個人が人としての尊厳をもって，家庭や地域の中で，障害の有無や年齢にかかわらず，その人らしい安心のある生活が送れるよう自立を支援することにある。」と述べ，「社会連帯」の考え方をその理念としている。なお，その後の「追加意見」にも同様の記述がみられている。「個人の責任に帰することのできない事柄を社会全体で包み支え合う」ことをいう。また，林は社会連帯を，「社会を構成する個々の人々に対する『人間としての責任』を強調する道徳的行動原理である。」としている。林信明 (2014)「社会連帯」日本社会福祉学会事典編集委員会編『社会福祉学事典』丸善出版：30

4)　ソーシャル・インクルージョンとは，もともと1980年代にイギリスやフランスで起きた移民労働者や少数民族への排斥運動が発端となっている。住民票がない，貧困，障害な

ど，複数の問題を抱え社会的に排除される人がいる状況に対して，社会の構成員として包み支え合う多様な社会をめざそうと，90 年代から政策運動が広がったものである。

5)　たとえば，本章で取り上げた内閣府・共生社会形成促進のための政策研究会（2005）「『ともに生きる新たな結び合い』の提唱」や文部科学省中央教育審議会初等中等教育分科会特別支援教育の在り方に関する特別委員会（2012）「共生社会の形成に向けたインクルーシブ教育システム構築のための特別支援教育の推進（報告）」などがある。

6)　日本学術会議社会学委員会社会福祉学分野の参照基準検討分科会（2015）「大学教育の分野別質保証のための教育課程編成上の参照基準―社会福祉学分野」：3

7)　内閣府・共生社会形成促進のための政策研究会（2005）「『共に生きる新たな結び合い』の提唱」：13

8)　報告書は筆者が委員長を務めた検討会が提出したもので，子ども・子育て支援制度の創設を機に制度上の課題と民間サイドの取り組みの視点を整理し，地域の基盤づくりとしてのプラットフォームの意義と想定される活動例を取り上げたものである。さらに，プラットフォームの基本機能並びにその立ち上げと展開に向けた具体的取り組みや手順を整理している。

9)　児童福祉法においては施設入所期限が原則として 18 歳到達後の年度末までとされるのに対して，民法に基づく契約年齢は 20 歳からとされていることや，18 歳を過ぎてからの施設入所措置や親権者の意に反する施設入所の更新ができないことなど，18 歳から 20 歳の間に制度の切れ目が生じていることをいう。2016 年の児童福祉法等の一部を改正する法律において，その一部の改正が行われたことを評価したい。

10)　たとえば，子ども虐待死亡事例のなかには，在宅サービスの財源は市町村負担があるが一時保護や施設養護には市町村負担がないため，市町村は早期の保護を望み，一方，都道府県・児童相談所は在宅の継続を望み，結果として保護が遅れるといった事例がみられる。また，市町村は施設サービスの充実を望み，都道府県は在宅サービスの進展を望み，結果としていずれのサービスも伸びないという縮小均衡の存在も指摘される。

11)　仏教における「共生」理念と社会福祉のあり方については，拙稿「社会福祉と共生―仏教における共生の視点から考える社会福祉の可能性―」『淑徳大学大学院総合福祉研究科研究紀要』第 23 号（近刊）を参照されたい。

【引用・参考文献】

新たな子ども家庭福祉の推進基盤の形成に向けた取り組みに関する検討委員会（2014）「子ど

もの育ちを支える新たなプラットフォーム―みんなで取り組む地域の基盤づくり―」全国社会福祉協議会

藤森雄介（2006）「共生」日本仏教社会福祉学会編『仏教社会福祉辞典』法藏館

柏女霊峰（1995）『現代児童福祉論』誠信書房

柏女霊峰（1997）『児童福祉改革と実施体制』ミネルヴァ書房

柏女霊峰（1999）『児童福祉の近未来』ミネルヴァ書房

柏女霊峰・山縣文治編著（2002）『増補　新しい子ども家庭福祉』ミネルヴァ書房

柏女霊峰（2007）『現代児童福祉論［第 8 版］』誠信書房

柏女霊峰（2008）『子ども家庭福祉サービス供給体制―切れ目のない支援をめざして―』中央法規

柏女霊峰（2009）『子ども家庭福祉論』誠信書房

柏女霊峰（2011）『子ども家庭福祉・保育の幕開け―緊急提言　平成期の改革はどうあるべきか―』誠信書房

柏女霊峰（2015a）『子ども・子育て支援制度を読み解く―その全体像と今後の課題―』誠信書房

柏女霊峰（2015b）『子ども家庭福祉論［第 4 版］』誠信書房

柏女霊峰（2016）「社会福祉と共生―仏教における共生の視点から考える社会福祉の可能性―」『淑徳大学大学院総合福祉研究科研究紀要』第 23 号，淑徳大学大学院総合福祉研究科

日本社会福祉学会事典編集委員会編（2014）『社会福祉学事典』丸善出版

佐伯啓思（2014）『西田幾多郎―無私の思想と日本人』新潮社

寺田貴美代（2003）「第 2 章　社会福祉と共生」園田恭一編『社会福祉とコミュニティ―共生・共同・ネットワーク―』東信堂

全国社会福祉協議会（2010）『全社協　福祉ビジョン 2011』

第12章

障害者権利条約から考える地域での共生について

山下　幸子

障害者権利条約の国連採択

　本稿の目的は，障害者の権利に関する条約（以下，「障害者権利条約」と略す）の時代を迎えた現在において，地域社会で障害のある人もない人も「共に生きる」ことを実現するために重要となる事柄について述べていくことである。

　障害のある人もない人も「共に生きる」という理念の実現については，日本においては1980年代からのノーマライゼーション理念の浸透が支えてきたわけだが，2000年代以降ではそこからさらに進展し，障害者の「権利」として地域生活推進のための方策を検討し制度・政策として保障する必要性が強く認識されてきた。その背景には2006年12月の障害者権利条約の国連採択と，2014年1月の日本政府の批准といった状況がある。条約批准の前後から，日本では障害施策にかかわる国内法が大きく整備・改正されてきたし，そうした整備が障害者の暮らしを変えていく大きな駆動力となっていくことが期待されている。

　本稿では，障害者権利条約採択と日本での批准までを追うことから始め，障害者権利条約のポイントとなる考え方，国内法整備の中身や状況を確認しながら，障害のある人とない人とのかかわりや対話を育んでいくことを考えていきたい。

　障害者権利条約は2006年12月の第61回国連総会において採択され，2008

年5月に批准国が20ヵ国に達したことにより発効した。障害分野については，これまで知的障害者の権利宣言（1971年）にはじまり，1975年の障害者の権利宣言と採択されてきた。障害者の権利保障に関する国際的な宣言，規則は存在していたが，法的拘束力のあるものではなかったため，その理念の実効性を担保する仕組みが障害当事者を中心に強く求められていた。その後，障害者の権利保障と差別禁止に関する法制として，アメリカでの「障害をもつアメリカ人法」（ADA法，1990年）や，イギリスでの「障害者差別禁止法」（1995年：2010年より「平等法」）が制定されてきた。

2001年12月に，国連総会において障害者権利条約特別委員会（アドホック委員会）の設置が決定し，2006年まで議論が重ねられた。東俊裕は，他の人権条約と比較した時の障害者権利条約の特徴の一つとして「当事者参画」を挙げている（東 2014：11）。特別委員会では外務省関係者だけではなく障害当事者も委員としてテーブルにつき，また障害当事者団体による積極的なロビー活動も行われた。Nothing about us without us !（私たち抜きで私たちのことを決めないで！）というスローガンは「各国の障害者団体の特別委員会での発言の締めくくりに使われ」（東 2014：11）たが，そのスローガンはまさに，障害者自身の声を聞くこと，障害者が策定プロセスに中心的に関与することの重要性を表すものである。

こうして，2006年12月に障害者権利条約は国連で採択。特別委員会の設置から5年という短期間で，条約は採択となった（川島・東 2012：13）。その後，日本での状況については後述するが，2013年12月に国会で障害者権利条約の国内批准を承認し，翌2014年1月に批准書を国連に寄託したことで，日本も正式に障害者権利条約を批准する国の一つとなった。

2 障害者権利条約の全体像

障害者権利条約は，前文と本文50条から成り，目的や定義などの総則部分，各論部分，国内における実施及び監視，締約国による報告といった条約の実効

性を担保する機関や効力の発生に関する部分で構成されている。各論部分をみれば，さまざまな状況における障害のある人びとの権利について規定していることがわかる。たとえば，障害のある女子（第6条），障害のある児童（第7条），施設及びサービス等の利用の容易さ（第9条），搾取，暴力及び虐待からの自由（第16条），自立した生活及び地域社会への包容（第19条）などである。

　障害者権利条約の目的（第1条）には以下のようにある。「この条約は，全ての障害者によるあらゆる人権及び基本的自由の完全かつ平等な享有を促進し，保護し，及び確保すること並びに障害者の固有の尊厳の尊重を促進することを目的とする」。条約締約国には，そのための施策実施が求められるのである。

　障害者権利条約の中心を貫く考え方として，「障害の社会モデル」と，「他の者との平等を基礎とした合理的配慮の必要」の2つがある。ここでは，それぞれについてみていく。

(1)　障害の社会モデル

　以下の場面を想定してみる。ここで考えるのは，どのような状況によって(A)，どういう結果になっているのか(B)という点である。

場面①

　ある男性電動車いす利用者は，移動のためにバスに乗ることになった。しかし，そのバスは旧式仕様で乗車口すぐに3段の段差があり通路も狭く，車いすのまま乗り込むことが容易にはできない。バス運転手からは，車いすから降りて，かつ介護者をつけているなら乗ってもよいと言われ，男性はバスに乗ることができなかった。

　この場面について，どのような視点に立つかによって，状況をどう捉えるかが変わってくる。障害の原因をどこに置くかをめぐって，2つの見方がある。その2つが，障害の医学モデル（個人モデル）と，障害の社会モデルである。

場面①を障害の医学モデル（個人モデル）からみると，次のようになる。

　"男性は，下肢に障害があるから(A)，バスに乗り込むことができなかった(B)。"

一方で，社会モデルからみると，次のようになる。

　"男性は，車いす対応になっていないバスだったので(A)，バスに乗り込むことができなかった(B)。"

　社会モデルの発想は，1970年代の障害当事者運動から生まれた。「イギリスの障害者は，インペアメントのある人びとを無力化するのは社会であり，それゆえ何らかの意味のある解決方法は，個人の対応やリハビリテーションというよりは，むしろ社会的な変化へと向けられるべきだということを主張した」(Barnes, Mercer, Shakespeare 1999 = 2003：45)。
　場面①でみると，結果(B)は医学モデル（個人モデル）でも社会モデルでも同じであるが，そのような結果を導く理由の解釈が異なることがわかる。医学モデルの視点からみた，障害者が受ける何らかの困難や不具合に対する意味ある解決方法は，障害者個人の努力やリハビリテーションに求められるのに対し，社会モデルの視点からみた意味ある解決方法は，社会的な変化にある。医学モデルでは，個人が有する障害に困難の原因を見出し（個人の障害を責任の帰属先とする発想から「個人モデル」とも呼ばれる），その解決方法は医師や専門職による診断・治療におかれる。一方，社会モデルでは障害者が受ける困難の原因を社会の状況に見出し，その変革をはかろうとするのである。
　障害者権利条約では，「障害者」を次のように概念化している。「障害者には，長期的な身体的，精神的，知的又は感覚的な機能障害であって，様々な障壁との相互作用により他の者との平等を基礎として社会に完全かつ効果的に参加することを妨げ得るものを有する者を含む」(第1条)。この条文からもわかるよう

に，機能障害のみならず，さまざまな「障壁」との相互作用により社会参加が妨げられているといった，"社会によってつくられる障害" をも障害の概念に含めている。こうした考え方が社会モデルの考え方であり，障害者権利条約は社会モデルの考え方を採用しているのである。

(2)　合理的配慮の必要

　障害者権利条約におけるもう一つの重要な考え方が「合理的配慮の必要」である。これを述べるにあたり，あわせて条約において重要となる「他の者との平等」という視点から考える。

　「他の者との平等」(on an equal basis with others) という文言は条約には多く使われている。東俊裕によると，この言葉には 2 つの側面がある。ひとつは「他の人が有しない特別な人権を障害者のために作り出すものではない」ということであり，もうひとつは「障害者を他の人以下の存在として扱ってはならない」ということである（東 2014：11）。この社会において，障害のない人には当たり前のことであっても，障害者にとっては当たり前ではないことがたくさんある。たとえば，障害者権利条約第 20 条では「個人の移動を容易にすること」について規定されている。条文として，「(a)障害者自身が，自ら選択する方法で，自ら選択する時に，かつ，負担しやすい費用で移動することを容易にすること」とある。障害をもたない人にとってバスに乗るということはそうそう負担度の高い経験ではない。バス乗車の際，下肢などに障害がなく車内の段差などにも耐えられ，また一人でバスに乗っても運賃の計算や行先の確認，周囲の乗客との関係に心身の負担を感じない人であれば，運賃を払えばそのまま目的地までバスで行ける。しかし，さまざまな障害があり，そうした障害に配慮する仕様や支援者の存在がいないなら，その人は運賃をもっていても別の手段で目的地に行かざるをえないか，あるいは行くということ自体を諦めざるをえなくなる。

　石川准がその著において「配慮の平等」を主張するように，「すでに配慮さ

れている人々と，いまだ配慮されていない人々がいる」(石川 2004：242)。「配慮を必要としない多くの人々と，特別な配慮を必要とする少数の人々がいる」という見方を立ててしまうと，少数者への配慮が"特別な"負担として浮かび上がってくるのだが，こと「少数者ほど配慮されていない」と立てるなら，その釣り合いを均等にすることは特別なことではない（石川 2004：242-243）。

　障害者権利条約が示す合理的配慮は，まさに「他の者との平等」を実現するために，いまだ配慮されていない人びとへの合理的な配慮を行い，障害のある人とない人との社会における差を縮めていくことを目指している。障害者権利条約第2条では，合理的配慮について次のように定義している。「『合理的配慮』とは，障害者が他の者との平等を基礎として全ての人権及び基本的自由を享有し，又は行使することを確保するための必要かつ適当な変更及び調整であって，特定の場合において必要とされるものであり，かつ，均衡を失した又は過度の負担を課さないものをいう」。この具体例としては，視覚障害のある受験生に応じて，点字受験や拡大文字受験，試験時間の延長を認めること，行政窓口で知的障害のある人が文書や説明がわかりにくい際に，振り仮名をふったりわかりやすい言葉に置き換えたりすること，精神障害のある人が働きやすいように，疲れた時や服薬時などフレキシブルに休憩できるようにすることなどが挙げられる。こうした合理的配慮は障害者への「特別扱い」ではない。障害をもたない人には当たり前に行われるさまざまなことが障害者にとっては当たり前ではないことが多く，そのような差異を解消するために「合理的配慮」が求められるのである。それは障害があろうとなかろうと，同じ権利を有し，実行するために必要なことなのである。

3　障害者権利条約批准に向けた国内法の整備

(1)　障害者関連施策の整備状況

　2006 年の国連採択後，国内批准に向けて障害者施策の整備が進められてき
た。国際条約を批准すると，憲法と一般法との間に位置して，国内の法律の改
善・修正を求める役割をもつ（東 2007：8-9）。よって，障害者権利条約の規

表 12-1　障害福祉施策の近年の経緯

2006 年	4 月	障害者自立支援法の施行（同年 10 月に完全施行）,
	12 月	障害者自立支援法の円滑な運営のための特別対策（利用者負担のさらなる軽減など）
	12 月	【国連】障害者の権利に関する条約（障害者権利条約）の採択
2007 年	12 月	障害者自立支援法の抜本的な見直しに向けた緊急措置
2009 年	9 月	民主党政権による障害者自立支援法廃止の方針
	12 月	障がい者制度改革推進本部において議論開始
2010 年	1 月	厚生労働省と障害者自立支援法違憲訴訟原告団・弁護団との基本合意
2011 年	8 月	改正・障害者基本法の施行
2012 年	4 月	・「障がい者制度改革推進本部等における検討を踏まえて障害保健福祉施策を見直すまでの間において障害者等の地域生活を支援するための関係法律の整備に関する法律」(改正・障害者自立支援法)の施行 ・障害児に関し，改正・児童福祉法の施行
	10 月	「障害者虐待の防止，障害者の養護者に対する支援等に関する法律」(障害者虐待防止法)の施行
2013 年	4 月	「障害者の日常生活及び社会生活を総合的に支援するための法律」(障害者総合支援法)の施行
	6 月	「障害を理由とする差別の解消の推進に関する法律」(障害者差別解消法)の成立。施行は 2016 年 4 月 改正・障害者雇用促進法の成立
2014 年	1 月	日本政府が障害者権利条約を批准

定に沿うように，国内法を整備する必要がある。近年の障害者施策の変遷については**表12-1**のとおりである。

　障害者権利条約批准に向けた国内法整備に大きく寄与したのは，2009年12月に内閣府に設置された「障がい者制度改革推進本部」である。これは内閣総理大臣を本部長として，すべての主務大臣で構成されているもので，そのもとに，同年同月には「障がい者制度改革推進会議」が設置された。「障がい者制度改革推進会議」は，障害者本人，障害者の福祉に関する業務に従事する者，学識経験者などから構成されていた。

(2) 障害者基本法

　2011年から施行の改正・障害者基本法は，上記の流れのなかで改正作業が進められており，障害者権利条約の内容を大きく反映している。まず，第2条には障害者の定義が規定されている。改正前の条文では，「この法律において『障害者』とは，身体障害，知的障害又は精神障害があるため，継続的に日常生活又は社会生活に相当な制限を受ける者をいう」と規定されており，機能障害“ゆえに”制限を受けている者という捉え方をしていたのに対し，現行法では，「身体障害，知的障害，精神障害（発達障害を含む。）その他の心身の機能の障害（以下「障害」と総称する。）がある者であって，障害及び社会的障壁により継続的に日常生活又は社会生活に相当な制限を受ける状態にあるものをいう」と規定されている。機能障害だけではなく，社会的障壁により制限や制約を受けている者と捉える考え方は，先にみたとおり，障害者権利条約の障害の概念と同様である。

　また，差別の禁止については以前より障害者基本法において規定されていたが，差別の禁止と合理的配慮の必要が規定され，障害者権利条約に沿って内容が一新している。他にも，第3条「地域社会における共生等」が新設され，障害をもたない者と同じく，暮らす場所の選択権が障害者本人にあることや，手話など障害者個々に適したコミュニケーション手段が保障されることが法に規

定された。

(3)　障害者自立支援法・障害者総合支援法

　障害福祉サービスの給付法である障害者自立支援法は 2006 年度に施行され
て以降，障害当事者や関係者からの大きな批判を受けてきた。とくに批判が強
かったのは，応益負担の導入や，障害程度区分の導入，訪問系サービスにおけ
る国庫負担基準の設定であった。これら障害者自立支援法以降の制度変化は，
障害者の生活に直接的な影響を及ぼすこととなり，結果，支給量と応益負担を
中心的な理由とし障害者自立支援法の違憲性をめぐる訴訟が各地で行われるよ
うになった (障害者自立支援法違憲訴訟弁護団 2011)。

　こうした状況を受けて，2010 年 1 月には，国 (厚生労働省) と原告団・弁護
団との間で「基本合意文書」が交わされた。この文書において，国 (厚生労働省)
は，速やかに応益負担制度を廃止し，2013 年 8 月までに障害者自立支援法を
廃止し，新たな総合的な福祉法制を実施することが取り決められた (厚生労働
省社会・援護局障害保健福祉部障害福祉課 2010)。

　ポスト障害者自立支援法の検討の場として，障がい者制度改革推進会議の下
位組織として「障がい者制度改革推進会議総合福祉部会」が 2010 年 4 月に設
置された。部会は，障害当事者や障害者の福祉に関する業務に従事する者，学
識経験者などから構成された。そこでの議論の成果として，2011 年 8 月に「障
害者総合福祉法の骨格に関する総合福祉部会の提言」(以下，「骨格提言」と略す)
が発表されている (障がい者制度改革推進会議総合福祉部会 2011)。

　障害者自立支援法違憲訴訟や骨格提言に影響を与えたのは，障害者権利条約
であることがその文書において明記されていた。応益負担制度や障害程度区分
による支給決定の根拠となる法制度ゆえに，障害者の生きづらさが存在すると
いうことを明示したのが，障害者自立支援法違憲訴訟であった。障害者権利条
約に照らせば，障害者個々の必要に応じ，社会参加を保障しうる法制度へと転
換する必要があると，総合福祉部会では結論付け骨格提言としてまとめた。

障害者自立支援法はなくなり，かつての応益負担制度は 2012 年度から応能負担へと変化している。障害程度区分も障害支援区分と名称と定義が変更されることとなった。しかし，骨格提言のほとんどが 2013 年度からの障害者総合支援法に活かされたわけではなかった（佐藤 2015）。2015 年度には障害者総合支援法施行 3 年後見直しに向けての議論が社会保障審議会障害者部会で行われたが，骨格提言のベースであった障害者個々の必要に応じた支援を行い，社会参加を保障しうる制度への転換については，その実現に向けてまだ課題を残しているのが実際である。この点については後述する。

(4) 障害者差別解消法

障害者基本法において差別禁止の規定があることをみた。しかし，障害者への差別禁止が実効性をもつような法制が必要だとされてきた。2010 年 11 月には，障がい者制度改革推進会議差別禁止部会が設置され，ここで，障害者差別禁止に係る法制定のための検討が行われ，その結果，2013 年に「障害を理由とする差別の解消の推進に関する法律」(以下，「障害者差別解消法」と略す）が成立した。

障害者差別とはどのようなことを指すのか。障害者権利条約第 2 条には次のようにある。「『障害に基づく差別』とは，障害に基づくあらゆる区別，排除又は制限であって，政治的，経済的，社会的，文化的，市民的その他のあらゆる分野において，<u>他の者との平等を基礎として全ての人権及び基本的自由を認識し，享有し，又は行使することを害し，又は妨げる目的又は効果を有するもの</u>をいう。障害に基づく差別には，あらゆる形態の差別（合理的配慮の否定を含む。）を含む」(下線は筆者による)。

障害者権利条約に照らせば，「障害者差別」は，障害者に対する悪質な対応や，障害をもたない人との差を不当に際立たせた対応といった直接的に不当な差別を意味するだけではない。障害者が障害をもたない人と同じように権利を行使するうえで必要な配慮（合理的配慮）を提供しないことも「障害者差別」と

しているのである。

　障害者差別解消法は障害者差別について，障害を理由とした直接的な差別の禁止と合理的配慮の提供を，行政機関と事業者に定めることを取り決めた法である。また，2013 年には障害者雇用促進法の改正法が成立している。障害者差別解消法では，障害を理由とした差別的取り扱いについては，国・地方公共団体，民間のすべてにおいて「禁止」。合理的配慮の提供については，国・地方公共団体は「義務」，民間は「努力義務」となっている。一方，障害者雇用促進法では，障害を理由とした差別的取り扱いについては，国・地方公共団体，民間企業のすべてにおいて「禁止」。合理的配慮の提供については，国・地方公共団体，民間企業のすべてにおいて「義務」となっている。

　加えて，障害者差別解消という点では，各自治体で条例づくりが行われていることも特筆すべきことである。2003 年には日本では初めて，千葉県が「障害のある人もない人も共に暮らしやすい千葉県づくり条例」を制定している。

4　障害のある人とない人との地域での共生に向けて

　これまで，障害者権利条約の基本的な考え方や，国内批准に向けた障害者権利条約が定める権利を保障するための障害関連法制の整備状況について論じてきた。最終節では，障害者の権利保障に向け重要となる論点について述べていく。とくに本稿では障害者権利条約が示すさまざまな権利のなかでも，地域社会のなかで障害のある人とない人が共に暮らしていくことの実現に向けての論点を考えていきたい。

(1)　障害者の権利保障，障害者差別解消のための法制度の側面からの課題

　2016 年度から，障害者差別解消法や改正障害者雇用促進法のうち差別禁止・合理的配慮の提供にかかる部分が施行される。障害者差別解消法第 6 条には政府による「障害を理由とする差別の解消の推進に関する施策を総合的かつ一体

的に実施するため，障害を理由とする差別の解消の推進に関する基本方針」について定めており，2015 年に閣議決定され公表されている。また，同法第 9 条には行政機関などの職員が適切に対応するために必要な要領である「対応要領」について，第 11 条には事業者が適切に対応するために必要な指針である「対応指針」について規定している。これら規定に基づき，各主務大臣は，対応要領・対応指針を 2015 年度に作成してきた。そこでは不当な差別的取り扱いの判断，合理的配慮と考えられる例，障害特性に応じた対応などが規定されている。今後，法・基本方針・対応要領や対応指針に沿い，障害者差別解消に向けた着実な実施に至るよう行政機関や事業者の関心を高めていくための継続した取り組みが不可欠だ。

　また，障害者差別解消に必要な当事者間の紛争解決の仕組みである，相談や調整・あっせんの機関の充実も強く求められる。第 17 条に規定される「障害者差別解消支援地域協議会」がその任を果たすこととなるが，紛争解決・相談体制の整備については既存の相談・救済制度を活用・充実させることとされているため，まだ全国的に統一したレベルにあるとは言いがたく，大きな課題となっている。

　次に，障害者総合支援法について考えていく。障害者総合支援法成立時には骨格提言の内容が十分に反映されなかったことは先述のとおりである。障害者総合支援法施行 3 年後見直しの結果，入院時の重度訪問介護の利用や巡回・随時訪問の制度化など，いくつかの重要な改正が行われることとなった。とはいえ，この時点でとどまることなく，障害者権利条約に定める権利保障の実現のために，現行の法制度の検証を続けることが肝要である。

　ここで，本稿のテーマにも大きく関係する第 19 条「自立した生活及び地域社会への包容」の条文をみよう。

　　この条約の締約国は，全ての障害者が他の者と平等の選択の機会をもって地域社会で生活する平等の権利を有することを認めるものとし，障害者が，この権利を完全に享受し，並びに地域社会に完全に包容され，及び参加する

ことを容易にするための効果的かつ適当な措置をとる。この措置には，次の
ことを確保することによるものを含む。

(a)　障害者が，他の者との平等を基礎として，居住地を選択し，及びどこで
　　誰と生活するかを選択する機会を有すること並びに特定の生活施設で生活
　　する義務を負わないこと。

(b)　地域社会における生活及び地域社会への包容を支援し，並びに地域社会
　　からの孤立及び隔離を防止するために必要な在宅サービス，居住サービス
　　その他の地域社会支援サービス（個別の支援を含む。）を障害者が利用する機
　　会を有すること。

(c)　一般住民向けの地域社会サービス及び施設が，障害者にとって他の者と
　　の平等を基礎として利用可能であり，かつ，障害者のニーズに対応してい
　　ること。

　(b)項にある「個別の支援」は原文 personal assistance の邦訳である。骨格
提言では，このパーソナルアシスタンスの実現に向けた提言を行っているが，
その点は今回の 3 年後見直しのなかで改正の具体的な内容として反映されるこ
とはなかった。障害者が地域で生きていくために必要な個別の支援をいかに実
現していくかは，今後引き続き検討していくべき政策課題である（社会保障審議
会障害者部会 2015）。

(2)　障害のある人とない人が「対等に」熟慮を重ねる機会

場面②

　その人には知的障害がある。ジェットコースターが大好きで，なにが危険
なことかはよくわかっているので，小さい頃からあちこちの遊園地で一人で
乗って楽しんでいた。2 年ほど前，遊園地で係員に「障害者は介助者がつか
なければ乗せることができません。」と言われ一人での乗車を拒否されてし
まった。

このエピソードは実際に起きた差別事例である（千葉県 2014）。係員には万一の事故の可能性を考える必要はあるが，結果として「乗車拒否」という対応になってしまった背景には，「障害者は何らかの助けを“常に”求める人」「障害があることは不便なこと」という先入観もあったと考えられる。合理的配慮については，障害者側にとっては「理にかなった配慮」であっても，相手方にとっては「理にかなっていない」と判断されることもあり，そこで両者の利害が一致しないことが生じうる。千葉県障害者条例情報発信プロジェクトチームが主張するように（2009：43-46），こうした場面においては，障害のある人とない人とが，これまで出会い対話する機会を十分にもてなかったことも深く関係するのだろう。

　障害者差別解消法には「罰則」がない。千葉県条例についてもそうである。この点については，次の記述が示唆的である。「罰則にこだわると，人々が，かえって罰を恐れて過度に委縮したり，障害のある人との接触を避けたり，障害のある人への反感を強めたりといった副作用も考えられます」。「千葉県の条例では，障害者差別の解消を，罰則によらず，話し合いによって意思疎通を図り，互いの立場を理解し，問題解決に向け協力し合うという方向で進めることが有効であるとの結論に至りました」(千葉県障害者条例情報発信プロジェクトチーム 2009：46)。罰ではなく，「対話」を重視するという方向をとっているのである。

　ただ，この「対話」も障害のある人とない人との非対称な関係のままでは成り立たない。だからこそ，対等な対話の実現に向けて，障害者の権利保障に立脚した法制度上の充実とともに，差別解消のための仕組の充実が強く求められるのである。そして，障害者権利条約が採用している社会モデルの発想は，障害にまつわるさまざまな困難は障害者本人に原因があるのではなく，障害のある人とない人によって構成されていく「社会」のなかで起きるものとみなしている。その視点に立脚すれば，障害のない人においては，障害のある人を“自身とは全く無縁の異なる人”とみなすのではなく，共にこの社会で暮らすメンバーとして捉える意識を高めていくことが重要である。そのための学びや啓発を，行政機関や大学などの教育機関，社会福祉関係機関などが協力し行ってい

くこととともに，障害当事者組織の活動への側面的支援を行っていく必要性が
高まっているといえるだろう。

【引用・参考文献】

Barnes, C., Mercer, G. & T. Shakespeare（1999）*Exploring Disability–A Sociological Introduction*, Polity Press.（杉野昭博・松波めぐみ・山下幸子訳，2003『ディスアビリティ・スタディーズ―イギリス障害学概論―』明石書店）

千葉県(2014)「条例制定当時に寄せられた『障害者差別に当たると思われる事例』(サービス提供）」https://www.pref.chiba.lg.jp/shoufuku/iken/h17/sabetsu/service.html 2016 年 2 月 25 日閲覧

千葉県障害者条例情報発信プロジェクトチーム編（2009）『障害者条例を必要としているあなたへ―たったひとつから全国のまちへ―』ぎょうせい

東俊裕（2007)「条約ってなんですか？」東俊裕監修・DPI 日本会議編『障害者の権利条約でこう変わる Q & A』解放出版社：7 - 9

東俊裕（2014)「差別の禁止」障害と人権全国弁護士ネット編『障がい者差別よ，さようなら！―ケーススタディ障がいと人権 2―』生活書院：10-19

石川准（2004）『見えないものと見えるもの―社交とアシストの障害学―』医学書院

川島聡・東俊裕（2012)「障害者権利条約の成立」長瀬修・東俊裕・川島聡編『増補改訂　障害者の権利条約と日本―概要と展望―』生活書院：13-36

厚生労働省社会・援護局障害保健福祉部障害福祉課（2010)「障害者自立支援法違憲訴訟に係る基本合意について」http://www.mhlw.go.jp/stf/seisakunitsuite/bunya/hukushi_kaigo/shougaishahukushi/goui/index.html　2016 年 2 月 25 日閲覧

佐藤久夫（2015）『共生社会を切り開く―障碍者福祉改革の羅針盤―』有斐閣

社会保障審議会障害者部会（2015)「障害者総合支援法施行 3 年後の見直しについて～社会保障審議会障害者部会報告書～」http://www.mhlw.go.jp/file/05-Shingikai-12601000-Seisakutoukatsukan-Sanjikanshitsu_Shakaihoshoutantou/0000107988.pdf 2016 年 2 月 25 日閲覧

障害者自立支援法違憲訴訟弁護団編（2011）『障害者自立支援法違憲訴訟―立ち上がった当事者たち―』生活書院

障がい者制度改革推進会議総合福祉部会（2011)「障害者総合福祉法の骨格に関する総合福祉部会の提言―新法の制定を目指して―」http://www.mhlw.go.jp/bunya/shougaihoken/sougoufukusi/dl/0916-1a.pdf 2016 年 2 月 25 日閲覧

第13章

地域包括ケアシステムとコミュニティの再生

下山　昭夫

1　地域包括ケアシステムの政策形成過程

　本章では，要介護高齢者などを対象にした生活支援政策である地域包括ケアシステムについて，その制度設計に関係する各種の報告書などの行政資料を素材にした分析と考察を行い政策形成の過程について概観する。それをふまえ，地方自治体において事業化が取り組まれている地域包括ケアシステムが抱えている課題について明らかにしていきたい。

　地域包括ケアシステムの制度設計の過程は，おおむね3つのステージに区分できる。

(1)　「地域包括ケアシステム」の登場

　「2015年の高齢者介護」(2003) において，高齢者の新しい介護サービス体系として「地域包括ケアシステムの確立」の考え方が登場し，その方法としてケアマネジメントの適切な実施と質の向上，そしてさまざまなサービスのコーディネートが提起された。ケアマネジメントの質向上ではサービスの継続的・包括的な提供が，サービスのコーディネートについては保健・福祉・医療の専門職やボランティアなどの地域資源を統合した包括的ケア（地域包括ケア）の必要性が主張されていた。

　地域包括ケアシステムの語が登場した段階では，介護保険サービスを中心に

図 13-1　高齢者の尊厳を支えるケアの確立

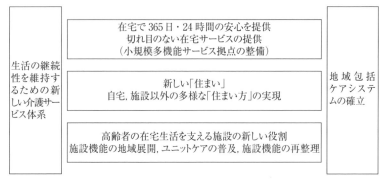

出所）厚生労働省（2003）「2015 年の高齢者介護」より，筆者が一部修正して作図

保健・医療・福祉サービスやボランティアなどの地域資源を統合した，継続的包括的なケアの提供がイメージされていたのである。

　2004 年の「介護保険制度の見直しに関する意見」(社会保障審議会介護保険部会)では，在宅ケアと施設ケアの二元論を超える考え方として地域ケアが提唱された。地域ケアの在り方としては，「包括的なケア」の提供と「継続的なケア」の体制の構築が提唱されていた。また，総合的マネジメント機関として「地域包括支援センター」の創設が提起された。この報告では地域包括ケアシステムに関する直接的な言及はなく，高齢者ケアの第 3 の選択肢として地域ケアが位置づけられていた。

　地域包括ケアシステムの考え方が登場した初期段階では，「包括的ケア＝地域包括ケア」あるいは「地域ケア」という名称によって，地域を舞台にしたサービス提供の包括性と継続性が強調されていた。ただ，具体的なサービス提供の在り方についてはサービスコーディネートの重要性，専門職やボランティアなどの地域資源の連携について言及するにとどまっていた。また，地域包括ケアシステムは地域包括支援センターと同義のものと説明されていた。

(2)　「構想」としての地域包括ケアシステム

　地域包括ケアシステムは，その構想段階から互助の考え方を組み入れている。互助の用語は 2006 年の「今後の社会保障の在り方について」(社会保障の在り方に関する懇談会) では使用されていない。この報告書では「我が国の福祉社会は，自助，共助，公助の適切な組み合わせ」と説明されていた。互助が登場したのは 2008 年の「地域包括ケア研究会報告書～今後の検討のための論点整理～」(以下，2008 年報告書) からである。互助の説明では，家族・親族・地域住民・友人などインフォーマルな相互扶助として，近隣の助け合いやボランティアなどが例示されていた。2008 年報告書は，「介護費用が増大する中で，すべてのニーズや希望に対応するサービスを介護保険制度が給付することは，保険理論からも，また共助の仕組みである社会保険制度の理念に照らしても適切ではない」(2008 年報告書：3) と明言している。

　共助である介護保険制度の財政上の制約から，互助の仕組みを採用して地域包括ケアシステムが構想されていることは明らかである。それが，実際の介護保険財政の軽減にどの程度貢献するかは現時点では明らかではないが，地域包括ケアシステムが社会保障制度の持続可能性を高めるための費用の削減策の一つであることは疑う余地はないであろう。

　さて，2008 年報告書から，地域包括ケアシステムの構想の一部が明らかになってくる。

　第一は想定する日常生活圏域の時間的な範囲が「おおむね 30 分以内に駆けつけられる圏域」つまり中学校区であること，第二に高齢者のニーズに応じた住宅が確保されることが前提であること，そして第三は提供されるサービスの種類は「医療や介護のみならず，福祉サービスを含めた様々な生活支援サービス」であることが示されている。加えて，この 2008 年報告書で特筆すべきは，互助を成り立たせるコミュニティ形成の契機に関して「これまでの地縁・血縁に依拠した人間関係だけでなく，趣味・興味，知的活動，身体活動，レクリエーション，社会活動等」(2008 年報告書：7) を例示していることである。また，地

域包括ケアシステムが目指す内容・機能を継続的に学習するような「学習する文化」を醸成する点を指摘している（2008年報告書：7）。このように，この段階の地域包括ケアシステムの構想では，それを担う地域住民などの地域資源の結びつきの在り方について，伝統的なコミュニティから脱却した新しいタイプのコミュニティの形成をイメージし，その形成の契機に「学習のプロセス」を考えていたのである。

　2010年の「地域包括ケア研究会報告書」(以下，2010年報告書) では，さらに具体化してくる。第一に，地域包括ケアシステム構築の前提になる住居は「従来の施設，有料老人ホーム，グループホーム，高齢者住宅，自宅 (持家，賃貸)」と幅広く想定され，第二にサービスの提供体制は「24時間365日」を目指していることである。さらに，第三に提供するサービスは居場所の提供，権利擁護関連の支援 (虐待防止，消費者保護，金銭管理等)，生活支援サービス (見守り，緊急通報，安否確認システム，食事，移動支援，社会参加の機会提供，その他電球交換，ゴミ捨て，草むしりなどの日常生活にかかる支援)，家事援助サービス (掃除，洗濯，料理)，身体介護 (朝晩の着替え，排泄介助，入浴介助，食事介助)，ターミナルを含めた訪問診療・看護・リハビリテーションなど，以前の報告書に比べてきわめて広範囲のサービスの提供を考えていた。

　「構想」段階の地域包括ケアシステムでは，住宅確保を前提に日常生活圏域での諸サービスの提供を365日24時間体制で実施するなどの骨格が明らかになってきた。しかしながら，システムの一翼を担う地域のコミュニティは地縁や血縁によらないものを想定しながらも，具体的にはどのような機能と特性を有するコミュニティの形成をイメージしているのか明らかではない。

(3) 地域包括ケアシステムの「制度設計」

　2013年の「地域包括ケアシステムの構築における今後の検討のための論点」(以下，2013年報告書) では，まず地域包括ケアシステムが提供する5つのサービス分野を，「介護・リハビリテーション」「医療・看護」「保健・予防」「福

社・生活支援」「住まいと住まい方」と明示した（2013年報告書：2）。第二に，全国一律の画一的なシステムではなく地域ごとの特性に応じて構築される（2010年報告書：32）としていたが，2013年報告書ではさらに踏み込んだ表現により「今後，短期間に対応を迫られる大都市部の課題をスタート地点として議論を行なった」とある（2013年報告書：1）。つまり，当面，地域ケアシステムの構築は大都市部を念頭においていることになる。

　第三に地域包括ケアシステムの一部を構成する互助についても，都市部では地縁や血縁による「伝統的な互助」が弱いため，これに替わる「都市型の自助・互助」の模索が提起されている（2013年報告書：5）。第四に，互助として主に地域のコミュニティが担うことが想定される生活支援サービスは，「調理や買い物，洗濯，見守り，安否確認，外出支援，社会参加活動支援，日常的な困りごと支援などの多様なサービス」（2013年報告書：17）が例示され，生活支援を行う地域資源として住民組織（NPO, 社会福祉協議会，老人クラブ，町内会，ラジオ体操会等）のほかに一般の商店，交通機関，民間事業者，金融機関，コンビニ，郵便局などが例示されていた。これが，2014年の「地域包括ケアシステムを構築するための制度論等に関する調査研究事業報告書」（以下，2014年報告書）では基本的な生活支援は，「必ずしも医療・介護の専門職によって提供される必要はなく，すでに地域内で通常の民間の生活支援サービス事業者によって提供されているサービスを購入する方法の他に，地域の互助によって提供される場合も想定」（2014年報告書：16）と明記され，生活支援サービスの主たる担い手は地域のコミュニティの活動を予定していることが明らかになっている。また，留意すべき点として「サービスの購入」がある。生活支援サービスは，コミュニティによる互助とともに民間サービスからの購入も選択肢として挙げていることである。加えて，2014年報告書では高齢者の「住まい方」に関しては子どもとの同居・近居・別居，夫婦世帯から単身世帯への変化などに言及し，地域包括ケアシステムは「本人の希望にかなった『住まい方』を確保」することを前提にしている（2014年報告書：6）。

　介護保険制度は「介護の社会化」を理念として，子ども家族との同・別居は

当事者の選択に任されていた。高齢者の生活支援政策としての方向性は，介護保険施設などの社会的介護の拡充を社会保険制度の理念としていたのではないのだろうか。地域包括ケアシステムの制度設計の議論のなかには，高齢者の生活支援政策の方針点検の要素が含まれているようである。

2 高齢者の生活支援政策におけるフレームワークの転換

　以上のような経過を経て，2014 年に制定された「地域における医療及び介護の総合的な確保の促進に関する法律」(いわゆる「地域医療介護総合確保推進法」) において，地域包括ケアシステムは次のように規定されている。すなわち，地域包括ケアシステムとは「地域の実情に応じて，高齢者が，可能な限り，住み慣れた地域でその有する能力に応じ自立した日常生活を営むことができるよう，医療，介護，介護予防 (要介護状態若しくは要支援状態となることの予防又は要介護状態若しくは要支援状態の軽減若しくは悪化の防止という。)，住まい及び自立した日常生活の支援が包括的に確保される体制」と規定されている。

　地域包括ケアシステムは，図 13-2 のように，医療サービス，介護サービス，住まいの確保，そして生活支援と介護予防サービスから構成されるのである。

　さて，第一に議論したいのは地域包括ケアシステムの制度化は，高齢者の生活支援政策のフレームワークの転換を意味するのではないかということである。人口高齢化は深刻さの度合いを強めている。さまざまな改革に取り組まなければ，社会保障費用はさらに増加することになり，財政事情から介護保険制度の制度設計そのものの見直しが必要かもしれない。であるならば，財政上の根拠を明確に示したうえで，高齢者の生活支援政策の制度設計の見直しを広く議論するべきではないだろうか。

　地域包括ケアシステムは医療サービスのような専門サービスから生活支援サービスといった非専門的サービスまで，多種多様なサービスによって地域を舞台にした高齢者の自立的な生活を支援しようとするものである。制度設計の段階で，地域住民の相互扶助，インフォーマルな自主的な団体によるボラン

図 13-2　地域包括ケアシステムの姿

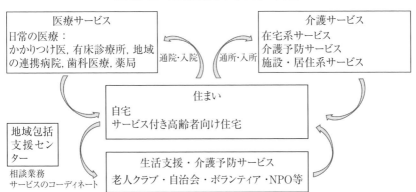

出所）厚生労働省資料より，筆者が一部修正して作図

ティアによるサービスも組み込まれている。互助の仕組みが高齢者の生活支援政策の一部を構成しているのである。介護保険制度の制度創設の理念は「介護の社会化」である。社会的介護の拡充により，国民の介護負担や将来の介護不安を払拭することが目的の一つであった。そのために税制も改正された。介護保険制度の導入により，「家族による介護」から「社会による介護」へ要介護高齢者支援政策は転換されたのである。互助の仕組みを組み入れた地域包括ケアシステムの導入は，一部とはいえ，「地域による介護」への方向性を示すことになる（筒井：368）。それは，高齢者の生活支援の基本的なフレームワークの変更を意味するのではないだろうか。部分的な制度設計の修正にとどまるのか，それとも「社会による介護」から「地域による介護」への転換が将来控えているのか。現在の財政事情や国民負担の選択肢を含め，政策当局には説明する責任があろう。

3　コミュニティレベルにおける非営利活動の先駆性・開拓性への影響

　地域包括ケアシステムを構成する生活支援・介護予防サービスのうち，生活支援サービスに例示されているものは経費を考えなければ，たとえば緊急通

報，食材の配達，掃除，洗濯などいずれも市場から購入可能である。ただ，それには資産や預貯金，年金受給額などに相当程度のゆとりが必要である。高齢者の多くが市場からこれらのサービスを購入することは現実的とはいえない。これらのさまざまな生活支援サービスは，多くはないとはいえ，都市部においても隣人や知人あるいは友人がサービスの担い手である。また，地域の非営利の互助型住民団体がボランティア活動として展開している。それらの活動は無給もしくは実費程度の有償ボランティアである。サービスの価格そして「労働」の対価ともに，とても市場メカニズムで採算ベースに見合うようなものではない。

　非営利の互助型住民団体がサービスの提供体制を整備するには，相当の時間がかかるであろう。都市部の場合は，すべてが地縁や血縁による昔からの親族や友人・知人などがサービスの担い手ではないから，サービスの受け手と担い手になるには一定程度の時間が必要である。なぜならば，ヒューマンサービスにおいてはサービスの受け手と担い手の間には「信頼」が形成される必要があるからである。サービスの授受において「信頼」はそう容易に作り上げていくことはできない。また，「ケアとは，有給と無給にもかかわらず，感情の共感を含んだサポート」（筒井 2012：370）である。人間と人間との「信頼」や「感情の共感」は，行政の働きかけによって簡単に紡ぎだされるものではないだろう。既存の組織がある地域もあれば，ないところもある。このような時間を必要とする組織作りを，制度設計の一部に組み入れていることに制度設計上の危うさを感じるのである。いま一つ問題点を指摘しなければならない。「好ましい支え合いの姿が制度化された介護保険の一部を外枠に出すことで，従来の自主的自発的で地道な市民活動による支え合いの世界を破壊するリスク」があることである（杉岡 2015：33）。住民の互助的な活動が，行政システムの一部に組み込まれることによって，活動が公認されるというメリットもあるかもしれないが，同時に行政システムの一部になることで自由や主体性が失われ，これらの活動が有しているコミュニティレベルのボランティア活動の「先駆性」や「開拓性」が失われないかという懸念である。

4 コミュニティの再生が構築する地域包括ケアシステム

　地域包括ケアシステムの定義において用いられている「地域」とは何を指し示しているのだろうか。地域を舞台にして高齢者対象のさまざまなサービスが提供される以上，地域の語は単に地理的範囲を意味するものではないだろう。地域にシステムあるいはネットワークを構築しようとするのであれば，人間や機関などを成員とする社会集団が形成される。それが専門職であろうかなかろうが，任意組織であろうが，公式組織や行政機関であろうが，その種別にかかわらず地域資源の間に何らかのコミュニケーションや関係性が構築される。その社会集団は，自然に作られていくのであろうか，それとも意図的に政策的に構築することが可能なのであろうか。そして，構築された社会集団はどのような特性あるいは性格を有するのであろうか。

　かつて，マッキーヴァー（R. M. MacIver）はコミュニティを次のように説明した。「村とか町，あるいは地方や国とかもっと広い範囲の共同生活」の領域であり，「共同生活はその領域の境界が何らかの意味を持ついくつかの独自の特徴」をもっている。たとえばそれは，共同生活している人たちの共通の特徴として風習，伝統，言葉使いなどである。さらに，その意味では都市の市民や民族や部族もコミュニティのカテゴリーに含まれる。つまり，コミュニティは共同生活」に焦点をあてた社会集団のとらえ方である。対して，アソシエーションとは「社会的存在がある共同の関心 [利害] または諸関心を追求するための組織体」である。アソシエーションは，「ある共同の関心または諸関心の追求のために明確に設立された社会生活の組織体」である。さらに，マッキーヴァーは「アソシエーションは部分的」であるのに対して，「コミュニティは統合的」であると説明している。（マッキーヴァー 1975 : 46-47）すなわち，マッキーヴァーにおけるコミュニティとは，一定の地域で営まれる自生的な共同生活のことであり，何らかの共通する特徴によって境界が形成される。都市市民もコミュニティを形成し，コミュニティの関係性は「統合的」である。対して，アソシエーションとは，共同の関心や利害を追求するために創られた組織体で

あり，その関係性は「部分的」であり，特定の目的の達成を目指している社会集団である。

　さて，このマッキーヴァーの視点からすると，地域包括ケアシステムが形成する社会集団は，高齢者の生活支援を目的にするのであるから「アソシエーション」ということになる。しかしながら，たとえ生活支援サービスとはいえ，生活の維持に必要であり，あるいはプライバシーをさらけ出すことになるサービスの授受においては，「信頼」や「感情の共感」が必要である。人格的なレベルでの関係性がなければ，サービスの授受は成り立ちにくいのではないだろうか。とすれば，地域包括ケアシステムで取り交わされるサービスの授受は，マッキーヴァーの言を用いるならば「統合的」な人間関係を前提にするのであり，地域包括ケアシステムは「コミュニティ」の存在を前提にすることになろう。

　地域包括ケアシステムにおいては，今後このシステムを構築しようとするとき，どのような特質や性格あるいは機能を有する社会集団をイメージしたら良いのであろう。その方向性は明らかにされていない。「アソシエーション型コミュニティ」は形成できるのであろうか。

　本章では，地域包括ケアシステムの政策形成過程を概観したうえで，いくつかの問題点あるいは論点を提起してきた。一つは，地域包括ケアシステムに互助の仕組みを採用することは，「介護の社会化」という政策方針の転換を意味するにもかかわらず，十分な説明責任が果たされていないことである。2つは，生活支援サービスを地域包括ケアシステムのなかに組み入れることにより，自主的かつ互助的な非営利の住民団体が持っている社会福祉サービスへの「先駆性」や「開拓性」を損なうのではないかということである。

　第三の論点は，特定のテーマに基づいたコミュニティの構築である。アソシエーション型コミュニティは構築できるのであろうか。かつて，国民生活審議会調査部会は「コミュニティ―生活の場における人間性の回復―」(1969) において，「生活の場において，市民としての自主性と責任を自覚した個人および

家庭を構成主体として，地域性と各種の共通目標をもった，開放的でしかも構成員相互に信頼感のある集団」をコミュニティと呼ぶとした。コミュニティの構成員は「生活の充実に目覚めた『市民型住民層』」を想定していた。また，広井良典は「都市型コミュニティ」の関係の特徴を，独立した個人と個人のつながりであるとした（広井 2010：18）。

　自立したコミュニティの構成員の間に，「信頼」や「感情の共感」により紡ぎだされた関係性が構築されたとき，アソシエーション型のコミュニティが再生されるのではないだろうか。そのときの，地域住民が提起する「アソシエーション」は高齢者の生活支援には限らないだろう。もっと多くの，ときには地域に独自の生活上の諸問題がテーマになるかもしれない。コミュニティの構成員として，生活上の課題をともに解決に導こうとするとき，他者とともに共生することの豊かさと困難さを経験することになろう。

【引用・参考文献】

奥田道大（1993）『都市型社会のコミュニティ』勁草書房

白澤政和（2015）「地域包括ケアシステムの確立に向けて」『老年社会科学』37（1）

篠原武夫・土田英雄編（1981）『地域社会と家族』培風館

杉岡直人（2015）「地域福祉における『新たな支えあい』が問いかけるもの」『社会福祉研究』123

高橋紘士（2014）「地域包括ケアシステムへの道」高橋紘士編『地域包括ケアシステム』オーム社

筒井孝子（2012）「日本の地域包括ケアシステムにおけるサービス提供体制の考え方―自助・互助・共助の役割分担と生活支援サービスのありかた―」『季刊社会保障研究』47（4）

筒井孝子（2014）『地域包括ケアシステム構築のためのマネジメント戦略』中央法規

広井良典（2010）「コミュニティとは何か」広井良典・小林正弥『コミュニティ―公共性・コモンズ・コミュニタリアニズム―』（双書　持続可能な福祉社会へ：公共性の視座から　第1巻）勁草書房

宮垣元（2003）『ヒューマンサービスと信頼』慶應義塾大学出版会

MacIver, R. M. 著，中久郎・松本通晴監訳（1975）『コミュニティ』ミネルヴァ書房

第4部　共生社会を構想するための
さまざまな論点(1)
―「ともに生きる社会」のために―

　少子化と高齢化がすすむ日本社会において，排除が新たな社会問題の一つとして浮かび上がってきている。同時に，包摂の役割を担う社会福祉への期待も大きい。排除と包摂のフレームワークを整理したうえで，典型的な排除である児童虐待問題の背景と教員養成上の課題や有効性に関する論文，そして看護職の養成教育における仏教思想の視点からの可能性を論じた論考から構成されている。

　本多論文は，ルーマンの機能分化社会論と包摂／排除の考え方を基本的なフレームワークとしている。論考では，現代社会における排除の問題それも累積的排除の観点から，機能システムとしての社会福祉の在り方に言及している。

　河津論文は，児童虐待をテーマに取り上げ，戦前から今日までの社会的認識と対応の経緯を整理し，とりわけ近年の虐待の相談件数の増加の背景について論じている。

　加藤論文は，本学における教員養成の特色と長所をより鮮明にするために，調査研究から得られたデータにより，「福祉マインド」の醸成を明らかにしている。また，この「福祉マインド」の構成要素についても考察を加えている。

　田中（秀）論文は，これからの看護教育を考えるうえで，「建学の精神」に立脚した教育システムの構築を論じている。その論考では，「共生」の思想を身に付けることの意義が語られている。

　鈴木論文は，仏教と看護のかかわりについて，看護学のテキストにおける歴史の面での記述を広く考察している。そのうえで，仏教看護教育の課題，さらに看護実践における仏教思想の導入について言及している。

第14章

「ともに生きる社会」の認識危機としての排除

本多　敏明

1 社会（認識）の分断の危機としての排除

　すべての人びとが生まれや育ちにかかわりなく，また人種や宗教のいかんにかかわりなく，それ相当の人生を送ることが現代社会では広く認められている。誰もが生まれながらに平等であり，誰もが自由を保障されてしかるべきであるという理念が掲げられている。たとえ十分に実現することが困難であろうとも，これらの理念が社会の全成員にとって等しく掲げられていることは，現代社会が歴史上の他のどの社会と比べても，評価されるべきことであるといってよいだろう。もちろん，そうした理念を掲げただけで善しとされるわけではない。こうした理念をいかに実現できるかは，現代社会が抱える重要な課題である。

　しかし反面では，20世紀末ごろから，生活を営むうえで欠かすことのできない多様な生活諸領域，とくに労働，教育，家族などに安定的に関わるチャンスが縮小していく社会的排除（social exclusion）の問題が，先進国といわれる欧米諸国において大量に生み出されてきている。この問題を考察するにあたって，社会の理論が不可欠である。というのは，端的にいって，排除は現代社会において生み出されている問題なのだから，そうした問題を生み出す現代社会の社会構造に関する考察が必要だからである。排除の現象へ警鐘を鳴らすことも重要であるが，現象に注目するだけでその現象の成り立ちやそれを生み出す

仕組みが鮮明にはならない。

　本稿でこのテーマに注目するのは，排除が，生活困窮にもとづく個々人にとっての身体的・心理的な脅威を及ぼす問題であるにとどまらず，われわれが現在進行形で同じ社会を生きているという自覚の危機に，また広く・深く排除されている人びととそうでない人びとのあいだの社会イメージの分断に，つまりは「共生社会」とは反対の道につながる問題だからである。いいかえれば，排除の問題は，同じ社会で「ともに生きている」ことを確認するチャンスが限られた範囲の社会関係に縮小され固定化される人びとが増加することによって，人びとのあいだでの社会認識の分断のリスクを生む。排除の問題がいわゆる「つながりの喪失」に直結しているかは不明だが，少なくともこうした社会関係の縮小や社会認識の分断が進むにつれて社会のコミュニケーション・コストの増大ももたらされているように見受けられる（送り手にとって予測しがたい受け手の内容理解とそれに伴う修正，適切な伝達方法選択のむずかしさ，一度の伝達に含まれる情報の単純化とそれに伴うニュアンスの消失，そしてそもそも情報を伝達すべき相手の漏れとそれを防止する対策の増加など）。いずれにしても，排除の問題の核心は，個々人を直接に分断するというよりも，個々人の社会関係のオーバーラップ部分を縮小させ，社会イメージの分断を進める点にある。排除の問題は「ともに生きる社会」の認識危機の問題と考えられるのである。

　こうした排除の問題がいかなる構造のもとでいかにして生じているのか。そのために社会の理論が必要である。現代社会をどう捉えるかという課題に対して，本稿では，ドイツの社会学者ルーマン（N. Luhmann）の機能分化社会論と包摂／排除（Inklusion/Exklusion）の考え方を手がかりにしたい。機能分化という社会構造は，社会のなかに確固とした位置を人びとに与えることはもはやできず（Luhmann 1989），諸機能システムもますます多くの人びとを排除する傾向を孕んでいる（Luhmann 1995）。

　1970年代から包摂の理論的探究に取り組んだものの，本格的には1990年代半ばから包摂／排除の問題に取り組んだルーマンは，現代社会における排除の問題にいき届いた考察をなしえたとはいえないかもしれない。しかしながら，

亡くなる直前に機能分化社会における包摂と排除の問題を提起し，排除の問題に取り組むために必要な社会の理論の手がかりを提示したといえる。ルーマンは，ブラジルのスラム街であるファーベラをみた後に，「包摂と排除」(Luhman 1995) 論文にて現代社会がこのような驚くべき排除を生み出していることを慨嘆している。「すべての善意ある人びとを驚かすことになってしまうが，依然として，しかも大量に，記述することもできないような悲惨なかたちで，排除が存在しているということを確認せざるをえない。南米の大都市におけるスラム街にあえて訪問してそこから生きて戻ってくることができた人は誰でも，このことを報告することができる」(Luhmann 1995：147)。ルーマン死後，21世紀になって，まさにブラジルの貧民街のような現象が，先進国を含む世界各地に瀰漫している事実を見逃してはならない。

　排除と包摂はコインの表裏の関係のように，排除だけを問題視しても排除の問題の実相は明らかにならない。現代社会における排除の問題を分析するためには，現代社会における包摂の様態および理念も視野に収める必要がある。ルーマンは包摂／排除という概念ペアをこのような視点のもとで提唱した。冒頭でも述べたように，あらゆる人びとがあらゆる機能システムに包摂されることが保障されてしかるべきであるとする社会への全員の包摂（Vollinklusion）の理念を現代社会が掲げていることは，―その実現はたとえ困難であるとはいえ―看過されてはならない。だが，全員の包摂の理念を掲げるからこそ，それとの距離として排除の問題が現代社会ではより鮮明になっている。

2　機能分化社会における包摂／排除の問題性

　ルーマンによると，機能分化を遂げた現代社会においては，多数の機能システムが分化している。たとえば，経済システム，法システム，政治システム，教育システム，科学システム，芸術システムなど社会の主要な機能システムはそれぞれ排他的にある特殊な機能を取り上げており，そうした主要な機能システムが並存している。それぞれの機能システムが一つの機能に集中できるの

は，それ以外の各機能システムがそれぞれ独自の課題を処理しているからである。そうした多種多様な機能システムのあいだには，どの機能システムが優位でどの機能システムが劣位であるという優劣関係は原則的にはみられないし，社会全体を一元的にコントロールできるような中心的な審級はもはや見出されえない。こうした機能分化した現代社会は，ルーマンによると，脱中心化した社会である。

　こうした機能分化を遂げた現代社会が現出したのは長きにわたる社会の発展の結果であり，社会進化の帰結である。単純化していえば，機能分化社会の現出は，それ以前の成層分化社会の限界の突破であった。成層分化社会においては，人びとがある家族に生まれたというその人の出自つまり出身階層によって，それぞれの人びとの人生行路がほぼ全面的に規定されていた。これに対して，機能分化した現代社会において，原則としては，人びとの出自のいかんにかかわらず，建前上はあらゆる人びとにあらゆる機能システムに参加する権利が認められており，事実かなりの数の人びとが自らの関心や意思に応じて多様な機能システムに参加している。これら諸機能システムにあらゆる人びとが包摂されることに関して，機能分化した現代社会は，成層分化社会よりもはるかに優れていることは論をまたない。機能分化した社会が設えている以上の包摂がなかなか考えられないことが機能分化社会の存在理由といってよい。

　ところが，現実には，全員の包摂が完全に実現されるとは到底考えられない。あらゆる人びとの包摂は，機能分化社会の理念として重要視されているが，構造レベルでは実現されていない。人びとが実際に平等に包摂されることは残念ながら不可能になっている。現代社会においては，全員の包摂が理念として掲げられながらも，いや掲げられているだけに，その理念が実現されない現状，つまり排除が際だっている。さらに，それぞれの機能システムからみれば，各機能システムはそれぞれの存立を図るためにその機能システムにとって有用な人びとを包摂するが，有用でない人びとを排除する仕組みを内在させており，いわば機能分化を遂げた現代社会はその構造問題として排除を産出している(Fuchs 1998)。そのうえ，機能分化を遂げた現代社会におけるある機能システ

ムからの排除は，他の機能システム（とくに教育システムや家族システム）からの排除を誘発してしまう。これを「累積的排除」という（ルーマン，馬場他訳 2009：926-927）。とりわけ，失業が続くこと（経済システム），公的な社会保障サービスの対象から外れること（政治システム），教育機関へ通えないこと（教育システム）は個人の生活にとって大問題となる。

　このように，現代社会には包摂要請と排除の問題のアンビヴァレンツが，突きつけられているとルーマンは捉えた。こうしたアンビヴァレンツに直面する現代社会においては，それぞれの機能システムは自らの機能の処理に専念し，自らの排除領域に対しては構造的に無関心になっており，当該の機能システムによって排除の問題を解決することは見込まれない。機能分化の構造的な帰結として生じる排除の問題が，それを生み出す機能システムそれ自体によっては解決されえないという問題にどう対処するかが課題になる。そこでこうした排除の問題を解決するために，新たな「二次的な」機能システムの形成が促されることになった。こうした要請に応えているのが社会福祉である（ルーマン，馬場他訳 2009：Fuchs 1998）。

　現代社会における社会福祉（Soziale Arbeit）の意義は，機能分化という基本構造を前提としたうえで包摂要請という基本的問題に応えることであり，別の角度からいえば，必ず絶え間なくいつでもどこでも排除を行わざるをえない機能システムを前提にして，そうした機能システムから排除された人がもう一度包摂されるように介入することであるといえるだろう。いいかえれば，社会福祉の機能は，包摂要請に応えることを理念として掲げながら，実際に排除された人びとの再包摂に取り組むことである。機能分化した現代社会では，包摂要請という表看板があるけれども，じつは包摂よりも排除を生み出す傾向が内在していることをわれわれは知らないわけにはいかないだろう。

3　社会福祉における相互浸透の問題

　以上のように，本稿では，ルーマンの機能分化社会および包摂／排除の議論

を手がかりとして，現代社会における構造的帰結として排除の問題が発生し，また大量の排除が生まれ累積的排除が出来する傾向が現代社会には内在しており，こうした排除の問題を担当する機能システムとして社会福祉を捉えた。

　しかしながら，こうした現代社会における社会福祉の捉え方をしているのはルーマンだけではない。こうした見方の原型ともいえる視点として，ドイツにおける社会福祉事業の実践の先駆者の最重要人物の1人と目されているザロモン（A. Salomon）女史が注目に値する。ザロモンの延長線上にルーマンの視点が十分に位置づけられるとみるドイツの社会福祉（Soziale Arbeit）研究者にクレーヴェ（H. Kleve）が挙げられる。

　クレーヴェ（2004）によると，ザロモンはユダヤ人であったゆえに1939年にナチスに追われてアメリカに亡命し，アメリカにて1948年に亡くなる波乱の人生を送った女性である。自ら創立した Alice Salomon Hochschule Berlin（ASH-Berlin）というベルリンに立地するおよそ100年の歴史をもつ社会福祉の伝統的な大学名に，ザロモンは現在もその名を残している。

　クレーヴェ(2005)によると，ザロモンはより良い福祉事業の実践のためには，生活に困難を抱えている人びとを生み出している社会そのものの分析，つまり経済や政治や教育や家族など社会のさまざまな領域についての分析が不可欠であるとみていた。ザロモンは，社会福祉が取り組む問題が，社会の多種多様な分野にまたがっている複合的な問題であると捉えている。つまり，貧困が問題であるとしても，それは経済だけの問題なのではなく，家族や教育にも関わっている問題であり，貧困問題が家族問題や教育問題と深く関わるとザロモンはみている。こうした社会福祉の「学越性（Transdisziplinalität）」(Kleve 2005：11)とでもいうべき点をザロモンは強調している。さらに，ザロモンは，社会福祉の援助を考えるさいに，その対象となる人間を，その心理的な側面，身体的な側面および社会的（人間関係的）側面といった複合的な視点から捉えようとしている。貧困であることが社会的な原因をもつものであっても，そうした問題に対処するさいには社会的な原因だけを断ち切っても十分ではなく，貧困に由来する心理的なプレッシャー・不安，および身体的な不健康をも支援することが

社会福祉には求められるとザロモンはみているといってよい。こうしたザロモンの視点を，現代社会における社会福祉研究へと媒介しているのがルーマンの視点であるとクレーヴェは捉えている。つまり，クレーヴェは，ルーマンの現代社会の諸機能システムに対する社会の分析が社会福祉研究にとって重要であると同時に，またコミュニケーション，意識，身体の複合として人間を捉えるルーマン理論の視点が，先述したザロモンの視点の現代的バージョンといえる可能性を指摘している。

　以上の議論から展望的にみえてくると考えられる，現代の社会福祉の課題は，個人の幸せと社会の発展の同時的な追求という点にまとめられるだろう。いいかえれば，人間のちからが社会によって育まれる社会化（Sozialisation）の実現，および社会のちからが人びとのコミュニケーションによって高まる包摂の実現，つまり人間と社会の相互浸透（Interpenetration）の実現である。なんらかの生活の困難を抱えた個人を社会福祉をとおして援助することが，回り回って社会の発展を促す社会福祉の論理を明らかにすることが社会福祉の原理論的な探求に求められているといえよう。

　現在，日本に限らず世界の国々で新自由主義的な政策によって社会福祉にかかる費用が抑制される傾向にあるのは，社会福祉の援助の増大と社会の発展（とくに経済的な発展）が齟齬するといわないまでも，「一部の弱者を相手に，余計なお金（税金）を投入するもの」として社会福祉の意義が暗に疑問視されているからだといってよいだろう。つまり，「自立」できない弱者を支援する社会福祉は社会の「（経済的な）発展」を阻害するという論理がまことしやかに論じられている。

　こうした現状のなかで，社会福祉が個人の幸せを支援すると同時に社会の発展を促すということはいかにして可能なのだろうか。ここで注意しなければならないのは，社会福祉による個人の幸せの支援と社会の発展は同時進行である点である。ザロモンは，福祉事業がその対象となる個人のためだけではなく，社会の発展にもつながることを明らかにしようとしていた。

福祉事業は，古典的国民経済学あるいは生物学的世界観が考えるように，
人類と文化の発展を妨げるのではなく，福祉事業は生存競争への個人の適応
を助けることによって，人類および文化の発展をうながすのである。共同性
への，協力への志向こそ，実ははじめて人間を人間たらしめ，それのみが人
間に生きることを可能とするのであるが，同時にそれが福祉事業において，
人間社会にとって貴重で欠くべからざる道徳を発展させ，深い人間の本能と
魂の尊さを表現し，また働かせるのである。

（ザロモン，増田他訳 1972：15）

　このようにザロモンは，福祉事業がもつ社会を発展・開発するちから，およ
び人間を発展・開発するちからの同時的な発展・開発を担うのが社会福祉（福
祉事業）であるとする見方を基礎づけようとしていた。いいかえれば，人間的
な可能性の実現に資することが社会的なもの（制度，習慣）の存在理由なのであ
り，そうした人間的な可能性の実現は他者との関わりをとおしてのみ可能であ
るという立場をザロモンは打ち立てようとしていると考えられる。いわば「人
間のための社会」を可能にする社会福祉のあり方，社会のあり方をめざしてい
るといえるだろう。しかし，こうした観点からみると，現代社会における排除
の増大という現状は，「人間のための社会」ではなくて，むしろ反対に「社会
のための人間」という様相を顕わにしているように思われる。とくに少数の者
が富を手にすることがその他の大多数の人びとの窮乏を前提としているのなら
ば，そうした現代社会が追求している合理性は人間無視の合理性といわなけれ
ばならない。
　こうした現代社会において，社会福祉がもつ意義はいったいなんであるの
か。社会福祉はいかなる正当性をもって現代社会にその位置を占めているの
か。本稿でこれまで述べてきたことを前提とするならば，少なくとも，社会福
祉は現代社会の諸機能システムがその合理性を追求すればするほど生み出す排
除を担当することによって，人びとが親しい人との親密な関係を基盤として，
それ以外の匿名の他者の活動に依存して生活を送ることができる社会の根幹を

支える営みなのである。

　社会福祉は，社会福祉の援助を必要としている人びとの存在を絶えず照らし出し，絶えずそうした人びとの存在にアンダーラインを引き，社会全体に絶えずアピールすることが重要な使命である。このことこそ社会的包摂，社会福祉が担う包摂の主眼であるといえよう。先進国で広くみられるように，社会福祉にかかる予算が縮小していったとしてもそれが「社会福祉の失敗」なのではないし，また社会福祉の援助を必要とする人びとが増大してしまう現状や，そうした社会問題を解決できないことがただちに「社会福祉の失敗」の証左として断じられてはならない。（潜在的な）要援助者の存在に気づき，要援助者をみつけ出し，その存在を受け止め，包摂要請に照らして容認できない排除の現実を社会へ申告し続けることが，社会福祉の機能の一つであると考えられる。

4　together with him と「人間のための社会」

　社会福祉は，医療や看護や教育といった他の対人援助職と同様に，人間の「弱さ」に関わる。人間の「弱さ」は，「生老病死」に代表されるように，人間が人間である以上，克服することも逃れることもできない。こうした自分１人では太刀打ちできない「弱さ」に直面している人の苦痛をなんとか減らそうとすることが対人援助の基本にあるだろう。われわれは，しばしば生活に困らない十分な所得があること，親しい人間関係が良好であること，そして健康であることなどが揃っている日常生活においては，往々にしてこうした人間的な「弱さ」を脇に追いやって生きている。そうした「弱さ」に，日常的には自分自身も気づかないし，周りも気づかない。しかし，高齢者や障害者や生活保護受給者など社会福祉の援助を必要とする人びとは，こうした「弱さ」が痛いほど身に染み，普段は目を向けずに済んでいる自分自身の「弱さ」に急遽向き合うことになって戸惑っている。そうした人間的「弱さ」とどのように向き合って生活していけばよいかに悩む相手の心の「呻き」(阿部 1997) によって，対人援助は触発されるといえるだろう。目の前の相手が抱える人間的「弱さ」に，

援助する者が自分自身の人間的「弱さ」を重ね合わせることが対人援助の根本にあるだろう。

　本稿の冒頭でも述べたように，排除の問題は，人が生きられる物理的・社会的チャンスを脅かし，縮減させていく。それによって，人びとが関わり合う社会関係の範囲は縮小され固定化されていく。これが社会の多数の人に同時に起こることによって，お互いの「ともに生きている」社会に対する認識は分断されるおそれがある。端的にいって，隣り合う人びとが，ともに生きるというよりも，お互いに「彼岸」にいる者として感じられるような社会の分断である。こうした排除が進むなかで，また全員の包摂という理念が実現されないなかで，「共生社会」はいかにして可能なのだろうか。

　「共生」ないし「ともに生きる」ということの根本部分について，社会事業の先駆者の１人である長谷川良信は，not for him, but together with him という言葉を遺している（たとえば，長谷川良信 1972：86）。長谷川は，28歳のとき，スラム地区に居住する人びとの生活状況の調査および改善方法の検討をするため東京の西巣鴨にある「二百軒長屋」に単身で移り住んだ。そこで長谷川は，不就学児童のための夜学で読み書き・算盤を教えたり，夫婦げんかの仲裁や法律相談所としてのはたらきを行ったのであった（長谷川匡俊 1992：57-70）。このような点だけを述べると，苦労がなかったように思われるかもしれないが，もちろんそうではなかった。

　　良信がこの「二百軒長屋」に移り住んだ当初，住民の反発は相当なものであったというが，考えてみれば当たり前といえるかもしれない。この長屋は社会の最底辺の人々の“吹きだまり”であった。対する良信は，宗教大学「社会事業研究室」の理事であり（中略），長屋の住民にとっては異質な，違った世界の人間とみられても仕方がなかった。その良信が“地区の改善”とか“社会事業”とか，長屋の住民にとっては訳の分からないことを言い出すのだから，反感や反発はかなり大きかったと想像される。そのためか，恩師からもらったフロックコート，紋付羽織をはじめ，家財道具のすべてが盗まれると

いう目にも遭っている。

（長谷川匡俊 1992：64）

このように，長谷川と「二百軒長屋」の人びとは「異質な，違った世界の人間」であった。こうした貧困から抜け出す希望が微塵もない人びととの現実的な接触のなかで，長谷川は not for him, but together with him という言葉を遺したのだが，本稿の最後にこの言葉の意味を考えることによって，現代の排除の問題がもたらす危機をどのように乗り越える可能性があるかを探りたい。

筆者は，以前から together with him に対して疑問だった部分がある。長谷川が together with him，ないし「彼とともに」という言葉に込めようとした意味を筆者なりに理解するならば，together with "him" よりも together with "you" と表現したほうが適しているのではないかと疑問だった。というのは，「him」という三人称では，支援をする相手との距離感が遠すぎるのではないかと感じていたからである。

直接的に支援をするさいには，相手に密着し，相手の世界に飛び込み相手と同じ世界を生きるほど関わっていく態度が求められるのであり，長谷川の「二百軒長屋」での生活こそまさにそうした相手との密着したあり方だったのではないか。それならば，距離感が残る「him」よりも，二人称である「you」のほうが適切ではないのか。ブーバー（M. Buber）の「我と汝（Icn und Du）」と「我とそれ（Ich und Es）」の議論をもち出すまでもなく，三人称（それ）の表現は「我」の一方向的な関心を表しているのではないか。そのときの「我」は「それ」に影響を与えるばかりで，「我」のほうは何も変化が起きないことを前提にしているならば，それはそもそも「関わり」ではないのではないか。さらには，糸賀一雄が「この子らを世の光に」というとき，「この子ら」という表現は三人称ではない。糸賀が日々，直接的に対峙していた「この子ら」である。このように考えると，筆者には，長谷川が述べようとしていたことは，together with him という表現よりも，together with "you" のほうがより適切な表現なのではないかと思えてならなかった。

しかしながら，結論を述べれば，現在では筆者もやはり "him" でなければならないと考えている。というのは，"you" は，同じ言葉を話し，同じ文化で育ち，同じ度量衡で物事を捉える，共通の土台がある対話可能な者しか含まれない「相手」にすぎない。いわば「話せばわかる」範囲の相手でしかない。たとえば，筆者が想定していた認知症高齢者などは，「会話」に困難はあるけれども，その相手と話をすることがそもそも考えつかないような相手ではない。意思疎通が問題なくできるわけではないが，会話は成り立つと期待できる相手であり，もしもこうした相手だけで済むのならば，together with "you" と表現してもよいのであろう。

　しかし，長谷川が対峙した相手は，先ほど確認したように，そうした共通の土台を築く可能性がほとんどないといわざるをえない相手だったといえる。超ええない「彼岸」にいる相手を，ただヒューマニスティックに「あなた」とは呼べない「他者」だったのである。かといって長谷川のいう「him」は，距離のあいた他人行儀的な「him」ではない。長谷川の二百軒長屋での日々は，相手と話し，目を合わせ，手を握るとき「you」であったに違いない。しかし，そのうえでなお，自分と同じ土俵にいる者としては回収しきれない，つねに摑みきれない相手の不可侵の部分があったということであろう。にもかかわらず，関わっていこうとする相手は，together with "you" ではなく，together with "him" でなければならなかったと考える。together with him は，関係の期待可能性が見込めない相手と，にもかかわらず関わっていこうとする以外に「共生社会」への道はないことを示しているのではないか。

　絶対的な距離がある相手に関わっていくこと，そしてそこにとどまることなく支援のためにはむしろ自ら距離を取ることが「ともに生きること」にとって重要であることも示唆されている。長谷川のこうしたあり方を，阿部志郎は，次のように表現する。「社会福祉の働きをするということは，いわば塵の中に入ることなのです。『塵』というのは宗教的な言葉ですけれども『社会』といっていいでしょう。社会の中に，ニードの中に入っていく。これが第一です。ニードの中に入って共にいる。しかしそこで埋没してはいけないのです。塵から抜

け出る。居塵出塵，塵から出ることが必要です。それが専門家に要請される態度なのです。ニードとともにいる。アイデンティティーを持つ。しかしそこにとどまり埋没することなくそこから抜け出る」(阿部 1988：78)。

　包摂はコミュニケーションにおいて関連のある者として顧慮されること，相手との「関係性」(足立編 2015) の確認を意味している。「関係性」というのは，端的にいえば人間存在の「ある・いる」次元に関わっている。ある人間がなにかの「役に立つ」とか「有能」といった機能的な次元ではなく，その人が存在して「いる」次元であり，そのことの承認をめぐる次元であるといってよい。こうした「関係性」の次元での排除というのは，端的にいえば，物理的に同じ場所に存在していたとしても，コミュニケーションにおいて配慮されない事態である。たとえば，自分以外の周りの人びとが互いに話をしているのに自分は話しかけられる対象として認められていないということである。この「関係性」の次元の排除という視点が重要であるのは，相手から関心を向けられないのならば，たとえ物理的にはその人が存在していても，その人はコミュニケーション上は「いないも同然」ということを意味し，コミュニケーションから排除されていることを意味しているからである。

　こうした「関係性」の次元の包摂が不可欠なのは，そうした包摂を基盤としてのみ人はコミュニケーションが可能になり，いいかえれば他者との関係を生きることが可能になるからである。このような視点からすると，ルーマン理論における包摂は，コミュニケーションの当事者の相互が存在の承認を「与える─受ける」ことにほかならない。こうした「関係性」の次元での包摂をとおしてはじめて，人びとは生活上必要な多様な欲求を充足するチャンスが与えられるのであり，機能的な面での包摂も可能になるのであり，いいかえるとそうした包摂が行われなければ，「人」として承認されず，そうした人間は生きていく術がきわめて限定されるのである。排除はそうした存在の承認を与えられないことを物語っていることはいうまでもないだろう。排除の問題は，他者の活動に依存してはじめて成り立つ生活の根本が脅かされる事態をいい表している。また社会の側からみても，そうした人間を排除することは，その人間の活

動をあてにすることができず，その人間のちからを活かすことができないことを意味している。したがって，排除の問題は，人びとが互いに他者の活動に依存して成り立っている社会の根幹を揺るがしかねない問題にほかならない。

　以上述べてきたように，現代社会において求められている包摂は，たんに社会的な役割を機能的にこなすことができるようになることをもって包摂と捉えることではもはや不十分なものとみなされており，包摂される個々人がいわゆる「人間としての尊厳」の配慮を感じるような包摂が求められている。近年の，社会福祉基礎構造改革や社会保障改革においても，「その人らしさ」を大切にした援助，「住み慣れた場所」での生活を可能にする地域福祉・地域医療などが理念として語られている。本稿の議論から得られる結論の一つは，社会的包摂の課題は援助を必要としている人びとが実際に現代社会に存在していることを絶えず発見し，受け止め，そうした人びとの存在を社会に向けて申告することである。さらに，われわれが他者に深く依存しながら生活している「関係性」の確認を困難にする排除に抗することこそが，「共生社会」への一歩であると考えられる。

【引用・参考文献】

阿部志郎　(1988)「社会福祉の思想的課題」『長谷川良信の宗教・教育・社会福祉』長谷川仏教文化研究所：61-79

阿部志郎　(1997)『福祉の哲学』誠信書房

足立叡編　(2015)『臨床社会福祉学の展開』学文社

Fuchs, P. (1998) "Das Exerzitium funktionaler Differenzierung," in ders., *Konturen der Modernität*, Transcript：63-81.

Fuchs, P. (2011) "Inklusionssysteme. Vorbereitende Überlegungen zu einer Ethik der Amicalität", Dederich, M. und Schnell, M.W. (Hrsg.), *Anerkennung und Gerechtigkeit in Heilpädagogik, Pflegewissenschaft und Medizin*, Bielefeld：241-256.

長谷川匡俊　(1992)『トゥギャザーウィズヒム』新人物往来社

長谷川良信　(1972)『長谷川良信選集　上巻』長谷川仏教文化研究所

Kleve, H. (2004) *Die Notwendigkeit der Sozialen Arbeit in der modernen Gesellschaft.* (Retrieved

May 14, 2004, http://www.asfh-berlin.de/hsl/ freedocs/113/notwendigkeit.pdf　2004 年 5 月 14 日閲覧）

Kleve, H.（2005）*Geschichte, Theorie, Arbeitsfelder und Organisationen Sozialer Arbeit Reader.*（Retrieved October 5, 2006　http://sozialwesen.fh-potsdam.de/uploads/media/Geschichte_Theorie_Arbeitsfelder_und_Organisationen.pdf　2006 年 10 月 5 日閲覧）

Luhmann, N.（1989）"Individuum, Individualität, Individualismus," in: ders., *Gesellschaft sstruktur und Semantik Bd 3 : Studien zur Wissenssoziologie,* Suhrkamp : 149-258

Luhmann, N.（1995）"Inklusion und Exklusion," in: ders., *Soziologische Aufklärung Bd 6 : Die Soziologie und Menschen,* Westdeutscher Verlag : 237-264.

Luhmann, N.（1997）*Die Gesellschaft der Gesellschaft,* 2 Bde., Suhrkamp.（馬場靖雄・赤堀三郎・菅原謙・高橋徹訳, 2009『社会の社会 1・2』法政大学出版局）

ザロモン・アリス著, 増田道子・高野晃兆訳（1972）『社会福祉事業入門』岩崎学術出版社

佐藤勉（2014）「ルーマン研究の現在」東北社会学会『社会学年報』43 巻 : 5-19

第15章

わが国における児童虐待の認識と行政対応に関する考察

河津　英彦

1　戦後における児童虐待の再発見

　旧厚生省が，児童相談所の業務報告に「児童虐待」という項目を新たな解釈で独立させたのは 1990 年度である。前年には国連で児童の権利条約が採択され，国内にもいじめや教師の不適切対応など児童の人権問題について光が当たりだした時代である。全国児童相談所長会は 1987 年度から 2 ヵ年にわたり全体協議会のテーマを「子どもの人権」とした。後に第 1 回児童虐待全国調査と呼ばれたものは，1988 年度上半期のデータを解析し 1989 年 3 月に発表したものである。

　なお，このときの調査は「子どもの人権侵害例の調査および子どもの人権擁護のための児童相談所の役割についての意見調査」というタイトルであり，あらかじめ設定した調査項目 20 のうちには，友人によるいじめ，教師による体罰・いじめ，施設における体罰・いじめ，学校による登校禁止，警察による通告で冤罪やその疑いありと考えられるもの，友人による非行の強要などが含まれ，2000 年に成立した「児童虐待の防止等に関する法律」(以下，「児童虐待防止法」と表す) における定義の「保護者がその監護する児童に対して行う行為」より広く捉えていた。

　歴史的にみても，児童は人権を認められない時代が長く続いてきたし，刑事事件となる児童虐待も欧米やわが国において戦前から知られていた。国際児童虐待防止協会は 1976 年に結成されたが，第 2 次世界大戦後の児童虐待の再発

見は1961年アメリカ小児医学会におけるケンプ（C. Kempe）の報告「Battered Child Syndrome」に始まるとされている（庄司 2001 など）。コロラド大学教授で小児科医であったケンプは親が殴打するなど故意による外傷に着目したが，その後身体的暴力だけでなく，暴力を伴わないネグレクトや心理的虐待も含むべきという意見が起こり，遅れて性的虐待も認知されてきた。1974年，これらを包摂した連邦法「児童虐待防止対策法」が制定される。

わが国でもこれらの動向は伝わり，厚生省は1973年に全国153の児童相談所で3歳未満児の児童虐待調査を行っている。このときの虐待は「暴行などの身体的危害，長時間の絶食，拘禁など生命に危険を及ぼすような行為がなされたと判断されたもの」という定義であり26件が把握された。また，遺棄は（定義略）139件であった。わが国でアメリカの動向に詳しかった旧国立精神衛生研究所の池田由子は児童虐待調査研究会を作り1983年に全国調査を行っているが，定義は国際児童福祉連合で使用されているものとして「身体的虐待，保護の怠慢ないし拒否，性的虐待，心理的虐待」の4分類を使用している（池田 1987）。

これらの前史はあったものの社会的な注目はさほどないまま1990年度以降の取り組みが始まり，2000年の児童虐待防止法制定以降，対応件数の急上昇という事態に直面し続けてきた。

本章では，わが国における児童虐待の認識と対応の経緯をたどり，近年の虐待通告の急増について考察する。その先には，児童虐待を生み出す社会そのものへの論考が必要になるが，今回の小論ではそこまで言及しない。

2 わが国における児童虐待の認識と社会的対応の経緯

(1) 戦前における児童虐待の認識と社会的対応

淑徳大学の創設者である長谷川良信は，1917（大正6）年の東京府慈善協会主査会講演の中で「児童虐待防止に就いて」と題して，次のように述べている。

　「家庭における継子，養子女の虐待，家庭を離れて浮浪漂白しつつある児童，興行物，乞食，不良行商に虐使せらるる児童などはかなり多いようであるが此の社会的原因を探求して之を除くに努むることは此の事項に於いて特に肝要なる着眼であると思ひます」(長谷川 1973)

　この後で，長谷川は，警察による活動もぐり（映画の只見であろう，筆者註）を留置場に入れることも一種の虐待ではないかと厳格すぎる対応を批判し，「少年裁判制度や児童監察官の如き制度を欠き，児童倶楽部や少年教会の如き民育的文化機関を閑居して居る我が国社会は積極的にか消極的にか虐待の実を挙げて居るものと云い得る」と結んでいる。

　長谷川の被虐待児童の認識は，当時の新聞記事や研究誌が下敷きになっていると思われるが，後段の見解は社会のあり方を批判しており，利他共生を旨とし教育と福祉と宗教を三位一体とした実践家としての行動につながるものと考えられる。

　さて，近年，戦前における我が国の児童虐待対応に関する詳細な研究が発表されている。片岡優子は『原胤昭の研究』(2011) の中で，免囚保護で知られる原がわが国で最初に児童虐待を取り上げた人物であることを，先行論文を参考にしながら戦前の文献に当たり立証している。それによれば，原の最初の論文は「幼児虐待防止事業を企つ」という表題で『監獄協会雑誌』に 1909 (明治42) 年に掲載されている。原は新聞に載った実子虐待の記事を看過できず引き取りに出かけ，児童虐待防止協会を設立するが 1 年で閉鎖し，その後は個人としての救済を続け（自ら育てるほか育児施設や里親に依頼），1914 年まで「年報」として事業報告を行っている。1909 年に調査を済ませた 15 件では「実子 6，継子 7，姪 1，雇女 1」であり，被害の顛末では「殴打 5，灸傷 2，殴打灸傷 3，殴打火傷減食 2，殴打火傷水責め 2，殴打火傷蚊攻め（裸にして四肢を縛り蚊帳の外で全身を蚊に刺させること）1」があげられている。

　被虐待児は，現在の児童虐待防止法の対象である家庭内虐待に当たるものが殆どであり，一部に減食というネグレクトを含むものの殆どが身体的虐待である。原が保護した児童は 1909 年から 1913 年までが 74 人，1914 年から 1922

年までは 13 人と減少するが，活動は山室軍平の救世軍に引き継がれ，1933 年の旧児童虐待防止法の成立につながる。

　また，吉見香の「戦前の日本の児童虐待に関する研究と論点」(吉見 2012) によれば，原に続いて医師である三田谷啓が 1916 年に「児童虐待について」を『救済研究』に発表している。1910 年から 1915 年までの新聞記事の切り抜きから 116 例を取り上げ，被害児では「実子 84，貰子 18，孫 4，内縁の妻の子 2，子守によるもの 2，先妻の子 1，同胞 1，不明 2」であり，実父母からの虐待は絞殺，刺殺が多いが，貰い子殺しは，養育料のためが圧倒的に多く，栄養供給の節減による危害が多いと述べている。

　加害者も児童を殺してから自殺するもの 55 件，心中と思われるもの 14 件，心中未遂 4 件であり，親による子殺しの事件を中心に統計を取ったようである。ただし，三田谷は少女売買も児童虐待に属すると述べ，身体的方面の虐待のほか精神的方面の虐待があることについて言及し，現在の心理的虐待にあたる見解を述べている。

　吉見はさらに，賀川豊彦が自ら貧民窟に赴いて行った実態調査を基に 1919 年に「児童虐待防止論」として『救済研究』に発表したことについても触れ，賀川は環境要因としての貧困と児童虐待との関係を力説したと述べている。また，日本女子大学教授生江孝之が英米の児童虐待事業を紹介し法律の制定に尽力したことを指摘している。

　さて，戦前の児童虐待防止法であるが，第 1 条で同法による児童は 14 歳未満とし，第 2 条で「児童ヲ保護スヘキ責任アル者児童ヲ虐待シ又ハ著シク其ノ監護ヲ怠リ因テ刑罰法令ニ触レ又ハ触ルル虞レアル場合ニ於テハ地方長官ハ左ノ処分ヲ為スコトヲ得」で始まり，保護者への①訓戒，②条件を付しての児童監護，③親族，私人の家庭，施設への委託という措置が取れることになった。片岡の研究には当時の内務省による「児童虐待防止法に関する質疑応答」が掲載されており「精神又は身体に対し積極的なると消極的なるとを問はず不当不正に危害又は苦痛を与ふる所為」という答弁が想定されている。性的虐待は不明であるが，身体的虐待のみならず心理的虐待とネグレクトは読み取れる内容

になっている。

さらに，同法第7条第1項では禁止又は制限事項として「軽業，曲馬，戸戸又は道路において諸芸や物品販売など児童を使用し虐待又はそれを誘発する虞あるもの」と定め，第2項に基づく内務省令で，不具畸形を観覧に供すること，乞食，芸妓，酌婦，女給其の他酒間の斡旋を為す業務などが付け加わっている。児童の人権に関するジュネーブ宣言も考慮されていたが，児童を使って収益を図ろうとする，現在でいえば経済的虐待の防止という観点が窺える。

なお，片岡によれば，実務的には1933年，東京府等に児童擁護協会が設置され，不遇児童の調査，養育，観察，思想の普及，其の他必要な諸事業を行うこととした。東京府では児童虐待の発見者は児童擁護協会に通報し（電話でも郵便先払いでもよいとした），協会の職員は警察と協力して調査にあたり，府の社会課で処置を検討し，保護した児童は協会の保護所に収容するだけでなく一般家庭にも養育を委託したようである。

高島巌は，1923年に中央社会事業協会に入ってのち児童擁護協会に転じ，被虐待児童保護施設として「子どもの家学園」（戦後は児童福祉法上の養護施設「双葉園」）の園長となった人物である。筆者も1970年代に面識があるが，「愛のおのずから起きるとき」（高島 1973）の中で，最初のケースは27人の少女を使って辻占い売りや花売りをさせていた悪徳親方から保護した子と，12人の貰い子のうち8人が死亡した有名な事件で残った4人のうち2人を預かったことが書かれている。なお，この事件は1930年の「岩の坂貰い子殺し事件」として，先に掲げた池田の著書に概要が書かれている。

(2)　戦後における児童虐待認識と行政対応

戦前に一定のレベルまで対応が進んでいた旧児童虐待防止法は廃止され，1947年12月に成立する児童福祉法の中に取り込まれる。児童福祉法は当初，第25条で「保護者のない児童又は保護者に監護させることが不適当と認められる児童を発見した者は，これを児童相談所に通告しなければならない」と規

定し，要保護児童の通告義務を国民に課している。

『児童福祉法の解説』(1973) では「保護者に監護させることが不適当と認められる児童」について㈤保護者にその原因がある場合と㈹児童本人の行為や心身上の欠陥にその主な原因がある場合に分けているが，㈤については「保護者が虐待している児童，保護者のいちじるしい無理解または無関心のため放任されている児童，保護者の労働または疾病等のため必要な監護を受けることのできない児童等があげられる」と説明している。この説明は，制定当初の国会提案資料（寺脇 1996）から基本的には変わらず，現在でいうネグレクトの虞れのあるものは説明されていても，児童虐待の定義はないままである。

ようやく『最新児童福祉法の解説』(1999) になって，1997（平成 9 年）6 月の厚生省の通知を引用し，後段に「身体的暴力や性的暴力のほか，衣食住や生活環境の清潔さに関し児童の健康状態をそこなうほどの保護の拒否や怠慢，児童の日常生活に支障をきたす精神症状があらわれる心理的外傷を与える言動や行為等によって，健全な心身の発育・発達に重大な影響を受けている児童等も含まれる」という説明が入ったのである。

なお，都道府県知事の措置としては第 27 条に①訓戒，誓約，②児童福祉司等による指導，③里親委託，児童福祉施設入所が定められ，戦前の児童擁護協会に代わって行政機関である児童相談所が設置された。また，戦前の禁止及び制限事項は「児童の福祉を阻害する行為の禁止」として「児童に淫行をさせる行為」などを加えて第 34 条に規定されている。

このような児童福祉法の規定が十分に活用されぬまま，児童虐待防止法が成立し，児童虐待の防止に関する一般法と特別法といった構造になっているのが 2000 年以降の現状である。

(3) 東京都の児童相談所における対応の経緯

筆者は，1967 年から 3 年間，東京都中央児童相談所に勤務し業務統計を月々本庁に報告（東京都は当時の 7 児童相談所をまとめて厚生省に報告）する仕事を担当し

ていた。「東京都児童相談 20 年の歩み」(1969) によれば中央児童相談所のみで
あるが 1967 年に一時保護した 667 件の分析が載っている。それによれば、「養
育困難 (保護者の病気, 入院, 死亡, 家出, 離婚, 受刑, 監護不適当, その他)」は 257
件である。同じ養護相談でも, この外側に「迷子」と「虐待」の項目がある。
棄児も年間数十件あったが, 乳幼児であり警察から乳児院等に直送していたた
め一時保護の統計には出ていない。数字を挙げると, 養育困難では「入院」91
件,「家出」71 件,「離婚」53 件が上位 3 項目であるが,「虐待」は僅か 7 件で
ある。養育困難の中の「監護不適当」は 1 件に過ぎない。養護相談とは別に「家
出浮浪」があり 42 件を数えている。その他に「長欠不就学」が 49 件あり, 今
日の目で見れば, 家庭内の親子関係に何らかの問題を見出せるものが多数潜ん
でいた可能性がある。

　なお, 東京都中央児童相談所は 1975 年に移転し名称も児童相談センターと
変わるが,「東京都児童相談センター 10 年の歩み」(1985) には児童相談センター
のみであるが 1975 年度から 1983 年度まで 9 ヵ年にわたる統計が載っている。

　これによれば,「養護相談内容別受理状況」(ここでは相談として受理した全件)は
「養育困難」の外側に, 次のような項目がある。以下に示す数字は 9 ヵ年の合
計である。「孤児」12 件,「棄児・置去児」153 件,「迷子」342 件があり,「被
虐待児」は 133 件 (年平均 14.8 人) である。

　ちなみに, 養育困難の中の上位は同じく 9 ヵ年の合計であるが, 保護者の
「傷病」2,029 件,「家出」755 件,「離婚」576 件である。「監護不適当」に変わっ
て「家族環境」が入るが, こちらは 190 件ある。また,「家出外泊」は, 非行
系の相談に分類され 1979 年度から 1983 年度までの 5 ヵ年の統計で 195 件を数
えている。

　なお,「児童相談センター 10 年の歩み」には当時の所長上出弘之による論文
「児童問題 10 年の推移」が掲載されているが, 児童相談センターの一時保護所
で保護した被虐待児は 1975 年度から 1981 年度までの 7 ヵ年で 187 件 (年平均
26.7 人) であり, 1967 年度に比べ増加している。なお, 先に掲げた「養護相談
内容別受理状況」の 9 ヵ年度の統計より多いのは他児相からの受け入れのほか

相談受理後に虐待が判明したものを算定している可能性もある。また，東京都全体の「棄児」は 1974 年度から 1983 年度までの 10 ヵ年で 563 件（年平均 56.3 人）あったが，現在は被虐待児の統計に組み込まれている。さらに，「嬰児殺し」は警察庁の全国検挙人員であるが同時期で 1,365 人（年平均 136.5 人）である。近年，厚生労働省が検証している虐待死と心中を合わせた数（2013 年度第 11 次報告 69 人）よりはるかに多いことがわかる。

ちなみに，東京都の児童相談所全体（現在は 11 所）で受理した被虐待児は 1980 年度は 75 件。国として新たに統計を取り出した 1990 年度が 127 件であったが 2014 年度は 8,261 件に上り，全国統計の速報値 88,931 件の 1 割に近い。

3 児童虐待の伝統的イメージと法による定義の問題

かつて，児童相談所の統計実務を担当していた者として 1989 年以前の児童虐待とは保護者による身体的虐待のいちじるしいものを指していたということができる。

筆者は 1969 年の秋に，週刊朝日の取材を受けた措置課長から，児童虐待の事例を拾い上げることを下命され，措置会議の記録を遡り 7 件を提供した。1969 年 10 月 31 日付の同誌は「全国調査　子殺し—父や母が鬼となる条件」という見出しを表紙に掲げて発売された。この中では全国の都道府県警察本部の記録の中から調査した「全国の主な子殺し事件一覧」として 1969 年 1 月から 10 月 20 日まで 29 件が掲載されている。1 年に換算すれば 35 件ほどになる。筆者の提供したものはいずれも身体的虐待のいちじるしいもので 2 件が具体例として掲載され「子殺しと紙一重，あるいは精神的子殺しともいえるような現象がゴロゴロしている土壌も見逃せないだろう」と表現されている。

研究者や行政解釈としての児童虐待は，戦前からネグレクトや心理的虐待を含む意図があったとしても，法の中で定義なしに「児童虐待」と称することは国民の間に共通の認識があることを前提としていたと考えることが自然である。また，いじめと虐待は重なり合う範囲をもつ言葉として存在していたとい

うこともできる。

　精神科医で作家であった「なだいなだ」は『いじめを考える』(1996) のなかで，身分・職業・障がい者などの差別や，労働者等からの経営者による搾取，軍隊の内務班や継子いじめ，嫁いびりなどの「社会的いじめ」は，人びとが人権を獲得してきた歴史のなかで外れていき，残ったところが自ら運動を起こせない子どもであり「学校」であると述べた。筆者はこれに加えて「家庭」と「施設」をあげるべきと考える。この3つに共通することは，本来，子どもにとって安心できる居場所であり身近な人間関係を育むところが一転して逃れられない場所になることである。現在では，学校は「いじめ」と「体罰」，家庭では「児童虐待」，施設等では「被措置児童等虐待」という名称で定義され同じような現象が，行政所管と起きる場所によって使い分けられている。

　いじめは，漢字を当てれば「苛め」か「虐め」である。日本国語大辞典 (小学館) は，言葉の意味とともに文献上遡れるできるだけ古い時代の用例を記載している。それによれば，名詞としての「いじめ」は明治時代の小説 (1892 年) であるが，動詞としての「いじめる」は江戸時代の小説から (1809 年)，「いびる」(1770 年)，「いじる」(1693 年) はそれ以前からあり，江戸時代からの日常用語に淵源がありそうである。一方，「虐待」の用例は，1896 (明治29) 年改正の民法であり官製の造語と思われる。同辞典によれば，虐殺，暴虐，残虐などは史記や書経の用例が引かれており，「虐」という言葉のもつ残酷性を理解したうえで作られたものと言えるであろう。

　筆者は東京にある社会福祉法人「子どもの虐待防止センター」の理事にも就いているが，1991 年に民間団体として立ち上げたときの名称案に「こどものいじめ防止センター」という案があった。先に掲げた長谷川の講演も，なだの社会的いじめも，虐待を含んだ幅広い概念 (国際的に使用される Maltreatment「不適切な養育」) であり，従来の日本語としては「いじめ」のほうが適切であると思える。少なくとも，児童虐待という言葉で法律上の定義をイメージすることは現時点でも課題が残っていることを指摘しておきたい。

　図15-1は，全国の児童相談所が対応した児童虐待対応件数の推移である。筆者は東京都福祉局で1989（平成元）年から1991（平成3）年まで児童課長をしており，1995（平成7）年から10年まで子ども家庭部長をしていたが，この時期は児童福祉司により，また児童相談所によって児童虐待の統計には大きなばらつきがあった。虐待対応のための組織的な動きは不十分であり，児童福祉司の個人対応では限界があった。暴力的な保護者には親権の優先で済ませる傾向があり，一方でそれまでの「養育困難」は「家庭環境」以外にも見方を変えれば「児童虐待」に数えられるものも多く，相談の分類には戸惑っていた。児童虐待の定義については，1997（平成9）年の厚生省通知，そして「子ども虐待対応の手引き」(第1版，1998（平成10）年）による例示あたりから，共通認識の形成に向かってきたといえるが，筆者が代表として受託した全国児童相談所長会による第3回全国児童虐待調査 (2009) では，地域別の偏りは生じていた。

　さて，2014（平成26）年度までの統計には急上昇している年度がいくつかある。これまで関係者の間では，社会的報道が多い年度に増加することが知られている。はじめは2000（平成12）年度前後であるが児童虐待防止法制定の審議があり，児童虐待の4分類による定義も理解も進んだと言えそうである。**表**

図15-1　児童虐待相談の対応件数の推移

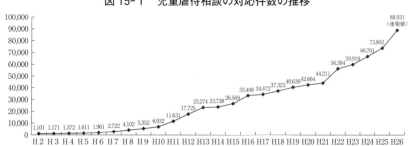

注）平成22年度の件数は，東日本大震災の影響により，福島県を除いて集計した数値である。
出所）厚生労働省

15-1 は「児童虐待相談内容別推移」で各年度の実数が記されているが，2000
（平成 12）年度の対前年度増加総数 6,094 件のうち身体的虐待の増加は 2,904 件，
ネグレクトの増加は 2,877 件である。性的虐待も 164 件の増加であり，心理的
虐待の増加 149 件を上回っていた。

　次は 2004（平成 16）年度である。前年度にあたる 1 月に大阪の岸和田で中学
1 年生男子が餓死寸前で救出された事件があり，9 月に栃木県の小山市で元暴
走族の父子家庭同士で暮らす 2 世帯のうち 1 世帯の 2 児が実父でないほうの男
から川に投げ込まれ死亡する事件が起きた。

　また，児童虐待防止法の改正により「虐待の虞れのあるもの」まで通告義務
を拡げ，夫婦間暴力（DV）にさらされている児童は心理的虐待とし，同居人
による児童への虐待は（保護者による）ネグレクトという定義になった。この年

表 15-1　児童虐待相談内容別件数の推移

区　分	身体的虐待	ネグレクト	性的虐待	心理的虐待	総　数
平成 11 年度	5,973 (51.3%)	3,441 (29.6%)	590 (5.1%)	1,627 (14.0%)	11,631 (100.0%)
平成 12 年度	8,877 (50.1)	6,318 (35.6)	754 (4.3)	1,776 (10.0)	17,725 (100.0)
平成 13 年度	10,828 (46.5)	8,804 (37.8)	778 (3.3)	2,864 (12.3)	23,274 (100.0)
平成 14 年度	10,932 (46.1)	8,940 (37.7)	820 (3.5)	3,046 (12.8)	23,738 (100.0)
平成 15 年度	12,022 (45.2)	10,140 (38.2)	876 (3.3)	3,531 (13.3)	26,569 (100.0)
平成 16 年度	14,881 (44.6)	12,263 (36.7)	1,048 (3.1)	5,216 (15.6)	33,408 (100.0)
平成 17 年度	14,712 (42.7)	12,911 (37.5)	1,052 (3.1)	5,797 (16.8)	34,472 (100.0)
平成 18 年度	15,364 (41.2)	14,365 (38.5)	1,180 (3.2)	6,414 (17.2)	37,323 (100.0)
平成 19 年度	16,296 (40.1)	15,429 (38.0)	1,293 (3.2)	7,621 (18.8)	40,639 (100.0)
平成 20 年度	16,343 (38.3)	15,905 (37.3)	1,324 (3.1)	9,092 (21.3)	42,664 (100.0)
平成 21 年度	17,371 (39.3)	15,185 (34.3)	1,350 (3.1)	10,305 (23.3)	44,211 (100.0)
平成 22 年度	21,559 (38.2)	18,352 (32.5)	1,405 (2.5)	15,068 (26.7)	56,384 (100.0)
平成 23 年度	21,942 (36.6)	18,847 (31.5)	1,460 (2.4)	17,670 (29.5)	59,919 (100.0)
平成 24 年度	23,579 (35.4)	19,250 (28.9)	1,449 (2.2)	22,423 (33.6)	66,701 (100.0)
平成 25 年度	24,245 (32.9)	19,627 (26.6)	1,582 (2.1)	28,348 (38.4)	73,802 (100.0)
平成 26 年度	26,181 (29.4)	27,455 (25.2)	1,520 (1.7)	38,775 (43.6)	88,931 (100.0)
（対 11 年度比）	4.4 倍	8.0 倍	2.6 倍	23.8 倍	7.6 倍

出所）厚生労働省資料を基に作成

の増加総数は 6,839 件であり，身体的虐待の増加 2,859 件，ネグレクトの増加 2,123 件である。心理的虐待は**表 15-2** に「児童虐待の対前年度増加数と心理的虐待の占める割合」を掲げている。1,685 件は総数の伸びに占める割合こそ 19.6％ に過ぎないが，心理的虐待自体の伸び率では前年度の 7.3 倍である。法による定義の変更は統計上，非連続の扱いにすべきであるが厚生労働省は連続した扱いにしている。

3 つ目の急増は 2010（平成 22）年度である。前年度にあたる 1 月には東京の江戸川区で小学 1 年生男児が継父による身体的虐待で死亡し，7 月には大阪市西区のマンションで母親に置き去りにされた乳幼児 2 人が餓死する事件が起きた。

表 15-2　児童虐待の対前年度増加数と心理的虐待の占める割合

区分	A．対前年度増加総数	B．心理的虐待増加数と占める割合 （B／A）（％）
平成 12 年度	6,094	149　（2.4）
平成 13 年度	5,549	1,088（19.6）
平成 14 年度	464	187（39.2）
平成 15 年度	2,831	485（17.1）
平成 16 年度	6,839	1,685（24.8）
平成 17 年度	1,064	581（54.6）
平成 18 年度	2,851	617（21.6）
平成 19 年度	3,316	1,207（36.4）
平成 20 年度	2,025	1,471（72.6）
平成 21 年度	1,547	1,213（78.4）
平成 22 年度	12,173	4,763（39.1）
平成 23 年度	3,535	2,607（73.6）
平成 24 年度	6,782	4,753（70.1）
平成 25 年度	7,101	5,925（83.9）
平成 26 年度	15,129	10,447（68.9）

出所）厚生労働省資料を基に作成

　この年度の増加総数は 12,173 件であるが，身体的虐待の増加 4,188 件，ネグレクトの増加 3,167 件に比べ，心理的虐待の増加はそれらを上回る 4,763 件である。

　ただし，表 15-2 における増加総数に占める心理的虐待では 39.1% である。

　大阪の事件はネグレクトであるが，泣き声をマンションの住民が聞いていながら救出に結びつかなかったことが報道されたため，泣き声通報としての心理的虐待が増すことは考えられる。山本恒雄は，虐待相談の経路別件数で，1 位の「近隣・知人」からの相談は，この年度 4,000 件を超える急速な伸びを見せていることから泣き声通報の増加を推定している。また，「警察等」の伸びが 2005（平成 17）年度から「近隣・知人」を上回る増加率を示していることから，「DV 同伴児通告」を受理段階で計上している可能性に言及している（山本 2013）。

　筆者の行った第 3 回児童虐待全国調査では，複数回答の心理的虐待で DV とクロスするものは有効回答で 34.8% あった。通常，国の業務報告は主たるもの一つで採るから重症度が高い他の 3 分類が表に出て心理的虐待は従たるものとして統計上現れにくいものである。しかしながら，DV 同伴児であれ泣き声通報であれ警察通告で受ければ児童相談所は受理し，月例報告では心理的虐待として処理することは十分にありうる。

　表 15-2 では，2008（平成 20）年度から対前年度増加総数に対して心理的虐待の占める率が 70% を越すことがほぼ常態化していることがわかる。さらに表 15-1 で，心理的虐待は 2013（平成 25）年度から児童虐待の 4 分類中の第 1 位に躍り出ており，2010（平成 22）年度以降の急上昇は心理的虐待の増加抜きに考えられない。この件についてはさらに，2013（平成 25）年 7 月に「児童虐待による死亡事例の検証第 10 次報告」により，児童虐待のあった児童のきょうだいへの配慮の通知が厚生労働省から出されたことも影響している。警察によってはきょうだいの人数分の通告（被害児以外のきょうだいは心理的虐待扱い）が出されるようになったのである（複数の児相長に確認）。

　国への業務報告は本来，受理段階の全件ではなく安全に関する養育上の問題

があることを確認したものとされているが，総務省の政策評価（2012（平成 24）年）では 10 都道府県の確認で適切な報告を行っているところは見られなかったという。ちなみに，2014（平成 26）年度の心理的虐待 38,775 件の経路別では「警察等」が 18,567 件（47.9%）であり，2 位の「近隣・知人」7,886 件を大きく引き離している。

5 今後の課題

　本章では，わが国における児童虐待の取り組みの歴史は長いが，児童福祉法による児童虐待の定義はいまだ国民に浸透しているとはいいがたいこと，にもかかわらず近年の急増の背景には警察の関与による心理的虐待という要因が大きいことを述べた。

　2005 年の日本子ども虐待防止学会にはイギリスからアイリーン・ムンローが招かれ「イギリスでは児童虐待という言葉の意味を広げすぎることにより子育てに関するあらゆる問題が持ち込まれた。虐待と子育て困難ないし不安は対応が異なり 2 つに分けるべきではないか。虐待の定義は専門家の間だけでなく一般社会でも合意されていなければならない。法的権限による介入型の英米は虐待通報件数が膨れ上がり確認に追われる割には認定される数はさほど増えてはいない。日本は支援を志向するヨーロッパ型と英米型のどちらを選ぶのか」という重要な問題提起がなされた。

　児童虐待の通告には国民すべてに通告義務が課せられているが，第 1 発見者である（経路別統計の前段階）国民はどのように理解しているだろうか。これまでも国を挙げて取り組み，考えられる法整備や行政施策に手を打ってきたが，それでも沈静化せず増加一方であるとすればどこに本質的な問題があるのか。警察通告の増加は事実関係の確認作業増になる。全国児童相談所長会の 2014（平成 26）年調査では児童虐待通告のうち虐待が確認されたものは 66% 程度に減少している。筆者が受託した全国調査時は 82% であった。調査実施年では 5 年の経過があり，法の規定にある「児童虐待と思われるもの」の通告が進ん

だことは良しとしながらも業務の増加との兼ね合いをどう整理するかは課題として残ろう。また，児童虐待の急増を冷静に分析してもなお残る社会の分断化，経済格差の広がり，個人と家族の孤立化という児童虐待を生み出し続ける社会をどう再構築していくかはこれまでのような法学，医学，心理学，社会福祉学だけでなく経済学，政治学，行政学を含む学際的課題であろう。

【引用・参考文献】

庄司順一（2001)『子ども虐待の理解と対応』フレーベル館

池田由子（1987)『児童虐待』中央公論社

長谷川良信（1973)『長谷川良信全集第 1 巻』日本図書センター

片岡優子（2011)『原胤昭の研究』関西学院大学出版会

吉見香（2012)「戦前の日本の児童虐待に関する研究と論点」北海道大学『教育福祉研究』第 18 号

高島巌（1973)『愛のおのずから起きるとき』誠信書房

厚生省監修（1973)『児童福祉法の解説』時事通信社

寺脇隆夫（1996)『児童福祉法成立資料集成上巻』ドメス出版

厚生省監修（1999)『最新児童福祉法の解説』時事通信社

東京都中央児童相談所（1969)「東京都児童相談 20 年の歩み」

東京都児童相談センター（1985)「東京都児童相談センター10 年のあゆみ」

なだいなだ（1996)『いじめを考える』岩波書店

山本恒雄（2013)「子ども虐待の現状」母子愛育会『母子保健情報』第 67 号

総務省（2012)「児童虐待に関する政策評価」

小林美智子・松本伊智朗（2007)『子ども虐待　介入と支援のはざまで』明石書店

第 16 章

保育・教職課程と「福祉マインド」
―保育や教育で「福祉マインド」が求められる背景と，その育成のためのカリキュラム―

加藤　哲

1　淑徳大学の保育・教職課程

　淑徳大学が創立 50 周年を迎えた。50 年の歴史のなかで社会福祉の専門家を多く輩出してきたが，そのなかに教職課程を選択し，教育の現場で活躍している卒業生が多くいる。特に，中学校教諭免許（社会），高等学校教諭免許（社会・地理歴史・公民・福祉）を基礎免許とし，特別支援学校教諭免許（2006 年度以前は養護学校教諭免許）を合わせて取得し，特別支援教育（2006 年度以前は特殊教育）の現場で活躍している卒業生が多い。

　大学創立は 1965 年であるが，教員免許状授与課程（中 1・高 2）の設置承認がなされたのが 1966 年，養護学校教諭 1 種免許状の課程設置を認定されたのが 1967 年であった。2014 年度までの卒業生で，中学校教諭免許（社会）取得者は約 4,280 人，高等学校教諭免許（社会・地理歴史・公民・福祉）取得者は約 4,350 人，特別支援学校（養護学校）教諭免許取得者は約 3,530 人に上る。千葉県教育委員会によると，2015 年 4 月現在，千葉県内で教職に就いている淑徳大学卒業生は約 400 人であるという。他の都道府県を合わせると，400〜500 人の卒業生が現役として教職に就いているものと思われる。その多くは，本学が掲げる建学の精神である「利他共生の理念」を学び，「福祉マインド」を持って活躍していると考える。

　こうした歴史のもとに 2011 年 4 月，総合福祉学部に新たな学科「教育福祉学科」が設置され，学校教育コース（定員 100 名），健康教育コース（定員 50 名）

の2つのコースに分かれて保育士と教員の養成課程がスタートした。養成する人材は，保育士，幼稚園教諭，小学校教諭，中学校教諭（保健体育），高等学校教諭（保健体育），特別支援学校教諭，養護教諭である。社会福祉学科における教職課程ではこれまでどおり，中学校教諭（社会），高等学校教諭（公民）を養成しており，総合福祉学部全体では実に多様な資格・免許の課程を準備し保育・教職を目指す人材の育成を担うようになった。

　では，現在の総合福祉学部保育・教職課程は，これまで先輩たちが積み上げてきた「利他共生」の精神を受け継ぎ，「福祉マインド」を育成するために必要な教育内容を準備し，その醸成のための環境を提供しているだろうか。現行の本学における教育内容が「福祉マインド」の育成にどのような役割を果たしているか，また今後に向けてどのような改善・充実が必要かを探るためにアンケート調査を行った。

　2016年3月卒業予定の保育・教職課程に籍をおく学部学生，および総合福祉学部卒業生（教職課程）を対象に，2016年1月〜2月に行い，在学生111名，卒業生182名，計293名から回答を得た。なお，卒業生の年齢構成は，20代66％，30代12％，40代以上22％であった。調査は無記名で，自由意思に基づいて行った。

　調査は，次の5項目（①〜⑤）に関しては，選択肢（7〜13項目, カリキュラム表）から回答を求め，⑥については自由記述とした。

① 保育・教職を目指すきっかけ（動機）

②「福祉マインド」で大切だと思う構成要素

③ 大学入学前に習得したと思われる「福祉マインド」

④ 大学での学びで習得した「福祉マインド」と習得する場となった科目や活動

⑤「福祉マインド」を身につけるために必要または有効な学習や体験

⑥「福祉マインド」育成のための教育内容

　調査結果は社会福祉学科（卒業生：92.4％）と教育福祉学科（卒業生：21.3％）に分けて集計し，その分析を通して現行のカリキュラムの課題を探る。

2 「福祉マインド」とは

　「福祉」とは「幸福。とくに，社会の構成員にもたらされるべき幸福。」(大辞林第三版) であり，「福祉マインド」とは，それを社会や個々人にとって大切なものとして受け止め，その実現を目指す「心・精神」を指すものであろう。

　近年，「福祉マインド」という表現が多く見られるようになった。そこでは，「福祉マインドの育成 (養成・醸成)」「福祉マインドを持った人材の育成」「福祉マインドあふれる社会 (建築)」といった表現がみられる。対象となるものは社会福祉関係者のみならず，教育者，公務員，企業人，技術者，建築士，栄養士，政治家など多岐に渡っている。

　「福祉マインド」という表現が公的に用いられた最初は，「社会福祉士及び介護福祉士法」が制定された1987年度の厚生白書においてとされる (新野三四子 2007)。同白書においては，「次代を担う学童，生徒の福祉教育やボランティア活動への参加などは，『福祉マインド』の養成という観点から地味であるが重要な意義を持つものと考える」(厚生白書 1987) と，学校教育における福祉教育の重要性が指摘されている。

　「福祉教育」の観点から幼稚園教育要領，小・中学校学習指導要領をみてみると，領域「人間関係」(幼)，「道徳」「特別活動」(小・中) において，「思いやりの気持ち (心)」「相手を尊重する気持ち」「人間愛の精神」「優しい心」「真心」「公徳心」「謙虚な心」「公正，公平」「正義」「協力」「社会的連帯」「豊かな人間性」「社会奉仕の精神」などが内容として示されている。また，高等学校学習指導要領では，「特別活動」において「社会奉仕の精神」が示されるとともに，「公民」において「個人の尊重」「人間の尊厳と平等」「人権」「他者と共に生きる自己の生き方」「社会参加と奉仕」などの内容が示されている。これらはすべて「福祉マインド」の構成要素と言える。

　教員養成に関しては，教育職員養成審議会 (1997) から出された「新たな時代に向けた教員養成の改善方策について (教育職員養成審議会・第1次答申)」において，「今後とくに教員に求められる資質能力」の「具体的資質能力の例」と

して「人間尊重・人権尊重の精神，男女平等の精神，思いやりの心，ボランティア精神」が示されている。

　福祉系大学における教師教育に携わった経験から，高橋智（1995）は，「総じて福祉系学生にみられる，人に優しく，人間に興味があり，人間的な関係性の相互形成を強く志向し，対人関係の実践的な援助（保育・教育・介護を含む）では労を厭わない資質（これを「福祉マインド」とよんでおこう）は，福祉現場だけではなく，まさに今日の学校教育現場で強く求められているものではないか」と福祉系学生の特性に触れるとともに，学校現場で深刻化する諸問題の責任の一端が教師にあることを指摘し，教師教育課程における「福祉マインド」養成の必要性を述べている。

　「福祉系キャリアデザイン関連科目」を通し，新たな展開を説く戸塚法子ら（2015）は，福祉に固有なマインドである「福祉マインド」を活かしたサービスの拡がり，多様性を検討するなかで，「福祉マインド」の類似語として「おもてなし」「思いやり」「気くばり」「ホスピタリティ」「サービス」をあげ，それらと比較する形で「福祉マインド」を「・共感，思いやり，敬意の姿勢をもつ・相手を思う気持ち・親身で暖かみのあるもの・困っている人の立場になる心づかいを意識的につかうこと」と定義している。

　また，福祉ワーカー養成教育において「福祉マインド」を必須アイテムとして位置づけ，実践論を展開している新野（2007）は，「福祉マインド」を，a 価値・倫理としての福祉マインド，b 援助実践の姿勢としての福祉マインド，c 専門職の条件としての福祉マインド，d 援助実践の契機（大義）としての福祉マインド，の4つの側面から述べ，学校案内や福祉計画などで用いられている言葉を抽出し，「共生の精神」「思いやりの心」「社会的連帯の精神」「ともに生きる思想」「やさしさ」「理解と共感の姿勢」「他者の立場に立つ想像力」「地域福祉に対するボランタリーな貢献」など21の言句を上げ整理している。

　本稿ではこれらの定義や分類などを参考にしながら，教育分野において必要とされる「福祉マインド」を次の7項目に整理し，アンケート調査の選択肢とした。

　(1) 共生の精神（共に生きる・共に助け合う）

　(2) 利他愛の精神（思いやり・やさしさ・人の幸福を願う・誰かの役に立ちたいと思う）

　(3) 社会的連帯の精神（社会貢献・ボランティア精神・地域サービス）

　(4) 人権意識（個人の尊厳を守る・平等の意識・差別しない）

　(5) 共感的理解（人の痛みがわかる・人の喜びがわかる）

　(6) 使命感（労を厭わない・自分を犠牲にする・見返りを求めない）

　(7) 傾聴の姿勢（相手の意見に耳を傾ける・相手の意見を受け止める）

3　大学入学前の学び，大学における学びと「福祉マインド」

　「『福祉マインド』の構成要素で大切だと思う順に番号を振りなさい」の問に対する回答を整理し，項目毎に 3 位以内までにあげた回答者の割合を**表16-1**に示す。

　回答の割合が高かった「利他愛の精神」「共生の精神」「共感的理解」は，幼児教育，初等教育段階から道徳教育を中心に育まれてきた成果と思われる。一方，中等教育段階からの学びが大きい「社会的連帯の精神」「使命感」については，残念ながら意識が低い結果となっている。これらを，大学での学びにおいてどう位置づけ，培っていくかが大きな課題と言える。

　7 項目に関して，①大学入学前の学び，②大学における学び，のどちらで習

表16-1　「福祉マインド」で大切だと思う要素

No.	項　目	全　体	社会福祉学科	教育福祉学科
1	共生の精神	69.3%	71.5%	65.4%
2	利他愛の精神	71.6	67.2	79.0
3	社会的連帯の精神	10.4	8.0	14.6
4	人権意識	35.5	33.1	39.4
5	共感的理解	67.9	69.3	65.4
6	使命感	8.2	9.6	5.8
7	傾聴の姿勢	38.1	42.7	30.1

表 16-2 「福祉マインド」を習得した時期

No.	項　目	①大学入学前の学び			②大学における学び			③大学入学前〜大学の学び		
		社福	教福	全体	社福	教福	全体	社福	教福	全体
1	共生の精神	39.3%	26.9%	31.7%	75.0%	73.1%	74.1%	78.6%	82.1%	80.5%
2	利他愛の精神	69.6	58.8	63.1	58.0	66.5	63.5	81.9	81.3	81.9
3	社会的連帯の精神	33.9	25.8	29.0	58.0	58.2	58.4	65.9	66.1	66.6
4	人権意識	33.9	29.7	31.4	47.3	46.2	46.8	57.7	58.9	58.4
5	共感的理解	56.3	50.3	49.5	50.9	55.5	53.9	71.4	73.2	72.4
6	使命感	16.1	16.5	16.4	30.4	29.1	29.7	36.3	40.2	37.9
7	傾聴の姿勢	48.2	57.1	40.3	55.4	63.2	60.4	72.5	71.4	72.4

得したかを尋ねた結果を表16-2に示す（複数回答可）。③は①②のどちらかで習得したとして集計した結果である。教育福祉学科では1〜5の項目において大学入学前の学びが社会福祉学科より平均して8ポイント低い。しかし，大学における学びを合わせると，ほとんどの項目が社会福祉学科と同等か，それ以上の学びがあったことがわかる。

4 「福祉マインド」の学びの場

　「福祉マインド」の学びの場となった科目や活動に関する調査結果から，実に多くの科目や活動における学びがあったことがわかった。

　7項目を通して，正課科目に関しては，大学共通科目2科目，基礎教育科目21科目，専門教育科目126科目（教育福祉学科68科目，社会福祉学科58科目）合わせて149科目において「福祉マインド」の学びがあったと回答が寄せられた。これらは，大学共通科目2科目，基礎教育科目34科目，専門教育科目289科目，計325科目の約46％に当たる。

　講義科目では，107科目において延べ579人，演習科目では42科目において延べ163人，実習科目では10科目において延べ88人，計830人となっている。

　講義科目で回答数（7項目に渡る延べ人数）が多かった科目は、「共生論」(65人)，「社会福祉概論」(30人)，「社会貢献と地域活動」(29人)，「特別支援教育概論」(24人)，「教育相談の理論と方法」(19人)，「教育心理学」(18人)，「生徒・進路指導の理論と方法」(17人)，「ボランティア・市民活動論」(15人)，「発達心理学」(13人)，「保育内容（人間関係）」(11人)，「ジェンダー福祉論」(10人) であった。

　演習科目では、「総合課題研究」(27人)，実習科目では、「特別支援教育実習」(45人)，「初等教育実習」(15人)，「養護実習Ⅱ」(8人) という結果であった。

　正課外では、発達臨床研究センターにおける「臨床実習」(128人) が最も多く、次いで「ボランティア活動（学習支援，災害復興など）」(120人)，「教職インターンシップ（ちば！教職たまごプロジェクトなど）」(117人)，「ゼミ活動」(113人)，「教員採用試験対策講座」(77人)，「サークル活動」(72人)，「正課外講座（障害者キャンプなど）」(63人)，「その他（海外研修など）」(50人) となっている。これらを合わせると、延べ740人となり、正課科目に匹敵する。正課外科目や正課外活動の位置づけを明確にする必要がある。

　社会福祉学科科目の内、教育福祉学科からの他学科履修の対象としては、「ボランティア・市民活動論」「ジェンダー福祉論」「共生援助論」「障害者福祉論」等が考えられる。

　次に、福祉マインド構成要素7項目別に考察する。

(1)　共生の精神（共に生きる・共に助け合う）

　「共生の精神」は、「利他愛の精神」「共感的理解」とともに、在学生、卒業生とも大切であると捉えており、大学での学びにおいて、最も多くが習得したと回答した項目である。「共生」は淑徳大学が掲げる建学の精神であり、「Together with him」とともに、入学以来さまざまな機会に耳にしてきたものである。大学入学前に習得したと回答した割合は31.7％、大学において習得、もしくは更に向上したと回答した割合は74.1％、どちらかで習得したとする割合は80.5％であった。

「共生の精神」を学んだ場としては，講義科目が 57 科目 146 人で，全体の約55.9％に当たる。とくに回答者が多かった科目は，「共生論」(48人)，「社会福祉概論」(18人)，「特別支援教育概論」(9人)，「教育福祉総論」(5人) である。正課外では「教職インターンシップ」(17人)，「ゼミ活動」(19人)，「臨床実習」(15人)が多い。

「共生論」において学びがあったと回答した教育福祉学科の学生は 9 人と少ない。アンケートの対象学年は「共生論」が卒業単位に含まれていなかったために履修者が少なかったことが原因と思われる。建学の精神である「共生」については，大学における学び全体を通して培う性格を持っているとも言えるが，授業目的や授業内容に「共生」についての学びを明確に位置づけた正課科目の存在が複数あるべきと考える。「共生論」に関しては，建学の精神を学ぶ場として全ての学生の履修を促すべきである。

(2) 利他愛の精神（思いやり・やさしさ・人の幸福を願う・誰かの役に立ちたいと思う）

「利他愛の精神」について，大学入学前に習得したとする割合は 63.1％と，7 項目中最も高い割合であった。「利他愛の精神」は本学総合福祉学部におけるアドミッションポリシー「求める学生像」の中で，「思いやりの心をもっている人」として示している内容の一つである。高等学校までのさまざまな学びを通して養われ，将来その精神を生かして，保育職，教職に就きたいと願う生徒が，本学を目指し入学してきていると思われる。大学卒業の時点では 81.9％がこの精神を習得したとしており，特に教育福祉学科における学びが大きい。本学における福祉マインドの中核となる精神と言える。

「利他愛の精神」を学んだ場としては，正課科目 59 科目 89 人 (39.7％)，正課外 135 人 (60.3％)で，正課外が正課科目を大きく上回る結果となった。「教職インターンシップ」(28人)，「ゼミ活動」(26人)，「臨床実習」(25人)，「ボランティア活動」(22人) の 4 つの活動において大きな学びがあったことが窺える。

　講義科目で回答が多かったのは「共生論」(6人)，「社会貢献と地域活動」(4人)，演習科目では「保育内容（人間関係）」(5人)，実習科目では「特別支援教育実習」(8人)という結果で，特定の科目に集中する傾向は見られなかった。

(3)　社会的連帯の精神（社会貢献・ボランティア精神・地域サービス）

　「社会的連帯の精神」は「共生の精神」と同様，大学における学びの大きかった項目である。入学前に習得したと回答した割合は29.0％，大学において習得，もしくは更に向上したと回答した割合は58.4％，どちらかで習得したとする割合は66.6％であった。

　この精神を学んだ場としては，正課科目43科目115人 (52.8％)，正課外103人 (47.2％) という結果で，具体的な講義科目としては，「社会貢献と地域活動」(24人)，「ボランティア市民活動論」(12人) の2科目が上げられる。正課外では，「ボランティア活動」(30人)，「ゼミ活動」(20人)，「サークル活動」(16人) などがその精神を養う場として大きなウェイトを占めている。この項目は，「大切だと思うか」の質問に対する順位が在学生・卒業生とも低い結果となったが，共生社会の形成にとって極めて大切な精神である。「ボランティア活動」などを通して，社会貢献という視点でその重要性を認識するレベルまで高めていく必要があると考える。

(4)　人権意識（個人の尊厳を守る・平等の意識・差別しない）

　「人権意識」については，入学前に習得したと回答した割合は31.4％，大学において習得，もしくは更に向上したと回答した割合は46.8％，どちらかで習得したとする割合は58.4％という結果で，一定の学びがあったと解釈できるが，物足りない数字である。

　「子どもの貧困」「児童虐待」「いじめ」「差別・偏見」「不登校」など子どもたちが置かれる環境は年々悪化し，子どもの人権にかかわる問題としてクロー

ズアップされている。教師に求められる人権意識のレベルは高い。また，2015年12月に中央教育審議会から出された「これからの学校教育を担う教員の資質能力の向上について（答申）」において，「特別支援教育の充実」が新たな教育課題として取り上げられ，「インクルーシブ教育システムの構築に向けた特別支援教育の充実のため，全ての教員が特別支援教育に関する基礎的な知識・技能を身に付けるための研修を実施すること」が必要であるとしている。「障害者の権利条約」に基づく「インクルーシブ教育システムの構築」は共生社会の形成にとって重要な課題であり，この視点でも高い人権意識が求められる。

「人権意識」を養う場として回答された正課科目は65科目と多い。「日本国憲法」（6人），「ジェンダー福祉論」（5人）が挙げられるが，他は全て3人以下で，広く分散する結果となった。演習・実習関連の科目では，「臨床実習」（18人），「教職インターンシップ」（10人），「特別支援教育実習」（7人）という結果で，全体的に深い学びの場が少ないと言える。

講義科目を通して人権を巡る歴史的経緯や，人権意識の重要性を学び，実習科目や正課外の活動などを通して，人権意識をしっかり養うことができるよう，深まりのある学びの場を準備する必要があると考える。

(5) 共感的理解（人の痛みがわかる・人の喜びがわかる）

「共感的理解」については，入学前に習得したと回答した割合は49.5％，大学において習得，もしくは更に向上したと回答した割合は53.9％，どちらかで習得したとする割合は72.4％となり，一定の学びの成果があったと言える。学びの場としては，講義科目44科目，演習科目10科目，実習科目6科目，合わせて60科目101人という結果であった。

回答が集中しているのは，講義科目では「心理学概論」（10人），「生徒・進路指導の理論と方法」（6人），演習科目では「保育内容」関係の5科目（5科目で9人），実習科目は4科目で合計11人という結果であった。正課外では「臨床実習」（20人），「教職インターンシップ」（16人）に回答が多いが，それ以外の活

動では少ない。

　「共感的理解」に関しては，「カウンセリング」や「教育相談」に関する科目，演習や実習を通して，もっと多くの学びの場が提供できるよう工夫改善が必要と考える。

(6)　使命感（労を厭わない・自分を犠牲にする・見返りを求めない）

　「使命感」は 7 項目中最も回答の少なかった項目である。入学前に習得したと回答した割合は 16.4％と低く，大学において習得，もしくは更に向上したと回答した割合は 29.7％，どちらかで習得したとする割合は 37.9％と 7 項目で最も低い水準となっている。

　また，「大切だと思うか」の質問に対する回答の割合も 6.7％と低く，福祉マインドの構成要素としてあまり重要視していない意識が伝わってくる。

　アンケート調査の自由記述の内容の一つに「自己犠牲の精神が伝わってくる授業があり，それは苦痛であった」というものがある。「自己犠牲の精神」は押し付けられて身につくものではない。また，その大切さが理解できても，行動が伴わない場合がある。不審者侵入により，子どもたちが危険にさらされたとき，あるいは東日本大震災のような子どもたちの生命を脅かす自然災害に直面したとき，保育士・教師として子どもたちを守るための行動がとれるか，誰も確信は持てないだろう。しかし，適切な行動がとれなかった保育士・教師たちの悔恨の思いに触れるとき，この問題は避けて通れないものと気づく。

　「使命感」を養うことができた学びの場は，正課科目では，講義科目 6 科目，演習科目 2 科目，実習科目 4 科目の計 22 科目のみで，すべて 1 ～ 2 人の回答数である。正課外である「教職インターンシップ」が 19 人と最も多い。「使命感」を養うためには，「使命感のある人との出会い」「使命感を求められる体験」が大切であると考える。大学 4 年間の学びの中に，たくさんの出会いと体験があるように，正課科目，教職インターンシップ，ボランティア活動，サークル活動などすべての活動の充実を図ることが求められる。

　「傾聴の姿勢」については，入学前に習得したと回答した割合は 40.3％，大学において習得，もしくは更に向上したと回答した割合は 60.4％，どちらかで習得したとする割合は 72.4％という結果であった。大学における正課科目を通しての学びが 61.2％と多い。

　「傾聴の姿勢」を学ぶ場は，講義科目は少なく，演習・実習科目に多い。演習科目では，「教育相談の理論と方法」(12 人)，「表現技法」(Ⅰ・Ⅱ・Ⅲ合わせて 14 人)，「相談援助の理論と方法」(Ⅰ・Ⅱ合わせて 7 人)，「問題解決技法」(4 人)，「総合課題研究」(5 人) など，意見交換やグループディスカッション，プレゼンテーションを中心とした参加型の授業における学びが大きい。アクティブラーニングの導入が進むなか，今後は講義科目においても養えるものと期待したい。また，実習科目（4 科目合わせて 11 人）においては，児童生徒の声に耳を傾けることが強く求められることから「傾聴の姿勢」を培う場になると考える。

　「教育福祉学科」における学びは，これまでの「社会福祉学科」における学びと比較して，「福祉マインド」に関する内容が少なく，十分な学びができていないのではという危惧の念を抱いていたが，アンケート調査結果で見る限り，大きな相違は見られなかった。

　「福祉マインド」は，自己と他者との関係性の中で発揮されるものであり，その学びも他者との出会いから始まり，相互の関係性を通して育まれていくべきものと考える。それは，幼児教育，初等教育，中等教育を通して，道徳教育を中心にさまざまな学びの中で培ってきたはずである。そこでは「利他愛の精神」「共感的理解」が中心となっている。大学における学びでは，「共生の精神」「傾聴の姿勢」へと中心が移り，ボランティア体験などを通して社会の人びととのつながりを体験し，「社会的連帯の精神」が育っていく。さらに一歩進んで，「人権意識」「使命感」の重要性を学び，自分のものとしてほしいのだが，今回の調査では課題として残った。その解決には，講義科目を中心とした

深い学びと，正課外を中心とした幅広い体験，そこでの多様な人びととの出会いが必要であると考える。

　中央教育審議会（2015）から出された「これからの学校教育を担う教員の資質能力の向上について（答申）」では，教員養成に関する改革の方向性として「学校インターンシップの導入」が指摘されている。実習科目，ボランティア活動と合わせ，児童生徒と直接かかわる機会を「福祉マインド」育成の要として位置づけることが求められる。また，繰り返しになるが，そうしたさまざまな活動における「福祉マインドのある人との出会い」が何より大切であると考える。保育・教職を目指した動機として「尊敬する保育士・教師との出会い」を40％の学生・卒業生があげ，「福祉マインドを身につけるために必要又は有効な学習・体験」については43.3％の学生・卒業生が「福祉マインドのある人との出会い」をあげている。

　自由記述欄には，「教職課程における福祉マインドをもった先生との出会いが大きかった」との声が複数みられた。教職課程に携わる教員一人ひとりに，自己の「福祉マインド」に関する振り返りが求められていると言える。

【引用・参考文献】

厚生省（1987）『厚生白書』

文部科学省（2008）『幼稚園教育要領』『小学校学習指導要領』『中学校学習指導要領』

文部科学省（2009）『高等学校学習指導要領』

教育職員養成審議会（1997）「新たな時代に向けた教員養成の改善方策について（教育職員養成審議会・第 1 次答申）」

高橋智（1995）「福祉系大学における教師教育の意義」『東海教師教育研究』第 11 号

新野三四子（2007）『福祉マインド教育実践論』ナカニシヤ出版

戸塚法子・田島博実・松山恵美子・高田亮・栗原啓悟（2015）「『福祉マインド』を活かしたキャリア教育を"創る"―社会福祉学科におけるキャリア教育の試み―」『淑徳大学高等教育研究開発センター年報』

中央教育審議会（2015）「これからの学校教育を担う教員の資質能力の向上について（答申）」

第17章

建学の精神と看護を考える

田中　秀子

1　現代社会での看護の果たす役割

　「看護」とは，複数の定義があるが，看護師が提供するケアもしくはサービスを意味し，語義としては付き添って奉仕をすること，または自分のことができない他者にケアを提供すること（Dorothea E. Orem 2005 : 15）とある。看護の専門知識に基づいて，安全・安楽・自立を目指して行う行為で，実施者の看護観と技が合体したものと言われている。患者さんが，安全で気持ちよく自分の力を最大限生かして生活できるように手助けするための行為といえる。1948（昭和23）年に保健婦助産婦看護婦法が制定され，半世紀の時を超えて変わらずにこの法律のもと，現在でも我々は看護を生業としている。

　しかし，この数年で少子高齢化が急速に進み，いろいろな制度や仕組みに歪が生じてきた。超高齢化社会において安心で安全な医療を提供するために，厚生労働省がチーム医療を推進し，1950（昭和25）年はその一端として「特定看護師」なるものの報告書をまとめた。1951（昭和26）年には「特定行為に係る看護師の研修制度」（日本看護協会 2016）が創設され，1952（昭和27）年3月には制度の詳細がまとめられ，10月には研修制度が開始された。特定行為とは診療の補助行為であるが，看護師が手順書のもと薬剤投与の調整やカテーテルの交換など医療行為を行うことを制度化したものである。この背景には，ここ数年で看護大学院において高度実践看護コースが開設され，卒業した人たちが診療看護師として働いているのである。海外では，数年前より専門分野の専門看

護師であれば，看護師が判断して医療行為を行っている。このことを踏まえ，日本においても社会の変化に即して看護のあり方の変化が求められている。

　がん患者は年々増加しているが，病状からくる痛みや治療によって引き起こされる苦痛によって，患者自身が持っている自己治癒力が低下しセルフケア能力が低下してくる。また昨今では，働き盛りの人が化学療法などの治療が終わっても職場の理解が得られないために，仕事に復帰できないことが社会問題化している現状がある。病気の不安を抱えながらも社会復帰して頑張ろうと思っていた人が，現実に直面し自分自身を肯定的に受け止められず，自信が持てない不安な毎日を送るうちに精神を病んでしまうこともある。このような人たちに対して看護の果たす役割は何か？患者のセルフケア能力を高めるにはどのようにしたらよいのだろうか。

　看護は理論家によってさまざまな考え方があるが，私はドロセア E. オレムのセルフケア理論を実践でも活用している。オレムはセルフケアについて「個人が自らの機能と発達を調整するために毎日必要とする個人的ケアである。」(Dorothea E. Orem 2005：17) と述べている。大人は通常，自分のことは自分でケアすることができるが，若年者，病人および障がい者に対しては，セルフケア行動に対する援助が必要である。つまり，健康障がいや危機的状況に遭遇することにより健康が維持できないとセルフケア不足となる。その不足しているところを補うのが看護である。

　前述したがん患者の中には，医療者が仲介して患者団体を結成し，セルヘルプグループを作っている人たちがいる。お互いを理解し励まし合いながらピアカウンセリングなど自立した活動を行っている。彼らは日常生活を他の人と同じように送っていても，医療者に常に支えられているという実感をもつことやいつでも寄り添って話を聞いてくれること，また医療に関する情報の提供などを求めているのである。これがセルフケアの不足の部分であろう。これは環境が変わり現代社会がかわったとしても普遍的なものである。本当につらいときに手を差し伸べられることが必要である。

2　淑徳大学の建学の精神と看護教育

　本大学の創始者である長谷川良信が始めた社会事業の理念は，「人間は一人で生きているのではない，一人の人間を取り巻くあらゆる事物・人々に支えられ，それによって生かされている存在であり，有形無形の恩にあずかって自分自身が存在している。他者を愛し，他者と積極的にかかわろうとするもので，優者が劣者に，強者が弱者にと一方的におこなう貧民救済事業とはことなる。このような差別的人間観の上に立つものではなく，正反対の考えであった」と長谷川匡俊は述べている（長谷川匡俊 1992：80-81）。

　つまり「共生」の思想，「利他共生の精神」「for him ではなく together with him でなければならない」が現代においても生き続けているのである。目指すところは一人ひとりの自立を支えるような社会の実現である。

　同書ではまた，本大学の思想は実学思想によるものと書かれている。その実学とは理論重視ではなく，実践的で現場で役に立つものというように理解をしていた。しかし，良信の言う実学とは，自己の人格に実りをもたらす学問であると述べている。つまり，自分自身の成長につながる学問を身につけることである。

　看護教育のなかで，特に実習においては学生が受け持たせていただく方からいろいろと教えられることが多い。それは学内で学んだことを現場で実践するだけではなく，相手とのやり取りのなかでお互いを知って理解を深め，信頼されることでケアが提供できることを学生は体験している。まさに自己の成長につながる体験をしているのである。初めて現場に出て，ケアを行う学生の言葉づかいから挨拶，謙虚に学ぼうとする姿勢が伝わることで，真摯に向き合っていただけるのだと感じている。2年次の実習では日常の生活援助，たとえば，排せつの援助や食事の介助，清拭や足浴などが必要な方を受け持って実習を展開する。清拭はもちろん身体をきれいにすることは第一義的な目的であるが，拭いたことでリラックスできたり，身体の皮膚の状態を観察する機会になったり，相手に触れることでタッチング効果が期待できたりなど一つの行為で複合

的な効果がもたらされる。それが看護の醍醐味でもある。

　私が，教員になってまだ間もない頃，ある患者を受け持つことになった学生が，患者から冷たい言葉を浴びせられたり，ケアを拒否されたりしてつらい思いをしていると同じグループの学生から報告があった。その患者はある企業の代表取締役の方で，いつも仕事をベッドに持ち込んでむずかしい顔をして話しかけても返事がなく，受け持ちの学生は自分のかかわりはこれでいいのだろうかと悩んでいた。実習期間が終わりに近くなったころ，その方から「○○さんは素晴らしい学生ですね。自分は今まで，たくさんの部下を使って仕事をしてきたが，相手の気持ちなど考えもしなかった。○○さんは僕がつらいときに黙っていても，いやなことを言っても，いつも笑顔でケアをしてくれた。こんな若い人から僕はおそわった気がする。人生観がかわった気がする。逃げないで一生懸命尽くしてくれたことに感謝したいです。」と言われ，改めて学生の気持ちはきちんと伝わっていたことを知った。学生はなによりうれしい評価をもらい，患者の思いの奥深さについても学ぶことができた。まさに自己の成長につながる体験であった。

　看護学科では臨床現場や在宅での実習において受け持ち患者を決めて看護を展開する。私の担当科目の成人看護学実習においては手術を受ける患者を受け持ちケアを行う。受け持ち患者が手術を受ける前日，当日，翌日などは全身状態の変化が激しく，その場面の状態観察を目標に挙げていることから，この経験ができるように実習指導者に調整をしてもらうよう依頼している。特に手術の前後は学生も緊張していて，会話などもスムースにできないことも多い。そのような状況下でも後に患者から「一緒にいてくれて本当にありがたかった。手術室に行くときはすごく不安だったけど，手を握ってもらって安心できた。」と言われることがある。患者と同じ気持ちで手術を迎え不安を共有し，そして患者から感謝され，実習の後半はコミュニケーションもうまく取れるようになって，成果が上がることが多い。

　わずか2週間の実習で，学生は環境になれるところから始まり，急性期の実習を終える頃には，患者と一緒に退院を喜べるまでに成長できる。

3　共生の理念と看護

　ここ数年医療費の高騰によって，入院期間が短くなってきた。急性期の病院では診療報酬の関係で 10 日から 2 週間が一般的である。日帰り手術が増えたことや拡大手術や重篤な経過が予想される手術でも入院期間は以前の 3 分の 1 の期間になった。そのため在宅で通院しながら治療を受け自宅で生活する人が多くなってきた。健康寿命は世界第 2 位（World Health Statistics 2015）となったが，疾病構造は慢性疾患や生活習慣病が増加していて，寝たきりなどの障がいを持って生活する期間は短くはなっていない。これからの超高齢化社会をどう設計していくのか，在宅での看護職者に期待されることは多い。

　私の専門領域は排せつのケアである。特に羞恥心の強い部分のケアであり，いつも慎重に行うよう心掛けている。直腸の腫瘍や大腸・泌尿器のがんによってストーマを作られた人をオストメイトというが，彼らはがんの病巣は取り切れても，ストーマが作られたことで，今までの排せつ経路が変わり，排せつ方法を習得しなければならなくなる。手術直後からパウチを装着して一生その生活をしなければならない。自分で排せつのコントロールができなくなる。以前は入院期間内にパウチを装着したり，除去したり数回は練習することができたが，入院期間が短縮したことによって十分な指導を受けられない状態で退院し，在宅でだれにも相談できず困っている人たちが増えるという現象が起きている。退院後，専門外来がありそこで継続したケアが受けられるのであれば問題はない。しかし，我々の調査では全国でストーマ外来は 644 施設（ストーマ外来リスト 2016）であり，まだ外来が開設されていないところも多い。私は 30 年以上オストメイトとかかわってきて，多くのことを学んだ。仕事に復帰しなければならないために入院中は積極的に指導を受け，一日も早くと退院していった人が排せつ物のことが頭から離れず自信を無くし退職された人，排せつの処理はできていても本当の自分ではないと言うオストメイト，認知症になったために自分で排せつ処理ができなくなった人，恥ずかしくてストーマのことを誰にも言えない人，性の悩みから離婚することになった人などがいる。自分

の持ち物であるがゆえに苦しみ，ストーマを受容するまでに多くの時間を費やし，受け入れていく。この間の援助が必要であると考えている。入院中は常に多くの医療者がかかわり相談にものることができる。しかし，退院すると生活するうえでの不都合が生じてきて，こんなはずではなかったと思う。こんなときまず寄り添い話を聞き，つらい気持ちを受け止める。そして本人ができないところに手を差し伸べる。なかには自分の本当の気持ちを言えるまでに時間を要す人もいる。そのような時，言動や表情を観察しながら相手を理解しようとする態度で接することが必要である。時間を共有することが大切である。そしてその人の力を信じて，一緒にケアを行う。排せつのケアであることから，いずれ自宅に帰り自分でしなければ誰も手伝ってはくれないのである。また厄介な術後の合併症を引き起こすこともたびたびある。それはパウチを装着することで常に皮膚に負担がかかり，しかも排せつ物であることから漏れたりすれば，においの問題や皮膚障害が起きてくる。しかし，このように大変な思いをして退院しても退院すると見違えるように元気になって，なかには半年後には孫の運動会に一緒に出ることを目標に頑張らなくてはと努力をされているオストメイトもいる。

　この現実をふりかえり，オレムのセルフケアの理論に当てはめると，セルフケアできないところに援助を提供することであるからセルフケアができるようになるためには，装具のはり方，はがし方だけでなく，自分に適合する装具の知識やスキンケアの方法，排せつ物の管理，食事の管理など新たに習得しなければならない知識と技術が必要になってくる。そのための具体的な指導と励ましが必要になってくる。大学の理念である for him ではなく together with him ということの意味は，エンパワーメント，つまり自分でその問題を乗り越えていく，そのために我々の支えが看護の役割なのだと言える。

4　これからの看護を考える

　日本の人口構造は 1985 年では 65 歳以上が 10.3% であったのが，2005 年には 20% を超え，2030 年には 31.6% と推測されている。3 人に 1 人が高齢者となる。そして単身者や高齢夫婦世帯が増えている。1986 年に老人保健法が改正され，医療施設から在宅への移行が図られ，看護教育でも「在宅看護論」が 1997 年からはじまった。高齢化は諸外国と比べて高スピードで進んでいるが，団塊の世代が 75 歳以上になる 2025 年を目途に地域包括ケアシステムが構築できるよう各自治体で実情に合った取り組みが始まっている。

　その昔自分が子どものころは家で家族が亡くなるのは当たり前のことであり，どこのうちにも家庭医がいて往診をしてもらって診断してもらうのが常であった。かかりつけ医が家族のことをすべて把握していて，困ったときには夜中でも往診してくれる。しかし，現在ではかかりつけ医にだけ任せるのではなく，医療・介護・保健が連携し，地域で見守る体制を整えることが求められている。厚生労働省は疾病を抱えていても自宅など住み慣れた生活の場で療養し，自分らしい生活ができるよう支援しようとしている。これが地域包括ケアシステムであり，地域包括支援センターを充実させ，健康な高齢者の手も借り，家族だけで対応するのではなく，地域全体で支える仕組みをつくることを推奨している。過疎地においては移動手段がなくて家に閉じこもりがちになる高齢者に対してその地域に住む人で運転をシェアする仕組みを作った事例がテレビで紹介されていた。

　病気を作らない，健康を維持していくための予防教育にも診療報酬がつけば，看護職者の手腕が発揮できると考える。

　前述した診療看護師の活用としては，過疎地において医師がいない地域での活躍が期待されている。直ぐに対応しなければならない緊急措置などの対応ができるようになれば活用の場は広がっていくものと思われる。

　今回このような機会を与えていただいて，現代社会が求めている看護とは何

か？当大学の理念と看護がどう関連するのかについてあらためて考える機会となった。学則第1条の「建学の精神」は，大乗仏教の精神に基づき，社会福祉の増進と教育とによる人間開発，社会開発に貢献する人材を育成することを目的としている。

2016年4月熊本で震度7の地震が発生した。まだまだ余震が続いていて，当事者の方々は夜も眠れない不安な日々を送られているものと推察する。テレビの報道で「いてもたってもいられずボランティアに参加した」「少しでも恩返しをしたい」などという声を聞く。これは自発的に参加され，人のために行われる「利他的な行為」だといえる。看護も同じように「他者の苦しみを少しでも和らげること」である。そして看護をすることで，多くのことを対象者からの学び成長していく。これが「彼とともに」の精神とつながる。

社会に貢献できる人材育成の一端を担う我々は，時代やシステムが変わっても建学の精神を踏襲していくことが使命であるといえよう。

【引用・参考文献】

Orem, Dorothea E. (2005) NURSING concepts of practice. (小野寺杜紀訳，2005『オレム看護論—看護実践における基本概念』第4版，医学書院)

長谷川匡俊 (2011)『絆 支え合う社会に—宗教と福祉と教育と—』高陵社書店

長谷川匡俊 (1992)『トゥギャザー ウィズ ヒム—長谷川良信の生涯—』新人物往来社

World Health Statistics (2015)「健康寿命 Global Health Observatory (GHO) data」
http://www.who.int/gho/publication/world healthstatistics/2015/en 2016年4月10日閲覧
櫻井尚子 (2016)「在宅看護の概念」葦有桂編『在宅看護論 地域療養を支えるケア』メディカ出版：12-35

日本看護協会 (2016)「看護職の役割拡大の推進—特定行為に係る看護師の研修制度の活用促進と諸課題対策」http://www.nurse.or.jp/nursing/tokutei/kenshu/ 2016年4月10日閲覧

日本創傷・オストミー失禁管理学会 (2016)「ストーマ外来リスト」
http://jwocm.org/public/stoma/ 2016年4月10日閲覧

第18章
仏教と看護のかかわり
―看護学の教科書から―

鈴木恵理子

1 看護教育において日本の看護の歴史はどう教えられているか

　私は2008年に本学に着任した。私が今から50年近くも前に入学した看護大学は，キリスト教系の大学であった。その後卒業してはじめに勤務した病院はカトリック系で病棟婦長はすべてシスターであり，大学教員になってから本学に着任するまでの約30年のうちの半分は，プロテスタント系の看護大学に勤務した。そうした環境により，看護とキリスト教の関わりは何度も学ぶ機会があり，特に疑問を抱くこともなく何十年も過ごしてきていた。ところが今から10年前，縁あって本学に就職することになり，学部開設前年に初代学部長である渡邉弘美先生から本学の教育課程の予定を見せていただいた時に，「仏教看護論」という科目があることを知った。前述の環境のせいかもしれないが，「仏教看護」という名前を聞くのははじめてであり，それまでに仏教と看護のかかわりについて知っていたことは，ターミナルケアの学会でビハーラという仏教のホスピスがあるという程度であった。日本には仏教看護というものがあって脈々と受け継がれてきたのだろうか，あるとすればそれはどんなものなのだろうか，仏教系の大学で看護を教えるからには，自分なりに理解する必要があるだろうと入職以来考えていたが，学習する機会を持てないまま年月が過ぎてしまった。このたび，50周年記念誌に看護栄養学部からも何かを書くようにというご指示をいただいたので，この機会に，まずは現在の一般的な看護教育で教えられている看護の歴史を見直し，その中で仏教と看護のかかわりと

して，どのようなことがわかっているのかを文献から確認してみたいと考えた。

　看護のはじまりは病んでいる人を「看護する」という自然発生的な人間の人間に対する働きかけであるが，看護の歴史書を見ると，日本でも西欧でも，家族や親族以外の人に対して行われた看護のはじまりは宗教的活動であり，キリスト教の僧や修道女，仏教僧，尼などが，病む人や障がいを持つ人に手を差し伸べる活動をしたこととされている。はるか昔に，私が看護の大学で学んだ看護の歴史は，ナイチンゲールにはじまる西欧の歴史が主であり，日本の古代における看護の歴史としては，光明皇后や聖徳太子が病む人や，障がいのある人の救療施設を造られ，救療活動をされたと教科書に書かれている程度であった。看護の教育課程は 1951 年に指定規則が制定されて以来，2009 年に現行の教育課程となるまで 4 回にわたって改訂されており，1989 年の改訂において，看護学概論の教育内容から「看護史を含む」ことが削除されている。現在も「看護学概論」の教科書に看護の歴史に関する記述はあるが，手元にある教科書を見ると，近代以前の日本の看護についての記述は 1 ページにとどまっている。さらに仏教にかかわりのある記述は 6 世紀に百済から仏教が伝来し，僧医が誕生して施療活動が行われるようになったこと，施薬院や悲田院を通して光明皇后，和気広虫が貧窮者や病者，孤児を救済したこと，鎌倉中期に僧良忠により「看病用心鈔」が著されたことの記述のみである。その後はヨーロッパからキリスト教が伝わり宣教師と共に医師も来日したこと，江戸時代には漢方が主であったが蘭学も学ばれるようになったことなど医学の歴史のみが書かれ，明治以降の歴史に多くのページを割いている。一方，欧米における看護の歴史は 19 世紀にナイチンゲールが登場したことが職業としての看護のはじまりとして詳しく紹介され，その後 20 世紀に入り，1950 年頃からアメリカを中心に，実践にとどまっていた看護を学問とするために多くの理論家が「看護とは何か」を問いなおし，その目的，役割，機能を明確に言語化していった華々しい業績が紹介されている。

　看護教育課程の度重なる改訂の中で，学問としての看護を学ぶことの比重が

しだいに大きくなり，看護の歴史について学ぶ時間は減少してきているのが現状であって，一般の看護学生が仏教と看護のかかわりについて知る機会はほとんどないと言える。

2　看護系の文献にみる仏教と看護のかかわり

　関谷由香里（2003：77）によれば，日本の看護学の領域において「看護の歴史」について公表された論文や著書は非常に少なく，2002年の1年間に公表された看護系の論文4,786件のうち，看護の歴史に関するものは28件しかなく，1950年以降に刊行された日本での看護の歴史に関する著書は教科書を除くとわずか30冊にとどまるとのことであり，細々と研究されている分野と言える。杉田暉道らの著した医学書院の『系統看護学講座別巻看護史』(2005) に収載された「初版の序」によれば，この教科書は医学書院「高等看護学講座」の1巻として1952年に石原明を代表著者として書かれている。以来，日本における看護の歴史の教科書として長く使われ，いろいろな看護の文献に引用もされてきたものであるが，1989年に遠藤恵美子ら6名は歴史学の専門家の指導のもとに，石原の教科書に記載されている事項について，ひとつひとつ原典に当たりながら見直しを行い，その結果，記述を覆す結果となった部分がいくつかあったとしている（看護史研究会 1989：はじめに）。また，亀山美知子はメヂカルフレンド社から1993年に『新版看護学全書別巻7看護史』を著しており，手元にある2004年版は14刷であるが，現在は発行されていない。

　上記2冊の教科書は看護教育の中ではよく使われてきており，この2冊の教科書と看護史研究会の書籍，および前近代における日本における仏教と看護のかかわりについて書かれた論文のうち入手可能であった数編を比較しつつ，日本における仏教と看護に関する歴史を以下に概観する。

　日本の上代・古代において，外科的治療を除いては，厳密な医学・医療と看護の分化はなされていなかったので，医療にあたるものは両方の知識と経験を

備えていたと考えられる（関谷 2003：78）とされており，ここでは医療と看護を厳密に分けることなく，論文を見てゆくこととする。

　仏教は 538 年に百済から日本に伝来したと言われる。仏教において「看病」は，慈悲心の最高最善の発露として重要視されており，仏教修行者の戒律について説かれている「梵網経」には，これらのものに施すと福を生むとされる「八福田」の第一に病人があげられており，看病は僧侶の修行としても重んじられていた（関谷 2003：78）。看護史研究会（1989：10）は日本における「看護」と言えるものの最初の記述を，588 年蘇我馬子が百済に送った日本最初の留学生である馬子の娘善信尼らに関するものとしている。善信尼らは百済で受戒の道を学んだが，当時の仏教は中国医学を含むものであったので，帰国後，「仏につかえるように患者につかえよ」と教え，尼僧として病めるものの看護に大きい力を発揮したと考えられるが，残念ながら善信尼の活動の記録は残っていないとしている。

　次に飛鳥時代の医療に関する記述として関谷（2003：79）は「聖徳太子が四天王寺の中に救療施設として四箇院（施薬院，療病院，悲田院，恵田院）を建てて，病者や飢えに苦しむ人たちを助けた」としているが，この話は伝説上のものというのが通説（中西 2008：9）とする研究者もあり，看護史研究会（1989：12）もこれは太子の死後 300 年もたった後の「聖徳太子伝歴」という書物に書かれている伝説で，太子の生きていた頃の記録には何も書かれていないとしている。しかし，同研究会は，聖徳太子の著作ではないが，そのころに書かれた勝鬘経には「世尊，われ今日より菩提に至るまで，もし，孤独，幽繋，疾病，種々の厄難，困苦の衆生をみれば，しばらくも捨て置かず，必ず安穏ならしめんと欲し，義をもって助け，衆苦を脱せしめて後に捨てん」という教えがあり，これを仏門にある者の十の戒の八番目として説いていて，この経典は多くの尼僧に深い影響を与えたにちがいない（看護史研究会 1989：11）としている。622 年聖徳太子が没したころ，仏教は急速に勢力を拡大したが，それがどこまで一般大衆に浸透していたかは不明であり，680 年には天武天皇の勅命によって各寺院に救療施設が設けられ，天武天皇の皇后（のちの持統天皇）の病気平癒を祈願

して薬師寺が建てられるなど，何らかの災厄の際には仏教が重んじられるようになっていった（亀山 2004：14）。

　奈良時代にはまだ救療施設は僧尼のためのものであり，また，救療事業の一環として僧でありながら医療行為を行う「僧医」や，病人に安らぎを与えるために加持祈祷を行う「看病僧」が出現した（杉田他 2005：48；亀山 2004：18）。関谷（2003：78）は，奈良時代以降僧尼が医療・看護にたずさわっていた理由は，釈尊に倣い，出家僧は基礎教養として医学を含む5つの科目である「五明」を学ぶものとされていて，修行を終えた僧侶は皆，一通りの医学知識を有しており，仏教思想に基づく医療・看護の実践者として公認されていたからとしている。僧の生活規律として伝えられている「摩訶僧祇律」には看病するものの心得が数ヵ所，書かれており，看病する側もされる側もきびしく自分を律すること，療養上の食事のとり方などが書かれている（亀山 2004：15）。また，718 年に「養老律令」が完成するが，その中には僧がまじないによって病気を癒すのはかまわないが，巫術（シャマニズム）を使うことを禁じるという記載があり，これは僧行基の積極的な布教活動を抑圧する意味があり，一種の神仏分離であると亀山美知子（2004：8）は述べている。724 年に即位した聖武天皇は，自らが篤く仏教を信奉しており，国民にも自分と同じ信仰を持つことを望み，国教として扱ったため仏教は上層階級には広がった（亀山 2004：14）が，一般庶民はこの時代には凶作による飢饉と疫病に苦しんでおり，仏教は浸透しておらず，民間療法や加持祈祷に頼って生活していた（亀山 2004：19；杉田他 2015：66）。そうした一般庶民の救療活動に手を差し伸べたのは光明皇后，和気広虫，鑑真，行基らの仏教を学んだ人びとであった。光明皇后については，自ら癩病患者の膿を吸って治したという話が戦前の修身の教科書には載っていたそうであるが，どの教科書にもこれは伝説であるとされている。しかし，皇后が興福寺に施薬院を建てたことは歴史的にも裏付けられる（中西 2008：21）とされており，看護史研究会（1989：23）も続日本紀にそのことが書かれているとしている。また杉田ら（2005：49）は和気広虫について，法均尼として知られ捨て子を自宅に収容し，人を雇って養育したと伝えられているとしているが，出典

は記されておらず，関谷（2003：79）も伝聞であるとして出典を記していない。鑑真について看護史研究会（1989：18）は平安時代の「本草和名」や「医心方」という書物から，当時の僧尼の戒律の乱れを正すために唐から高僧の来日を請うた結果，何度も渡航に失敗という危険を冒しながら，失明後の身体で753年に来日し，聖武上皇に戒を授けるとともに，名称と効用が不明な薬物を正確に分類し，上流階級への薬物治療に役立てたとしている。また長崎陽子（2008：366）は鑑真には「鑑真秘方」という医法の著作があり，広い薬学の知識を持っていたことを裏付けているとしている。行基の活動は「行基年譜」や「続日本紀」に記録があり，都での大仏の造営などのために地方から駆り出された役民や運脚夫が過酷な労働と食糧の不足で餓死するものも多かったため，京都・大阪に9ヵ所の「布施屋」を建て，身内がない人を収容する悲田院を置いたことであった（看護史研究会 1989：18）。先に四箇院（施薬院，療病院，悲田院，恵田院）を聖徳太子が建てたとするのは伝説とされていると書いたが，看護史研究会（1989：12）は貧窮の病者に薬を施すところである施薬院について，「記録の上で施薬院がでてくるのは『扶桑略記』にみえる723（養老7）年に興福寺に設けられたというのが最初である。」とし，また「『続日本紀』の730（天平2）年に『始めて皇后宮職に施薬院を置く』という記事があるとしており，前述のように光明皇后が建立している。また，貧窮者，病者，孤児などを救うための施設である悲田院も，河出書房の日本歴史大辞典によれば723年に興福寺に初めて造られたとされているとのことである。仏教を学んだ人びとによる医療は，はじめは上流階級の人を対象に行われていたが，篤志のある僧尼によって一般の人びとに対しても手を差し伸べるものとして行われるようになってきていた。しかし，まだ一般の人びとに広くいきわたる活動にはなっていなかったようである。なお，養老律令とは別に医療関係職員の任用，教育，試験制度などを定めた「医疾令」があり，その中に「女医」の規程がある。「女医」は産婦人科，簡単な外科的処置，鍼灸を学び，現在の看護師，助産師のような役割を持っていたが，当時男女の教育の差は大きく，女性が専門的知識を持つ機会はなく，養老年間のみの制度であった（亀山 2004：10）。

　平安時代の前半は奈良時代に引き続き，国家や貴族が施薬院や悲田院などに関わり，一般の僧侶も看護・救療事業を行っていたが，平安時代後半は，律令制度の衰退に戦乱や流行病の影響で末法思想が広がり，看病僧や僧医の活動は低迷し，看護・救療事業も縮小されていった（亀山 2004：27，関谷 2003：79）。平安時代の病草紙などの絵巻物には病気で苦しむ人々と，介抱する家の人々が描かれており，瓜を食べさせて解熱や水分補給をしようとする家人の横に，巫女や山伏が祈祷をする姿が描かれている（看護史研究会 1989：27，亀山 2004：28）。そんな時代にあっても永観は，慈悲の心が厚く，乞われれば自分の物を惜しまず与え，病む人には必ず救療を施し，湯屋を設け，また食物や梅を人びとに施したことが「拾遺往生伝」に記されている（長崎，2008：366）。

　次に，鎌倉時代になると新興仏教が起こり，仏教は広く民衆に受け入れられた（関谷 2003：79）。貴族ばかりでなく一般の人びとも，重病になると医師よりも僧を頼りにし，そのころ僧医は薬草を用いて公的な人物やその身内の治療に当たっていた記録がある（長崎 2008：367）。当時僧医は基礎教養の域を超え，実際に医療救済活動を行い，医術に関しても先駆的な知識と技術を有していた（長崎 2008：367）。良忠は死者の死後の安住のため，臨終時の看護方法を書いた「看病用心鈔」を著し，医学書院の教科書の初版にはこれは最古の看護書であるとされていたが，看護史研究会（1989：36）は，これは臨終に際した人を弥陀の極楽浄土に生まれ変わらせるために，重病人にどう働きかければいいかという仏教書だと述べており，現在の医学書院の教科書ものちに記述を修正している（杉田他 2005：59）。また叡尊は癩病(らい)等の皮膚疾患，身体障がい者，囚人の救済に努め（杉田他 2005：60；看護史研究会 1989：34；関谷 2003：79），弟子の忍性は慈悲の具現者と言われ（関谷 2003：80），奈良に北山十八間戸という日本最古の救癩(らい)施設を設立，鎌倉に移ったのちも疫痢が流行した時には極楽寺内に桑谷療養所という恒常的病屋を開設した（杉田他 2005：60；関谷 2003：80；長崎 2008：367）。また，1200 年ごろには，比叡山横川の首楞厳院では『往生要集』の実践活動として，学僧たちが臨終の看とりをした（看護史研究会 1989：34）。これをモデルにしたものは鎌倉の円覚寺，建長寺にも作られ，全国30ヵ所にも上っ

た（看護史研究会 1989：39）。鎌倉時代末期には梶原性全という僧医が当時最先端と言われた宋の医学書を参考に中世期最高の医学書と言われる「頓医抄」「万安方」を著わした（長崎 2008：367；杉田他 2005：61）。

　南北朝，室町，安土桃山の時代になると，1460年の飢饉では京の人口の半数近くが死亡，伝染病も蔓延し，寺院の僧侶たちが粥を炊いて慈悲活動をした。戦も多く，金創医による外科的な戦傷治療が発達した（看護史研究会 1989：40；杉田ら 2015：62）。この時代の初めには「福田方」という南北朝の代表的医書が有隣（または月湖）によって書かれた（杉田他 2005：64）。この医書は仏教の慈悲の精神で多くの人を救おうとし，平易な和文で書かれていた。しかし，安土・桃山時代には貴族の没落により仏教は保護されなくなり，葬式，法要，祈祷に重点が移り，看護を含めた医療活動は行われなくなり（杉田他 2005：68），庶民では重病人が出ると医療よりも呪術や祈祷が重要視され，子殺し堕胎も日常化していた（亀山 2004：52）。

　江戸時代はそれ以前に比べて情報伝達が広がり，記録も多く残されている。徳川幕府は島原の乱のあと1638年に寺請証文の提出を義務づけ檀家制度ができるが，布教活動は活発とは言えず，俗信による神仏信仰が人びとの心をとらえた（看護史研究会 1989：50）。

　鎖国政策がとられるなか長崎の出島には中国（明）人やオランダ人の医師が存在したものの，国内は漢方医がほとんどであり，中期からは儒学の立場をとる儒医もではじめたが，地方にはなかなか医者がいない状態だった（亀山 2004：61, 70）。幕府は庶民に病気は日頃の不摂生から生じるので，健康管理をして病気を予防せよという姿勢をとっていた（亀山 2004：59）が，当時の死因としては天災，飢饉，疫病（天然痘，麻疹，赤痢，腸チフス）によるものが多く，対症療法的な漢方，滋養分の補給以外には手の施しようもなく，呪術迷信でも救われない場合には，病人の遺棄さえ行われた。町医への診療費が高かったため，庶民のために売薬が出回り，薬売りがあらわれた（看護史研究会 1989：50）。また，看護師の先がけとして産婆が江戸時代初期に職業となったが経験的な介助であった（看護史研究会 1989：56；亀山 2004：69；杉田他 2005：69）。一方，16世

紀中ごろキリスト教の宣教師が「慈悲の所作」の実践を宗教上の約束事とした看護の互助組織を作り，地域住民の生活に密着した活動を全国 8 ヵ所で行った（看護史研究会 1989：42）。また，江戸時代後半になると先の産婆の出現や，医師の技術の進歩により，患者の日常生活指導を重視せざるをえなくなり，「病家須知」「達生図説」という看護書が熱意ある漢方医によって書かれた。「病家須知」は病気の予防と適切な処置について，「達生図説」は出産とその後の育児について書かれている（杉田他 2005：91；看護史研究会：1989：52）。1722 年に小石川薬園内に養生所が作られ，貧困者を対象とした医療を無料で行った。これが日本における病院の始まりとされている（亀山 2004：74）。江戸時代の看護は家庭看護であった。儒教の普及により，家庭婦人の任務として，養老，子どもの養育，夫への献身などが求められ，印刷技術の向上とともに一般向けの書が普及した。幕末になると，いくつかの藩に藩営の病院ができ病気の治療に当たり，看護人が働いていた（看護史研究会 1989：63）。

　近代になり，戊辰戦争（1868〜）において新政府軍負傷兵士の看護に女性が採用されたことが職業としての女性看病人のはじまりとされており，これは，イギリス人医師がナイチンゲールの戦地での業績（クリミア戦争は 1854 年）を知っていたためと思われる（看護史研究会 1989：68）。明治政府は 1868 年に「西洋医術差許」を布告，1870 年ドイツ医学の採用を決定し，大学東校（東大の前身）が設立された。日本で初めて看護婦の教育が行われたのは 1884 年で，婦人慈善会が有志共立東京病院（現在の慈恵医大の前身）で行ったとされている（杉田ら 2015：127）。その後いくつかの看護婦学校が設立されたが，1892 年に東西両本願寺の末寺と京都市内の僧侶有志が中心となって真宗法話会が結成され看護婦学校を設立する方針が決まり，1893 年には仏教系の京華看護婦学校，1897 年には本願寺看護婦養成所など 4 校が開設している（杉田他 2005：134）。その一方で，日清，日露などの戦争のたびに負傷兵の救護のために大量の看護婦が必要とされ，派出看護婦の質の低下が危惧された時もあった。1900 年頃から一部の看護婦はアメリカに渡り，看護を学んで帰国するようになってはいたが，第二次世界大戦前までの大多数の看護婦は医師の命令のもとに病院・医院での

雑用をすべてこなす人であった。1945年第二次世界大戦の敗戦によってGHQの占領下に置かれることになり，医療保健の分野は同年9月に発表された「公衆衛生に対する覚え書」によって抜本的に改革されることになった。敗戦当時，公衆衛生福祉部看護課オルト課長の目に映った我が国の看護婦の姿は，まるで医師の小間使い以外の何物でもなかった（日本看護歴史学会 2014：8）とされ，看護の改革もその一連の施策として行われ，1948年に保健婦助産婦看護婦法（現在は保健師助産師看護師法）が誕生するに至った。金子光（厚生省2代目看護課長）はこのことを「発生以来医業に隷属してきた看護が，この法によって完全な協力体としてその独自性を認められた」と評価している（日本看護歴史学会 2014：10）。

3 仏教看護教育の課題

　仏教伝来以来，僧によって仏教の教えの実践の一部として，医療・看護が行われてきており，初期には，僧同士のため，または一部の上流階級のためだけであったものが，鎌倉時代の仏教隆盛の頃に慈悲の心の具現化として一般庶民に対しても行われるようになったことがわかる。しかし，安土・桃山時代末期になると貴族の没落とともに国家が仏教を保護しなくなったことから，僧侶たちは生活の手段として葬式や法要・祈祷を行うようになり，寺院の生活が安定するとともに医療活動は行われなくなり，一般の人びとがその恩恵に授かる機会もなくなったようである。江戸時代には儒教思想の影響により，看護は家庭での女性の役割となり，幕末に戦争による傷病者の手当てを職業として行う看護人の登場まで，仏教に関する記述はほとんど見られなくなっている。

　考えてみれば当然のことなのかもしれないが，仏教の教えに基づく僧の華々しい活躍の記録は残っているのだが，一般庶民はその活躍の恩恵に授かった以外に，どのような影響を受けたのかの詳細な記録は見られない。施浴や施療を人びとはそれが仏教の教えによるものであると理解し，自分の健康管理にも僧から学んだことを生かそうとしていたのか，家人を看病するときの手本とした

のかといった一般庶民への仏教の教えの浸透について，少なくとも今回検討した文献には，そのようなことを裏付ける資料はみられなかった。

　和辻哲郎（1992：46）は「推古時代における仏教受容の仕方について」において，仏教が日本に迎えられた最初の時代に仏教思想に対する日本人の理解ははなはだ浅薄で，仏はただ現世利益のために礼拝せられたに過ぎず，言わば祈祷教として以上の意味を持たなかったとされる通常の見解を批判し，「大乗仏教の深い哲理に対する明快な理解は，聖徳太子のような優れた人にしかできなかったと思われるが，当時の日本人の大多数はこの新来の宗教によって新しい心的興奮を経験し，新しい力新しい生活内容を得たと思われる」としており，その影響は大きかったのかもしれない。一方，久間（1998：28）は，古代の宗教では神は怒る存在だったために，人びとは神の怒りを避けるために禁忌事項を守り，犯した罪の許しを求めた。その結果，「恩寵を与える存在として，仏教を必要としたのであろう」と述べている。仏教思想は人間の貴賎貧富に隔たりはなく，慈悲の教えは病者や小児，弱者に対する保護であり，仏教の教えの広がりとともに僧医・看病僧により実践されたが，律令国家が滅びてからは社会活動の精神的支えとならなかったとし，その理由を「日本のムラ社会的文化の中で，仏教の，すべての人に慈悲を説く思想の実践は困難だったのだろう」（久間 1998：30）としている。また，杉田ら（2015：68）は叡孫，忍性のようなすぐれた僧医がでても，これを継承するための組織の形成を行うことができなかったために，一時代で終わってしまったことは日本仏教の弱点であると述べている。そのような見方もできるのだろうが，いずれにしても，仏教による医療・看護と一般庶民のかかわりについては，別の角度から改めて調べる必要があるだろう。

　仏教看護論を著した藤腹明子（2007：12）は「日本の看護の歴史は仏教を抜きにしては語れない」と述べ，日野原重明（1995：112）は日本の看護が「アメリカの看護理論にふりまわされて」おり，「我が国における看護は数千年にわたる日本文化に根差すべき」と述べていることから，日本における仏教看護の

流れを知ろうと考えて，仏教伝来以来明治に本格的看護教育が開始されるまでの「日本の看護の歴史」を扱った教科書に現在記載されている内容を中心に概観した。当初「看護教育と共生」というタイトルで書く予定であったのだが，そのことを考える前に自分の中でずっとモヤモヤとしていた「仏教と看護」のかかわりについて，自分なりに把握しなければ先に進むことができなかったからである。

　今回概観した資料は，主として看護の分野を専門とする人びとが記した教科書に記載されたものの範囲に限られるので，数も少なく，歴史の表に登場する人びとに関する記事が多く，その記事に該当する時代の一般庶民と仏教のかかわりについての記述は，ほとんど見られなかった。時代によるわが国の一般の人びとの仏教とのかかわりについては，その領域の専門家による研究があると思われ，その中には何か看護にかかわりのある記述も見られるかもしれない。それはそれで興味のあることではあるが，むしろ，今後は看護実践に仏教の教えがどう生かせるかを学んでみたいと考える。

〔注記〕

　　癩病またはらい病という表現は，1996年にらい予防法が廃止されたことに伴い，法律等では「ハンセン病」と表記することになったが，本章では，参考とした文献に記載されているままとした。

【引用・参考文献】

藤腹明子（2007）『仏教看護論』三輪書店
日野原重明（1995）『現代医療への提言』岩波書店
久間圭子（1998）『日本の看護論　比較文化的考察』日本看護協会出版会
亀山美知子（2004）『新版看護学全書別巻7 看護史』メヂカルフレンド社
看護史研究会（1989）『看護学生のための日本看護史』医学書院
長崎雅子（1998）「仏教における看護の基本的姿勢―仏教教義『七種施因縁』に関する考察から―」『島根県立看護短期大学紀要』3巻：29-34
長崎陽子（2008）「病を癒す仏教僧―日本中世前期における医療救済―」龍谷大学人間・科学・宗教オープン・リサーチ・センター『「仏教生命観に基づく人間科学の総合研究」研

究成果 2008 年度報告書』: 365-371

中西直樹（2008）「近代日本における仏教と医療・看護・福祉のかかわり」日本看護歴史学会
　第 21 回学術集会教育講演 I『日本看護歴史学会誌』第 21 号: 8-19

日本看護歴史学会編（2014）『日本の看護のあゆみ―歴史をつくるあなたへ―』第 2 版，日本
　看護協会出版会

関谷由香里（2003）「日本における仏教看護の歴史的研究」『日本赤十字広島看護大学紀要』:
　77-85

杉田暉道・長門谷洋治他（2005）『系統看護学講座別巻看護史』第 7 版．医学書院

和辻哲郎（2012）「推古時代における仏教受容の仕方について」『日本精神史研究』岩波文庫:
　45-54

第5部　共生社会を構想するための
さまざまな論点⑵
—コミュニティ再生の視点から—

　共生社会の創出を，どのレベルのコミュニティで構想するのか。われわれが日常生活を営む地域社会においてか，あるいはビジネス街や職場集団そして企業コミュニティ，さらに海外にまでその研究のフィールドを広げることが可能である。

　山本論文は，排除の問題の典型の一つである自殺を取り上げている。その論考では，「地域社会のつながり」と「自殺許容」との関連分析などを通じて，「地域への愛着」や「近隣互助関係」が自殺許容度を低下させることを明らかにしている。

　矢尾板論文は，人口減少社会における，地域社会が直面している危機について整理し，それを乗りこえていくための合意形成の困難さを確認する。それを踏まえ，内発的動機付けの重要性を指摘するとともに，コミュニティ再生の手がかりについて論じている。

　境・土屋論文は，「共生のリーダーシップ開発」の要件についての実証的検討との関連で，「利他行動の実践体験」の重要性を指摘している。さらに，その論考では能動的学習の必要性，共生理念の社会的意義の体験的理解に通じる教育手法等の開発が提起されている。

　斉藤論文は，現代マーケティング論を考察するうえでキー概念となる「共生」と「ケア」についてマーケティングとの関係を整理し，共生とケアを基盤にしたマーケティングの在り方について論じている。

　森田論文は，本学の中でもっとも新しい学科の一つである歴史学科の調査実習を紹介したものである。この論考では丸の内ビジネス街におけるアクティブラーニングの手法によるフィールドワークの有効性が語られている。

　松薗論文は，ソーシャル・キャピタル論を手掛かりに，タイにおけるミュニティ開発の背景を探ることから，「地域社会における共生は，住民がともに考え，ともに作り出していく『仕組み』の中から」作り上げられていくことを論証している。

第19章

地域社会とのつながりと自殺許容

山本　功

1 デュルケム自殺論から現代の社会学的自殺研究へ

　警察庁「自殺統計」によれば，わが国における自殺者数は1997年は24,391人であったものが，翌1998年には32,863人に急増し，以来2011年まで3万人台の高止まりを続けていた。2012年に3万人を割り込んで以降は減少傾向がみられるようになってきている。厚生労働省「人口動態統計」においても，数値は異なるが同様の傾向を確認することができる。1990年代末から2000年代に入って以降の自殺の増加は社会問題化し，2006（平成18）年に自殺対策基本法が制定された。近年減少傾向にあるとはいえ，自殺を抑止する研究が求められていることに変わりはない。

　自殺という現象は，草創期から社会学の関心の対象であった。いうまでもなく，その代表はE. デュルケム（E. Durkheim）『自殺論』(1897=1985) である[1]。このあまりに著名なテキストは，社会学の講義において言及されないということはまず考えられない[2]。このテキストにおいてデュルケムは4つの自殺類型を提示したが，本稿はそのうちの「自己本位的自殺」という論点にかかわる。

　デュルケムは宗教社会，家族，政治社会という3領域の統計データを分析し，それら具体的なデータから，「自殺は，個人の属している社会集団の統合の強さに反比例して増減する」(Durkheim 1897=1985 : 247-248) という一般命題を析出した。

　チューベルゲン（van Tubergen）ら (2005) は，では，なぜ社会集団の統合の

285

強さは自殺を抑止するのか，とそのメカニズムを検討課題とし[3]，この命題を
２つに分解した。一つは，「宗教コミュニティや社会的ネットワークは総じて，
構成員に社会的・情緒的サポートを提供し，それが自殺を抑止する」という
「コミュニティ－サポートモデル」である。いま一つは，「宗教コミュニティは
それ以外の社会環境よりも強力に自殺を抑止し，その役割は構成員以外の自殺
をも抑止する」とする「コミュニティ－規範メカニズム」である（van
Tubergen et al., 2005 : 802-803)。すなわち，ソーシャル・サポートが自殺を抑止
するという仮説と，規範が自殺を抑止する，という仮説である。

　van Tubergen らは，この２つの仮説のどちらが妥当かを検証するために，
1936 年から 1973 年までのオランダにおける自殺データを利用した。自治体ご
との宗派の構成（カトリック，改革派プロテスタント，再改革派プロテスタント，無宗教）
と自殺率，さらに自殺した個人の宗派というデータである。集合レベルのデー
タと個人レベルのデータを同時に活用できたため，マルチレベル回帰分析を適
用し，集合レベルの効果と個人レベルの宗派の効果を分解して明らかにするこ
とができた。

　その結果，地域コミュニティという集合レベルにおける宗派メンバーの構成
率の変動は，当該宗派以外の個人の自殺率にも効果を及ぼしており，宗教コ
ミュニティ内部における「コミュニティ－サポートモデル」よりも，宗教コ
ミュニティはその地域のすべての地域コミュニティの構成員の自殺を抑止する
という「コミュニティ－規範メカニズム」の方が解析結果によって支持される，
という結論を導き出した。「宗教コミュニティは，無宗教者を含む個人レベル
の宗派を超え，地域コミュニティの構成員に全般的な自殺抑止効果をもってい
る」(van Tubergen et al., 2005 : 812) という結論である。

　もちろんこれは，1936 年から 1973 年までのオランダにおける自殺データに
もとづく結論であり，現代日本においてもそのまま妥当するとは限らない。日
本においては信仰の有無と死後生を信じるかどうかが別次元の様相を呈してお
り，宗教学者の堀江宗正はこれらと自殺許容との関連を分析し，「宗教も死後
生も信じない人と，宗教は信じないが死後生は信じるという人が，二大勢力を

形成し，前者には男性と高齢者が多く相対的に自殺許容的であり，後者には女性と若者が多く相対的に自殺許容的でない」(堀江 2014：10) との知見を報告している。

　いずれにせよ，チューベルゲンらの知見からは，自殺を抑止する規範は注目する価値があり，自殺の公式統計による研究のみならず，自殺に対する許容的態度という規範意識レベルを調査研究する必要性が示唆された。

　わが国において，こうした課題を追求した先行研究として平野孝典 (2013) がある。平野は，日本版 General Social Surveys 2006 年データ (JGSS-2006) を用いて，自殺観の分析を行った。従属変数である自殺観は，「どうしようもない困難にあった人は，自殺をしてもやむをえないと思いますか」という設問で測定された。自殺観を 2 値化して従属変数としたロジスティック回帰分析がなされた。独立変数は，以下である。性別，年齢，職業，学歴，保革意識，離婚許容度，配偶的地位，子どもの有無，宗教団体への所属，自発的結社への所属，居住年数。その結果，以下の変数が有意に自殺を許容する効果をもっていた。男性，年齢，離婚許容度，離別・死別であること，子どもがいないこと，居住年数 3 年未満。平野の分析では，基本属性以外に婚姻関係と子どもの有無といった家族レベルでの社会統合以外に，居住年数の効果が見いだされた。平野はこの結果について，「家族や地域といった幅広い領域にコミュニティ－規範メカニズムが妥当する可能性を示している」(平野 2013：53) と解釈した。

　本稿は，独自の調査データを用いて，チューベルゲンらや平野の研究を踏まえ，地域社会とのつながりは自殺を抑止する規範意識をもたせるかどうかを検証していく。

　分析対象とするデータは，筆者と堀江宗正 (東京大学，宗教学) によって 2014 年 3 月に実施されたインターネット調査である。20～59 歳の 1,038 人を対象に自殺許容意識等を測定した。性別・年齢について総務省統計局による 2014 年 2 月の補間補正人口に従って割り付けた。実査は，株式会社マクロミルに委託した。調査手続きと調査結果は，山本・堀江 (2016) で報告されている。

2 分析1：地域社会とのつながりと自殺許容

以下の5項目を用いて，「自殺許容度」を測定する尺度を構成した。回答は，「とてもそう思う」「ややそう思う」「あまりそう思わない」「全くそう思わない」の4件法である。

「病気を苦にした自殺は理解できる」「どうしようもない困難にあった人は，自殺をしてもやむをえないときもある」「責任をとって自殺することは仕方がない」「生死は最終的に本人の判断に任せるべきである」「自殺は絶対すべきではない」[4]。単純集計結果を**表19-1**に示した。

前4者は得点を逆転させ，「とてもそう思う」4点〜「全くそう思わない」1点とした。したがって，得点が高いほど自殺に対して許容的であるということになる。これら5項目の信頼性係数は$\alpha = 0.77$となった。また，これら5項目で因子分析（最尤法，バリマックス回転）を行ったところ，一因子構造におさ

表19-1 自殺許容度を測定する各項目の単純集計 （N = 1038）

	とても そう思う	やや そう思う	あまり そう思わない	全く そう思わない
病気を苦にした自殺 は理解できる	8.6	54.7	28.1	8.6
困難にあった人は， 自殺をしても	7.4	38.6	39.1	14.8
責任をとって自殺す ることは仕方がない	1.9	13.2	43.9	40.9
生死は最終的に本人 の判断に	20.3	50.9	22.2	6.6
自殺は絶対すべきで はない	32.6	36.3	25.6	5.5

まることを確認した（表19-2）。因子得点を自殺許容尺度として用いる。

表19-2　自殺許容度を測定する項目の因子分析

困難にあった人は自殺をしても【逆転】	0.889
病気を苦にした自殺は理解できる【逆転】	0.717
自殺はすべきではない	0.557
責任をとって自殺は仕方がない【逆転】	0.551
生死は最終的に本人の判断に【逆転】	0.454
固有値	2.12

注）最尤法，バリマックス回転

(2)　地域への愛着の測定

　ついで，地域への愛着の程度を測定する。使用した項目は，以下の4項目である。「隣近所の問題は自分たちで解決できる」「ほとんどの隣近所の人は信頼できる」「いざというときには隣近所の人たちと助け合うことができる」「住んでいる地域に愛着がある」。集合的効力感，信頼，愛着といった意識レベルを測定する設問群である。

　表19-3に単純集計結果を示した。得点を逆転させ，「とてもそう思う」4点〜「全くそう思わない」1点とした。これら4項目の信頼性係数は$\alpha = 0.72$であった。これら4項目で因子分析（最尤法，バリマックス回転）を行ったところ，一因子構造におさまることを確認した。固有値は1.73となった。この因子得点を地域への愛着尺度として用いる。

表 19-3　地域への愛着を測定する項目の単純集計（N=1038）

	とても そう思う	やや そう思う	あまり そう思わない	全く そう思わない
隣近所の問題は自分 たちで解決できる	4.1	45.5	43.4	6.9
ほとんどの隣近所の 人は信頼できる	2.9	42.8	44.1	10.2
いざというとき隣近 所の人と助け合い	5.2	53.6	32.9	8.4
住んでいる地域に愛 着がある	12.9	50.7	27.1	9.3

表 19-4　地域への愛着を測定する項目の因子分析

ほとんどの隣近所の人は信頼できる	0.809
いざというとき隣近所の人と助け合い	0.788
住んでいる地域に愛着がある	0.479
隣近所の問題は自分たちで解決できる	0.478
固有値	1.73

注）最尤法，バリマックス回転

(3)　自殺許容度を従属変数とした重回帰分析

　自殺許容度を説明する独立変数として，まずは基本属性として性別，年齢，未既婚の別を独立変数として投入した重回帰分析を行った。その結果が，**表19-5のモデル1**である。結果として，性別は有意な変数とはならなかった。年齢は負の効果があった。すなわち，年齢が上がるほど，自殺に対して許容的でなくなるということである。未既婚の別も有意な結果となった。未婚・離死別経験者は，既婚者よりも自殺に対して許容的であった。

　これら基本属性に加え，地域への愛着を投入したものがモデル2である。その結果，年齢，未既婚の別に加え，地域への愛着も有意な効果をもっていた。

地域への愛着は，自殺を許容させない効果をもっていた。

表 19-5　自殺許容度を従属変数とした重回帰分析

	モデル 1		モデル 2	
	β	p 値	β	p 値
性別（男性＝1，女性＝0）	0.031	0.314	0.029	0.343
年齢	− 0.071	0.033	− 0.068	0.041
未既婚（未婚・離死別＝1，既婚＝0）	0.072	0.032	0.067	0.046
地域への愛着			− 0.063	0.042
p 値	0.001		$p < 0.001$	
N	1038		1038	
調整済み R^2	0.013		0.016	

　この結果は，チューベルゲンら（2005）が論じた「コミュニティ－規範メカニズム」と合致する結果であり，また，平野（2013）が示唆したとおりの方向である。地域への愛着は，規範意識レベルで，自殺を許容しない効果がみられた。ただし，決定係数は低く，説明力の高いモデルではない。ただし，このモデル 2 は，基本属性をコントロールしてはいるが，愛着という情緒的な意識で，自殺許容という主観的な意識を説明するモデルとなっている。換言すれば，意識で意識を説明するモデルであり，社会学的な研究としてはあまり望ましいモデルとは言えない。

(4)　事実レベルで地域社会とのつながりを測定する項目の投入

　そこで，ついで地域社会とのつながりを事実レベルで測定する別の項目を投入したモデルを探求することとした。具体的には，以下の項目を検討した。「あなたは，ご近所に，お互いに相談したり助け合ったりしている人がいますか」「あなたは，近所の小・中学生がどこの家の子どもか知っていますか」「あなた

自身や同居の家族は，町内会・自治会等にどの程度参加していますか」「あなたは，お住まいの地域でスポーツ団体・文化芸術団体・ボランティア団体などの，自主的な団体の活動に参加していますか」「近所の人と雑談や世間話をすること」「近所の人との頼みごとや頼まれごと」。いずれも回答は4件法である。

　これらの項目は，意識レベルではなく，事実レベルにおいて地域社会とのつながりを測定するものと位置づけられる。そこで，まずは性別，年齢，未既婚の別に加え，これら6項目をすべて強制投入した重回帰分析を行った。その結果，年齢のみに有意な負の効果がみられ，残りの全ての変数は有意とならなかった。

　ついで，性別，年齢，未既婚の3変数は強制投入し，地域社会とのつながりを事実レベルで測定する6項目に関してステップワイズ法で投入した。その結果，「近所の小・中学生がどこの家の子どもか」の認知が有意な変数として採用された。その結果をモデル3として表19-6に示した。近隣の子どもを認知していることに，有意に自殺を許容しない効果がみられた。しかも，その効果は年齢の効果よりも強かった。

　最後に，このモデル3に，先に検討した地域への愛着という変数を投入した分析を行った。その結果を，表19-6のモデル4に示した。

　モデル4の結果をみると，地域への愛着という情緒的な要因は有意な効果をもっていない。それに対し，地域への愛着の程度をコントロールしても，近所の小・中学生認知には，有意な効果があった。これは，興味深い結果であるように思える。地域への愛着という情緒を媒介とせずに，近隣の子どもの認知は自殺を許容しない直接的な効果が見いだせる，という結果である。町内会への参加，地域自主団体への参加といった中間集団への参加には有意な効果はみられなかった。また，近隣互助関係にも有意な効果はみられなかった。しかしながら，近隣の子どもの認知には有意な効果がみられたわけである。これは，自殺対策に寄与しうる一定の知見であるように思える。地域社会とのつながり一般には統計的関連を見いだせないが，近隣レベルでの子どもの認知には効果が

見いだせた。近隣の子どもとかかわる施策には自殺の一般予防効果が期待できそうである。

表 19-6　自殺許容度を従属変数とした重回帰分析2

	モデル3		モデル4	
	β	p 値	β	p 値
性別（男性＝1，女性＝0）	0.024	0.441	0.024	0.445
年齢	− 0.070	0.035	− 0.068	0.041
未既婚（未婚・離死別＝1，既婚＝0）	0.046	0.178	0.046	0.178
近所の小・中学生の認知	− 0.094	0.004	− 0.082	0.015
地域への愛着			− 0.041	0.201
p 値	$p < 0.001$		$p < 0.001$	
N	1038		1038	
調整済み R^2	0.020		0.020	

　もちろん，近隣レベルでの子どもの認知が，なぜ自殺許容度を下げるのか，という問題は残る。近隣の大人どうしのつながりではなく，子どもとのかかわりは将来への希望を抱かせるから，といった幾ばくか通俗的な説明もありうるかもしれない。ただ，近隣レベルでの子どもの認知というものは，自らの未成年の子どもの有無と交絡している可能性がある。残念ながらこの調査データは，回答者自身に未成年の子がいるかどうかを捕捉できていないため，この点の検証ができない。今後の課題としたい。

3　分析2：自殺念慮と自殺許容

　ここまで，地域社会とのつながりと自殺許容との関連を分析してきたが，自殺許容という本稿で操作的に用いている尺度概念は，まだまだ洗練の度合いが低い。設問は何らかの条件下でたずねているもの，無条件の規範としてたずね

ているものの両者が含まれているが，一般論としてたずねて測定された項目である。ここでいう自殺許容という観点は，他者の自殺の許容なのか，自己の自殺の許容なのか，その両者なのかは弁別できていない。

そこで，その一端を明らかにするために，調査項目に含まれている自殺念慮の有無との関連をみる。設問は「あなたは，これまでの人生のなかで，本気で自殺したいと考えたことがありますか」というものであった。回答結果は，ある 403 人（38.8%），ない 565 人（54.4%），答えたくない 70 人（6.7%）であった。なお，この設問は過去の期間を限定せずにたずねている点に注意が必要である。自殺念慮があったとしても，それがいつの時点のことなのかの特定はできないわけである[5]。

そこで，自殺念慮の有無の 2 群の平均の差の検定と，さらに，回答者の年代別に同じ分析を行った。その結果を表 19-7 に示した。

表 19-7　自殺念慮の有無別にみた自殺許容度の平均の差の検定

	自殺念慮	n	平均値	SD	t	df	p 値
全サンプル	ない	565	− 0.185	0.860	− 7.421	807	0.000
	ある	403	0.259	0.958			
20 代	ない	100	− 0.093	0.949	− 3.613	192	0.000
	ある	94	0.407	0.977			
30 代	ない	134	0.128	0.862	− 3.034	257	0.003
	ある	125	0.219	0.979			
40 代	ない	175	0.308	0.807	− 5.206	279	0.000
	ある	106	0.241	0.935			
50 代	ない	156	0.155	0.849	− 2.679	232	0.008
	ある	78	0.171	0.930			

表 19-7 から読み取れるように，年代別に分析しても，自殺念慮のある回答者は自殺許容度が高い。したがって，本稿で用いている自殺許容という尺度概念は，一般論でたずねたものであるが，自殺念慮のあった群の方が許容度が高

く，自らの自殺への許容度をも測定していると考えられる。この点は，自殺予防に資する社会調査の設計にあたって，こうした自殺許容を測定する意義を裏付けるものと考えられる。

4　分析３：地域社会とのつながりと自殺念慮

　本章の主題は「地域社会とのつながりと自殺許容」との関連の分析であった。しかし，自殺念慮の有無という変数を分析した方が，自殺対策により直接的に資する分析結果を示すことができそうにも思える。だが，前述したように，自殺念慮に関しては期間が限定されていなかった。このことは，分析モデルとしては問題である。地域社会とのつながりと自殺許容に関しては，現在についてたずねているため，同一時点における横断的関連の分析となっており，この分析には一定の正当性がある。しかし，自殺念慮に関して同様の分析モデルをたてると，現在の状況を原因とし，過去を結果として説明するという転倒した分析を行うことになってしまう。望ましいことではない。

　だが，今後の社会調査に貢献することを考えれば，試行的にこうした分析をすることは全く無意味ではないだろう。自殺念慮という個人の人生に深くかかわる設問を，通常の社会調査のなかに入れ込むことには繊細な配慮が必要であるし，どれほど配慮しても困難が伴うことが予想される。学校経由で未成年者に調査する項目としては非常にむずかしいであろう。そうしたことを考慮すれば，本稿で分析結果を記録に残しておくことには一定の意義があるものと思われる。

　そこで，以下では自殺念慮の有無を従属変数とし，分析１と同型の分析を行う。ただし，自殺念慮は２値であるため，ロジスティック回帰分析を採用した。自殺念慮は，ある＝１，ない＝０とした。その結果を**表19-8**に示した。

　モデル１は，性別，年齢，未既婚の別といった基本属性のみの分析モデルである。年齢の効果は有意であるが，これは統制変数として用いているのみである。モデルとして有意ではあるが，適合度検定の結果は HL = 0.016 と適合度

表 19-8　自殺念慮の有無を従属変数としたロジスティック回帰分析（N = 968）

	モデル1		モデル2		モデル3		モデル4	
	Exp (B)	p 値	Exp (B)	p 値	Exp (B)	p 値	Exp (B)	p 値
定数	1.60	0.119	1.55	0.149	1.91	0.042	2.08	0.020
性別（男性 = 1，女性 = 0）	0.90	0.415	0.89	0.368	0.87	0.296	0.87	0.300
年齢	0.98	0.002	0.98	0.003	0.98	0.002	0.98	0.001
未既婚（既婚・離死別 = 1，既婚 = 0）	1.19	0.222	1.15	0.324	1.10	0.530	1.11	0.489
地域への愛着			0.78	0.001	0.83	0.016		
近隣互助関係（ある = 1，ない = 0）					0.70	0.019	0.63	0.001
p 値	p < 0.001		p < 0.001		p < 0.001		p < 0.001	
HL	0.016		0.850		0.615		0.393	

が悪い。これら基本属性のみで自殺念慮の有無を予測することは不適切である
ということである。

　モデル2は，分析1で用いた地域への愛着の因子得点を投入したモデルである。地域への愛着は，自殺念慮に対し1％水準で有意な負の効果をもっていた。地域への愛着の度合いが1標準偏差増加すれば，自殺念慮のある確率が0.78倍になるという結果である。適合度検定の結果はHL = 0.850と良好であった。

　モデル3は，分析1と同様に，地域社会とのつながりを事実レベルで測定する6項目を投入したモデルである。ただし，4件法のまま投入すると解釈がむずかしいため，肯定的な回答2件，否定的な回答2件を統合し，肯定的であれば1，否定的であれば0を与えた2値変数として投入した。最初に全変数を強制投入したところ，これら6変数すべてが有意とならなかった。

　ついで，性別，年齢，未既婚の別，地域への愛着は強制投入し，これら6変数を変数減少法ステップワイズ（尤度比）で投入した。その結果，「ご近所に，お互いに相談したり助け合ったりしている人がいますか」という設問が有意な

変数として採用された。近隣互助関係があると，自殺念慮のある確率が5％水準で0.7倍という結果であった。このモデルでは地域への愛着も有意であり，0.83倍という効果がみられた。事実レベルでの近隣互助と，情緒的な変数の両者にそれぞれ独立して効果があった。ただし，このモデルは，モデル2よりも適合度が低下し，HL = 0.615となった。

　最後のモデル4は，地域への愛着という変数を除去し，近隣互助の効果をみるためのモデルである。このモデルでも近隣互助は有意であり，1％水準で0.63倍という結果であった。ただし，HL = 0.393と，モデル2，モデル3よりも適合度は低い。

　以上の4つのモデルをふりかえると，地域社会とのつながりは，情緒的なものと事実レベルの両者とも，自殺念慮の有無と関連していることが見込まれる。

5　結果と考察

　以上，大きく3つの分析を行ってきた。第一は，地域社会とのつながりと自殺許容との関連の分析である。その結果，地域への愛着は自殺許容度を低下させる方向での関連がみられたが，地域への愛着という情緒的な要因を媒介とせずとも，近隣の子どもの認知は自殺許容度を低下させていた。

　第二に，自殺念慮と自殺許容の関連をみた。自殺念慮に関しては時期を特定できていないという限界があるにせよ，自殺念慮のある群の方が自殺許容度が高く，本稿で分析した自殺許容度は，自己の自殺への許容度をも測定していることが明らかになった。

　第三に，地域社会とのつがなりと自殺念慮の分析を行った。地域への愛着と近隣互助関係は，それぞれ独立して自殺念慮を低下させる関連がみられた。

　総じて，地域社会とのつながりが自殺許容度を低下させる方向での関連が見いだされた。これは，デュルケムの「自己本位的自殺」という自殺類型における命題と合致する結果である[6]。こうした結果を踏まえ，いくつかの考察と今

後の課題の提示を行っていきたい。

　本章で主題とした「自殺許容」度の調査研究は，個人レベルのさまざまな変数との関連をみることができる。こうした個人レベルの研究としては，精神医学や心理学領域の「心理学的剖検」という研究方法がある。それが自殺者の遺族からの聞き取りなどの事後的なデータ収集による研究であるのに対し，社会調査という手法による自殺許容度の研究は，その高低を規定する要因をより直接に測定することができる。

　第二に，個人レベルでの分析が可能であることにより，地域といった集合レベルで分析を行うことによる「生態学的誤謬（ecological fallacy）」(Robinson 1950)を回避することができる。これは，集合レベルでの分析結果が，個人レベルで解析すると誤りであることがありうるという問題である。デュルケム『自殺論』の邦訳書においても，集合レベルのデータと個人の家族密度のデータを並列して用いることの問題点は訳者が解説において言及していた点でもあった（宮島1985：559）。

　自殺許容の研究が，自殺対策政策にどれだけ貢献ができるかはまだまだ未知数である。最大の問題は，人びとの自殺許容度と，実際の自殺率との間に関連がみられるかどうかであろう。本調査データのサンプルサイズでは都道府県別など，集合レベルでの解析は耐えられないため，それが可能になるよう設計されたより大規模な社会調査が必要となる。

　本調査研究において「自殺は絶対すべきではない」とは思わない，という回答が3割程度あった。内閣府自殺対策推進室による調査（2009, 2012）においても，自殺を許容する意識が珍しくないことが確認される。このこと自体，注目に値する。自殺は一般的には忌避されるものと思われるが，それを許容する意識が一定程度存在するわけである。当事者のみにではなく，当事者を取り巻く社会のあり方に関心を向けるのは社会学の伝統的思考様式であり，遠回りであっても社会調査にもとづく研究の意義は小さくない。

【注記】

　本論文の調査研究は，平成 25 年度厚生労働科学研究費補助金行政政策研究分野厚生労働科学特別研究（課題番号 H25- 特別 – 指定 -027）「自殺総合対策大綱の見直しを踏まえた自殺対策発展のための国際的・学際的検討」（研究代表者：椿広計）の成果である。

【注】

1)　ただし，デュルケム以前にも自殺統計を用いた研究はなされていた。社会学というよりは，「道徳統計」という名称が用いられていた。

2)　2000 年代以降の日本の社会学における自殺研究のレビューは，山本（2014）においてなされている。控えめにみても，この十数年の間，社会学における自殺研究は盛んであったとは言えない。むしろ，経済学者らによる自殺研究が注目された。その代表例として澤田ら（2013）がある。

3)　チューベルゲンが行ったように，デュルケムの自殺論は媒介項を欠いているという批判がギデンズによってなされていた。「社会の巨視的構造条件」から自殺を説明するに際し，「自殺をとりまいている社会関係のより直接的な連鎖」(Giddens 1977=1986 : 262）の研究が必要である，というものであった。

4)　なお，これら 5 項目のうち，「病気を苦にした」「責任をとって」「生死は最終的に本人の」の 3 項目は，内閣府自殺対策推進室による調査（「平成 23 年度自殺対策に関する意識調査」，「平成 20 年度自殺対策に関する意識調査」）を参照し，同一のものとした。そうすることで，住民基本台帳から層化二段階抽出したサンプリング調査と，本稿のようにインターネットのモニタ調査との比較が可能になるからである。

5)　自殺念慮の「ある」という回答割合を年代別にみると，20 代 43.9%，30 代 46.0%，40 代 35.3%，50 代 31.0%となった。カイ二乗検定では 1 %水準で有意な差であった。期間を限定していない以上，年代が上がるにつれて割合が増加していくことが予想されたが，観測結果はそうなっておらず，20 代の方が割合が高かった。

6)　デュルケムの「自己本位的自殺」という類型はあくまでも一つの類型であって，自殺現象のすべてではない，ということは言及しておきたい。現代にあっても，「集団本位的自殺」という類型の重要性は否定できない。その一例として貞包（2013）の生命保険と自殺の関連の研究がある。これは家族や取引先とのつながりがあるゆえに自殺が促進された類型とみなすことができる。

【引用・参考文献】

平野孝典（2013）「社会的統合が自殺観に与える影響」関西社会学会『フォーラム現代社会学』
　　12：43-55

堀江宗正（2014）「日本人の死生観をどうとらえるか—量的調査を踏まえて—」東京大学学術
　　機関リポジトリ　http://hdl.handle.net/2261/55822　2016 年 3 月 1 日最終閲覧

Durkheim, E.（1897）*Le suicide*. Etude de sociologie, Paris, Alcan.（宮島喬訳，1985『自殺
　　論』中央公論社）

Giddens, A.（1977）*Studies in Social and Political Theory*, Hutchinson & Co., London.（宮島喬
　　ほか訳，1986『社会理論の現代像』みすず書房）

内閣府自殺対策推進室（2009）「平成 20 年度自殺対策に関する意識調査」http://www 8 .cao.
　　go.jp/jisatsutaisaku/survey/report/index.html　2016 年 2 月 28 日閲覧

内閣府自殺対策推進案（2012）「平成 23 年度自殺対策に関する意識調査」http://www 8 .cao.
　　go.jp/jisatsutaisaku/survey/report_h23/index_pdf.html　2016 年 2 月 28 日閲覧

Robinson, W. S.（1950）"Ecological Correlations and the Behavior of Individuals", *American
　　Sociological Review*, 15：351-357.

貞包英之（2013）「贈与としての自殺—高度成長期以後の生命保険にかかわる自殺の歴史社会
　　学」『山形大学紀要（社会科学）』43（2）：93-110

澤田康幸・上田路子・松林哲也（2013）『自殺のない社会へ』有斐閣

van Tubergen, F., M. Te Grotenhuis, and W. Ultee（2005）"Denomination, Religious
　　Context, and Suicide: Neo-Durkheimian Multilevel Explanations Tested with Individual
　　and Contextual Data", *American Journal of Sociology*, 111（3）：797-823.

山本功（2014）「社会学の立場からの自殺研究」『自殺総合対策大綱の見直しを踏まえた自殺対
　　策発展のための国際的・学際的検討 総合研究報告書』（平成 25 年度厚生労働科学研究費補
　　助金行政政策研究分野厚生労働科学特別研究（研究代表者　椿広計））：77-85

山本功・堀江宗正（2016）「自殺許容に関する調査報告：一般的信頼，宗教観・死生観との関
　　係」東京大学大学院人文社会系研究科『死生学・応用倫理研究』21：34-82

第20章
共生社会のコミュニティ政策論
—ひとづくり，コミュニティづくり，そして地域(まち)づくり—

矢尾板俊平

1 直面する危機—人口減少，少子化，高齢化社会—

　現在，政府は「地方創生」のスローガンを掲げ，人口減少，少子化，高齢化などの社会環境の変化の中で，政策危機に直面する地域の再生や創生に取り組んでいる。現代の「地方創生」の特色は，東京一極集中問題を緩和しながら，多世代の定住と地方部への人口移動を促すことに主眼が置かれていることである。こうした問題意識の中で，各自治体が「まち」，「ひと」，「しごと」に関する特色のある施策を「総合戦略」として取りまとめ，実施することが求められている。

　これまでの地域振興や地域活性化の取り組みとの大きな違いは，その背景となる政策環境が大きく異なるということである。これまでの地域振興や地域活性化の取り組みの背景となる環境は，人口増加社会（人口ボーナス社会）であった。しかしながら，現在の地方創生の取り組みの背景となるのは，人口減少社会（人口オーナス社会）である。人口が減少していく中で，いかに地域の持続可能性を高め，直面する課題を解決していくのか，という視点が重要になる。つまり，人口減少，少子化，高齢化の中で，機能不全に陥りがちな「コミュニティ」の機能について，その条件下において，いかに機能を高め，いかに地域の課題解決を実現していくか，という点に，主眼が置かれるべきなのである。

　そこで本稿では，地域社会が直面する危機を整理するとともに，「価値」や「規範」が多数存在する地域社会における合意形成の困難さを確認する。そし

て，こうした問題に対し，外発的な動機づけだけではなく，内発的な動機づけが必要であることを示唆する。また，内発的な動機づけにおいては，「ひとづくり」と「コミュニティづくり」が求められ，「コミュニティ」の機能を高めることが，持続可能な地域の課題解決の仕組みになることを検討する。

2016年2月に公表された2015年国勢調査の人口速報集計は，日本が人口減少社会に入ったことがデータとして示されることになった。日本の総人口は，2015年時点で約1億2,711万人であった。2010年国勢調査の時点では，約1億2,805万人であり，約94万人の減少となった。都道府県別の2010年から2015年の変化を整理すると，図20-1となる。図20-1は，各都道府県の2010年から国勢調査時点の人口と2015年国勢調査時点での人口の増減率をまとめたものである。

図20-1をみると，東京都，埼玉県，千葉県，神奈川県，愛知県，滋賀県，福岡県，沖縄県は人口が5年間で増加をしているが，その他の道府県では人口

図20-1　2010年から2015年への人口変化（都道府県）

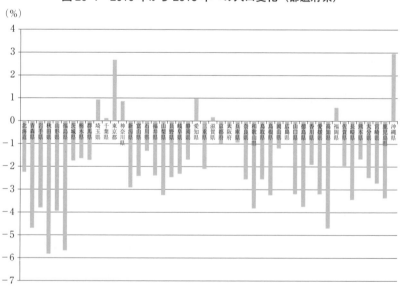

出所）総務省「平成27年国勢調査人口速報集計」

が減少している様子が見て取れる。より詳しく人口動態の状況を把握するために，政令指定都市の人口変化についても確認する。図20-2は，東京特別区と政令指定都市の人口について，図20-1と同様に2010年国勢調査時点の人口と2015年国勢調査時点での人口の増減率を整理したものである。これにより，大都市部の人口の状況を把握することができる。

　政令指定都市で，人口が減少している市は，新潟市，静岡市，浜松市，堺市，神戸市，北九州市である。

　図20-2からは，大都市部であっても，人口減少が生じており，人口減少は，今や地方の問題ではない，ということが確認できる。また図20-1と図20-2を重ね合わせながら考えれば，たとえば，都道府県レベルでは人口減少していた大阪府では，大阪市は人口が増加している。また都道府県レベルでは人口増加していた福岡県では，北九州市は人口が減少している。2015年国勢調査の確報が公表され，人口移動の状況が明らかになることで，詳細な分析が可能に

図20-2　2010年から2015年への人口変化（政令指定都市）

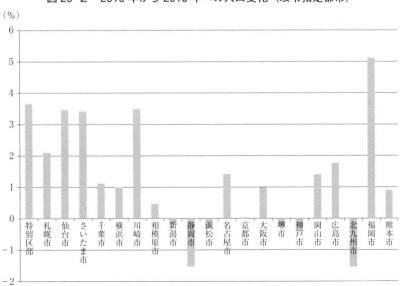

出所）総務省「平成27年国勢調査人口速報集計」

なるが，大都市部であっても，人口移動の様相が異なっていることが想定される。

　市町村レベルでの人口動態の変化を確認すると，東日本大震災の被災地域が大きな人口減少に直面していることが明らかになる。また東日本大震災の被災地域以外でも，市レベルでは，夕張市（－19.02%，－2,077人），歌志内市（－18.24%，－800人），土佐清水市（－14.03%，－2,249人），赤平市（－12.9%，－1,540人），男鹿市（－12.07%，－3,899人）が12%以上の減少率となっており，人口減少の様子を把握することができる。

　次に，国立社会保障・人口問題研究所の将来推計に基づきながら，将来の人口減少，少子化や高齢化がどのように進展していくのかについて確認する。

　まず2010年から2110年までの人口減少について，2010年から2110年まで「出生中位・死亡中位」を前提としたシミュレーション結果では，図20-3のような推計結果となっている。

　国立社会保障・人口問題研究所が，2010年の国勢調査結果に基づいて行った推計によると，日本の人口は減少を続けていき，2040年代後半において1億人を割り，2060年には約8,673万人となる。2010年時点と比較すれば，約32.3%の減少となる。さらに2110年には約4,286万人となり，2010年時点と比較すれば，約66.5%の減少となる。つまり，今後50年間で，約3割，100

図20-3　2010年から2110年までの人口のシミュレーション（出生中位・死亡中位）

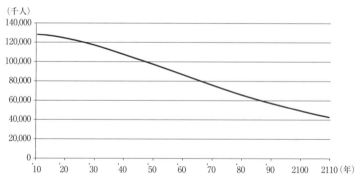

出所）国立社会保障・人口問題研究所「将来人口推計」

年間では 6 割強の人口が減少するのである。こうした人口減少の現象を捉えれ
ば，いわゆる「地方消滅」という言葉は現実味を帯び，さらには「地方消滅」
だけではなく，「都市消滅」も起きていくだろう。このように，日本は大きな
人口縮減社会に突入をしていると言える。

　ここで，世代別の人口割合についても確認すると，50 年後，100 年後の日本
社会の実相を垣間見ることができるだろう。いま，0 歳から 14 歳までの世代，
15 歳から 64 歳までの世代，65 歳以上の世代の 3 区分について，将来推計の結
果を確認し，グラフにすると図 20-4 となる。

　図 20-4 から見て取れるのは，0 歳から 14 歳までの世代の人口割合の減少
は，2020 年代半ばぐらいから緩やかになるということである。一方，65 歳以
上の世代の人口割合は，2010 年代の半ばから後半と 2030 年代に大きく増加す
る。この要因は世代別の人口分布を想定すれば，比較的に理解しやすい。つま
り，団塊の世代が 65 歳以上になっていく時期と，団塊ジュニア世代が 65 歳以
上になる時期と重なっている。つまり，これらの時期において，当然ながら，
人口数が多い人口コーホートが高齢化を迎えることにより，日本社会は超高齢

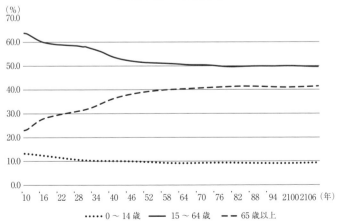

図 20-4　2010 年から 2110 年までの世代別の人口シミュレーション
（出生中位・死亡中位）

出所）国立社会保障・人口問題研究所「将来人口推計」

社会に入ることになる。

　超高齢社会においては，さまざまな社会的な課題やニーズが発生する。その一方で，就労世代の人口が減少しているため，税収が減少するなどして，厳しい財政制約も課されるだろう。行政サービスという視点で考えれば，歳出のニーズは高まるものの，歳入は減少するため，歳出入のバランスが保てなくなる可能性があり，これが今後，各自治体が直面するであろう政策危機の様相の一部である。

　こうした危機の実情を，より詳しく確認してみる。たとえば，2015年の国勢調査において，大きな人口減少が起きていた夕張市は，2010年の国勢調査時点での将来人口推計はどのような結果であったのだろうか。

　国立社会保障・人口問題研究所の推計によれば，2015年時点で9,257人に減少し，2040年には3,883人まで減少するという推計結果となっている。2015年の国勢調査の結果によれば，夕張市の人口は8,845人である。2010年時点の将来推計を約400人下回っている。このように，人口減少のスピードは早まっている。また世代別の人口割合を見ると，高齢化率は2010年時点で，すでに約43.8%となっており，2020年には52.6%と，いわゆる「限界集落」状態となることが予測されている。こうしたデータから人口減少と高齢化が加速していることがわかる。

　一方，都市部では，どのような様相をみせているのだろうか。淑徳大学千葉キャンパスが所在する千葉市のデータを確認すると，**図20-6**となる。

　国立社会保障・人口問題研究所の推計によれば，千葉市は2015年時点では975,928人に増加し，2020年を「山」として，その後，人口が減少し，2040年には886,472人まで減少するという推計結果となっている。2015年の国勢調査の結果によれば，千葉市の人口は972,639人であり，2010年時点の将来推計を3,000人ほど下回っているが，人口は増加している。

　また世代別の人口割合をみると，高齢化率は2010年時点で，約21.48%であるが，今後，急激に高齢化率は上昇し，2020年には29.3%，2040年には37.5%と，団塊の世代や団塊ジュニア世代の高齢化に伴い，高齢化率は高まっていく。

　このように都市部においては，人口減少や高齢化の問題は，2020 年代以降の課題であると言える。しかし高齢化の問題を捉えると，その高齢者人口の規模が地方部と比較して大きいため，その問題の深刻さ，課題解決のためのコストは大きくなる。単純に千葉市と夕張市を比較すれば，2020 年時点の高齢化率の予測は，夕張市では 52.6%，千葉市では 29.3% と，夕張市の数値の方が高い。しかし，高齢者数で考えれば，夕張市は 4,169 人であるのに対し，千葉市は 131,421 人となる。つまり，都市部の人口減少，高齢化は，これまで地方部で起きてきた人口減少や高齢化よりも大きく，そして深刻なインパクトを持つということを考えておかなければならず，地域の課題解決という点では，むしろ都市部の課題解決に注目した政策議論が行われる必要がある。

　ここで，もう一つだけ確認しておくべきことがある。それは「支え合い」が，

図 20-5　夕張市の将来人口の推計と世代別人口（3区分）の割合の推計

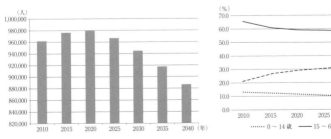

　出所）国立社会保障・人口問題研究所「将来人口推計」

図 20-6　千葉市の将来人口の推計と世代別人口（3区分）の割合の推計

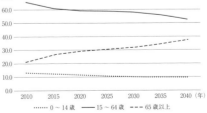

　出所）国立社会保障・人口問題研究所「将来人口推計」

将来的に，どのように変化していくのか，という点である。就労世代と高齢世代の比率を考えた場合，これまでは，就労世代が多人数で1人の高齢者を支える「お神輿型」や「騎馬戦型」などの仕組みであった。しかし**図20-7**をみるとわかるように，将来的には，その割合は，就労世代2.5人で高齢者1人を支える比率から，就労世代1人から1.5人で，高齢者1人を支える「肩車型」に移行していく。これは若年層に大きな負担を課してしまい，「支え合い」の持

図 20-7　就労世代と高齢世代の割合の推計

出所）国立社会保障・人口問題研究所「将来人口推計」

図 20-8　就労世代と高齢世代の割合の推計（夕張市と千葉市）

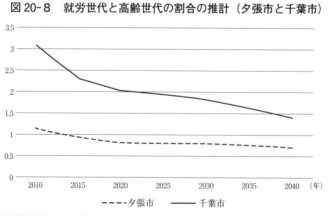

出所）国立社会保障・人口問題研究所「将来人口推計」

続可能性の危機とも言えるかもしれない。

　また，夕張市と千葉市の状況についても確認してみよう。

　夕張市は，すでに就労世代と高齢世代の比率は 1 に近くなっており，就労世代の 1 人が高齢世代の 1 人を支えている状況になっている。さらに，2015 年以降は，比率は 1 を下回り，2040 年にかけて，就労世代の 1 人が高齢世代の 2 人を支えるような状況に変化していくことが明らかになる。これは持続可能な仕組みであるとは言えない。

　また千葉市は，現在は就労世代 2 人から 3 人で，高齢世代の 1 人を支えている状況であり，「騎馬戦型」から「肩車型」への移行期にある。そして，2040 年には比率は 1.5 を下回り，「肩車型」になる。つまり，これらのデータから，千葉市においては，現時点では大きな課題ではないかもしれないが，将来的には「支え合い」の仕組みも持続可能ではないことがわかる。

　ここまでみてきたように，人口減少，少子化，高齢化の進展によって，地域社会は大きな危機に直面する。このような課題を解決するための「解決力」が強く要請されることになる。しかし，課題解決のプロセスにおいて，住民がそれぞれ持つ「価値」が多数存在することにより，合意形成は困難となり，問題を複雑化させる。

2　地域づくりのための合意形成

　本節では，地域社会において，住民が異なる「価値」や「規範」を持つ場合に，合意形成がどのように困難になるのか，その問題をどのように克服していくべきかを検討する。

(1)　リベラルパラドックス

　まず Sen（1982）のリベラルパラドックスの問題について考える。リベラルパラドックスとは，以下の条件を同時に満たす社会的厚生関数は存在しないと

いう定理である。その条件とは，条件 U（定義域の非限定性），条件 P（パレート原理）および条件 L（自由主義）である。

これらの条件について，Sen (1982) を以下に引用する形でまとめる。

条件 U：集団的選択ルールの定義域には，論理的に可能な個人的順序のあらゆる集合が含まれている[1]。

条件 P：ある選択肢 x を他の選択肢 y よりも全員が選好するならば，社会は y よりも x の方を選好しなければならない[2]。

条件 L：あらゆる個人 i にとって，彼が y よりも x を選好すれば社会もそのように選好し，彼が x よりも y を選好すれば社会も同じ選好をしなければならないとされる，選択肢のペア（x, y）が少なくとも一つ存在する[3]。

条件 L*：少なくとも二人の個人が存在し，彼ら一人一人にとって自分が決定権を持っている（decisive）選択肢のペアが少なくとも一つ存在する―つまり，もし彼が y よりも x を（あるいは x よりも y）を選好するなら社会も y よりも x を（あるいは x よりも y を）選好しなければならない，という（x, y）のペアが存在する[4]。

このとき，Sen (1982) は「条件 U，P，L を同時に満たすことのできる社会的決定関数は存在しない」ことと，「条件 U，P，L* を同時に満たすことのできる社会的決定関数は存在しない」ことを証明している。

ここでは，Sen (1982) の議論に基づき，「地域（まち）づくり」におけるリベラルパラドックスの問題について検討してみよう。

i_A は自然豊かな街が好きで，基本的には，自然を保存し，何も手を加えたくないと考えている。i_B は風力発電事業のための風車を建設し，地域の経済発展に寄与したいと考えている。すでに，この時点で，彼らの価値観は開発をするか，開発をしないかという点で対立をしている。ここで，3つ目の選択肢として，テーマパークの誘致を加えると，以下のように整理できる。

　z：何も開発せず，自然環境が維持される

　x：風車を建設する

　y：テーマパークを誘致する

　いま，条件Uを考えれば，この3つの選択肢に関する選考順序は，x＞y＞z, x＞z＞y, y＞x＞z, y＞z＞x, z＞x＞y, z＞y＞xの全ての選考順序が考えられる。

　ここでi_Aの選考順序は，z＞x＞yであり，i_Bの選考順序は，x＞z＞yとなる。それぞれの選択肢について整理すると，**表20-1**のようにまとめることができる。

　まずzとxの選択については，i_Aは，風車を建設するよりも何も開発されず，自然環境が維持された方が良いと考える。一方，i_Bは何も開発されないよりも，風車を建設した方が良いと考える。

　次にxとyの選択肢については，i_Aとi_Bは一致しており，テーマパークを誘致するよりは，風車を開発した方が良いと考える。

　そしてzとyの選択肢については，は，i_Aテーマパークが誘致されるよりも何も開発されず，自然環境が維持された方が良いと考える。一方，i_Bは何も開発されないよりも，テーマパークが誘致され，地域経済が活性化した方が良いと考える。

表20-1　リベラルパラドックスの問題

	i_A	i_B
z, x	z＞x	x＞z
x, y	x＞y	x＞y
z, y	z＞y	y＞z

　パレート原理から考えると，2人の意見が一致するテーマパークを誘致するよりは風車を建設した方が良いという選択が社会的な決定とされる。一方，自

由主義の立場からすれば，i_A は何も開発されない状態を最も良い状態であると考え，i_B は何も開発しないよりも風車を建設することが最も望ましい状態であると考えるので，風車は建設される。

パレート原理であっても自由主義であっても，風車が建設されることには変わりはないが，自由主義の立場から考えた場合，一方の i_A が考える最も望ましいと考える状態は考慮されておらず，i_A の自然を守りたいという想いは達成できず，i_A の自由が保証されていないことになり，i_A にとっては自由主義が成立していないことになる。つまり，パレート原理と自由主義が両立していないのである。

このように価値の対立は，地域（まち）づくりにおいては，多く見受けられる集合的意思決定の大きな課題である。リベラルパラドックスの問題から公共政策の議論に提起されるのは，個人の自由はパレート原理（公共の福祉）の中で，どのように制限されるのか，ということであろう。集合的意思決定のプロセスにおいては，しばしば個人の自由が制限される可能性がある。これは社会的厚生関数を想定した場合，功利主義的な社会的厚生関数であっても，ロールズ型の格差原理のような社会的厚生関数でも生じる問題である。

ここで，パレート原理と自由主義が両立するためには，i_A や i_B が，自らの選考順序を変更する可能性を考えることが必要である。Sen（1982）は，人間には「共感」と「コミットメント」という2つの概念を整理している。

共感とは，「他者への関心が直接に己れの厚生に影響を及ぼす場合に対応している。Sen（1982；邦訳：133）」と整理している。またコミットメントについては「他人の苦悩を知ったことによってあなたの個人的な境遇が悪化したとは感じられないけれども，しかしあなたは他人が苦しむのを不正なことと考え，それをやめさせるために何かをする用意があるとすれば，それはコミットメントの一ケースである」と整理する。この2つの整理に基づけば，共感とコミットメントの大きな違いは，自己の効用が他者の行動に影響を与えられるかどうかという点にある。コミットメントは，他者の行動や効用の変化に対し，他者の効用の低下を改善するために行動するという行為であると言える。

　さきほどのリベラルパラドックスの問題は，風車を建設することによって，i_A の効用は引き下げる。この状態を i_B が考慮し，コミットメントを通じて，風車を建設しないことを選択する可能性がある。一方，風車が建設されないことは，i_B の効用を引き下げるため，それを i_A が考慮し，コミットメントを通じて，風車を建設することを主体的に選択するかもしれない。このようにコミットメントを通じて，リベラルパラドックスの問題から脱出できる可能性がある。

　そのためには，i_A と i_B が相互に，相互の効用を考慮し，相互にコミットメントをする関係性を構築しているかどうかという点が重要になる。また付け加えれば，コミットメントを通じた自己の行動が「善い行い」として評価され，人間関係の中で，もしくは社会的に，少なくとも自己の効用を引き上げるようなインセンティブを得られるような状況が創られるかという点も検討すべき点である。日本には，古くから「三方よし」という言葉がある。三方よしとは「自分よし，相手よし，社会よし」という3者が共に「良い」状態になることである。つまり，自己と他者の効用を引き上げるとともに，それを通じて社会全体の効用を引き上げるような状況が生まれることが重要である。

　こうした人間関係，社会関係は社会的関係資本（ソーシャルキャピタル）[5] の一つとして考えられる。強いソーシャルキャピタルが構築され，相互のコミットメントが生まれることで，リベラルパラドックスの問題から脱出することが可能になる。

(2)　非協力ゲームとサマリア人のディレンマ

　集合的意思決定において，利益の対立，価値の対立を考えるために，もう一つ異なった視点から検討をしてみよう。いま，**表20-2**のような利得が設定されたゲームのマトリックスを想定する。このとき，AとBは，それぞれ「協力しない」を選択し，社会の状態はIVの状態で均衡する。このとき，AとBの利得は，それぞれ2であり，社会全体としても，AとBのそれぞれにとっ

ても最善の状態ではない。

　社会全体において，最善の状態は，Ⅰの状態である。このとき，ⅣからⅠに社会の状況を改善することを考える必要がある。通常であれば，「協力しない」ことに対して，罰則を課す（利得を差し引く）ことや「協力する」ことに対して，インセンティブを提供する（利得を加える）などの方法が提案される。このような外発的な動機づけの提案が制度デザインの視点から政策的に提案され，実施されている。また繰り返しゲームのような場合は，「しっぺ返し」の存在も有効な場合がある。その一つの例がGreif（2006）も指摘するような「村八分」である。また契約と評判のメカニズムも，外発的な動機づけとして有効である。しかし契約のメカニズムは取引費用を高める可能性がある。

　一方，内発的な動機づけによる社会状況の改善も可能である。たとえば，「協力する」ことが「善いこと」であり，「協力しない」ことが「善くないこと」であるという文化，倫理，道徳，慣習的な背景の中で共有されるのであれば，取引費用を高めることなく，人びとの行動を「協力する」に導くことができるかもしれない。

　こうした社会状況の改善は，少なくとも2つの段階が想定される。それは「協力する」ことを前提に行動する「人びと」の潜在的動機と人びとによって形成される「コミュニティ」の潜在的動機の存在である。ここで「コミュニティ」が持つ潜在的動機は，ソーシャルキャピタルの質から影響を受けるかもしれない。

　文化，倫理，道徳，慣習的な要因が背景となり，各人の潜在的動機に働きか

表20-2　非協力ゲーム

		B	
		協力する	協力しない
A	協力する	Ⅰ 3，3	Ⅲ 1，4
	協力しない	Ⅱ 4，1	Ⅳ 2，2

け，自己統制的に「協力すること」が「善いこと」になる，つまり最も得られ
る利得が高いと考えると，表20-3のようなマトリックスとなり，社会状況は
Ⅰとなる。

　ここで注意が必要なのは，このような内発的な動機づけは，一方（Aもしく
はB）だけではなく，両者が共有した文化，倫理，道徳，慣習である必要があ
るということである。つまり，コミュニティとしての潜在的動機が必要となる。

　これを一方が「協力すること」を「善き行動」と捉え，一方がそうではない
ケースである「サマリア人のディレンマ」の問題から考えてみる。

　表20-4の左側のマトリックスのようにAは「協力する」が，BはAが「協
力する」ことを知っているので，最も高い利得を得られるⅣの社会状態となる
ように「協力しない」ことを選択する。すると，「協力する」を選択している
Aの利得が減少している。これが社会として認められることなのか，それと
も認められないことなのかは検討すべき論点であろう。

　もし，ここでBもAと同じように「協力すること」を「善き行動」と考え
ていれば，どうであろうか。表20-4の右側のマトリックスのように，AもB
も「協力する」を選択し，社会状態はⅡとなり，2人の利得も最も望ましい状
態となる。これを「共生社会」と仮に位置づけることにする。

　つまり，表20-4の2つのマトリックスが示唆していることは，AもBも
「協力する」ことが「善き行動」となると考える潜在的動機を持ち，そうした
潜在的動機が各人の行動を規定し，社会的な行動に反映されることが社会状態

表20-3　非協力ゲームからの改善

		B	
		協力する	協力しない
A	協力する	Ⅰ 4，4	Ⅲ 2，3
	協力しない	Ⅱ 3，2	Ⅳ 1，1

表20-4　サマリア人のディレンマと協力ゲーム

		B	
		協力する	協力しない
A	協力しない	I 2, 2	III 1, 1
	協力する	II 4, 3	IV 3, 4

		B	
		協力する	協力しない
A	協力しない	I 2, 3	III 1, 1
	協力する	II 4, 4	IV 3, 2

の改善につながっていくということである。このとき，そのプロセスにおいて，「善きコミュニティ」が形成され，コミュニティとしての潜在的動機であるソーシャルキャピタルが大きな意味を持つ。

3 「善きコミュニティ」のデザイン

　ここまで，地域の課題解決とその社会改善のための人びとの行動を確認してきた。そこから得られる示唆は，協力し合うことを動機付ける内発的な要因を持つ「人びと」の存在と，高い質を持ったソーシャルキャピタルに裏打ちされた「善きコミュニティ」の存在である。地方創生，地域づくりにおいては，こうした「人間」のケイパビリティと「コミュニティ」の潜在的動機を高めていくこと（エンパワーメントしていくこと），そして多様な「価値」を統合し，社会的に共有できる価値に転換していくことが重要となる。

　前者の「人間」の潜在的動機については，人びとが持つ内面的な要因（文化，倫理，道徳，慣習）への評価をいかに高めていくかということを考えていく必要がある。それは「教育」の重要な役割であり，知識やスキル（技能）だけではなく，人間性，道徳性，倫理性を高める教育が求められる。すなわち，第3節で検討した「非協力」ゲームから「協力」ゲームへの移行，もしくは「サマリア人のディレンマ」から「共生社会」への移行は，教育を通じた人間の潜在的動機へのアプローチが必要となる。これは「人間開発」の現代的な説明の一つ

になるのではないかと考えられる。

　「教育」というアプローチでは 3 つの成長を促すことが求められる。一つは「知識」であり，もう一つは「スキル（技能）」である。そして人間としての内面性を高めていくことである。こうした人間開発を通じて人びとの潜在的動機，知識やスキルを高めることで，エンパワーメントを果たしていくことが，共生社会の実現には必要なのである。

　このような人間の潜在的動機の向上とともに，その集合体として「善きコミュニティ」が形成され，そのコミュニティの潜在的動機を高めていくことが 2 段階目として必要になる。

　コミュニティの潜在的動機の向上という視点から，コミュニティづくり，まちづくりの「デザイン」を考えてみる。ここでいう「デザイン」とは，人びとの価値，思考，行為や行動，他者との関係性を構造化するとともに，ある一定の方向性に向けて，その価値，思考，行為や行動について企画し，立案し，プロセスに参加し，表現する作業であると定義する。

　富山県氷見市長の本川祐治郎氏は，マズローの「5 段階欲求説」に基づき，まちづくりを説明する。つまり，マズローの「5 段階欲求説」において，最も高次元に存在する「自己実現欲求」を満たすことが，街に住む喜びや誇りを高める行為であると述べている[6]。また，「真の幸福とは他人から与えられるというよりもむしろ，自らが参加し実現するもの[7]」と述べている。

　しかし，地域の中には，さまざまな「自己実現欲求」が存在する。つまり異なる「価値」が複数存在することになる。そこで，本川氏は氷見市において，「ハードからソフトへ，ソフトからハートへ」という考え方に基づいて，心と心の結び付きを高めていくことに取り組んでいる。これは「善きコミュニティ」やソーシャルキャピタルの構築に取り組んでいるとも言える。具体的には，ファシリテーション技術を市政に導入して，異なる価値と価値の「対立」を，ワークショップなどを通じて「対話」に転換する。そして地域の幸せ，地域としての価値の創出を行いながら，それを政策として実現していくというアプローチである。

また三重県松阪市では，山中光茂氏が市長在職当時に，市内で全43の小学校区に住民協議会という住民組織（ネイバーフッドアソシエーション[8]）を設置し，地域の課題は身近な地域で解決することを目指し，財政的な資源とその使用用途を決めるための権限を住民協議会に委譲した。また競争的な助成金として「元気な地域応援事業」に取り組み，地域コミュニティにおけるアイディア競争を促進した。こうした施策は，住民の主体的な課題解決を促し，「善きコミュニティ」を形成することに寄与していると考えられる。

　これらの地域では，このようなデザインを通じて，またソーシャルキャピタルの質を向上させていきながら，コミュニティの潜在的動機を高めていくことで，地域，コミュニティとしての課題解決力を高めようとしている。そして，地域，コミュニティが自生的により良い社会（well-being society：福祉社会）に発展していくことが期待される。これは，「地域開発」「社会開発」の一つの例であるとも考えられる。

　本章では，「地域（まち）づくり」について，集合的選択問題から検討してきた。現在，取り組みが進められている「地方創生」の視点では，人口減少，少子化，高齢化などの危機に直面し，それぞれの地域が持続可能性を高めるためには，地域の課題「解決力」が求められるが，多様な価値が存在することを前提にすれば，合意形成は困難であると想定する必要がある。これはリベラルパラドックスや非協力ゲーム，サマリア人のディレンマの問題からも説明することができる。

　ここで検討しなければらない「解決力」とは，外面的な要因の変更を促す力ではなく，人間の内面的な要因を変化させる力である必要がある。そうした人間の内面的な要因を本稿では，潜在的動機と捉えた。本稿で検討した潜在的動機には，人間の潜在的動機とコミュニティの潜在的動機がある。

　人間の潜在的動機の向上の取り組みは，「人間開発」とも捉えることができ，教育が重要な意味を持つ。コミュニティの潜在的動機としては，その代表的な潜在的動機はソーシャルキャピタルの質から生み出されると考えられる。社会

がより良い社会（well-being society：福祉社会）発展していくためには，各人の潜在的動機の向上とともに，コミュニティの潜在的動機の向上が必要であり，そのための「コミュニティデザイン」が必要となる。コミュニティ政策論のアプローチとしては，この点に注目をしていく必要がある。

　福祉とは，誰もが社会に主体的に参加し，幸せを実現し，享受することであると言える。本章で確認してきたように，そのためには共生社会を実現していくことが重要であり，そのための人間開発，地域開発を通じた人間と地域のそれぞれのケイパビリティの向上をデザインしていくことが必要不可欠である。これこそがコミュニティ政策論の大きな意義である。

【注】

1)　Sen（1982；邦訳：4）より引用。
2)　Sen（1982；邦訳：4）より引用。
3)　Sen（1982；邦訳：4）より引用。
4)　Sen（1982；邦訳：5）より引用。
5)　ソーシャルキャピタルには，信頼，社会的規範，社会的ネットワークなどが含まれる。
6)　本川（2015）：63
7)　本川（2015）：63
8)　ネイバーフッドアソシエーションの取り組みでは，米国オレゴン州のポートランドの事例が有名である。

【引用・参考文献】

Greif, Avner（2006）*Institutions and the Path to the Modern Economy: Lessons from Medieval Trade*, Cambridge University Press.（岡崎哲二・神取道宏監訳，2009『比較歴史制度分析』NTT 出版）

Sen, Amartya（1982）*Choice, Welfare and Measurement*, Blackwell Publishers.（大庭健・川本隆史訳，1989『合理的な愚か者』勁草書房）

Sen, Amartya（1985）*Commodities and Capabilities*, Elsevier Science Publishers B.V.（鈴村興太郎，1988『福祉の経済学』岩波書店）

本川祐治郎（2015）「対話を通じた課題解決で市民と市政の新しい協働を目指す」東洋大学
　PPP 研究センター監修『公共インフラ再生戦略　PPP/PFI 徹底ガイド　2016 年版』日本
　経済新聞出版社
矢尾板俊平（2016）「まちづくりとコミュニティ」丸尾直美・宮垣元・矢口和宏編著『コミュ
　ニティの再生』中央経済社：170-187
山中光茂（2012）『巻き込み型リーダーの改革　独裁型では変わらない！』日経 BP 社

第21章

人間成長と社会発展を繋ぐ 共生のリーダーシップ開発の要件

境 忠宏，土屋 裕希乃

1 キャリア発達と社会変革との連結

　技術革新や社会変化が加速化するなかで職業構造そのものが大きく変容し，変化そのものが常態化する現在，安定した職業構造のもとでの迅速な職業適応よりも自己変革の継続による職業構造の変化そのものへの持続的な適応力がより重視されるようになっている。しかし，境忠宏（2011）は，日本における近年のキャリア教育における大きな問題点として，個々人の自律的キャリア形成とそのための自己変革が重視されてはいるが個々人のキャリア形成と職業構造などの社会のキャリア環境との相互依存や相互作用はなお軽視されていることを指摘している。トーマスら（D. C. Thomas, et al. 2007）は，キャリア形成の比較文化的研究で，特定の地域のキャリア発達はそこでの産業構造や教育制度さらに社会規範などに強く規定される職業選択の自由度に依存していることを見出しており，マイルホーフェルら（W. Mayrhofer, et al. 2007）も，自由で主体的なキャリア選択も知識経済化の進展に伴う労働市場の専門化と流動化がもたらしたものであることを明確にしている。

　これらの研究は個々人のキャリア選択への社会のキャリア環境からの影響を示したものであるが，バンデュラ（A., Bandura 2001）は，「人は自らの人生を意図的に創りあげていくことができ，自らを取り巻く社会環境も形成することのできる能動的な主体である」とともに「社会環境は個々人の活動や実践により創りあげられ，人々の発達も規定するが同時に発達のための機会や資源も提供

するものである」と個人と社会の相互依存と相互作用の重要性を指摘している。

　ボヤツィスら（R. E. Boyatzis, et al, 2006）はバンデュラ（2001）の考え方をさらに発展させ，次のような複雑性理論に基づくキャリア発達の意図的変革理論を提唱している。従来のキャリア理論は事後的で線形的な説明に過ぎず，非線形的で非連続的な自己変革を基盤とする現実のキャリア形成過程を十分に説明しているとは言えない。そのため，従来のキャリア理論の提唱する方法では人びとの意図的変革への意欲を引き出すことはできず，支援し奨励するよりもむしろ悩ませ消耗させてしまっている。人間や社会には本質的に現状の均衡を維持しようとする傾向があるので，キャリア発達に向けての自己変革のためには，目標とする理想像を明確にして理想と現実とのギャップやその解消に向けての自己変革の必要性や方向性への認識を促すとともに，不安の多い自己変革の過程を支援する周囲からのソーシャルサポートも提供していく必要がある。また，このような自己変革の過程は，個人だけでなく集団・組織・社会というより高次のレベルでも同様であり，それらの共鳴で個々人の自己変革の可能性も拡大する。変化する社会環境のもとでのキャリア発達を理解し支援していくためには，このような異なる次元間での相互作用のもと，個々の次元ごとの自発的で非連続的な変革とその自律的な共鳴が自生的に出現する過程を明確に把握できなければならない。ここから，ボヤツィスら（2006）は，複雑性システムの視点からキャリア発達の実態を特徴づける「飛躍点と断絶性を含む非線形的で非連続的なダイナミックなシステムや変化のプロセス」「特定の誘発因を通して出現した出来事が新たにダイナミックなプロセスを始発させ均衡あるいは不均衡な状態を自生的に生み出す自己組織化の仕組み」「次元間で相似した変革単位としてのフラクタルとリーダーシップを介したこれらの変革単位間の相互作用と共鳴の要件」という3点を明らかにする必要があるとしている。

2 人間成長と社会発展を繋ぐリーダーシップ

　リーダーシップ研究は，集団の生産性や統合性をリーダーシップ効果として人物論から行動論，さらに条件適合論から成熟論へと急速に発展してきたが，近年では集団やメンバー個々人の革新さらに社会そのものの変革を支援するためのリーダーシップがより重視されるようになっている。とくに，バーンズ（J. M., Burns 1978）は社会変革におけるリーダーシップの重要性を早くから指摘し，政治的指導者たちのリーダーシップスタイルにはフォロワーや国民との取引価値を高めることで社会的影響力を行使しようとする交換型と，フォロワーや国民と理念やビジョンを共有し一体となって変革を進めようとする変換型の2つのタイプがあることを見出している。バーンズ（1978）は，社会変革のためのリーダーシップには，そのカリスマ性のもと国民と価値観を共有し一体となって社会変革を進めたガンジーをその代表例として，変換型のリーダーシップがとくに重要となるとしている。

　バスら（B. M. Bass, et al. 1994）は，バーンズ（1978）を発展させ，放任型から交換型さらに変換型という3層の階層構造からなる多因子リーダーシップ論を提唱している。最下層の放任型はリーダーがなにも影響力を行使しないリーダーシップとされる。第2の階層はメンバーの行動を制御しようとする交換型のリーダーシップであり，安定的な集団環境のもとで集団の生産性を高めようとするときに必要なリーダーシップとされる。それには，報酬を提示することでフォロワーの目標達成への動機づけを引き出そうとする報酬型や罰を示唆することでフォロワーの集団規範からの逸脱を抑えようとする統制型などがある。最上位の階層はメンバー個々人の創造性を誘発し集団や組織を変革していくために必要とされる変換型のリーダーシップであり，リーダーがビジョンやミッションを明示しフォロワーのリーダーとの同一化や一体化を引き出す理想的同一化や，情緒的な訴求で自己利益を超えたチームスピリッツを引き出しビジョン実現に向けた動機づけを強める動機づけ鼓舞，さらに集団や組織の慣習や前例あるいはメンバー個々人の既存の信念や価値観にとらわれることなく，

まったく新しい視点での問題解決への取り組みを促す知的刺激やフォロワー一人ひとりの成長欲求に配慮し権限の委譲や自己実現への助言や支援によるメンバー個々人の自己変革や人間成長を促す個人的配慮からなる。

　しかし，ボヤツィスら（2006）は，変換型リーダーシップだけでなく社会的影響力の行使に基づくリーダーシップはフォロワーに強いストレスや反発を生み出すとともにリーダーにも強いパワーストレスを経験させ，リーダーシップの継続そのものを困難にするとし，パワーではなくコンパッションに基づく共生型のリーダーシップの必要性を提唱している。ボヤツィスら（2006）は，リーダーはコンパッションに基づき人びとの夢や目標に向けた自己変革の共鳴化の媒介者たるべきとしている。コンパッションは，「他者の苦悩や苦難を共有し慈悲や支援を与えようとする深い感情」とされることが多いが，ボヤツィスら（2006）は自分たちがいうコンパッションはそれよりも孔子のいう慈悲の徳の情緒的表現である「憐」の概念に近いとしている。仏教では，「同情」は「苦悩やその原因から他者を解放したい」とする願いであり，「愛」は「他者を幸せにしようとし，その方法を見つけたい」とする願いとされるが，ボヤツィスら（2006）のいうコンパッションは「望んでいる目標に近づけないという他者の苦悩への援助だけでなく，他者の夢や希望のさらなる拡大や実現への支援」も含むものである。ボヤツィスら（2006）は，このようなコンパッションのみがリーダーの成長とともに個々人のキャリア発達さらには組織や社会の持続的発展を可能にするとしている。ボヤツィスら（2006）はリーダーの情緒的知性（EQ）に基づくフォロワーへの共感やフォロワーからの共鳴のみが個々のメンバーの人間成長と社会発展とを連結しうるとしているが，プラティら（L. M. Prati, et al. 2003）は，リーダーの情緒的知性だけでなくリーダーとフォロワーの情緒的知性に基づく相互作用がリーダーシップ効果を拡大しリーダーやフォロワーさらに集団の変革をもたらしうるとし，リーダーやフォロワーのソーシャルスキルとリーダーシップ効果との間に強い関係があることを見出している。

　境忠宏・土屋裕希乃（2014）は，リーダーシップが個々人の人間的成長と社会発展を連結していくためには，他者の成長や幸福を願い支援する利他行動が

欠かせないという仮説のもとに，大学生約 300 名を対象として 2014 年の 4 月と 7 月に反復して実施した継時的調査でソーシャルスキルとリーダーシップさらにリーダーシップと利他行動との関係を実証的に検討している。バスら (1994) の 21 項目からなる多因子リーダーシップスタイル尺度への評定結果の因子分析からは，バスら (1994) の 3 層の階層構造に対応した 3 因子が抽出されている。第 1 因子は動機づけ鼓舞や知的刺激さらに個別的配慮などバスら (1994) の変換型のリーダーシップスタイルに対応したものであるが，境ら (2014) はこの因子を「他者の問題解決を支援し，共に成長していこうとする行動傾向」であることから「共生のリーダーシップスタイル」を表すものと解釈している。第 2 因子は放任型と報酬提示による交換型の混合であることから，日本では放任はリーダーシップの放棄ではなく「他者の主体性を重視し成果に報いようとする行動傾向」を示す「自立促進のリーダーシップ」を表すものと解釈している。第 3 因子は理想的同一化の変換型と逸脱統制の交換型の混合であることから，「罰の示唆ではなく信頼に基づき統制しようとする行動傾向」を示す「信頼形成のリーダーシップスタイル」を表すものと解釈している。そのもとに，2 回の反復調査における共生のリーダーシップの変化とソーシャルスキルおよび利他行動の変化との関係の分析から，次のような二重の循環的関係を見出している。

　一つは，「急病の人を介抱する」などの援助行動の実践が「笑顔で話せる」などの表現スキルを向上させ，それが共生のリーダーシップの発揮を促し，共生のリーダーシップの発揮がさらに援助行動の実践を拡大するという循環的関係である。2 つは，「具合の悪そうな友人を保健室に連れていく」などの助力行動が援助スキルを向上させ，それが共生のリーダーシップの発揮を促し，共生のリーダーシップの発揮が助力行動の実践をさらに拡大するという循環的関係である。境ら (2014) は，利他行動には「見返りを求めることなく他者の福祉の増大のみを求める目的的なもの」と「互恵性などに基づき長期的な自己の福祉の向上も求める道具的なもの」があるとするソーバーら (E. Sober, et al. 1998) の指摘に基づき，前者は見返りを求める道具的利他行動に媒介された共

生のリーダーシップの学習サイクルであり，後者は見返りは求めない目的的利他行動に媒介された共生のリーダーシップの学習サイクルを示しているのではないかとしている。また，境ら（2014）は，人間成長と社会発展を繋ぐのは「情けは人の為ならず」と表現される返報性や互恵性という長期的な自己利益を目的とした「恩返し」としての道具的利他行動ではなく，長谷川良信（1963）が「感恩奉仕」と表現した，すでに受けている恩を第三者にも施すという「恩送り」としての目的的利他行動であるとし，そのための共生のリーダーシップの開発には単位認定を目的とするボランティア活動などの道具的利他行動の実践機会を拡大するだけでなく，日常的な社会生活のなかでの目的的利他行動の実践を促す意識啓発教育の実施，さらに両者を統合しうる教育プログラム開発の必要性を指摘している。

3 利他行動を誘発する共感性とソーシャルスキル

　利他行動研究では，行動を誘発する要素として「共感性」が多く扱われているが，バトソン（Batson 2011）は共感的配慮—利他性仮説を提唱し，他者への共感的配慮が利他的動機づけを高める一助となり，利他行動の実践につながることを示している。また，アイゼンバーグら（N. Eisenberg, et al. 2006）は，次のような利他行動の統合モデルを発表している。実践には，まず共感性といった個人的特徴や周囲の利他行動のモデリングといった社会化を介して他者の要求の認識や状況の解釈が行われる。そして援助を実行するためのソーシャルスキルの確認や個人的目標といったさまざまな要因の検討に基づく援助計画のもとで利他行動が実行され，その結果に基づき自らのソーシャルスキルを再確認するという多段階のソーシャルスキルの学習過程を提唱している。相川充（2009）はソーシャルスキルを「対人場面において，個人が相手の反応を解読し，それに応じて対人目標と対人反応を決定し，感情を統制したうえで対人反応を実行するまでの循環的な過程」と定義をしているが，この循環過程はアイゼンバーグら（2006）のモデルと重なるものとも考えられる。解読スキルはソーシャル

スキルの基本的スキルの一つで相手のメッセージを正確に読み取る能力であり，共感性が高くなければ相手の意図や感情を解読することは困難となる。また，対人目標に基づく反応を実行するためにはそれを的確に表現するスキルも必要となる。二宮克美（1994）は，ソーシャルスキルの中でも援助行動に関係するスキルとして相手の変化に気付く，相手の要求を知る，相手の立場に立つなど 10 のスキルをあげているが，これらは解読スキルや表現スキルに基づくものであり，そのもとに具体的な援助が実行されるものと考えられる。

　土屋裕希乃・境忠宏（2015）は共感性とソーシャルスキルや利他行動の関係について検討し，他者の意図や感情を敏感に察知する「他者感情への敏感性」，他者と肯定的感情を共有する「ポジティブ感情の共有」，否定的感情を共有する「ネガティブ感情の共有」が高く，他者感情に左右されない「他者感情への鈍感性」が低い場合にソーシャルスキルが高まることを重回帰分析の結果から見出している。また，土屋ら（2015）は共感性がソーシャルスキルを介して利他行動を促進させることや境ら（2014）と同様に表現スキルと援助スキルが利他行動の促進において重要な役割を果たすことも見出している。土屋ら（2015）の研究で使用されたソーシャルスキルは，境ら（2014）の因子分析から抽出された，基本的スキルである「解読スキル」と「表現スキル」，他者配慮の働きをする「援助スキル」，感情を素直に表現できる「表出スキル」，問題への適切な処理に関する「処理スキル」，自己の感情をコントロールできる「統制スキル」，学習計画を立案できる「計画スキル」の 7 因子からなる。また利他行動は，他者に対する親切を示す「親切行動」，他者を尊重する「譲歩行動」，他者の状況に合わせて援助する「援助行動」，困っている他者へ力を貸す「助力行動」の 4 因子からなる。

　さらに，利他行動の誘発についてはソーシャルサポートの互恵性も重要であると指摘されている。ソーシャルサポートの互恵性とは，ソーシャルサポートの入手と提供のバランスのことであり（福岡欣治 2003），ソーシャルサポートの提供量と入手量の間には正の相関があることが報告されている（リョウら：J. Liang, et al. 2001）。また，ソーシャルスキルが高い場合にソーシャルサポートを

得やすいことも見出されており（レジオ & ツィマーマン；R. E. Riggio & Zimmerman, J. 1991），感恩体験の拡大のためにはソーシャルスキルが重要となることも指摘されている。

4 共生のリーダーシップ開発の要件に関する実証的検討

　以上から，人間成長と社会発展との相互規定的関係では共生のリーダーシップがとくに必要となり，共生のリーダーシップの開発では被利他体験という「感恩」経験に基づく「奉仕」実践としての利他行動の実践体験がとくに重要となるといえよう。また，利他行動の実践を誘発するのは共感性やソーシャルスキルであるが，ソーシャルスキルは他者からの社会的支援も引き出すことで被利他経験としての「感恩」体験を拡大し，「恩送り」としての目的的利他行動である「奉仕」実践も促すことになるものと考えられる。

　ここでは，共感性とソーシャルスキルが利他行動の実践や被利他体験の経験にどう関係し，被利他体験や利他行動実践が共生のリーダーシップにどのような影響を及ぼすのかを実証的に検討する。

(1) 調査の項目

　2014年11月から12月の間に，関東の私立大学に通う学生161名（男性83名，女性78名，平均年齢20.27歳）を対象に次のような質問紙調査を実施した。質問項目は共感性，ソーシャルスキル，利他実践，被利他体験，リーダーシップの5変数に関する項目である。それぞれ境ら（2014）および土屋ら（2015）の尺度を使用し，5件法で回答を求めている。なお利他実践は，それが目的的なのか道具的なのかを判別するため各項目においてその時の動機「いつか自分もそうしてもらえると思った～喜んでもらえることが嬉しかった」を5件法で回答を求めた。また被利他体験は，利他実践の受容を検討するため，各項目の語尾を「～してもらったことがある」に変更し，5件法で回答を求めた。

(2)　共感性，ソーシャルスキル，利他行動と共生のリーダーシップとの関係

　まず，共感性とソーシャルスキルの各下位尺度得点を算出した。各下位尺度得点は因子負荷量の上位3項目を加算した。利他実践と被利他体験については利他行動全般との関連を検討するために全項目の総和とした。各得点の平均値と標準偏差は**表21-1**に示される通りである。

　次に，共感性とソーシャルスキルおよび被利他体験，利他実践のそれぞれの関係を検討するために，説明変数を共感性の各下位尺度得点，被説明変数をソーシャルスキルの各下位尺度得点および被利他体験得点，利他実践得点としてそれぞれステップワイズ法による重回帰分析を行った。その結果は**表21-2**に示される通りである。また，ソーシャルスキルと被利他体験および利他実践の関係を検討するために，説明変数をソーシャルスキルの各下位尺度得点，被説明変数を被利他体験得点および利他実践得点として，それぞれステップワイ

表21-1　記述統計量

	M	SD
他者感情への敏感性	12.08	2.45
他者感情への鈍感性	8.90	2.84
ポジティブ感情の共有	11.91	2.28
ネガティブ感情の共有	10.95	2.54
解読スキル	11.04	2.49
表現スキル	10.93	2.94
援助スキル	10.94	2.49
表出スキル	10.31	2.89
統制スキル	11.61	2.06
処理スキル	9.57	2.30
計画スキル	9.26	2.58
利他実践	7.67	1.63
被利他体験	8.60	1.65

ズ法による重回帰分析を行った。その結果は**表21-3**に示される通りである。

　次に，共生のリーダーシップと道具的利他実践および目的的利他実践の各下位尺度得点，被利他体験の各下位尺度得点の平均値と標準偏差を算出した。結果は**表21-4**に示す通りである。なお，尺度得点は因子負荷量の上位3項目を加算して算出した。

表21-2　重回帰分析表

被説明変数 説明変数		ソーシャルスキル							被利他体験	利他実践
		解読スキル	表現スキル	表出スキル	援助スキル	処理スキル	統制スキル	計画スキル		
共感性	他者感情への敏感性	.61***	.18*		.38***		.25***	.19*		-.28***
	他者感情への鈍感性	-.13*	-.18*			.16*		.19*	.23**	.18*
	ポジティブ感情の共有	.15*	.37***		.37***		.35***			.19*
	ネガティブ感情の共有			.33***		.27**		.26**		
	重回帰係数	.47***	.25***	.10***	.32***	.06*	.20***	.10**	.05**	.18***

*p < .05, **p < .01, ***p < .001

表21-3　重回帰分析表

被説明変数 説明変数		被利他体験	利他実践
ソーシャルスキル	解読スキル		
	表現スキル		.24**
	表出スキル	.16*	
	援助スキル	.21*	.41***
	処理スキル	.20*	.16*
	統制スキル	-.29***	-.21**
	計画スキル		
	重回帰係数	.12***	.31***

*p < .05, **p < .01, ***p < .001

表21-4　記述統計量

	M	SD
共生のリーダーシップ	9.63	2.27
目的的親切実践	5.47	4.62
目的的譲歩実践	2.99	3.09
目的的援助実践	4.18	4.25
目的的助力実践	4.85	4.79
道具的親切実践	1.97	3.39
道具的譲歩実践	3.59	2.94
道具的援助実践	1.85	2.86
道具的助力実践	4.82	4.28
被親切体験	8.44	2.70
被譲歩体験	7.83	2.55
被援助体験	7.59	2.63
被助力体験	10.16	2.95

　被利他体験および利他実践と共生のリーダーシップのそれぞれの関係を検討するために，説明変数を被利他体験の各下位尺度得点，被説明変数を道具的利他実践と目的的利他実践の各下位尺度得点および共生のリーダーシップ得点としてそれぞれステップワイズ法による重回帰分析を行った。その結果は**表21-5**に示される通りである。また，利他実践と共生のリーダーシップの関係を検討するために，説明変数を道具的利他実践および目的的利他実践の各下位尺度得点，被説明変数を共生のリーダーシップ得点としてステップワイズ法による重回帰分析を行った。その結果は**表21-6**に示される通りである。

表21-5　重回帰分析表

被説明変数 説明変数	目的的 親切実践	目的的 譲歩実践	目的的 援助実践	目的的 助力実践	利他実践 道具的 親切実践	道具的 譲歩実践	道具的 援助実践	道具的 助力実践	共生の リーダー シップ
被親切体験	.18*		.28***	.17**					
被譲歩体験						.18*			
被援助体験									
被助力体験	.26**	.28***	.18*	.37**		.21**			.24**
重回帰係数	.14***	.07***	.15***	.22***					.05**

（被利他体験）

$^{*}p < .05, ^{**}p < .01, ^{***}p < .001$

表21-6　重回帰分析表

被説明変数 説明変数	共生の リーダーシップ
目的的親切実践	
目的的譲歩実践	
目的的援助実践	.31***
目的的助力実践	.18*
道具的親切実践	
道具的譲歩実践	.17*
道具的援助実践	
道具的助力実践	
重回帰係数	.16***

（利他実践）

$^{*}p < .05, ^{**}p < .01, ^{***}p < .001$

　利他行動の実践プロセスを検討するために，共分散構造分析を行った。その結果は図 21-1 に示されるように，採用可能な X^2=17.82, df=11, $n.s.$ となる有意なモデルが検出された（GFI=.97, AGFI=.92, NFI=.96, CFI=.98）。

　共感性から利他実践の直接的なパスに関しては，統計的に有意な関係は認められなかった。共感性に関しては他者感情への敏感性からポジティブ感情の共有に対して有意な正のパス（.15*）が示された。また他者感情への敏感性は解読スキル（.67***）に，ポジティブ感情の共有は表現スキル（.45***）と援助スキル（.18**）にそれぞれ正の関連が認められた。ソーシャルスキルに関しては，援助スキルに対して解読スキル（.34***）と表現スキル（.35***）がそれぞれ正のパスを示した。さらに表現スキルは被利他体験（.12**）に正のパスを示した。一方利他実践に対してはソーシャルスキルのうち援助スキル（.25***）が正の関連を示した。被利他体験からは利他実践（.59***）への正の関連が認められ

図 21-1　共分散構造分析の結果

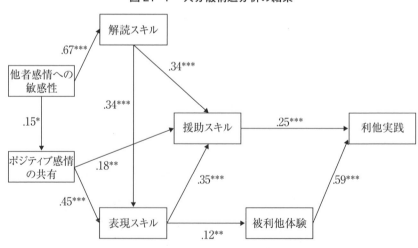

$^*p < .05, {}^{**}p < .01, {}^{***}p < .001$

た。以上から，共感性はソーシャルスキルを介して間接的に被利他行動の体験
や利他行動の実践に影響することが示された。

(4) 感恩体験および奉仕実践と共生のリーダーシップとの関係

　ここでは被利他体験や利他実践の中でもどのような次元が共生のリーダー
シップ開発において重要となるのかを見出すため，被利他体験や道具的利他実
践さらに目的的利他実践の各次元と共生のリーダーシップとの関係について検
討する。重回帰分析では，表21-5に示されるように，被親切体験や被助力体
験などの「感恩体験」が目的的な助力実践や援助実践さらに親切実践という恩
送りとしての「奉仕実践」に広く影響していることが見出された。また，表
21-6に示されるように，目的的な援助実践が共生のリーダーシップの発揮を
強く規定していることも見出された。しかし，これらの関係の妥当性を検証す
るために実施した共分散構造分析からは，採用可能な関係としては図21-2に
示されるような構造のみが見出された（X^2=.72, df= 1 , ns, GFI=.99, AGFI=.98,
NFI=.98, CFI=.99)。

　被利他体験から共生のリーダーシップへの直接的なパスに関しては，統計的
に有意な関連は認められなかった。被利他体験に関しては被親切体験から目的
的援助実践に対して有意な正のパス（.58***）が示された。さらに目的的援助
実践は共生のリーダーシップ（.18***）に正のパスを示した。

　ここから，他者からの親切という「感恩体験」が見返りを求めることなく
困っている第三者を援助するという目的的な援助行動としての「奉仕実践」を
引き出し，目的的な利他行動の実践が共生のリーダーシップを高めるという明
確な関係が見出された。したがって，共生のリーダーシップ開発においては，
他者からの支援という「感恩体験」とそれに基づく恩送りとしての「奉仕実践」
の機会の拡大が何よりも重要となると言えよう。

5 共生のリーダーシップ開発に向けて

　図21-1に示されるように，調査では共感性のなかでも他者と喜びを共にしようという「ポジティブ感情の共有」が広く影響を及ぼしており，ボヤツィスら（2006）の指摘するコンパッションの重要性が見出された。櫻井茂男ら（2011）も，他者感情への敏感性が他者の視点取得や他者感情への共有を経てそれらに対応する反応を促進し利他行動に至るというモデルのもと，ポジティブな感情に対する適切な感情反応が社会場面において必要なスキルとなることを指摘している。

　また，他者への敏感性は解読スキルにも強い正のパスを示し，他者と同様の感情を共有することが表現スキルや援助スキルにつながることも見出された。さらに，援助スキルには表現スキルからも正のパスが示されているが，解読スキルと表現スキルはコミュニケーションにおける基本的スキルであり，援助スキルは基本的スキルを確認してはじめて実行できるスキルであるためと考えられる。したがって，本研究で示された共感性とソーシャルスキルの関係はアイゼンバーグら（2006）のモデルにもあてはまるものと言えよう。また，表現スキルが被利他体験を促進し援助スキルが利他実践を促進することも示されたが，レジオら（1991）が主張するように，表現スキルが高い場合には他者とのコミュニケーションも円滑に進むのでソーシャルネットワークを多く保有しソーシャルサポートも得やすいためと考えられる。さらに，被利他体験は利他行動の実践を促すことも明らかとなり，他者からのサポートを感謝することにより，その恩に報いるために自分も第三者に対する利他行動を実践しようとするという感恩体験と奉仕実践との関係も見出された。

　ここから，ポジティブ感情の共有は援助スキルの向上を介して利他行動の実践を促すだけでなく，表現スキルの向上を介して被利他体験を拡大させ，それが利他行動の実践も促すという2つのパスも見出されたと言えよう。この関係は，境ら（2014）の主張する目的的利他行動の学習と道具的利他行動の学習という二重の学習経路の存在を示すものと思われる。ここから，共生のリーダー

シップの開発でもっとも重要となる利他行動の実践のためには，まず，ボヤツィスら（2006）のコンパッションに当たる共感性のなかのポジティブ感情の共有力の開発とそのもとでの援助スキルや表現スキルというソーシャルスキルの向上が何よりも必要となろう。

　また，図21-2に示されるように，共生のリーダーシップ開発には感恩体験に基づく目的的な利他行動の実践がとくに重要となることも見出された。本学の東日本大震災復興ボランティア活動にも見られるように，共生のリーダーシップ開発での各種の支援ボランティア活動の有効性が指摘されているが，小樽雅章（2014）は阪神・淡路大震災での復興支援ボランティア活動に参加した企業社員 354 名への質問紙調査の結果の重回帰分析から，復興支援への参加の自発性を規定しているのは「共感と愛他的援助責任の受容」であり「利得・損失計算」はまったく影響していないことを見出している。また，このボランティア活動は会社が決定したものではあるが，社員たちはその基盤となった「愛他心—他者の幸せを願う心」という経営理念に明確な共鳴と共感を持ち自発的に目的的な利他行動に参加していると理念への理解と共鳴の重要性も指摘している。

　本学の東日本大震災復興支援ボランティア活動も「感恩奉仕」という建学の精神や「利他共生」という教育の理念に基づくものではあるが，これらの精神や理念を教職員さらに学生のすべてが深く理解し強く共鳴しているのかは疑問の残るところでもある。一方，利他心（Altruism）については，行動経済学や進化心理学さらにゲーム理論や脳神経科学などの社会科学や自然科学での研究が急速に進められている。本学も，自校教育として共生論などに取り組んではいるものの，近年の利他心に関する学際的研究の急速な進展に対応した教育体

図21-2　共分散構造分析の結果

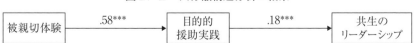

$$***p < 0.01$$

系の開発までには至っていないように思われる。

　今後，本学がさまざまな分野での共生のリーダーを育成していくためにも，共感性やソーシャルスキルの開発のための能動的学習（アクティブラーニング）と利他心や共生理念の社会的意義への体験的理解を深めるための実践的教育（ボランティア実践）を統合する実学教育のための新たな教育手法や教育体系の開発が強く求められていると言えよう。

【引用・参考文献】

相川充（2009）『新版　人づきあいの技術　ソーシャルスキルの心理学』サイエンス社

Bandura, A.（2001）Social cognitive theory: An agentic perspective, *Annual Review of Psychology*, 52：1-26.

Bass, B.M. & B. J. Avolio（1994）*Improving organizational effectiveness through transformational leadership*, Thousand Oaks, CA:Sage.

Batson, C. D.（2011）*Altruism in Humans*, Oxford University Press.（菊池章夫・二宮克美共訳，2012『利他性の人間学』新曜社）

Boyatzis, R. E., Smith, M. L. & N. Blaize（2006）Developing Sustainable Leaders Through Coaching and Compassion, *Academy of Management & Education*, 5（1）：8-24.

Burns, J. M.（1978）*Leadeship*, New York: Harper & Row.

Eisenberg, N., Fabes, R. M. & T. L. Spirad（2006）Prosocial behavior, Damon, W. & R. M. Lerner（eds.）, *Handbook of Child Psychology*, 6 th ed., vol. 3, Willey：646-718.

福岡欣治（2003）「ソーシャルサポートの互恵性に関する考察―認知レベルと実行レベルの区別に焦点を当てて―」『行動科学』42：103-108

長谷川良信（1963）『淑大（短大）理想の人間像』（長谷川仏教文化研究所編『大乗淑徳教本』所収：103-106）

Liang, J., Krause, N. M. & J. M. Bennett（2001）Social exchange and well-being: Is giving better than receiving? *Psychology and Aging*, 16（3）：511-523.

Mayrhofer, W., Meyer, M. & J. Steyrer（2007）Contextual Issues in the Study of Careers, Gunz, H. & M. Peiperl, *Handbook of Carrer Studies*, California: SAGE Publications.

二宮克美（1994）「F　援助のスキル」　菊池章夫・掘毛一也編著『社会的スキルの心理学　100のリストとその理論』：93-105

小樽雅章（2014）第3章「企業の思いやりと人助けの行動」高木修・竹村和久『思いやりは

どこから来るの？―利他性の心理と行動―』：44-63

Prati, L. M., Douglas, C., Ferris, G. R., Ammeter, A. P. & M. R. Buckley (2003) Emotional intelligence, leadership effectiveness, and team outcomes, *International Journal of Organizational Analysis*, 11：21-40

Riggio, R. E. & J. Zimmerman (1991) Social skills and interpersonal relationships: Influences on social support and support seeking, Jones, W. H. & D. Perlman (eds.), *Advances in personal relationships*, 2, London: Jessica Kingsley：133-160.

境忠宏 (2011)「キャリア研究の発展とキャリア教育の今後の課題」『国際経営・文化研究』16 (1)：13-26

境忠宏・土屋裕希乃 (2014)「利他共生のリーダーシップの機能と要件―社会的共同成長関係構築のためのリーダーシップ―」『国際経営・文化研究』19 (1)：61- 77

櫻井茂男・葉山大地・鈴木高志・倉住友恵・萩原俊彦・鈴木みゆき・大内晶子・及川千都子 (2011)「他者のポジティブ感情への共感的感情反応と向社会的行動，攻撃行動の関係」『心理学研究』82：123-131

Sober, E. & D. S. Wilson (1998) *The Evolution and Psychology of Unselfish Behavior*, Harvard University Press.

土屋裕希乃・境忠宏 (2015)「共感性とソーシャルスキルが向社会的行動に及ぼす影響」『日本社会心理学会第 56 回大会発表論文集』：81

Thomas, D. C. & K. Inkson (2007) Career Across Cultures, Gunz, H. & M. Peiperl, *Handbook of CAREER STUDIES*, California: SAGE Publications.

植村みゆき・萩原俊彦・及川千都子・大内晶子・葉山大地・鈴木高志・倉住友恵・櫻井茂男 (2008)「共感性と向社会的行動との関連の検討：共感性プロセス尺度を用いて」『筑波大学心理学研究』36：49-56

第22章

現代マーケティングにおける共生とケアについて
―共生とケアを基盤としたマーケティングを求めて―

斉藤　保昭

1 現代マーケティングにおける共生について

　マーケティングとは，本来，企業による対市場活動というのが，一般的な理解である。市場とは，「企業がその競争者と競いながら，製品の顧客を探し求めて製品とその代価を交換する場」である（田村 1998：14）。つまり，市場とは，需給結合の場であり，競争の場である。そこで，対市場活動としてのマーケティングにおいては，(1)場を読む，(2)差別化を図るということが重要となる。そもそも誰がマーケティングを行うかというマーケティングの主体は，営利組織であり，現在では，非営利組織にまで主体を拡張する傾向になってきた。非営利組織のマーケティングが新たなマーケティングの領域となる契機となったのが，コトラー（P. Kotler）らの概念拡張論の論稿であった（Kotler & Levy 1969）。彼らによれば，マーケティングは，歯磨き，石鹸や鉄鋼を売るということをはるかに超えた広範な社会活動であり，マーケティングに関わる人びとは，マーケティングの考えを拡大し，マーケティングの技術を社会に適用する大きな機会であるとし，あらゆる組織は財務，生産，人事，購買という伝統的なビジネス機能を遂行しているが，マーケティング機能を考える時，マーケティングのような活動を遂行していることは明らかであると述べ，彼らは，このような組織のすべては，ある「消費者」の目からみた「製品」に関わり，「消費者」に「製品」をよりよく受容してもらうための「ツール」を探索していると述べ，非営利組織までその主体を拡張した。そこで，重要な意味を持ったの

が，モノつまり製品の概念拡張であった。そのことにより，マーケティングの中心概念は交換であるが，従来であれば，企業と顧客との交換関係のみを研究対象に限定すればよかったが，非営利組織にまで主体を拡張する傾向になってきたことにより，病院と患者，学校と生徒などの交換関係まで研究対象が，拡がっていったのである。

マーケティングを考えるうえで Concept（コンセプト）という用語が重要であり，それは，2つの意味に用いられる（猿渡 1999：9）。一つめは，The Concept of Marketing という使い方で，マーケティングとは何か（What is Marketing?）ということを内容とし，マーケティング概念と翻訳し，2つ目は，The Marketing Concept という使い方で，マーケティングはどうあるべきか（What should be Marketing?）ということを内容とし，マーケティング理念あるいは，英語をそのままマーケティング・コンセプトと訳したりしている。

現代のマーケティングを考えるうえで，重要な概念として「共生」と「ケア」があり，「共生」は，マーケティング概念に結びつくものであり，理論的基礎となるものであり，「ケア」は，マーケティング理念あるいは，マーケティング・コンセプトに結びつくものであり，理論的な基礎となる共生のマーケティング活動を支える基本的な思考であると考える。そこで，理論的基礎としての共生概念と基本的な思考としてのケア概念を基盤としたマーケティングを考えるのが，本章の目的である。

まず，共生概念について整理し，次に現代マーケティングにおける共生について考えることとする。

(1) 共生の概念

現代では，共生という言葉は多方面で使われている言葉である。英語表現としては，"symbiosis" "conviviality" "living together" がある（浜嶋他編 1997：120）。『広辞苑 第6版』によると，「共生とは，①ともに所を同じくして生活すること。②異種の生物が行動的・生理的な結びつきをもち，一所に生活して

いる状態。共利共生（相互に利益がある）と，片利共生（一方しか利益をうけない）とに分けられる。寄生も共生の一形態とすることもある」としている。

　共生という概念はもともと生物学でおもに使用してきた概念である（尾関 2007：18）。生物学において，共生は，「異種の生物が一緒に生活している（living together）現象。この場合，互いに行動的あるいは生理的に緊密な結びつきを定常的に保っていることを意味するのがふつうである。したがって，同じ生息場所にすんでいる（co-existence, co-habitation）だけでは，この概念には入らない」としている（八杉他編 1996：319）。

表 22- 1　共生者と被共生者および中立的（○）関係

共生関係	共生者	被共生者
(1)　中立関係（neutralisim）	○	○
(2)　相害関係（disoperation）	－	－
(3)　相利関係（mutualism）	＋	＋
(4)　片利関係（commensalisms）	＋	○
(5)　片害関係（amensalism）	○	－
(6)　掠奪関係（exploration）	＋	－

出所）沼田眞（1993：18）

　沼田眞によれば，共生は，生物の教科書では寄生（parasitism）と対比的に使われることが多く，地衣類における藻類と菌類の関係のような，緊密な結合をもって生活しているものを考えるのがふつうであるが，もっと幅広いものであるとし，表 22-1 のように 6 つのパターンに示し，寄生は(6)の掠奪に，共生は(3)の相利共生に含めることができるとした（沼田 1993：18）。

　尾関周二は，人間社会における「共生」は，お互いの文化や生活様式や由来などの違いを理解し，相手を排除したり一方的に同質化することなく，積極的な互いの接触を通じて共によりよく生きていこうとする志向をもつことであると述べ，人間の間の「共生」は，「共存」や「共棲」と違って，異文化理解に象徴されるように，コミュニケーションの意義が大きいものとなると指摘して

いる（尾関 2007：20）。

　共生という言葉を分解すると“ともに生きる”ということであるが，その点に関し，井関利明は，相手との結合や関係を重視することであり，そこでは人間同志は言うまでもなく，人間以外のすべての存在に対しても，独善的行動は排斥され，他との関わりあいにおいて，人は生きており，この観念の中核には，エンパワーメント（empowerment）があるとし，共生の根本には相互の関わりあいを重視する姿勢があるとしている（井関 1993：18）。

　三上富三郎は，あるべき共生概念として，「開かれたオープンシステムの中で，システム内の諸矛盾を超克し，さまざまな異質のものの共存の承認の上に新しい結合関係の樹立をめざし，それが相互のもたれ合いではなく，《自立》との緊張関係を内容とするものだ」としている（三上 1995：51）。

　以上，共生概念についてみてきたが，本章では以上の論議を踏まえ，共生については，「お互いの違いを理解し，相互の関わり合いを重視し，相互のもたれ合いではなく，相互に緊張関係をもち，積極的に相互作用しながら共によりよく生きていくことである」とし，以後，論を展開することとする。

‖ (2) 現代マーケティングと共生について

　次に，現代マーケティングにおいて共生はどのような位置づけにあるのかを検討することとする。

　マーケティングの中心概念は交換であるが，1990 年代に入り，交換概念に代わり，売り手と買い手との関係性こそが，マーケティングの中核概念となりうるかどうかの議論が活発化し（南 1999：101），疑問が投げかけられた。このような交換概念について疑問が投げかけられる契機となったのが，関係性マーケティングの出現である。関係性マーケティングの出現により，単発的交換から長期的・継続的交換関係に時間概念が変化した。和田充夫は，「関係性マーケティングは，基本的に潜在需要を前提としないマーケティングである。これまで，マネジリアル・マーケティングは，潜在需要の存在を前提とし，これに

適合（fit）することを戦略立案の目的としてきた。これを前提としない関係性マーケティングの戦略展開の目的は，企業と消費者（あるいは顧客）との相互作用（interact）である。企業と消費者の双方に潜在需要が見つからないのであれば，双方が相互作用を繰り返すことによって需要を創ろうというのである。すなわち，関係性マーケティングの中核概念は，企業と消費者とによる価値共創（需要共創）である。」と述べた（和田 2004：4）。このような考え方は，近年，マーケティング分野における新しい支配的な論理として主張されているヴァーゴ（S. L. Vargo）らによる，顧客は価値の共同創造者であり，価値創造は相互作用的であるという点を核とするサービス・ドミナント・ロジック（service-dominant logic）の中にも見出せる。この点が現代マーケティングの論理を考えるうえで重要な点であることは確かである。マーケティングのむずかしさは，自分の意図通りにならない他者を相手にしていることにある。近年，自分の意図通りにならない他者である消費者ないし顧客が見えなくなっているとよく言われる。相互作用による価値創造は，ある意味において，見えないモノを見えるモノにする行為であるといえる。1990年代以前のマーケティングの論理は，顧客の欲するものを提供するという顧客志向が基盤となった論理であり，現在も顧客志向の重要性は変わらないものであるが，1990年代以降，特に現代におけるマーケティングの論理は関係性を軸とした顧客との相互作用による価値創造が強調される論理となっているといえる（斉藤 2015）。

　以上，現代マーケティングの論理について考えてきたが，そこには一つのキーワードが浮かび上がってくる。それは「共生」という言葉である。共に生きていくことで価値を創造していくという意味で，「共生」という概念が，現代マーケティングの論理に色濃く反映されているのではないだろうか。

　先に，共生概念を「お互いの違いを理解し，相互の関わり合いを重視し，相互のもたれ合いではなく，相互に緊張関係をもち，積極的に相互作用しながら共によりよく生きていくことである」と定義した。そして，前述したように1990年代以降，特に現代におけるマーケティングの論理は関係性を軸とした顧客との相互作用による価値創造が強調される論理となっているといえる。そ

こにおけるキーワードは，「関係性」，「相互作用」，「価値創造」である。これらのキーワードと共生概念を照らしてみると明らかに符合することが理解できる。つまり，お互いの違いを理解し，相互の関わり合いを重視するということは，「関係性」の考え方であり，相互に緊張関係をもち，積極的に相互作用するというのは，「相互作用」の考え方であり，共によりよく生きていくということは，「価値創造」という考え方である。まさに，現代のマーケティングの論理の中に共生という考え方が中心的な存在として根付いていると考える。

　わが国において，マーケティングと共生についての初期の研究者の一人に三上富三郎がいる。三上は，1995年7月に亡くなったが，その年の2月に「共生のマーケティング序説」と題する論文を発表した（三上 1995）。序説的性格をもった論文ではあったが，現在のマーケティングと共生を考えるうえで示唆に富んだ論文である。

　三上は，前にも述べたように，あるべき共生概念として，「開かれたオープンシステムの中で，システム内の諸矛盾を超克し，さまざまな異質のものの共存の承認の上に新しい結合関係の樹立をめざし，それが相互のもたれ合いではなく，《自立》との緊張関係を内容とするものだ」とし，図4-1のように企業を中心とする共生関係のモデルを提示し，①組織体（企業）内の共生関係，②対系列共生，③対産業共生，④対市場共生，⑤対社会共生，⑥対世界共生，⑦対地球共生の7つを企業を中心とした共生関係とした。①の組織体（企業）内の共生関係として，社員との共生，同じ社員の中でも男女の共生，世代間の共生があり，②の対系列共生とは，企業が直接的に支配の及ぶ系列企業，下請け企業，子会社等の共生であり，③の対産業共生は，企業が属する産業の中で直接にコンタクトをもつ，相手方，主として仕入先，調達先，競争企業との間の共生であり，④の対市場共生は，製品・サービスを供給する市場の中での共生であるから，その対象は消費者，ユーザー，流通業者が中心になり，⑤の対社会共生は，市場よりもさらに広域な社会で，地域社会，全体社会，行政といった対象との間の共生であり，⑥の対世界共生は，インターナショナルな次元において，海外消費者，海外企業，海外市場との間の共生が問題となり，⑦の対

図22-1　企業を中心とする共生関係

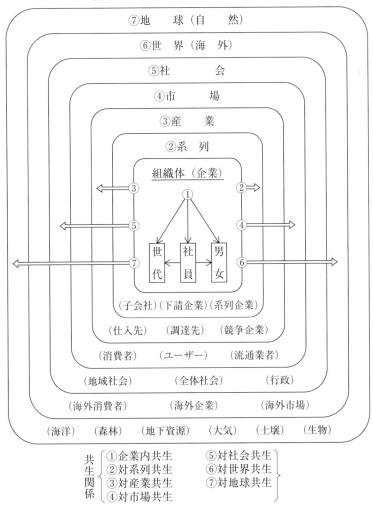

共生関係
① 企業内共生　⑤ 対社会共生
② 対系列共生　⑥ 対世界共生
③ 対産業共生　⑦ 対地球共生
④ 対市場共生

出所）三上富三郎（1995）「共生のマーケティング序説」『明大商学論叢』第77巻3・4号：56

　地球共生は，地球環境，自然環境のすべてが共生の対象になるとした。

　三上は，共生マーケティングの展開にあたって，企業を中心とする共生関係において，中心に位置する①の組織体（企業内）の共生は，旧式表現では，人

事労務問題として検討されることからマーケティングの枠外におき，外方に拡がっていく②の対系列から⑦の対地球（自然）までのすべての領域は共生マーケティングの対象となってくると指摘している。しかし，現在，組織内部のマーケティングであるインターナルマーケティングが重要になっていることを考えると①の組織体（企業）内の共生も加えるべきであり，最終的に①の組織体（企業）内の共生から⑦の対地球（自然）までのすべての領域が対象となってくると考える。

　ここでは，三上の企業を中心とする共生関係について述べたが，先述したように，マーケティングは従来であれば，企業と顧客との交換関係のみを研究対象に限定すればよかったが，非営利組織にまで主体を拡張する傾向になってきたことにより，病院と患者，学校と生徒などの交換関係まで研究対象が，拡がっていった。

　「Quo vadis, marketing?（マーケティングはどこにいくのか？）」。この問いに対して，先に提示した「お互いの違いを理解し，相互の関わり合いを重視し，相互のもたれ合いではなく，相互に緊張関係をもち，積極的に相互作用しながら共によりよく生きていくことである」という共生概念を理論的基礎としたマーケティングが展開されるものと考える。

2　現代マーケティングにおけるケアについて

　まず，ケア概念について整理し，次に現代マーケティングにおけるケアについて考えることとする。

(1)　ケアの概念について

　広井良典によれば，ケアという言葉は，①「配慮，気遣い」といった意味，②世話という言葉に相当するような意味，③医療や福祉（または心理）といった分野に特化された意味の３つに整理できるとし，もともとは不安，心配，気が

かりといった消極的な意味であったのが，ある時期から「世話，配慮」といったいわば積極的な意味に重点を移していったとしている（広井 2000：14-29）。メイヤロフ（M. Mayeroff）は，「一人の人格をケアするとは，最も深い意味で，その人が成長すること，自己実現することをたすけることである」(Mayeroff 1971：訳書13）と述べている。森村修は，ケアとは，「『自己犠牲』に代表されるような関わりでもなければ，たんなる『強者から弱者への援助』でもない。それは，互いが互いを必要とする『相互依存（＝支え合い independence）関係』の一つのあり方なのである」(森村 2000：V）と述べている。三井さよは，ケアを，他者の生を支えようとする働きかけの総称として捉え，自分とは異なる他者が生きていくのを支えようとする働きかけを，すべてケアと呼んだ（三井 2010：7‐8）。3人の論者から，ケアの定義についての論点は，①他者の成長と自己実現を助けること（メイヤロフ），②互いが互いを必要とする相互依存の一つのあり方（森村），③自分とは異なる他者が生きていくのを支えようとする働きかけ（三井）となる。また，上野千鶴子は，メアリー・デイリーが編集したILO刊行の“Care work”の執筆者たちが用いている「依存的な存在である成人または子供の身体的かつ情緒的な要求を，それが担われ，遂行される規範的・経済的・社会的枠組のもとにおいて，満たすことに関わる行為と関係」という定義を採用し，ケアを複数の行為者が関わる相互行為，相互関係ととらえ，依存的な存在を第一義的なニーズの源泉とすることで，当事者主権の立場を鮮明にし，他者に移転可能な行為としてのケアを，労働としてとらえた（上野 2011：5‐6）。以上のように，論者によって，ケアの概念についての論議はさまざまである。このような論議を踏まえ，次に，現代マーケティングとケアについて考えていくこととする。

(2)　現代マーケティングとケアについて

先に，「ケア」は，マーケティング理念あるいは，マーケティング・コンセプトに結びつくものであると述べた。マーケティング・コンセプトとは，マー

ケティング活動を遂行するうえでの基本的な考え方・思考のことであり，どうあるべきかという規範や理念を内容としている（三上 1974：77）が，「ケア」は，「共生」を理論的基礎としたマーケティング活動を遂行するうえでの基本的な考え方・思考であり，方向性を示すものであると考える。

　ドラッカー（P. F. Drucker）は，事業の成功にとって第一義的な重要性をもつものは，事業家の価値判断ではなく，顧客の価値判断であり，顧客が値打ちがあると思うこと，それが決定的な重要性をもっているとし，顧客は事業の土台であり，事業の存在を支えるものであると述べている（Drucker 1954：訳書 16）が，この考え方は，マーケティングの中心的な考え方で，顧客志向と呼ばれるものであり，基本的なマーケティング・コンセプトである。顧客志向を簡単に言えば，相手の立場に立って物事を考えるということである。水越康介は，「一般的には，マーケティングの基本視座は消費者主権であり，顧客のニーズに応えることこそが，もっとも重要な課題であるとみなされる」と述べている（水越 2011：1）が，消費者主権とは，「民主主義政治における国民主権と同様に，市場においては消費者が主権者であるという基本的考え方。端的にいえば，消費者は市場における選択（購買行動）を通じて，その意向を生産者に伝達し，生産される商品・サービスの機能・性質・数量を最終的に決定するという考え方」（和田他編 2005：106）である。このようなマーケティングの考え方は，上述の上野の依存的な存在を第一義的なニーズの源泉とすることで，当事者主権の立場を鮮明にするという考え方に通じる点があると考える。

　先述したように，1990 年代以前のマーケティングの論理は，顧客の欲するものを提供するという顧客志向が基盤となった論理であり，現在も顧客志向の重要性は変わらないものであるが，1990 年代以降，特に現代におけるマーケティングの論理は関係性を軸とした顧客との相互作用による価値創造が強調される論理となっているといえる。そこで，顧客志向を土台として，さらに重層的に深化した考え方としてケアを考えることが必要であると考える。つまり，現代のマーケティングを共生とケアを基盤としたマーケティングと捉えた時，顧客とは，ケアの受容者であり，その中心的考え方は，ケアの受容者の立場に

立って，物事を考えるということであり，「ケアの受容者志向」ということができると考えるのである。そこでのマーケティング・コンセプトについては，「ケアの提供者」と「ケアの受容者」の交換活動における理念ないし基本的思考であって，当事者主権に立脚してケアの受容者のニーズを満たすべき規範，と定義する。特に考えなければいけない点は，当事者主権に立脚している点である。上野千鶴子は，当事者を「ニーズの帰属（を自覚的に引き受ける）主体」と定義している（上野 2011：79）。広井良典は，ケアという営みを，「最終的にはその人（"ケアされる人"）がコミュニティや社会の中で自律していくことがゴール」であると述べている（広井 2013：19）ように本論文においては，誰を相手にケアを提供するのかを考えた場合，単にニーズの帰属主体であるケアの受容者本人だけではなく，その本人に関わる家族や地域も相手として想定しなければならないことから，ケアの受容者を「ケアの受容者集団」として考えることとする。そして，当事者主権であるが，上野が指摘しているように，当事者主権の理念は，パターナリズム（paternalism）に鋭く対抗する（上野 2011：68）。パターナリズムとは，権威ある父親が子どもに対してふるまうように，医師が患者に対してふるまい，患者は医師の指示に全面的にしたがうというものである（島津 2005：59）。共生とケアを基盤としたマーケティングは，パターナリズムに対抗した当事者主権に立脚しなければならないと考える。

　先に，メイヤロフと三井のケアの考え方を述べ，広井によるケアという営みについて触れ，最終的にはケアされる人がコミュニティや社会の中で自律していくことがゴールであると述べているが，この3人の論者からも共生とケアを基盤としたマーケティングが何をめざすべきかが見えてくる。つまり，めざすものは，ケアされる人の生を支えながら最終的にその人がコミュニティや社会の中で自律していくことであると考える。

3　共生とケアを基盤としたマーケティング活動について

　以上，述べてきたように，ある意味で，現代のマーケティングは，共生とケ

アを基盤としたマーケティングといえる。

　共生とケアを基盤としたマーケティングの全体像は，その構造とプロセスと価値創造について内容との関連を考察することで明らかになるものと考える。

　そのマーケティング活動とは，お互いの違いを理解し，相互の関わり合いを重視し，相互のもたれ合いではなく，相互に緊張関係をもち，積極的に相互作用し，ケアされる人の生を支えながら最終的にその人がコミュニティや社会の中で自律していくという価値を創造していく活動であると考える。

　マーケティング活動の主要テーマは，誰に対して（who），何を（what），どのように（How）提供するかである。つまり，共生とケアを基盤としたマーケティング活動にあっては，ケアの提供者が，ケアの受容者に対してどのような価値をどのように提供していくかが問題となる。

　そのマーケティングの具体的な活動は，短期的側面である製品やサービスの交換を中心に日常的に行われる交換の反復によって関係性が形成され，長期継続的取引関係が形成されることになり，最終的にケアの価値を創造していくことである。価値とは行為者が重要であると思うものであり，行為にあたっての選択基準であるとともに，新しい行為代替案を創造する源泉でもある（田村 1996：391）。

　共生とケアを基盤としたマーケティングにおける価値創造とは，ケアの価値を創り出すということである。ケアを生み出す基礎として，佐藤俊一は，「相手を愛し，信頼し，同時に自分を愛し，信頼するという，自分を使うことで生まれる。また，そのプロセスにおいて既知の問いを発しながら，自分の人にかかわる態度の課題を問いかけることで，ケアの基礎となる力を生み出すことができる」と述べ（佐藤 2011：32），さらに，対話的関係の重要性について指摘した（佐藤 2011：ii）。

　では，価値創造はどのようになされるであろうか。前にも述べたようにマーケティングとは，本来，企業による対市場活動である。だが，現在では，企業のみならず医療，大学，行政，観光，NPO などにもマーケティングの考え方が適用されている。市場とは，需給結合の場であり，競争の場である。マーケ

ティングは，場においてなされる活動であると考えることができることから価値創造は，場においてなされると考える。伊丹敬之によれば，場とは，「人々がそこに参加し，意識・無意識のうちに相互に観察し，コミュニケーションを行い，相互に理解し，相互に働きかけ合い，相互に心理的刺激をする，その状況の枠組みのことである」と定義し，その枠組みは「人々の間の情報的相互作用と心理的相互作用との容れもの」とし，情報的相互作用と心理的相互作用は，別に場というような容れものがなくても，起きるが，場という容れものによって境界が区切られて初めて継続的で密度の濃い相互作用が起きると述べている（伊丹　2005：42-44）。

　以上のように，共生とケアを基盤としたマーケティングにおける価値創造とは，情報的相互作用と心理的相互作用との容れものとしての場において，ケアの提供者とケアの受容者が発話機会の平等性と対話者としての対等性をもって対話し，関係性を築きながらケアの価値を創り出すということとして理解することとする。

　以上が，共生とケアを基盤としたマーケティング活動である。いかにお互いの違いを理解し，相互の関わり合いを重視し，相互のもたれ合いではなく，相互に緊張関係をもち，積極的に相互作用し，ケアされる人の生を支えながら最終的にその人がコミュニティや社会の中で自律していくという価値を創造していくかということである。

　最初にも述べたように，本章の目的は，共生とケアを基盤としたマーケティングを考えることであった。現代のマーケティングの論理の中に共生という考え方が中心的な存在として根付いており，そのマーケティングを遂行していくための基本的な思考としてケア概念が重要である。そして，共生概念をお互いの違いを理解し，相互の関わり合いを重視し，相互のもたれ合いではなく，相互に緊張関係をもち，積極的に相互作用しながら共によりよく生きていくことであると定義した。

　共生とケアを基盤としたマーケティングは，当事者主権に立脚したマーケ

ティングであり，めざすものについて，ケアされる人の生を支えながら最終的にその人がコミュニティや社会の中で自律していくことであると述べたが，そのマーケティング活動とは，お互いの違いを理解し，相互の関わり合いを重視し，相互のもたれ合いではなく，相互に緊張関係をもち，積極的に相互作用し，ケアされる人の生を支えながら最終的にその人がコミュニティや社会の中で自律していくという価値を創造していく活動であるといえる。

　最後に，本来，マーケティングとは，企業の売るための仕組み作りであるといえる。マーケティングの原語（Marketing）を2つに分解すると，Market（市場）にingがついていることから単に市場ということではなく，市場活動と理解することができる。前述したように，市場とは，需給結合の場であり，競争の場である。そこで，対市場活動としてのマーケティングにおいては，(1)場を読む，(2)差別化を図るということが重要となる。本来，マーケティングは，企業による市場の獲得・支配のための対市場活動であるといえる。そして，非常に競争的側面を有している。そのようなことから「マーケティングにおける競争と共生」について研究することで，共生とケアを基盤としたマーケティングが一層，明確になると考える。この点については，今後の研究課題としたい。

【引用・参考文献】

Kotler, Philip & Sidney J. Levy (1969) "Broading the Concept of Marketing", *Journal of Marketing*, vol.33：10-15

Mayeroff, Milton (1971) *On Caring*, Harper & Row, Publishers, Inc.（ミルトン・メイヤロフ著，田村真・向野宣之訳，1987『ケアの本質』ゆみる出版）

Drucker, Peter F. (1954) *The practice of management*, Harper & Brother publishers.（ドラッカー P. F. 著，野田一夫監修，現代経営研究会訳，1965『現代の経営』ダイヤモンド社）

Vargo, Stephen L. & Robert F. Lusch (2004) "Evolving to a new dominant logic for marketing", *Journal of Marketing*, Vol.68 No. 1：1-17.

石井淳蔵編（2001）『マーケティング』八千代出版

石井淳蔵（2010）『マーケティングを学ぶ』ちくま新書

石原武政（1982）『マーケティング競争の構造』千倉書房

井関利明　(1993)「総論・ともに生きる」大乗淑徳学園編『共生』大乗淑徳学園：8-11

伊丹敬之　(2005)『場の論理とマネジメント』東洋経済新報社

上野千鶴子　(2011)『ケアの社会学—当事者主権の福祉社会へ—』太田出版

尾関周二　(2007)「共生理念と共生型持続社会への基本視点」矢口芳夫・尾関周二編『共生社会システム学序説—持続可能な社会へのビジョン—』青木書店：10-45

斉藤保昭　(2012)「ケアのマーケティング序説」『淑徳大学社会福祉研究所総合福祉研究』No.16：33-43

斉藤保昭　(2013)「ケアのマーケティングにおける価値創造について」『淑徳大学社会福祉研究所総合福祉研究』No.17：61-73

斉藤保昭　(2014)「ケアのマーケティング体系化への途—共生を基盤としたケアのマーケティングについて—」『淑徳大学社会福祉研究所総合福祉研究』No.18：117-126

斉藤保昭　(2015)『現代マーケティングの論理』成文堂

佐藤俊一　(2011)『ケアを生み出す力—傾聴から対話的関係へ—』川島書店

猿渡敏公　(1999)『マーケティング論の基礎』中央経済社

島津望　(2005)『医療の質と患者満足—サービス・マーケティング・アプローチ—』千倉書房

大乗淑徳学園編　(1993)『共生』大乗淑徳学園

田村正紀　(1996)『マーケティング力—大量集中から機動集中へ—』千倉書房

田村正紀　(1998)『マーケティングの知識』日本経済新聞社

沼田眞　(1993)「自然環境と，ともに生きる」大乗淑徳学園編『共生』大乗淑徳学園：12-19

浜嶋朗・竹内郁郎・石川晃弘編　(1997)『社会学小辞典（新版）』有斐閣

広井良典　(2000)『ケア学—越境するケアへ—』医学書院

広井良典　(2013)「いま『ケア』を考えることの意味」広井良典編『ケアとは何だろうか—領域の壁を越えて—』ミネルヴァ書房：1-30

三上富三郎　(1974)『現代マーケティングの理論』ダイヤモンド社

三上富三郎　(1995)「共生のマーケティング序説」『明大商学論叢』第77巻第3・4号：45-60

水越康介　(2011)「ニーズ概念の再検討に向けて当事者主権から考えるマーケティング論」『open journal of marketing』2011-3：1-8

三井さよ　(2010)『看護とケア—心揺り動かされる仕事とは—』角川学芸出版

南知恵子　(1999)「インタラクティブ・マーケティングとコミュニケーション」石井淳蔵・石原武政編　(1999)『マーケティング・ダイアログ』白桃書房

森村修　(2000)『ケアの倫理』大修館書店

八杉龍一・小関治男・古谷雅樹・日高敏隆編　(1996)『岩波　生物学辞典第4版』岩波書店

和田充夫　(2004)「マーケティング・リボリューション—来た道・行く道を考える—」和田充

夫・新倉貴士編著『マーケティング・リボリューション―理論と実践のフロンティア―』有斐閣：1 - 6

和田充夫・日本マーケティング協会編（2005)『マーケティング用語辞典』日本経済新聞社

第23章

アクティブラーニングとしてのフィールドワーク
─丸の内ビジネス街を舞台とした歴史調査実習─

森田喜久男

1　フィールドの舞台としての丸の内ビジネス街

　人文学部歴史学科は，2014（平成26）年4月に設置されたばかりである。ここ20年ばかりのわが国の大学の趨勢として，「総合」や「国際」をキーワードに学際的な観点による学部学科の再編が各地で進行したことは周知の事実である。そのような中で本学では，人文学部を開設しその中に歴史学科を設置した。

　この点を踏まえるならば，本学の歴史学科は，他大学の歴史学科と異なる独自性を持たなくてはならない。そうでなければ，今，この時期になぜ本学は歴史学科を設置したのか，という疑問に答えることはできないであろう。

　本学の歴史学科では，地域社会の抱えるさまざまな問題にアクセスできるような「実学としての歴史学」の構築をめざしている。そのための具体的な教育方法として取り組まれていることが，歴史の息づかいを膚で学ぶフィールドワークである。

　歴史学科に進学してくる学生の中には，歴史小説やコミック，時代劇，ゲームの影響などにより歴史に興味を持った者が多い。学生たちは教員から高校の教科書にはない過去のエピソードを教えてもらえることを期待している。

　ところが，大学で学ぶ歴史学とは，過去の人物が書き残した史料や過去の人物に関わる遺跡・遺物などの考古資料により，断片的な史実を発見し，それをつなぎ合わせて時代史像の一端を構築していく学問である。歴史学は，実は「真面目な仕事をしようとすればその時間の大半は職人的な作業に費やさなけ

ればならない」学問なのであり（森本 2003），おもしろいことが学べることを期待して大学に入ってきた学生は，自分自身の思いと大学で行われる授業とのギャップに悩むことになる。

　このギャップを埋めるために必要とされるのは，高等学校との接続教育である。そのために重要な役割を果たすのがフィールドワークなのである。学生たちは，古文書や考古資料などが保管されている公文書館や博物館，史跡，遺跡などに実際に足を運び，歴史の現場を五感で体験し，主体的な学びを促進することができるようになる。

　歴史の現場を歩くこと，それ自体は他大学の歴史学科でも行われている。しかし，本学の歴史学科の場合は，原則として金曜日はフィールドワークのために，教室内での授業をなるべく入れないように配慮を行っている。

　本章では，このような歴史学科独自のフィールドワークの実践例として，筆者が取り組んだ丸の内ビジネス街を舞台とした「歴史調査実習」を取り上げ，その内容を報告するとともに得られた成果と今後の課題について論じていきたい。

　歴史調査実習の授業目的は，歴史研究を行ううえで必要な史料収集の意義を理解し，史料を収集する能力を養うことである。

　授業においては，まず，史料のさまざまな伝来の仕方，史料の整理・保管方法を理解し，既に翻刻されて紹介済みの史料を含めて実際に史料の原本や写真を閲覧する方法を学ぶ。

　次に史料収集調査をするための手法や作法を身につけ，実際に所蔵施設を訪問して史料の整理・保管状況や利用方法を習得する。

　さらに，歴史の舞台となった場所を踏査し，その中で史料や文献を読解する力を身につける。ここで，確認すべきことがある。それは歴史の舞台となった場所，現地を歩くことによって得た情報が史料や文献の読解にフィードバックされることである。歴史調査実習が，単なる史料調査に終わらない。そのことはシラバスで明記されている。

　次に歴史調査実習の到達目標について確認しておく。これについてはシラバ

スにおいて，明確な目標を 4 点にわたって掲げている。

　① 史資料の伝来状況，史資料の整理・保管の仕方を理解する。

　② 史資料収集調査の意義を理解する。

　③ 史資料収集調査の手法を身につける。

　④ フィールドワークの意義と手法を身につける。

　上記の 4 つの到達目標に示されているとおり，歴史調査実習は，歴史調査の具体的なスキルを身につけさせると同時に歴史調査の意義，それ自体についても学生自身に考えさせることを目標としている。

　次にフィールドワークの舞台として丸の内ビジネス街を取り上げ，どのような実習を行ったか述べておこう。

　まず，丸の内ビジネス街をフィールドワークの対象地として選択した理由を述べる。丸の内ビジネス街は，変化の激しい東京都区内にあっても，特に景観の変化がいちじるしい場所である。

　江戸開府以前については，丸の内ビジネス街の大部分は海の中にあった。このような状態は，「日比谷入り江」と呼ばれていた。江戸幕府が開かれると，丸の内は埋め立てられ大名屋敷が並び始める。

　幕府が崩壊し明治維新を迎えると，丸の内は官庁街および陸軍の練兵場として利用されるようになった。ところが，1872（明治5）年の火災により，大手町・丸の内・銀座・築地の大部分が焼失すると，紆余曲折を経て商業エリアとしての道を歩むことになる。

　丸の内は，1890（明治23）年に三菱に払い下げられた。この段階で丸の内は，広大な原となっており，当初は「三菱ヶ原」と呼ばれていた。そこに，1894（明治27）年に三菱一号館が竣工する。それを皮切りに軒高 50 尺の煉瓦造りの建物が造られ，丸の内の馬場先通りや仲通りは「一丁倫敦」と呼ばれるようになった。

　1914（大正3）年に東京駅が竣工すると，今度は行幸通り沿いに高さ 100 尺（＝ 31m）の鉄筋コンクリートのビルディングが建設され，丸の内は「一丁紐育」と呼ばれるに至った。その後，第二次世界大戦を経て，1950 年代から始まる

高度経済成長期を迎えると，やがて丸の内には高層ビルが林立するようにな
り，今に至っている。

　このように丸の内は今日に至るまでさまざまな変貌を遂げており，一見する
と歴史学のフィールドワークの対象地としては適切でないように思える。しか
し，部分的に「一丁倫敦」と呼ばれた時代や「一丁紐育」と呼ばれた時代を彷
彿とさせるような歴史的建物や往時の雰囲気を再現した建物が丸の内ビジネス
街には存在しているのである。

　このことは歴史調査実習のフィールドワークを実施するうえでどのようなメ
リットをもたらすのであろうか。丸の内ビジネス街の歴史的建造物を訪問する
ことで，建物を舞台に繰り広げられた歴史を体感させながら，近代日本の歩み
を学生に考えさせることができるのである。丸の内ビジネス街をフィールド
ワークの対象地に選んだ理由は，このような歴史的環境にもとづくからにほか
ならない（三菱地所社史編纂室 1993；東京都千代田区 1998；岡本 2009a；2009b）。

　次にフィールドワークで具体的に訪問した建物について列挙しよう。それ
は，東京駅丸の内駅舎，日本工業倶楽部会館，三菱一号館美術館，明治生命館，
旧第一生命館である（小林 2014；野村 2014）。

　東京駅丸の内駅舎はすでに述べたように 1914（大正 3）年に創建された建造
物である。設計者は辰野金吾で両翼に八角ドームの乗車口と降車口が配置され
ている鉄骨煉瓦造りの建物である。1945（昭和 20）年 5 月 25 日の東京大空襲で
焼失した階上部分を忠実に再現する形で 2012（平成 24）年にリニューアルした
ことで話題を集めた。

　日本工業倶楽部会館は，1920（大正 9）年に創建された鉄筋コンクリート造
りの建造物である。日本工業倶楽部それ自体は，1917（大正 6）年に設立され，
初代理事長は三井合名会社理事長の団琢磨である。わが国を代表する実業家同
士の親睦を図り，近代化を支えた工業の発展を目標として活動し，文字通り近
代日本の経済を牽引した組織である。この組織を母体として日本経済団体連合
会や経済同友会などが生まれたことはよく知られている。

　次に三菱一号館美術館は，1894（明治 27）年に創建され，1968（昭和 43）年に

解体した煉瓦造りの三菱一号館を，2009（平成21）年に復元したものである。また，明治生命館は，1934（昭和9）年に竣工した鉄筋コンクリート造りの建物で，戦後GHQに接収され，この建物の中にアメリカ極東空軍司令部が入り，そこでしばしば対日理事会などが開催されている。1938（昭和13）年竣工の旧第一生命館も戦後GHQによって接収され，そこにマッカーサーの執務室が置かれたことは高等学校の日本史の教科書にも出てくる。

　以下，丸の内ビジネス街のフィールドワークをどのような形で実施したのか。この点について具体的に述べる。これから紹介する事例は，2015（平成27）年度の前期に実施したものである。

2　フィールドワークの実際

(1)　事前準備・事前学習

　事前準備として，筆者が行ったことについて述べよう。まず，筆者は，事前学習およびフィールドワーク当日に訪問しようとする施設のすべてに依頼を行った。

　具体的には，事前学習として利用する千代田区立日比谷図書文化館総務経理部門，フィールドワーク当日の訪問先のうち日本工業倶楽部調査部調査課，明治安田生命ビルマネジメント株式会社丸の内センター商業・施設事業グループ，第一生命保険株式会社総務部総務課の担当者のもとへ筆者が直接出向き，フィールドワークの趣旨・目的を持参の資料にもとづき説明した。

　これを受けて，それぞれの組織で検討がなされ訪問可能の回答が得られると，人文学部長発信の依頼文をそれぞれの組織の担当者に送付し，訪問日程が近づいてきた段階で，経路設定した施設をすべて実際に踏査したうえで行程表を作成し，その行程表および参加する学生全員と引率教員である筆者の名前を記した名簿を電子メール等の手段でそれぞれの担当者に送付した。

このように事前準備については，通常の授業準備以上に多くの時間を費やしたことを確認しておきたい。しかし，これは筆者にとって必要不可欠な作業であった。アクティブラーニングとしてのフィールドワークは決して担当教員だけで遂行することはできない。受け入れ先の理解と協力があって可能なのである。この点を踏まえるならば，訪問先への依頼と打ち合わせに時間をかけることは当然のことと言えよう。

次に学生への事前学習について述べておきたい。まず，4月30日（木）の通常の時間帯，2限の90分間を使って，学生に対して「丸の内ビジネス街の歴史」と題する事前講義を行った。ここで，丸の内の景観の変遷について，「日比谷入り江」・「大名屋敷」・「三菱ヶ原」・「一丁倫敦」・「一丁紐育」などのキーワードを駆使しつつ述べた。

そのうえで，受講生23名をABCDの4つのグループに分け，以下のような調査課題を提示し，4つのグループにそれぞれ分担させた。

A…丸の内に通うビジネスマンの生活スタイルの変遷

B…日比谷入り江と中世千代田

C…一丁倫敦の煉瓦造りの建物建設に携わった建築家について

D…三菱一号館の復元

課題の提示に際しては，必要な参考文献も提示した。しかし，それらの参考文献は必ずしも本学の東京キャンパスの図書館にあるとは限らない。そこで千代田区立日比谷図書文化館を事前学習の場として利用した。

日比谷図書文化館における事前学習は5月15日（金）の午後に実施した。それは具体的には以下のような形である。

まず14時から15時にかけて，1階常設展示室で原始～近代までの千代田区の歴史展示を見ながら歴史の流れを把握させた。続いて15時から16時30分にかけて，2階図書室で4つのグループに分かれて調べ学習を実施させた。さらに16時30分から17時にかけて4階特別研究室で丸の内の景観復元に関わる絵図を調査した。

この学外における事前学習において担当教員がもっとも留意したことは，社

会教育施設である日比谷図書文化館の展示室および図書室において，学生が他の利用者の迷惑になることがないように指導を徹底したことである。

　一見すると些細なことのようではあるが，こういった点について学生に指導を徹底することが社会人としての成長を促すものと言える。

(2)　当日の動き

　6月19日（金）当日は，8時50分にJR東京駅丸の内南改札口に学生を集合させ，日本工業倶楽部会館，明治生命館，三菱一号館美術館，旧第一生命館の順番で訪問した。

　最終的には昼休みをはさんで14時までの長丁場となった。

　まず，東京駅丸の内駅舎に沿って歩きながら，本当の丸の内駅舎の中央は皇室専用入り口で言わば「開かずの間」となっており，そこから皇居に向かって一直線に行幸通りが延びていることを学生に体感させた。

　次に日本工業倶楽部会館では，大階段・大食堂・大講堂などを見学し，それぞれの室内の調度や意匠について職員の方から詳しい説明を受け，その場所における首相など政治家や外交官のエピソードなども伺った。また実業家資料室へ案内され，近代日本の経営史に関わる史料の存在を確認した。

　続く明治生命館においても，昭和初期の一級の建造物の内部の構造や対日理事会が行われた会議室などに入ることができ，そこで繰り広げられた歴史を膚で体感することができた。三菱一号館美術館には，昼休みの時間帯を利用して，学生個人に見学に行かせた。同美術館の歴史資料室は入場料無料で，丸の内ビジネス街の歴史や丸の内ビジネスマンの生活史に関わる展示がなされており，事前学習の課題に直結した内容であるので，学生は日比谷図書文化館と同様，熱心にメモをとっていた。

　最後に旧第一生命館では，マッカーサーの執務室や隣にある保険の歴史に関わる展示室を見学し，室内の床面が寄木になっていることなど建築史に関わる分野についても学ぶことができた。また皇居に面する方向には，窓がないこと

などの事実を確認し丸の内の建物と近代天皇制との関わりについても理解した。

　当日は，雨が降り湿度も高かったが，学生に対してスーツとネクタイの着用を義務づけた。クールビズの期間であるにもかかわらず，学生にそのようなドレスコードを義務づけた理由は，調査先に礼節を持って訪問することを習慣づけることができると考えたからである。

　一般的に大学の歴史学科では，古文書調査の場面において，史料の取り扱い方や撮影の仕方，目録の取り方について教える場合があっても，所有者への接し方，依頼の仕方などについては，教えない。担当教員それ自体にそのような認識が欠落している場合もある。

　筆者は前職が公立博物館の学芸員であり，博物館に調査に来る大学の教員および大学院生の態度などを思いだすにつけ，調査先に対する礼節については学生時代にしっかりと身につけさせることが大切だと考えている。ドレスコードを教えたことも「実学としての歴史学」につながる意味で意義深いものであったと思われる（以下に掲げる写真は，明治生命館で対日理事会が開催された場所を見学している場面）。

(3)　事後学習

　7月9日（木）の通常の時間帯，2限の90分間でグループ発表の事前準備作業を実施した。学生たちは4つのグループに分かれ，それぞれのグループで討論しながら本番に向けてレジュメ作成の準備に取りかかった。この作業と併行して4つのグループそれぞれに日比谷図書文化館，日本工業倶楽部，明治生命館，旧第一生命館で説明していただいた担当者あての礼状の作成を指示した。

　これらの作業が一段落したところで，フィールドワークの復習を兼ねて，明治40（1907）年に作成された鳥瞰図である「大日本東京全景之図」の複製を学生に見せて，東京駅がまだ存在していないこと，行幸通りもまだ整備されていないことなど，現代とは景観を異にする丸の内の様子を確認させた。

　続いて，7月16日（木）の通常の時間帯，2限に4つのグループの課題発表を実施した。パワーポイントは使用せず，A4判1枚のレジュメを作成させ，各グループ15分以内で発表させた。おおむね課題に応じた発表ではあったが，こちらが事前に提示した参考文献にほとんど依拠していた。ただ，一部には独自に見つけた参考文献の図や写真をレジュメに貼り付けるなど工夫も見られた。

　発表の評価に際しては，淑徳大学高等教育研究開発センターから配布されたコモンルーブリック（プレゼンテーション）のうち，歴史学科の下位学年（1，2年生）用を使用した。

　ルーブリックはすべての学生に3枚ずつ配布し，自分の所属するグループ以外の評価をさせた。そのうえで，それぞれのグループが他のグループから自分たちのグループに対する評価が書き込まれたルーブリックをすべて回収し，自分たちのグループに寄せられた評価を参照しながら，自分たち自身の手で自分たちのグループをどのように評価すべきかグループ別に討論させ，自己評価をさせた。

3 フィールドワークの成果と課題

丸の内ビジネス街は，日本近現代史の縮図のような場所である。しかし，大学の歴史学科のフィールドワークの場所としてはあまり重視されてこなかった。その理由は，歴史学が文献史料や考古資料の分析をもとにする学問であり，フィールドワークといっても史料採訪や発掘調査などが中心であったことによるものであろう。

しかし，歴史的な建造物の一部が重層的に残されている場所を歩くことにより，時代の一断面が浮かび上がることもある。近年，まち歩きをテーマとしたテレビ番組が人気を博しているが，歴史学を専門に学ぶ者として，どのような眼で歴史的建造物を観察すべきなのか，こういった点について訪問先のそれぞれの担当者から学ぶことができたことは学生にとって大きな成果であったと思われる。

また，訪問先の担当者はいずれも学生に対して好意的であった。これについては礼節面も含めて筆者が，身だしなみに気を配ること，時間を厳守すること，施設内で静謐であるように心がけることなど，フィールドワークにおけるふるまい方について厳格に指導してきたことによるものであろう。

ただし，問題がないわけではない。学生から寄せられた授業アンケートの中に「小学校の社会見学のようだった」という記述が混じっていた。これについては，歴史調査実習の中で丸の内ビジネス街を訪問することの目的や意義などを担当教員が十分に事前学習の中で伝えることができなかったことに起因する。改めて歴史調査実習における事前指導・事前学習の重要性が浮かび上がってきたと考えている。

その場合，学生自身の問題意識を高めるという意味では，反転授業の導入などの新たな取り組みを試行することも必要である。たとえば三菱一号館美術館の歴史資料室では 丸の内ビジネス街の歴史を5分程度で理解できる映像を上映していた。仮にこのような映像を事前に入手できていたら，より効果的な事前学習を行うことができたと思われる（森 2015）。

　また，今後，このようなフィールドワークを実施する際には，日本近現代史を担当する教員とも情報交換を行う必要があると考えられる。日本近現代史のフィールドワークを行う場合，その成果が日本近現代史の講義や演習にも結びつくような形となることを意識して授業計画を立案しなければならない。

　さらに，フィールドワークの趣旨・目的について学生により明確な説明と動機付けを行う必要がある。そのことによって，学生の主体性は増すものと思われる。

　事後学習についても，成果の発表の仕方を考えなくてはならない。現状ではグループ発表を行い，人文学部のブログにその一部を発表するにとどまっているが，得られた研究成果をどのような形で情報発信し，調査先に還元していくのか，この点について真剣に考えなくてはならない。

　そもそも本学の歴史学科がフィールドワークを実施することが，調査先に対してどのようなメリットをもたらすのか，このような点についても考えていく必要がある。大学の社会貢献，地域貢献をどのような形で進めていくかといった点は常に問題にされるところであろうが，歴史学科の場合も一つひとつのフィールドワークが受け入れ先にとってどのようなメリットをもたらすのか，この点について考えなくてはならない。

　今回の場合，受け入れ先の個々の企業に目に見える形での還元はできなかったかもしれないが，たとえば丸の内ビジネス街が情報発信を行うに際し，本学の歴史学科が何らかの形で貢献できないのか，こういった点についても考える必要がある。こうしたことの積み重ねによって，歴史学の存在意義が社会に認知されていくのである。

　さて，今回のフィールドワークの実施にあたり，筆者は調査先への交渉，学生への事前講義，フィールドワークそれ自体の企画立案，当日の学生への指導，事後の指導，一連の業務に関わる書類の作成など通常の講義の準備以上に多くの時間を費やした。

　丸の内ビジネス街のフィールドワークの場合，日比谷図書文化館・日本工業倶楽部・明治生命館・旧第一生命館訪問に先立ち，それぞれの施設への事前交

渉のために1日ずつ費やしているから，合計4日間ということになる。交渉に先立ち，事前に協議資料も作成した。筆者は他の科目や学科運営，委員会など学内行政にも関与し，学生指導や研究活動も行っており，今回は初めての試みとはいえ，その負担は荷重であったということを告白せざるをえない。

しかし，これは見方によっては筆者の大学教員としてのマネージメント能力に起因するものと言える。従来のアクティブラーニングについての研究では，アクティブラーニングそれ自体の理論的，実践的研究はあっても，アクティブラーニングそのものをいかにマネージメントしていくか，この点の検討が不十分であった。

これを突き詰めていくならば，本学の歴史学科のフィールドワークについては，今後，学生が主体となって調査先を決定し，事前準備・事前学習・当日の調査・事後学習についても学生の主導で行うことができるような体制に移行していくことが必要とされる。

このことは，担当教員の職務放棄では決してない。シラバスに示された授業目的である「歴史研究を行う上で必要な史料収集の意義を理解し，史料を収集する能力を養うこと」は，学生自身が主体的に取り組むことによって身につけることができるのである。

担当教員の役割は，学生が主体的に取り組むことができるための支援であり，そのための効果的な手法を考える必要がある。

本章では，歴史学科のアクティブラーニングの一環として丸の内ビジネス街のフィールドワークを筆者がどのような形で実施し，その結果，どのような問題点が出てきたか，こういった点について述べてきた。

近年，大学教員が多忙であることが指摘されているが（有本 2011），大学教育の主役が教員ではなく，学生であるという発想の転換に立ちマネージメントスキルを向上させることが求められているのである

第23章　アクティブラーニングとしてのフィールドワーク

【引用・参考文献 】

有本章（2011）『変貌する世界の大学教授職』玉川大学出版部

岡本哲志（2009a）『「丸の内」の歴史』ランダムハウス講談社

岡本哲志監修（2009b）『一丁倫敦と丸の内スタイル』三菱地所

小林一郎（2014）『ここだけは見ておきたい東京の近代建築Ⅰ　皇居周辺・23区西部多摩』吉川弘文館

東京都千代田区編（1998）『新編千代田区史』通史編，東京都千代田区

野村和宣（2014）『生まれ変わる歴史的建造物』日刊工業社

三菱地所社史編纂室編（1993）『丸の内百年の歩み』上下，三菱地所

森朋子（2015）「反転授業―知識理解と連動したアクティブラーニングのための授業の枠組み―」松下佳代編『ディープ・アクティブラーニング―大学授業を深化させるために―』勁草書房

森本芳樹（2003）『中世農民の世界―甦るプリュム修道院所領明細帳―』岩波書店

第24章

タイにおけるコミュニティ開発の背景
—ソーシャル・キャピタルと共生—

松薗（橋本）祐子

1 ソーシャル・キャピタル論とコミュニティ開発

　タイは1980年代後半から経済発展をとげ，今日では一人当たりGDPが5,000ドルを超え中進国に近づいている。1980年代には全国で50％を超えていた貧困率は，2010年では10％を下回るまでになったが，格差の拡大は課題となっている。世界銀行の推計では，スラム人口は全国で300万人，都市人口のおよそ15％と見積もられている。また，1990年に29％であった都市化率は，2010年には44％にまで増加した。バンコクへの一極集中化の傾向は強まっている。都市人口のうち，バンコク首都圏が占める割合は2000年の35％から2010年には45％になっている。グローバル化のなかで成長を続けるバンコクにおいても，都市貧困問題は依然として深刻な問題なのである。

　タイのスラム対策においては，1990年代以降にはスラム住民が自ら取り組むコミュニティ開発が中心となっているが，その背景には，開発手法としてのソーシャル・キャピタル（社会関係資本）論がある。近年，ソーシャル・キャピタル論は，社会学，経済学，政治学，経営学等のさまざまな学問領域で注目されてきた。概念や測定分析方法には議論が多いが，人びとの間に自発的協調関係を生み出すとの政策的意図から，世界銀行や開発政策への導入が進んだ。本章の目的は，ソーシャル・キャピタル論を手掛かりにタイにおけるコミュニティ開発の背景を探り，「共生」に通じる含意を検討することにある。

(1) ソーシャル・キャピタル論

　ソーシャル・キャピタル（社会関係資本）の考え方はハニファンやブルデューにさかのぼることができるが，その公共財的性質を指摘して合理的行為論から定義を行ったのはコールマンであった。コールマンは，ソーシャル・キャピタルを，ある行為をしようとする人に有用な「個人に協調行動を起こさせる社会の構造や制度」と捉えた。それは家族や親族，コミュニティという地縁のネットワーク，その存立・維持の前提となる規範までを含意していた（コールマン2006）。

　ソーシャル・キャピタル論の政策的応用を大きく進めたのはパットナムであった。彼は，イタリアの各州の民主主義のパフォーマンスに関する20年間にわたる研究から，民主主義的な政治を可能にする地域社会や小集団の価値を評価し，「人々の間に自発的協調関係を促すことによって社会の効率を高める働きをする社会制度」として「信頼」「互酬性の規範」「ネットワーク」の要素から構成されるソーシャル・キャピタルを定義した（パットナム2001）。ソーシャル・キャピタルが蓄積された社会では，人びとの自発的な協調行動が起こりやすく，個人間に係る不確実性やリスクが低くなるばかりでなく，住民による行政政策への関与，参加が起こり，行政による社会サービスへの信頼性が高まると論じた。パットナムの議論は，政策への応用において評価が高く，世銀やJICAなど開発援助の論理として積極的に採用されている（佐藤2001）。

　しかし，批判がないわけではない。リンは，信頼や互酬性の規範については集合財としてとらえるべきであり，ネットワークそのものがソーシャル・キャピタルなのではなく，ネットワークに埋め込まれ，ネットワークを通じて利用可能になる資源と批判した（リン2008）。その中で，ネットワークの構造特性に注目し，結合型ネットワークと橋渡し型ネットワークに注目した。

(2) 開発政策とソーシャル・キャピタル

　ソーシャル・キャピタルの概念が途上国の開発問題の中でしばしば用いられるようになったのは，1990年代の半ば以降のことである。開発援助に関わるソーシャル・キャピタルでは，このネットワークの型が注目される。「結合型」ネットワークは，組織・集団・コミュニティの凝集力を高める。すなわち，コミュニティ内部の信頼関係を醸成し，コミュニティ成員間の相互扶助メカニズムを活性化し，住民の協調行動の規範を生み出す。しかし一方で，外部とのつながりが弱い社会集団では，社会階層が固定化し，支配層の権力が強まり，汚職や排除が起こりやすくなる。そこで，外部の組織・集団・コミュニティとの関係を形成する「橋渡し型」ネットワークが重要となり，プロジェクトの目標達成に大きな影響を与える。それは，行政や専門家との関わり，さらにはNGOや他の地域社会との関わり方である。

(3) ソーシャル・キャピタル論と「共生」

　ソーシャル・キャピタルが豊かなら，人びとはお互いに信用して協力するとされる。ソーシャル・キャピタルは，経済資本とは異なり，社会関係が取り交わされることによって増大するものであることに実践的意味がある。コミュニティ開発においては，自ら問題を発見する主体性，議論をしながら関係性を深めていくプロセス，行政や専門家も含む橋渡し型のネットワークを活用して人びとの関係性を活性化させることが重要なのである。互酬性の規範は，このプロセスを通じて形成され強化される。地域の中でのルールは，参加した住民が「みんなで」作ったという認識が生まれる。そのことにより，各自が自分自身の中にルールを見出し，自分がルールに従ってふるまっていることを発見できるのである。このルールや役割は，メンバーの自律性に応じて部分的に変化する。しかし，メンバーがすすんで協力することはある範囲に限られる。顔の見える関係だからこそ，協力し合うことがルールに従っているのだと発見でき

る。ソーシャル・キャピタルの増大によってもたらされる人びとの関係性は，「共生」と通じるものがないだろうか。

2 バンコクにおけるスラムの状況とスラム対策の流れ

(1) スラムの増加とスラム住民が抱える生活問題

　タイの首都バンコクでは，1970年代からの急速な都市化によって，劣悪な住宅地であるスラムが増大した。スラムの定義は国によって多様であるが，タイにおいては1970年代から国家住宅局によって，住宅の密集度と物理的環境によって定義され対策の対象となってきた。都市に点在する不法占拠者や住居の定まらないホームレスはスラムの定義には含まれていない。2013年のバンコク都の統計では，バンコク都に2,051カ所のスラム地区があり約208万人が生活している（BMA 2013）。スラム地区の中には後述するコミュニティ開発が実施され改善されている地区も含まれている。現在のバンコクは高層ビルが立ち並ぶ近代都市である一方，多くのスラム住民がいる実態がある。

　都市貧困層であるスラム住民の抱える問題は大きく3つある。第一は就業の不安定からくる貧困問題であり，第二は劣悪な居住環境，第三は土地に対する権利の不安定である。住宅地として整備されていない未利用地がスラムに利用されることから，湿地帯，運河の脇，鉄道沿い等の条件の悪い空地などに狭い路地が作られ，粗末な住宅が密集しスラムが形成される。上下水道の整備がなされず，ゴミ収集等の都市的サービスも提供されず，不衛生で劣悪な居住環境となる。これらの環境が容易に改善されないのはスラム住民の居住の不安定に起因する。公有地や未利用地の不法占拠では常に強制撤去の脅威にさらされている。バンコクでは民間地を安価で借りているスラムも多いが，土地所有者は，未利用地については貧困層の居住を黙認していても，開発の可能性が高まりより利用価値が上昇すると，スラムを撤去する場合は少なくない。1980年代に

都市の中心部にあったスラムは，都市発展に伴う道路の拡幅，建設や住宅開発，商業施設の建設などによって次々と撤去されていき，郊外に新しいスラムが形成された。本節で取り上げるスラム対策は主に，住環境整備を中心としたもので，スラム住民の就業の不安定さや貧困問題をただちに解決するものではない。しかし，撤去される不安を抱えたままでは，就業の安定や貧困問題に取り組むことさえできない。また，都市貧困者の労働問題は，経済のグローバル化に組み込まれた労働市場の中で深刻な問題となっており，稿をあらためて考えたい。

(2)　スラム対策の変化

　スラムが増加し始めた 1960 年代にはまず，人口が急増した都市に不足する公営住宅の建設と劣悪な住宅地区であるスラムの撤去が取り組まれた。しかし，住宅建設の予算は不足し，撤去を行ってもまたほかの場所にスラムが形成されてしまう。1970 年代後半より，世界銀行からの資金援助を得てスラム内の道路や排水路などの物理的改善を行いながら管理を住民組織に委託し，住宅改善を促す形でのスラム改善策が始まる。このプロジェクトは，スラムの環境改善，スラム住民の組織化にはある程度の効果を得たが，スラム住民が抱える就業の不安定さ，居住権の不安定さの改善にはつながらなかった。特に公有地や私有の空き地を不法占拠しているスラム（スクウォッター）や借地関係が不安定なスラムでは，環境改善や住宅の改善は一時的なものとなり，さまざまな理由で立ち退きを迫られることが少なくない。1970 年代後半から NGO や運動家によって提唱されはじめた参加型コミュニティ開発は，1990 年代にはバンコク都のコミュニティ開発局による「カナカマカーン・チュムチョン」(住民委員会）の制度化やコミュニティ組織開発機構 (Community Organization Development Institute：CODI) を中心とした「バーン・マンコン」(住環境改善事業 BMP) に代表されるようなコミュニティ開発に発展した。

　本章で事例に上げる「Building Together Project」(以下，BTP) は，1979 年

にスタートした参加型コミュニティ開発のパイロットプロジェクトであり，それを発展させた形が2003年以降のBMPであるといえる。参加型コミュニティ開発では，スラム住民（貧困者）を援助される人としてではなく，ソーシャル・キャピタルを生み出し共生社会形成の主体者と位置づける。プロジェクトにおいては，住民それぞれが持っている能力を発揮できるような基礎を提供することに主眼が置かれ，取り組むプロセスを通じて，彼らのネットワークを強化し「みんなでやればできる」という意識を醸成するように考えられている。能力発揮の基礎として，資金，組織（ネットワーク），人的開発，スキルの訓練などがプログラムとして提示される。プロジェクトに取り組む専門家に聴き取りを行うと，「住民自らが，自分たちのコミュニティ形成を行うことが重要であり，NGOや行政，ソーシャルワーカー，住宅改善の技術者，保健師などの専門家である自分たちは，協働するアドバイザーである」と強調する。開発戦略としてソーシャル・キャピタル論が応用されているが，専門家や行政はソーシャル・キャピタルの用語を明示しない。住民に対してはコミュニティを意味する「チュムチョン」が多用される。

║ (3) コミュニティ開発の背景としての「言説としてのコミュニティ」

バンコクのスラムで実施されている参加型コミュニティ開発における「コミュニティ（チュムチョン）」[1]の背景には，NGOや知識人が提唱する「言説としてのコミュニティ」をみることができる。それは，第8次以降の国家開発計画や1997年以降の憲法において理念としてかかげられ，市民社会形成の論拠となると同時に，タイの歴史社会的文化的背景に根差したものとして言説化されてきた。

コミュニティ（チュムチョン）言説には主に3つの源泉がある（松薗 2011：209）。第一は，歴史社会学者であるチャティップ・ナートスパーの「コミュニティ文化論」である。彼はタイの農村コミュニティを，コミュニティ文化を生み出すタイ独自の社会文化的基盤であると位置づける（Nartsupha 1984=1999）。

　第二は，医師であり地域保健プロジェクトなどの経験を通じてコミュニティ強化の必要性を唱えた社会運動家でもあるプラウェート・ワシーらによる社会開発への提言としての「コミュニティのちから」論である。重冨信一によれば，主張の異なる人びとが「コミュニティ主義」として連携することを通じて憲法や国家計画に組み入れられたという（重冨 2009）。第三は，NGO 活動家が用いる，住民が地域での活動を通じて形成するつながりや信頼を意味する実践的な「コミュニティ」である。タイにおいては，1970 年代後半から，海外や国内の NGO が農村やスラムでさまざまな活動を行ってきた。公的機関と連携するものもあり対抗的なものもある。いずれも，住民の参加，ネットワーク強化を行い，住民の実践を通じたエンパワーメントを行う。

　ソーシャル・キャピタル論の視点からみれば，住民のネットワークの質の強化を通じたコミュニティ開発といえる活動である。すなわち，コミュニティ開発は社会文化的基盤を持ち，政策的背景を持ち，実践的な活動を通じた，ソーシャル・キャピタル強化の取り組みであったと解釈することができるのである。

　一方で，コミュニティ（チュムチョン）の用語を用いることは，タイの人びとの生活基盤である農村社会を想起させる。国家政治や開発の論理の基盤に，コミュニティ（チュムチョン）を置くことで，外国から持ち込んだ論理ではなく，タイ社会の内発的価値に根差しながら，住民の自治や民主主義を築く可能性を示すことになるのである。

　しかし，言説として広く流布しているにもかかわらず，タイのコミュニティ，とくに，都市のコミュニティはあいまいである。スラムも含めて，今日ではかなり普及した住民委員会は，バンコク都における住民委員会条例ができた 1985 年以降に行政からの働きかけで制度化されたものであり，チャティップがタイにおけるコミュニティ文化の歴史的源泉とみた農村コミュニティである「村（ムーバーン）」とは異なる起源をもつ。

　バンコク都においてスラム対策を担当する部署も変化した。1980 年代には，スラム開発は，国家住宅開発局の中に置かれ，国の住宅政策の一部として物理

的環境改善をめざすプロジェクトという位置づけであった。スラム住民の生活改善については，バンコク都の社会福祉局が担当していた。1988年にバンコク都にコミュニティ開発課が設置され，現在は，社会開発局の中の部局となった。スラム対策は，コミュニティ開発の一環として住民委員会の組織化を通して実施される。今日のコミュニティ開発は貯蓄組合活動をともなった住環境整備事業として取り組まれていることになる。

(4)　専門家の関わり方

　社会開発における参加型開発は自助的開発ともいわれ，プロジェクトを進めていく計画段階から，住民が主体的に参加することを意味する。事例に取り上げるプロジェクトにみるように，セルフヘルプ型の住宅建設は，単に，住民自らが住宅を建設することだけをめざすのではない。計画，建設，管理を居住者自身が主体的に行っていくことを重視する（Angle 1983 ; Somsook 2005）。その過程においては，開発員（コミュニティワーカー），NGOの職員やボランティアがアドバイスや組織化のサポートを行う。参加型コミュニティ開発とは「住民が協働で住民自らおよびコミュニティを開発することを専門家がサポートする開発」である。

　これら組織化のエージェントは，地域の開発ニーズを住民自らが発見するプロセスを重視し，ワークショップや集会等を通じて，地域内住民のネットワークや外部とのネットワーク形成をサポートする。コミュニティ開発の結果となる居住権の保障，住宅地の環境改善，住宅の改善などのインセンティブが明示される。ネットワーク作りやワークショップなどは，生活に追われる貧困層の住民にとっては負担にもなるものである。しかし，この組織化のプロセスに参加することは，個々人が自分の成果を得るために不可欠である。組織化に参加し協働することによって居住権や良好な住宅環境が得られる。組織化が自発的継続的に行われていることが，プロジェクトの促進要因となる。個々人の資源が限られており，ネットワークの強化によってエンパワーメントが図られる仕

組みになっている。一方，プロセスに参加できない層は排除される仕組みでもある。

(5)　事例にみるコミュニティ開発の論理としてのソーシャル・キャピタル

　1979 年から開始した BTP は，素材と技術を提供してコミュニティ形成を行う自助的再定住のパイロットプロジェクトであった。バンコク郊外の 1.7ha の土地に，15〜20 戸の長屋形式の集合住宅が，あわせて 200 戸建設された。専門家としてアジア工科大学（以下 AIT）のスタッフがプロジェクトサイトに事務所を置いて関わった。ブロックや資材などの建築材料を AIT が提供し，住民が共同でブロックを積んで 2 階建てのタウンハウスを建設した。それぞれが自分の仕事を持ちながら週末等を利用して建設を行った。住宅の外形ができてから，個々人の区分所有の場所を決め，自宅となった部分の内装は各自が行うようになっていた。プロジェクトを進めるのは住民委員会であり，共有の空き地の利用方法もここで決められ，児童遊園や壁画が企画された（松薗 2011）。このプロジェクトは，土地の問題や住民の選び方などもあって稀有な成功例ともいわれているが，住民が主体性をもって関わり，自分たちの住宅問題に共同で取り組む参加型コミュニティ開発を形にしたものであった。プロジェクト開始から 30 年以上が経過したが，この住宅地はバンコクの一般住宅地の一角にプロジェクト名を冠したコミュニティとなっている[2)]。

　土地，素材を提供して住民が協働しながら住宅を建設していく BTP の論理をさらに進め，貯蓄組合方式による資金面のサポート，CODI によるコミュニティ開発との連携によって 2003 年から始まったのが BMP である。2004 年から 2014 年までに全国で 930 件（1,805 地区），バンコクだけでは，245 件（355 地区）が実施されている。最も重要な土地の問題について，都市計画や周辺の開発状況を考慮して，個々のコミュニティに適した解決方法を決めていく。この事業の特徴は，スラム住民の居住の不安定に対して，土地の共有，長期借地，利用権取得等によって，居住の安定や居住権の獲得を行うことにある。現在のスラ

ムの場所がプロジェクトサイトになることもあるし，他の土地を得ることもある。その結果，別の土地を得ての再居住，土地の共有や借地による再建などが選択され，戸建て，タウンハウス，アパートなど住宅の建て方が決定される。計画の方針決定のプロセスに住民が最初から参加することが，このプロジェクトの特徴である（川澄 2009）。

　このプロジェクトでは，スラム住民をソーシャル・キャピタル形成の当事者にし，共生社会形成の協働パートナーと考える。貧しい人びとは，自立する能力のある人間であると捉え，コミュニティを基盤に取り組むことでエンパワーメントしていく。すなわち，参加型コミュニティ開発においては，コミュニティ単位の小規模住民組織の強化と住民参加型の活動を通じて，住民自らが問題を発見し解決に向けて主体的に行動するように意識づけるプロセスが重視されている。

　まず，路地ごとに小規模な住民組織を形成し，このプロジェクト（BMP）を受け入れることをCODIとコミュニティで合意する。近隣関係や貯蓄組合のグループ単位で事業についての情報や，事業への関わり方を学習する。住民は，土地の権利や資金の問題を理解し，住民自らが当事者として取り組む事業であることを体験する。この過程で，計画の方向性，土地や住宅の建て方も協議し決定していく。住民自身がプロジェクトを計画し主導し，小規模住民組織やネットワークを通して，コミュニティでの生活自立を目的に住民が運営していくように促される。

　コミュニティ開発員やNGOのワーカーが組織形成をサポートし，コミュニティから選出されたリーダーを中心に進めていく。その介入プロセスでは，普遍的な正解ではなく空間限定的，時間限定的な成解の協働生成をめざす。現場では常に修正と更新が行われている。専門家と当事者である住民は，望ましいコミュニティの想いを共有して，協働的実践を行っているのである。この実践プロセスが，ネットワークを基盤として相互関係を求める自発性を生み，住民の信頼，互酬性の規範を高め，ソーシャル・キャピタルの強化につながるのである。専門家は，住民のネットワークや組織が信頼，互酬性を備え，互いに協

力し合うように促す役目を担う。スラムコミュニティ内の結合型ネットワークを強化すると同時に，いかに，橋渡し型のネットワークを築いていくかに専門家が関わるのである。

3　参加型コミュニティ開発の背景

　コミュニティ開発においてソーシャル・キャピタルとは，地域社会の人びとの信頼，互酬性の規範が高まり，結合型ネットワークと橋渡し型ネットワークが連携することによって，住民の自発的協調関係を高めることである。ソーシャル・キャピタルを高めるために，コミュニティ開発の事例では，プロセスを重視し，住民が主体的に取り組むように，多様な外部者との協働的実践が行われていた。求めるのは，正解ではなく，その地域，その時に協働生成される成解である。地域社会において共生は，住民がともに考え，ともに作り出していく「仕組み」の中から生み出されるのである。

　途上国における社会開発やコミュニティ開発において，1980年代後半から参加型コミュニティ開発が提唱されるようになっている。この背景には，アマルティア・センのケイパビリティ論を背景とした，社会的弱者の潜在能力への注目，ソーシャル・キャピタル論を背景とした自発的なネットワーク形成による社会開発手法の普及がある。さらに，貧困層や農村部など社会開発の対象となる社会的弱者の規模の大きさと財政の不足によって自助的開発がすすめられ，開発政策の主流となってきたのである。1997年，タイの経済はバーツの暴落により一時深刻な危機に陥った。この年の12月に国王が行った「足るを知る経済」談話は，経済発展の中に社会的公正やタイの価値意識を位置づけた。コミュニティ文化は，タイの価値意識として指摘された要素の一つであった。開発論の背景となっていたソーシャル・キャピタル論は，タイ社会の歴史的文脈を読み込むことによって，政策に落とし込まれたのである。

【注】

1)　コミュニティのタイ語は，利害を共にし同一地域に居住する人びとの集団共同体を意味する「チュムチョン」が用いられているが，この用語は 1980 年代から英語のコミュニティの翻訳語として，政策用語として導入されたものである。

2)　筆者の聞き取り調査による（1981 年，2000 年，2015 年）。

【引用・参考文献】

Angel, Shlomo, ed.（1983）*Land for the Housing the Poor*, Singapore, Select Books.

Askew, Marc（2002）*Bangkok: Place, Practice and Representation*, Routledge.

Bhatkal Tanvi & Paula Lucci（2015）*Community driven development in the slums: Thailand's experience*, Overseas Development Institute.　http://www.developmentprogress.org/sites/developmentprogress.org/files/case-study-report/thailand_full-report-final.pdf　2016 年 1 月 30 日閲覧

BMA（2013）*Statistical Profile of Bangkok Metropolitan Administration 2013*　http://www.bangkok.go.th/main/backoffice/upload_editor/file/stat2013（ENG）.pdf（2016 年 2 月 5 日閲覧）

Boonyabancha, Somsook（2005）"Baan Mankong: going to scale with "slum" and　Squatter upgrading in Thailand," *Environment and Urbanization*, 17（1）：21-46.

Nartsupha, Chattip 1999 , *Thai Village Economy in the Past*, Silkworm Books.

コールマン，ジェームス S. 著，金光淳訳（1988=2006）「人的資本の形成における社会関係資本」野沢慎司編・監訳『リーディングス　ネットワーク論—家族・コミュニティ・社会関係資本—』勁草書房

秦辰也（2005）『タイ都市スラムの参加型まちづくり研究』明石書店

穂坂光彦（2006）「開発研究から見た地域福祉：コミュニティ開発論を中心に《特集　地域福祉への学際的アプローチ》『地域福祉研究』34：38-52

河森正人（2011）「タイの『コミュニティ福祉基金』と『互酬的積善』—社会保障と仏教的実践の融合—」『大阪大学大学院人間科学研究科紀要』37：215-230

川澄厚志（2009）「タイの都市貧困層コミュニティにおける CODI の住環境整備事業—自立に向けた貧困者のための居住プログラム」『住宅着工統計』建設物価調査会，277：6-16

ケオマノータム，マリー（2006）「バンコクの地域住民組織—地域社会開発とカナカマカーン・チュムチョン—」『ヘスティアとクリオ』4：23-49

松薗祐子（1998）「バンコクの都市住民組織―プロジェクト協力型から自助的開発型へ―」幡谷則子編『発展途上国の都市住民組織』アジア経済研究所

松薗（橋本）祐子（2002）「バンコクの住環境改善政策―住民再定住プロジェクトの試み―」『アジ研ワールドトレンド』76 号，アジア経済研究所：16-20

松薗（橋本）祐子（2011）「タイにおける参加型コミュニティ開発―組織化のプロセス　言説としてのコミュニティ　住民の自発性―」『淑徳大学研究紀要』45：205-224

パットナム，ロバート D. 著，河田潤一訳（2001）『哲学する民主主義―伝統と改革の市民的構造―』NTT 出版

Pornchhokuchai, Sopon（1985）*1020*, Japanese Volunteer Center, Bangkok.

Pornchhokuchai, Sopon（1992）*Bangkok Slums Review and Recommendations*, Agency for Real Estate Affairs.

リン，ナン著，筒井淳也他訳（2008）『ソーシャル・キャピタル―社会構造と行為の理論―』ミネルヴァ書房

佐藤寛編（2001）『援助と社会関係資本―ソーシャルキャピタル論の可能性―』アジア経済研究所

櫻井義秀・道信良子編（2010）『現代タイの社会的排除―教育，医療，社会参加の機会を求めて―』梓出版社

櫻井義秀（2011）「ソーシャルキャピタル論の射程と宗教」『宗教と社会貢献』1（1）：27-51

重冨真一（2009）「タイにおけるコミュニティ主義の展開と普及―1997 年憲法での条文化に至るまで―」『アジア経済』50（12）：21-54

渡辺奈々（2011）「パットナムのソーシャルキャピタル論に関する批判的考察」『社学研論集』18：135-150

西山浄土宗戦後仏教社会福祉事業年表

出典	記事	日時	福祉分野
『西山』第408号，1948年5月5日	西山浄土宗宗務長の中村是隆は就任の辞で，宗門の今後の在り方の中で，社会事業施設の振作拡充について言及する。	1948年5月（日なし）	その他の福祉・（福祉全般）
『西山』第8号，1949年9月1日	伊藤司教は，2月から毎月1回，和歌山刑務所の教誨に従事している，と報じる。	1949年2月1日	更生保護・教誨
『西山』第5号，1949年6月1日	昭和8年4月和歌山県湯浅町に開設した深専寺の湯浅幼稚園は戦時中休園していたが，本年（1949年）4月再開した，と報じる。	1949年4月1日	児童福祉
『西山』第15号，1950年，10月15日	9月3日のジェーン台風に際し，総本山光明寺内侍局，西山浄土宗宗務所からお見舞いの一文が掲載されるとともに，寺院等の被害状況について報じる。	1950年9月3日	災害救済支援
『西山』第16号，1951年1月1日	「大分だより」の中で，「西山会」の名のもと「同和会」を結成して春秋二季総会を開き，布教と親睦を図っている。司法保護司となり法務総裁より感謝状を頂いた槙島隆文氏，民生委員の佐藤観暢氏が紹介される。	1951年1月1日	更生保護・教誨，社協・民生児童委員
『西山』第27号，1953年1月1日	深専寺（和歌山県湯浅町，松下瑞澄住職）幼稚園は，開園20周年記念式並びに諸設備の完成祝賀式を挙行する。	1952年11月21日	児童福祉
『西山』第27号，1953年1月1日	円光寺の青木亮範住職は，全国更生保護大会の代表者一人に選ばれ，両陛下よりお言葉を賜る。	1952年11月27日	更生保護・教誨
『西山』第31号，1953年7月15日	九州紀州地方大水害に対して，総本山光明寺と西山浄土宗宗務所の連名でお見舞いの一文を掲載。	1953年7月1日	災害救済支援
『西山』第31号，1953年7月15日	九州紀州地方大水害義捐金芳名表（1）を掲載。	1953年7月15日	災害救済支援
『西山』第31号，1953年7月15日	「九州地方大水害の報道」と題して，門司市，筑前遠賀郡中間町，豊前曽根町長野，大分地方，八幡，山口県の寺院等の被害状況について報じる。	1953年7月15日	災害救済支援

出典	記事	日時	福祉分野
『西山』第31号，1953年7月15日	九州（6月23日から30日にかけて），紀州（7月17日から18日にかけて）地方の大水害に対し，義捐金を募集する案内を掲載。	1953年7月20日	災害救済支援
『西山』第32号，1953年9月25日	「大水害の状況報道（2）」と題して，筑前遠賀郡中間町，和歌山県有賀郡，日高地方の寺院等の被災状況について報じる。	1953年9月25日	災害救済支援
『西山』第32号，1953年9月25日	九州紀州地方大水害義捐金芳名表（2）を掲載。	1953年9月25日	災害救済支援
『西山』第33号，1953年12月1日	台風13号の寺院等の被災状況について報じる。	1953年12月1日	災害救済支援
『西山』第54号，1956年4月15日	栄国寺の若松瞻遊住職は，保育園を開設し社会事業に貢献しているが，今回霊安堂を新築すると報じる。	1956年4月15日	児童福祉・その他の福祉
『西山』第76号，1958年4月15日	西明寺の原大演住職は，京都府綴喜郡田辺町里子愛育会会長，京都府里親連合会会長，近畿ブロック協議会会長，全国里親会連合会理事，全国児童福祉事業協議会部会常任委員の肩書を持ち，里親としての功績を称えて僧階1級を晋められる，と報じる。	1958年4月15日	児童福祉
『西山』第92号，1959年10月15日	「伊勢湾台風の罹災地を巡る」と題し，脇田元応が名古屋市，知多方面，一宮周辺，桑名方面，岐阜方面の視察状況について報告する。	1959年10月5日	災害救済支援
『西山』第92号，1959年10月15日	御法主猊下は，出身地が被災の中心地であったため，10月7日に現地へお見舞いに赴かれた，と報じる。	1959年10月7日	災害救済支援
『西山』第92号，1959年10月15日	伊勢湾台風に対し，10月11日には本山光明寺婦人会秋季総会が開催され，義捐金3,641円が対策本部へ寄託された。	1959年10月11日	災害救済支援
『西山』第92号，1959年10月15日	「伊勢湾台風義捐金納入芳名（1）」を報じる。	1959年10月12日	災害救済支援
『西山』第93号，1959年11月15日	光明寺婦人会，長寿会より（伊勢湾）台風罹災者救援金を寄託される，と報じる。	1959年10月12日	災害救済支援

西山浄土宗戦後仏教社会福祉事業年表

出典	記事	日時	福祉分野
『西山』第92号，1959年10月15日	9月26日の伊勢湾台風に対し，西山浄土宗は東部罹災者救援対策本部を設け，各寺院に見舞状を発送（9月27日）し，現地に調査員（脇田主事）を派遣（9月28日から10月3日）し，各寺院檀信徒に見舞状を発送（10月2日）し，救援募金運動を実施中であり，被災状況の調査も行っている，と報じる。	1959年10月15日	災害救済支援，ボランティア
『西山』第92号，1959年10月15日	和歌山「善徳寺婦人会」の会員が，伊勢湾台風の被災に対し，該当托鉢を行い，11,130円を当宗務所罹災者救済対策本部に寄託された，と報じる。	1959年10月15日	災害救済支援，ボランティア
『西山』第92号，1959年10月15日	伊勢湾台風に対し，京都西山学園では，救援物資が持ち寄られ，衣類千数百点，学用品，石鹸および金7,000円などを集め，東部第一支所宛に発送される，と報じる。	1959年10月15日	災害救済支援，ボランティア
『西山』第92号，1959年10月15日	中部第一宗務支所は，各寺院の救援募金とは別に，支所として金10,000円を対策本部に寄託したいと申し出ている，と報じる。	1959年10月15日	災害救済支援
『西山』第92号，1959年10月15日	京都府下の寺庭婦人会は，目下募金に努力中，と報じる。	1959年10月15日	災害救済支援，ボランティア
『西山』第93号，1959年11月15日	伊勢湾台風による寺院と檀信徒の被災状況について報じる。	1959年10月25日	災害救済支援
『西山』号外，1959年11月10日	西山浄土宗東部地区罹災者救援対策本部より，伊勢湾台風義捐金現状表が報じられる。	1959年11月10日	災害救済支援
『西山』第94号，1959年12月15日	伊勢湾台風による東国寺院の被災対策をはじめとして，宗門の緊急問題を諮るため，11月10日に参事会が招集された。	1959年11月10日	災害救済支援
『西山』第93号，1959年11月15日	「伊勢湾台風義捐金納入芳名（2）」を報じる。	1959年11月15日	災害救済支援
『西山』第94号，1959年12月15日	「伊勢湾台風義捐金納入芳名（3）」を報じる。	1959年12月15日	災害救済支援

出典	記事	日時	福祉分野
『西山たより』1月号，1960年1月10日	「伊勢湾台風禍におよせいただいたご同情に感謝致します」と題し，愛知，三重，岐阜県下西山浄土宗寺院並檀信徒一同より，お礼の言葉が報じられる。	1960年1月10日	災害救済支援
『西山』第95号，1960年1月15日	「伊勢湾台風義捐金納入芳名（4）」を報じる。	1960年1月15日	災害救済支援
『西山』第100号，1960年6月15日	「チリ地震『津波』義捐金募集」と題し，5月24日のチリ地震津波に対して，西山浄土宗宗務所から金一封，福岡の安楽寺から1,000円が寄託された，と報じる。	1960年6月15日	災害救済支援
『西山たより』10月号，1961年10月1日	西山浄土宗は，宗務所内に第2室戸台風災害対策本部を設置し，「第2室戸台風罹災者救援にご協力ください」と銘打ち，義捐金募集を呼びかける。	1961年10月1日	災害救済支援
『西山』第116号，1961年12月15日	9月16日の第2室戸台風による被災寺院の災害調査委員会が，11月23日に宗務所において開催された。	1961年11月23日	災害救済支援
『西山』第119号，1962年3月15日	第20通常宗会決議案第1号別記にて，第2室戸台風及び集中豪雨による被災寺院の宗費減免が報じられる。	1962年3月15日	災害救済支援
『西山』第122号，1962年6月25日	迅速，臨機応変な手を打てるようにとの被災寺院住職ならびに宗議会の要請に応え，「謹んで災害の御見舞を申し上げます。京都西山総本山光明寺，西山浄土宗」という災害見舞用ポスターを印刷し，各自に配布した，と報じる。	1962年6月25日	災害救済支援
『西山』第137号，1963年11月25日	和歌山県湯浅深専寺（松下瑞澄住職）は，11月13日に，幼稚園の創立30周年記念式典を開催予定，と報じる。	1963年11月13日	児童福祉
『西山』第138号，1963年12月25日	和歌山県湯浅幼稚園（理事長・園長：深専寺住職松下瑞澄師）では，11月13日に，創立30周年の記念式典が挙行された。	1963年11月13日	児童福祉

出典	記事	日時	福祉分野
『西山』第 142 号，1964 年 4 月 25 日	六満保育園（園長：内海奐乗，満福寺住職）では，3 月 28 日に第 11 回保育修了式を挙行する，と報じる。	1964 年 3 月 28 日	児童福祉
『西山』第 146 号，1964 年 9 月 25 日	湯浅幼稚園（松下瑞澄住職）では，8 月 20 日に園舎増築の竣工式を挙行する，と報じる。	1964 年 8 月 20 日	児童福祉
『西山』第 149 号，1964 年 12 月 25 日	有田市我得生寺境内にある「ひばり幼稚園」（伊藤光応住職）は，11 月 14 日に 10 周年のお祝いの式が挙行された，と報じる。	1964 年 11 月 14 日	児童福祉
『西山』第 150 号，1965 年 1 月 25 日	和歌山県の南部町仏教会（9ヶ寺の内，6ヶ寺が西山浄土宗）は，12 月 19，20 日に年末助け合いの托鉢を行い，40,741 円を 21 日に同町社会福祉協議会へ寄託した，と報じる。	1964 年 12 月 19 日	社協・民生児童委員，ボランティア
『西山』第 152 号，1965 年 3 月 25 日	第 25 通常宗会において「総本山光明寺に幼稚園早期設立の実現について」（建議者：高城雅良）建議され，早急に実施が望まれるが，資金，土地，人材等の面において今後十分に審議してから，添付書類をつけて次の宗会で再び協議することに決議された。	1965 年 2 月 27 日	児童福祉
『西山』第 153 号，1965 年 4 月 25 日	「お寺の奥さん」と題して，谷中山人の一文が掲載され，その中で，裏日本のある市の寺庭夫人が無料宿泊所を経営したり，免囚保護事業を行っている，と報じる。	1965 年 4 月 25 日	更生保護・教誨，児童福祉，地域福祉，その他の福祉
『西山』第 156 号，1965 年 7 月 25 日	宝樹院（愛知県常滑市字奥条）住職の鈴木孝道師は，6 月 3 日に開催された中部六県（愛知，三重，岐阜，福井，石川，富山）更生保護大会で，更生保護司総合会長より栄（原文ママ）の表彰を受けられた。	1965 年 6 月 3 日	更生保護・教誨
『西山』第 158 号，1965 年 10 月 25 日	9 月に相次いだ台風被害（特に 23，24 号）の被害状況について，各寺院からの報告を掲載した。	1965 年 10 月 25 日	災害救済支援

出典	記事	日時	福祉分野
『西山』第160号，1965年12月25日	和歌山県南部町町仏教会は，12月18，19日に年末助け合い募金の托鉢を行い，集まった5万数千円を町に委託する，と報じる。	1965年12月18日	地域福祉，ボランティア
『西山』第163号，1966年3月25日	伊藤光応師（有田市）は，2月24日に日本遺族会会長より表彰を受けた。伊藤師は，ほかに民生児童委員として20年という経歴を持ち，また，ひばり幼稚園を経営するなど，社会福祉のために尽力している，と報じる。	1966年2月24日	児童福祉，社協・民生児童委員
『西山』第165号，1966年5月25日	教学部では，西山浄土宗の寺院が経営する幼稚園保育園の実態を調査し，そこで活躍している人で研修と親睦会を行いたい，と報じる。	1966年5月25日	児童福祉
『西山』第167号，1966年7月25日	雄湊幼稚園の田村歓弘園長は，5月27日に香港へ視察に行き，中国児童書院と姉妹縁組をした，と報じる。	1966年5月27日	児童福祉，国際福祉
『西山たより』第87号，1967年3月1日	「末寺訪問」と題し，福岡県粕屋群古賀町の称善寺（城井一孝住職）が紹介され，城井師が昭和25年3月に創設した慈照保育園についても紹介される。	1967年3月1日	児童福祉
『西山』第177号，1967年6月25日	「精薄施設での感想」と題し，堀本賢順師の一文が掲載される。堀本師は，4年間，精神薄弱児施設（大阪府立恵光学園）に勤務したが，御師の遷化により，現在は西山短大一年生となる。	1967年6月25日	障害児・者福祉
『西山たより』第91号，1967年7月1日	「末寺訪問」と題し，岐阜県加茂郡八百津町の善恵寺（今井住職）が紹介され，その中で，境内の一部を町営住宅敷地に解放し，さらに，境内を八百津町に提供して，町営の福祉施設「蘇水園老人ホーム」を設置した，と紹介される。	1967年7月1日	高齢者福祉

出典	記事	日時	福祉分野
『ひかり』第97号，1968年1月1日	「ともしび」と題するコラムの中で，全日本仏教徒大会において，西山浄土宗より提案されたアイ・バンク（眼球銀行）運動について，その内容が紹介されている。	1967年10月8日	障害者福祉
『西山』第182号，1967年12月25日	雄湊幼稚園は，11月23日に創立40周年記念式典（昭和2年に修徳高等女学校付属雄湊幼稚園として創立）を挙行した。	1967年11月23日	児童福祉
『ひかり』第98号，1968年2月1日	「末寺訪問」と題し，名古屋市中区東橘町の栄国寺（若松胆遊住職）が紹介され，その中で，松原幼稚園も紹介される。	1968年2月1日	児童福祉
『ひかり』第100号，1968年4月1日	大阪市生野区の乗願寺住職の川本清音師は，私財を投じて特別養護老人ホーム「大宇陀寮」（仮称）を建設する予定であり，昭和44年4月に開園予定である，と報じる。	1968年4月1日	高齢者福祉
『西山』第188号，1968年6月25日	慈照保育園（城井一孝園長）は昨年2月に園舎焼失したが，6月2日に新築地鎮祭を挙行した。	1968年6月2日	児童福祉
『西山』第192号，1968年12月25日	慈照保育園（園長：城井一孝称善寺住職）は12月14日に園舎新築の落成式を挙行した。	1968年12月14日	児童福祉
『西山』第192号，1968年12月25日	雄湊（おのみなと）幼稚園（園長：田村歓弘海善寺住職）は，園歌が完成し，披露式を行った，と報じる。	1968年12月25日	児童福祉
『西山』第197号，1969年5月25日	5月7日に，奈良県大宇陀町の老人特別養護施設（原文ママ）の大宇陀寮の新築落成式が挙行された。（『西山』第190号に関連記事とあるが，未確認）	1969年5月7日	高齢者福祉
『ひかり』第100号，1968年4月1日	「大宇陀寮〜母の日に思う〜」と題し，特別養護老人ホーム「大宇陀寮」の落成を前に，1968年1月5日に病のために他界した川本清音師の人柄を，信心深かった師の母親とともに偲んでいる。	1969年6月1日	高齢者福祉

出典	記事	日時	福祉分野
『ひかり』第114号, 1969年6月1日	「大宇陀寮〜母の日に思う〜」と題し, 特別養護老人ホーム「大宇陀寮」の落成を前に, 1968年1月5日に病のために他界した川本清音師の人柄を, 信心深かった師の母親とともに偲んでいる。	1969年6月1日	高齢者福祉
『西山』第198号, 1969年6月25日	南紀梶取総持寺のざき幼稚園(園長:寺坂義照師)は, 6月7日に園舎増築の落成式を挙行した。なお, 本幼稚園は昭和26年に発足。	1969年6月7日	児童福祉
『西山』第202号, 1969年11月25日	11月4日に, 和歌山深専寺(松下瑞澄住職)にて幼稚園増築落成式が挙行された, と報じる。	1969年11月4日	児童福祉
『西山』第202号, 1969年11月25日	湯浅幼稚園(園長:松下瑞澄深専寺住職)は, 園児増加のため, 11月4日に園舎増築の落成式を挙行した。なお, 本幼稚園は昭和8年5月に深専寺第32世祥空瑞岳上人の発起により創立される。	1969年11月4日	児童福祉
『西山』第213号, 1970年10月25日	和歌山市海善寺(田村歓弘住職)の経営する雄湊幼稚園では, 9月19日に竣工祝賀式を挙行した。なお, 同幼稚園は総本山光明寺第74世法主(故晃空歓陽大僧正)が創設した。	1970年9月19日	児童福祉
『西山』第240号, 1973年1月25日	橋爪観秀師の「筑前巡教記」の中で, 昭和28年に創立した海竜幼稚園が, 昨年4月から城北保育園を開園した, と報じる。	1972年4月1日	児童福祉
『西山』第236号, 1972年9月25日	7月13日に発生した常滑市, 阿久比町, 東浦町, 三河刈谷市, 豊田市, 小原村の豪雨被害について報告される。	1972年7月13日	災害救済支援
『西山』第237号, 1972年10月25日	9月16日の台風20号被害について報告される。	1972年9月16日	災害救済支援
『西山』第238号, 1972年11月25日	「台風20号の被害報告(第2回)」と題し, 9月16日に発生した台風20号の被害状況について報告される。	1972年9月16日	災害救済支援

出典	記事	日時	福祉分野
『西山』第238号，1972年11月25日	和歌山県有田市常楽寺の「ぶっとく幼稚園」は，昭和28年に創立し，創立20周年の記念式を10月24・25日に挙行した。	1972年10月24日	児童福祉
『ひかり』第155号，1972年12月1日	和歌山県箕島常楽寺の「ぶっとく幼稚園」（園長：菅田良憲師）では，10月24，25日に創立20周年記念式典を挙行した。	1972年10月24日	児童福祉
『西山』第241号，1973年2月25日	2月10日に，宗内幼稚園，保育所の各地区世話人が集まり，連盟結成について協議した。	1973年2月10日	児童福祉，団体・組織
『西山』第245号，1973年6月25日	第4回寺庭婦人法務講習会が5月27日まで2泊3日の日程で開催された。講義の一つとして，中垣龍谷大学助教授による「カウンセラーとしての役割」が行われた。	1973年5月25日	その他の福祉
『西山』第241号，1973年2月25日	8月18日に西山浄土宗保育連盟創立総会を開催予定，と報じる。	1973年8月18日	児童福祉，団体・組織
『西山』第249号，1973年10月25日	西山浄土宗保育連盟発会式開催。連盟の規約が成立するとともに，役員の選出がなされた。	1973年9月17日	児童福祉，団体・組織
『西山』第253号，1974年2月25日	1月22日に宗務所会議室において，西山浄土宗保育連盟役員会が開催された。理事長：内海奐乗師，副理事長：菅田良憲師等の他，宗務当局からは松下総長，橋爪教学部長も出席した。	1974年1月22日	児童福祉，団体・組織
『西山』第254号，1974年3月25日	湯浅幼稚園（園長：松下宗務総長）は深専寺一代吉峰瑞岳上人の創立によるものであり，2月15，16日に創立40周年の記念式典を挙行した。	1974年2月15日	児童福祉
『ひかり』第171号，1974年4月1日	和歌山県湯浅町の湯浅幼稚園（園長：松下宗務総長）では，2月15，16日に創立40周年記念式典を挙行した。	1974年2月15日	児童福祉
『西山』第254号，1974年3月25日	4月20日に宗門関係の幼稚園，保育園の教職員の集いによる慶讃法要を営む予定。	1974年4月20日	児童福祉，福祉教育・職員養成

出典	記事	日時	福祉分野
『西山』第 256 号，1974 年 6 月 25 日	宗祖大師開宗 800 年を記念して，西山浄土宗保育連盟，各園の永年勤続者の表彰式が，4 月 20 日青年および保育連盟の集いの後，阿弥陀堂において行われた。	1974 年 4 月 20 日	児童福祉，福祉教育・職員養成
『西山』第 257 号，1974 年 7 月 25 日	4 月 20 日に，全国四地区の青年僧が檀信徒の青壮年に呼びかけた集いと宗門関係の幼稚園，保育園の教職員の集いによる慶讃法要を行い，保育連盟主催による，永年勤続者の表彰式を挙行した。	1974 年 4 月 20 日	児童福祉，福祉教育・職員養成，団体・組織
『西山』第 257 号，1974 年 7 月 25 日	8 月 29 日に昭和 49 年度中部地方教学講習会が本山釈迦堂において開催され，その中で「子どもとほとけと」と題して，光林保育園園長嶋本弘英氏が講演を行う予定。	1974 年 8 月 29 日	児童福祉，福祉教育・職員養成
『西山』第 261 号，1974 年 11 月 11 日	10 月 5，6 日に，北九州において西山浄土宗布教師会総会ならびに研修会が開催され，その中で，北九州市社会福祉協議会事務局長山口健蔵氏が「福祉の心」と題して講演した。	1974 年 10 月 5 日	社協・民生児童委員，福祉教育・職員養成
『西山』第 265 号，1975 年 3 月 25 日	3 月 4 日に，西山浄土宗保育連盟理事会が開催され，その中で，禅林寺，誓願寺両本山の教学部へ呼び掛け，西山三派の保育連盟結成を促すとともに，今年度総会には両山末の幼稚園保育所の参加を求めることが決定された。	1975 年 3 月 4 日	児童福祉，団体・組織
『西山』第 268 号，1975 年 6 月 25 日	6 月 7 日に，本山光明寺において西山浄土宗保育連盟第 3 回年次総会と大研修会を開催した。西山浄土宗保育連盟は，昭和 48 年に結成された。西山浄土宗は，幼稚園 14 か所，保育園 11 か所。禅林寺派は 19 園，深草派は皆無。	1975 年 6 月 7 日	児童福祉，団体・組織

出典	記事	日時	福祉分野
『西山』第271号，1975年10月25日	「西山短期大学学生募集」の記事の中で，「仏教福祉コース」募集，社会福祉主事任用資格が得られると記載される。(前年までの募集記事に「仏教福祉コース」の記載は見られない。)	1975年10月25日	その他の福祉，福祉教育・職員養成
『西山』第275号，1976年2月25日	「仏教カウンセリングと教化について」と題し，仏教カウンセリングについての説明と注意事項が記載される。	1976年2月25日	その他の福祉
『西山』第279号，1976年6月25日	7月17，18日に，総本山誓願寺において西山三派中央教学講習会が開催され，その中で，「幼児教育に生かされる西山教学の私案」(原文ママ)と題し，永観堂幼稚園園長の伊藤歓一師が講演する予定。	1976年7月17日	児童福祉，福祉教育・職員養成
『西山』第283号，1976年10月25日	11月16日に，湯浅幼稚園園長の松下瑞澄師が我が国の幼稚園教育百年記念に際し，多年にわたり幼稚園教育振興に尽くされた功績により，教育功労者として文部大臣より表彰される予定。(湯浅幼稚園は昭和8年に先代瑞岳上人により創立)	1976年11月16日	児童福祉
『西山』第294号，1977年11・12月合併号	福岡県粕屋郡古賀町称善寺住職であり，慈照保育園の園長でもある城井一孝師は，多年にわたり児童福祉に貢献され，その功績によって厚生大臣より表彰された，と報じる。	1977年11月1日	児童福祉
『西山』第294号，1977年11・12月合併号	奈良市九条町来迎寺住職の坪井洞住師は，永年社会福祉活動の功労者として，この度藍綬褒章を受章され，11月12日に祝賀式を挙行した。	1977年11月12日	その他の福祉
『西山』第294号，1977年11・12月合併号	和歌山県湯浅郡湯浅町深専寺住職であり，湯浅幼稚園の園長でもある松下瑞澄師は，11月25日に永年の教育功労者として文部大臣より表彰された。	1977年11月25日	児童福祉
『西山』第296号，1978年2月号	2月7，8日に西山浄土宗保育連盟園長研修会が開催され，11名が参加し，西山保育綱領について継続審議することとなった。	1978年2月7日	児童福祉，団体・組織，福祉教育・職員養成

出典	記事	日時	福祉分野
『西山』第 297 号，1978 年 4 月号	4 月号の目次にて「教誨師伊藤秀全僧正の栄誉と御引退」と題する記事を掲載。	1978 年 4 月 1 日	更生保護・教誨
『西山』第 296 号，1978 年 2 月号	西山浄土宗保育連盟の夏の保育大会を 7 月 21，22 日に開催予定。	1978 年 7 月 21 日	児童福祉，福祉教育・職員養成
『西山』第 301 号，1978 年 8 月号	7 月 21，22 日に総本山光明寺及び比叡山延暦寺において，西山浄土宗保育連盟主催の保育研究大会が開催された。	1978 年 7 月 21 日	児童福祉，福祉教育・職員養成
『ひかり』第 224 号，1978 年 10 月 1 日	7 月 21，22 日に本山において，仏教保育連盟 53 年度研究大会を開催した。	1978 年 7 月 21 日	児童福祉，福祉教育・職員養成
『西山』第 318 号，1979 年 1 月 25 日	昭和 54 年 12 月付けで全日本仏教青年会から出された「カンボジア難民救済募金のお願い」と題する一文が掲載され，西山浄土宗においても協力すると報じる。	1978 年 12 月 1 日	国際福祉，ボランティア
『西山』第 321 号，1980 年 4 月 25 日	2 月 8 日に西山浄土宗保育連盟の臨時総会が開催され，任期満了に伴う役員の改選の結果を報じる。理事長は中部の六満保育園の内海奐乗，副理事長は南部のぶっとく幼稚園の菅田良憲である。	1980 年 2 月 8 日	児童福祉，団体・組織
『西山』第 321 号，1980 年 4 月 25 日	北海道富良野市の光明寺経営の光明保育園は，慈恵ひまわり幼稚園として改組，新園長は青木賢章氏である，と報じる。	1980 年 4 月 25 日	児童福祉
『西山』第 323 号，1980 年 6 月 25 日	和歌山県湯浅町深専寺住職の松下瑞澄師は，永年の幼児教育と私学振興に力を注いだ功績により，5 月 15 日に東京都日本青年会館において，春の叙勲で勲五等瑞宝章を受章された。	1980 年 5 月 15 日	児童福祉
『西山』第 321 号，1980 年 4 月 25 日	5 月 23，24 日に本山光明寺において善導記念・保育大会を開催する予定。	1980 年 5 月 23 日	児童福祉，福祉教育・職員養成

出典	記事	日時	福祉分野
『ひかり』第248号，1980年10月1日	南部青年僧の会（西渓光照会長）では，「カンボジア難民救済募金運動」を行っており，724,355円の募金を日本赤十字を通じてカンボジアへ送金した，と報じる。	1980年10月1日	国際福祉，ボランティア
『西山』第326号，1980年9月25日	1981年4月12，13日に本山総持寺において，善導大師1300年大遠忌法要と野崎幼稚園開園30周年記念式典を挙行する予定，と報じる。	1981年4月12日	児童福祉
『西山』第336号，1981年7月25日	6月13，14日に北海道富良野市の光明寺において，善導大師1300年大遠忌，新住晋山式及び庫裡，幼稚園新築落慶法要が挙行された。	1981年6月13日	児童福祉
『西山』第339号，1981年10月25日	11月8日に，善導大師1300年遠忌と開園30周年記念事業として，野崎幼稚園の新園舎の落成祝賀式を挙行する予定。同幼稚園は，昭和26年に総持寺の境内に開園したものである。	1981年11月8日	児童福祉
『西山』第341号，1981年12月25日	西山短期大学ボランティアグループは，「京都新聞ボランティア活動推進奨金」を受け，11月20日に，京都新聞社において贈呈式が挙行された。	1981年11月20日	ボランティア
『西山』第345号，1982年5月25日	6月19日に保育連盟総会を開催する予定。	1982年6月19日	児童福祉，団体・組織
『西山』第350号，1982年11月25日	常楽寺では，10月24日に「ぶっとく幼稚園」の創立30周年記念式典を挙行した。	1982年10月24日	児童福祉

出典	記事	日時	福祉分野
『西山』第351号, 1982年12月25日	京都市中央区六角通大宮西入の万福寺(内海奐乗住職,六満保育園園長)は,国が認可した全国初の夜間保育所が新設され,今年の2月1日からスタートしたが,11月22日に専用園舎「六満こどもの家」の園舎竣工式が挙行された。なお,同記事において,六満夜間保育園の保育内容等についても掲載。	1982年11月22日	児童福祉
『西山』第355号, 1983年5月25日	4月2,3日に本山において,昭和58年度西山浄土宗保育研究大会が開催された。	1983年4月2日	児童福祉,福祉教育・職員養成
『西山』第356号, 1983年6月25日	「僧侶としての立場からカウンセリング講座を受講して」と題して,常光寺住職の菅田祐準師の一文が掲載される。なお,カウンセリング研修講座は四天王寺が毎年開催しているもので,今年で19回目になり,6月3,4日に開催された。	1983年6月25日	その他の福祉,福祉教育・職員養成
『西山』第361号, 1983年11月25日	11月6日に,深専寺経営の学校法人湯浅幼稚園(松下瑞澄園長)の創立50周年記念式典が挙行された。なお,園長の松下瑞澄師は元宗務総長である。	1983年11月6日	児童福祉
『西山』第361号, 1983年11月25日	菅田良憲師(有田市箕島常楽寺住職)は,昭和27年に寺内に「ぶっとく幼稚園」を創立して以来,幼児教育の私学振興に貢献したことにより,11月28日に国立劇場において,昭和58年度教育者表彰授賞式にて表彰される予定。	1983年11月28日	児童福祉
『西山』第369号, 1984年8月25日	祇園寺住職の松尾賢竜師は,のざき幼稚園(原文ママ)の主事に就任した,と報じる。	1984年8月25日	児童福祉

出典	記事	日時	福祉分野
『西山』第371号，1984年10月25日	池崎歓善師（来迎院住職）と三宅瑞晃師（円福寺住職）は，永年（35年）にわたる更生保護の功績により，10月18日に日比谷公会堂で開かれた全国保護司大会の席上，法務大臣から表彰された。	1984年10月18日	更生保護・教誨
『西山』第372号，1984年11月25日	「視聴覚教材案内」と題し，同和問題啓発スライド「同和問題の理解と認識」が紹介される。	1984年11月25日	同和事業
『西山』第373号，1984年12月25日	南部町仏教会（畑崎大定会長）は，12月8日に歳末助け合いの托鉢を行い，約30万円の浄財を社会福祉協議会に寄託した。なお，南部町仏教会の托鉢の歴史は古く，昭和2年仏教会経営の幼稚園設立のために始めたものである。	1984年12月8日	ボランティア，社協・民生児童委員，児童福祉
『西山』第376号，1985年3月25日	2月25日から27日の3日間，第62通常宗会が開催され，西山浄土宗宗務総長の松尾全弘師は，その所信表明の中で人権擁護の推進について触れ，さらに議案第11号では「西山浄土宗人権擁護推進協議会規定」について決議された。	1985年2月25日	同和事業
『西山』第377号，1985年5月10日	4月14日に，南部青年僧の会では「アフリカ難民救済募金活動」を行った。続いて4月24日にも本山で募金活動を行う予定。	1985年4月14日	ボランティア，国際福祉
『西山』第384号，1986年1月25日	5月24日に部落解放基本法制定要求国民運動中央実行委員会（大谷光真会長）で「部落解放基本法案」が決定したと報じ，部落解放基本法（案）を掲載する。	1985年5月24日	同和事業
『西山』第378号，1985年6月25日	南部青年僧の会紀北ブロック（土井歓晃代表）では，昨年来，「仏の心をアフリカに」とアフリカ難民救済募金活動を続けており，集まった浄財11,219円を毎日新聞和歌山支局へ寄託した，と報じる。	1985年6月25日	ボランティア，国際福祉

出典	記事	日時	福祉分野
『西山』第381号，1985年9月25日	9月9日から11日までの3日間，東京都日本武道館において，部落解放研究第19回全国集会が開催された。	1985年9月9日	同和事業，福祉教育・職員養成
『西山』第381号，1985年9月25日	9月10日に光明寺において，第1回西山浄土宗人権擁護推進協議会が開催された。	1985年9月10日	同和事業
『西山』第384号，1986年1月25日	南部町仏教会（畑崎大定会長）は，歳末助け合い托鉢を行い，募金した約30万円は社会福祉協議会とアルメロ救援対策機関に寄託した，と報じる。	1986年1月25日	ボランティア，社協・民生児童委員，災害救済支援
『西山』第390号，1986年8月25日	有田市箕島常楽寺ぶっとく幼稚園園長の菅田良憲師が理事長兼協会長をしている和歌山県私立幼稚園協会と和歌山市海善寺雄湊幼稚園園長の田村歓弘師が協会長をしている和歌山私立幼稚園協会では，いじめの問題，登校拒否，家庭内暴力，中教審への対応，また幼稚園の指導要領の改定等々教育問題の山積する時に当たり，このほど和歌山市湊通り丁南一丁目に「幼児教育研究所」を開設した，と報じた。	1986年8月25日	児童福祉，団体・組織
『西山』第392号，1986年10月25日	8月30，31日に福岡県京都郡勝山町の万福寺において，昭和61年度西部地方教学講習会を開催した。その中で，本山派遣講師の田中隆一氏が「人権問題について」と題して講義を行った。	1986年8月30日	同和事業，福祉教育・職員養成
『西山』第392号，1986年10月25日	8月30，31日に和歌山県の日高郡南部川村超世寺において，南部地方教学講習会が開催され，その中で，「人権問題と僧侶の責務について」と題して，西山浄土宗人権擁護推進協議会会長の金花寺住職岩橋俊正師が講義を行った。	1986年8月30日	同和事業，福祉教育・職員養成

出典	記事	日時	福祉分野
『西山』第395号, 1987年1月25日	西山浄土宗保育連盟は, 11月11, 12日に大分県別府市ホテルサンルートにおいて園長, 主任研修会を開催した。	1986年11月11日	児童福祉, 福祉教育・職員養成
『西山』第395号, 1987年1月25日	全日本仏教会は, 1986年12月9, 10日に京都知恩院において「第6回同和研修会」を開催した。	1986年12月9日	同和事業, 福祉教育・職員養成
『西山』第395号, 1987年1月25日	南部仏教会（畑崎大定会長）は, 12月11日に歳末助け合いの托鉢を行い, 募金した約30万円を町社会福祉協議会を通じて恵まれない人々へ供養した。なお, この托鉢は昭和2年以来59年間続けられている。	1986年12月11日	ボランティア, 社協・民生児童委員
『西山』第396号, 1987年3月25日	紀北青年僧の会奉仕部（西山光俊部長）では, 1986年12月20日に歳末助け合い募金を行い10万円を集め, 和歌山放送ラジオチャリティミュージックに5万円, ＮＨＫ歳末助け合い義捐金に5万円を寄付した。	1986年12月20日	ボランティア, 地域福祉
『西山』第395号, 1987年1月25日	「第6回全日仏同和研修会学習会」と題し, 曹洞宗の伊藤俊彦師の一文が掲載される。	1987年1月25日	同和事業
『西山』第400号, 1987年8月25日	「仏教保育　少年非行の原因」と題し, 総理府が8月31日（原文ママ）に発表した「家族, 家庭に関する世論調査」の結果を掲載する。	1987年8月25日	児童福祉
『西山』第401号, 1987年10月25日	西山浄土宗保育連盟は, 8月27, 28日に本山において, 「み仏の慈悲や生命の尊さがわかる子供に育てる保育とは」をテーマに夏期研修大会を行った。	1987年8月27日	児童福祉, 福祉教育・職員養成

出典	記事	日時	福祉分野
『西山』第 400 号，1987 年 8 月 25 日	西山浄土宗保育連盟は，8 月 27，28 日に本山光明寺において，「み仏の慈悲や生命の尊さがわかる子供に育てる保育とは」をテーマに夏期研修大会を行った。	1987 年 8 月 27 日	児童福祉，福祉教育・職員養成
『西山』第 403 号，1987 年 12 月 25 日	「第 7 回「全日仏」同和研修会学習会資料」（昭和 62 年 10 月 31 日）と題し，「部落解放基本法とはなにか」の一文を掲載する。	1987 年 12 月 25 日	同和事業
『西山』第 408 号，1988 年 7 月 25 日	「教誨師任命」と題し，5 月 27 日付けで，和歌山市梶取の総持寺住職の松尾全弘師が西山浄土宗教誨師に任命された，と報じる。	1988 年 5 月 27 日	更生保護・教誨
『西山』第 408 号，1988 年 7 月 25 日	5 月 28，29 日に宝積寺において西部地方教学講習会を行い，その中で，「同和教育について」と題して上村隆峰師が講演を行った。	1988 年 5 月 28 日	同和事業，福祉教育・職員養成
『西山』第 408 号，1988 年 7 月 25 日	6 月 6，7 日に江南市飛保の曼荼羅寺において第 41 回東部地方教学講習会を行い，その中で，「同和問題と仏教」と題して同朋大学の近藤祐昭氏の講演を行う。	1988 年 6 月 6 日	同和事業，福祉教育・職員養成
『西山』第 408 号，1988 年 7 月 25 日	6 月 15，16 日に和歌山市修徳高校において昭和 63 年度西山浄土宗保育連盟の園長，主任研修会を行った。	1988 年 6 月 15 日	児童福祉，福祉教育・職員養成
『西山』第 406 号，1988 年 4 月 25 日	西山浄土宗保育連盟は，6 月 15，16 日に修徳高校において，保育連盟園長，主任研修会を開催予定。	1988 年 6 月 15 日	児童福祉，福祉教育・職員養成
『西山』第 412 号，1988 年 11 月 25 日	「世界人権宣言 40 周年記念宗教者全国行動を行うにあたって」と題し，宗教者全国行動中央実行委員会の記事を掲載する。	1988 年 11 月 25 日	国際福祉，その他の福祉

出典	記事	日時	福祉分野
『西山』第412号，1988年11月25日	同和問題にとりくむ宗教教団連帯会議は，12月7，8日に西山浄土宗禅林寺派総本山禅林寺において「同宗連」第3回部落解放基礎講座（第3会場）を開催予定。	1988年12月7日	同和事業，福祉教育・職員養成
『西山』第413号，1988年12月25日	「各教団における同和問題への取り組み（1）」と題して，真言宗御室派の小林弘侑師の「鳥取県下における差別墓石の発見とその取り組みについて」の論文を掲載する。	1988年12月25日	同和事業
『西山』第416号，1989年3月25日	昭和62年度（原文ママ）西山浄土宗歳入歳出決算書が掲載され，その中の歳出として，会議費の中に「人権擁護推進協議会費」が予算額100万円で計上されるが，支出済額は0円である，と報じる。	1989年3月25日	同和事業
『西山』第416号，1989年3月25日	平成元年度西山浄土宗歳入歳出予算書が掲載され，その中の歳出として，会議費の中に「人権擁護推進協議会費」として150万円が計上される，と報じる。（平成63年度予算は100万円であり，前年度に比べ50万円上乗せされている）（内訳は手当70万円，旅費60万円，需用費20万円）	1989年3月25日	同和事業
『西山』第419号，1989年6月25日	「同和問題学習　狭山事件とは」と題し，昭和38年に発生した狭山事件について同和問題に取り組む宗教教団連帯会議資料より掲載。	1989年6月25日	同和事業
『西山』第420号，1989年7月25日	9月16，17日に総本山光明寺において，中部地方教学講習会が開催され，その中で，「同和問題」と題し，京都市民生局高齢課社会対策部部長の鳴滝襄次氏が講演した。	1989年9月16日	同和事業，福祉教育・職員養成
『西山』第422号，1989年10月25日	「同和学習　複眼的業論〜文化史の立場から〜」と題し，奈良康明駒大教授の講演要旨を掲載する。	1989年10月25日	同和事業，福祉教育・職員養成

出典	記事	日時	福祉分野
『西山』 第 422 号, 1989 年 10 月 25 日	西山浄土宗保育連盟は, 11 月 25, 26 日に京都私学会館において, 「幼児一人ひとりの琴線にふれるような仏教保育の実践を考えよう」をテーマに教育研修大会を実施する予定。	1989 年 11 月 25 日	児童福祉, 福祉教育・職員養成
『西山』 第 424 号, 1989 年 12 月 25 日	西山浄土宗保育連盟は, 11 月 25, 26 日に京都私学会館において, 「幼児一人ひとりの琴線にふれるような仏教保育の実践を考えよう」をテーマに教育研修大会を開催した。	1989 年 11 月 25 日	児童福祉, 福祉教育・職員養成
『西山』 第 427 号, 1990 年 3 月 25 日	1 月 30, 31 日に妙心寺花園会館において, 第 17 回同宗連研修会が開催され, 参加した本多光俊師の報告記事が掲載された。	1990 年 1 月 30 日	同和事業
『西山』 第 426 号, 1990 年 2 月 25 日	2 月 10 日に本山信徒会館において, 人権擁護推進協議会が開催された。	1990 年 2 月 10 日	同和事業
『西山』 第 426 号, 1990 年 2 月 25 日	資料として「世界人権宣言」を掲載した。	1990 年 2 月 25 日	同和事業
『西山』 第 429 号, 1990 年 5 月 25 日	5 月 26, 27 日に小倉護念寺において西部地方教学講習会を開催予定, その中で, 「今なぜ同和研修か」と題し, 梶永慶一氏が講演予定。	1990 年 5 月 26 日	同和事業, 福祉教育・職員養成
『西山』 第 431 号, 1990 年 7 月 25 日	5 月 26, 27 日に小倉護念寺において西部地方教学講習会を開催。その中で, 「今なぜ同和研修か」と題し, 梶永慶一氏が講演を行った。	1990 年 5 月 26 日	同和事業, 福祉教育・職員養成
『西山』 第 429 号, 1990 年 5 月 25 日	6 月 7, 8 日に名古屋法然寺において東部地方教学講習会を開催予定, その中で, 「具体的事例から見た同和問題」と題し, 高橋純平氏が講演予定。	1990 年 6 月 7 日	同和事業, 福祉教育・職員養成
『西山』 第 431 号, 1990 年 7 月 25 日	6 月 7, 8 日に名古屋法然寺において第 43 回東部地方教学講習会を開催。その中で, 「具体的事例から見た同和問題」と題し, 高橋純平氏が講演を行った。	1990 年 6 月 7 日	同和事業, 福祉教育・職員養成

出典	記事	日時	福祉分野
『西山』第 429 号, 1990 年 5 月 25 日	同和問題にとりくむ宗教教団連帯会議（同宗連）は,「識字運動に学ぶ」をテーマに 6 月 11, 12 日に西山浄土宗総本山光明寺信徒会館において第 18 回研修会を開催した。	1990 年 6 月 11 日	同和事業, 福祉教育・職員養成
『西山』第 431 号, 1990 年 7 月 25 日	「同和研修 『国際識字年』は私たちにとって何ですか?」と題して, 同和問題研修テキストより記事を転載する。	1990 年 7 月 25 日	同和事業, 福祉教育・職員養成
『西山』第 431 号, 1990 年 7 月 25 日	日本仏教保育協会は, 7 月 28, 29 日に華頂学園等において,「一人ひとりの個性を生かした仏教保育の実践を考えよう」をテーマに, 第 21 回全国仏教保育大会を開催予定。	1990 年 7 月 28 日	児童福祉, 福祉教育・職員養成
『西山』第 431 号, 1990 年 7 月 25 日	8 月 25, 26 日に総持寺において南部地方教学講習会を開催予定。その中で,「同和問題の今日的視点を考える」と題し, 県同和委員の小森陽太郎氏が講演予定。	1990 年 8 月 25 日	同和事業, 福祉教育・職員養成
『西山』第 433 号, 1990 年 10 月 25 日	8 月 25, 26 日に総持寺において南部地方教学講習会を開催。その中で,「同和問題の今日的視点を考える」と題し, 県同和委員の小森陽太郎氏が講演を行った。	1990 年 8 月 25 日	同和事業, 福祉教育・職員養成
『西山』第 431 号, 1990 年 7 月 25 日	9 月 1, 2 日に総本山光明寺において中部地方教学講習会を開催予定。その中で,「今なぜ同和研修か」と題し, 奈良県同和教育研究会事務局長の成田進氏が講演予定。	1990 年 9 月 1 日	同和事業, 福祉教育・職員養成
『西山』第 434 号, 1990 年 11 月 25 日	9 月 1, 2 日に総本山光明寺において中部地方教学講習会を開催。その中で,「今なぜ同和研修か」と題し, 奈良県同和教育研究会事務局長の成田進氏が講演。	1990 年 9 月 1 日	同和事業, 福祉教育・職員養成
『西山』第 432 号, 1990 年 9 月 25 日	「同和研修 『識字学級』はなぜするのですか?」と題する記事を掲載する。	1990 年 9 月 25 日	同和事業, 福祉教育・職員養成

出典	記事	日時	福祉分野
『西山』第431号, 1990年7月25日	10月20日に南紀梶取総持寺において南部布教師会と布教師養成所合同研修会を開催予定。その中で,「日本民族のいのち観」と題し,民族研究,同和研究などを行う乾武俊氏が講演を行う予定。	1990年10月20日	同和事業,福祉教育・職員養成
『西山』第435号, 1990年12月25日	11月16,17日に知恩院において同和研修会が実施された。	1990年11月16日	同和事業,福祉教育・職員養成
『西山』第435号, 1990年12月25日	11月27,28日に名古屋地区において,平成2年度西山浄土宗保育連盟園長,主任研修会が開催された。	1990年11月27日	児童福祉,福祉教育・職員養成
『西山』第435号, 1990年12月25日	12月3日に信徒会館において,平成2年度の人権擁護推進協議会が開催された。(平成2年度同和研修会当局参加会合の日程等が掲載される)	1990年12月3日	同和事業
『西山』第435号, 1990年12月25日	「同和研修　人種差別撤廃条約とは」と題して,南部アフリカ通信の記事を転載した。	1990年12月25日	同和事業,福祉教育・職員養成,国際福祉
『西山』第436号, 1991年1月25日	「同和研修　第9回「業・旃陀羅問題」研究会　業の問題」と題して,龍谷大学教授の浅井成海師の記事を掲載する。(全仏363号より転載)	1991年1月25日	同和事業,福祉教育・職員養成
『西山』第437号, 1991年2月25日	2月7日に京都会館において,第3回部落解放基本法制定を求める宗教者総決起集会が開催された。	1991年2月7日	同和事業
『西山』第438号, 1991年3月25日	2月26日に第72通常宗会が開催され,西山浄土宗宗務総長の榊原是久師の所信表明が発表され,その中で,「人権擁護の推進」について触れる。	1991年2月26日	同和事業
『西山』第438号, 1991年3月25日	2月26日に第72通常宗会が開催され,西山浄土宗宗務総長の榊原是久師の所信表明が発表され,その中で,「人権擁護の推進」について触れる。その代表質問および答弁において,同和問題について触れられる。答弁として,同和研修等に積極的に参加し取り組んでいき,宗門教師にも広く推進していく,と回答。	1991年2月26日	同和事業

出典	記事	日時	福祉分野
『西山』 第438号, 1991年3月25日	西山浄土宗宗務総長名義で, 2月27日に「湾岸戦争被災者救援募金」への協力要請を行った。	1991年2月27日	同和事業, 福祉教育・職員養成
『西山』 第438号, 1991年3月25日	3月7, 8日に埼玉県狭山市において同宗連第5回「現地」研修会が開催され, 西山浄土宗人権擁護推進協議会副委員長の池田幸一師が参加した。	1991年3月7日	同和事業, 福祉教育・職員養成
『西山』 第438号, 1991年3月25日	平成3年度西山浄土宗歳入歳出予算書が掲載され, 会議費の中の人権擁護推進協議会費として200万円が計上される。(平成2年度は150万円)(内訳は手当90万円, 旅費が75万円, 需用費は35万円)	1991年3月25日	同和事業, 福祉教育・職員養成
『西山』 第438号, 1991年3月25日	新しい布教活動の推進センターとして, 教学部内に教化センターを開設し, 全宗門的な立場からの教化活動を推進する, と報じる。その教化センターの活動内容の一つとして「社会的課題への取り組み」があり, 地球環境, 脳死, 臓器移植, ホスピス, カウンセリング, 電話相談コーナー開設, ボランティア活動, その他を行う, と報じる。	1991年3月25日	その他の福祉（福祉全般）, 団体・組織
『西山』 第441号, 1991年6月25日	4月10, 11日にホテルニュー京都と真宗大谷派宗務所において, 同宗連結成10周年記念式典および第11回同宗連総会が開催され, 柴田教学部長, 神田主事, 淀川書記が出席。	1991年4月10日	同和事業
『西山』 第439号, 1991年4月25日	4月11, 12日に同宗連の10周年記念式典および第11回総会が開催され, 宗門より柴田教学部長, 淀川, 神田両職員が出席した。	1991年4月11日	同和事業
『西山』 第439号, 1991年4月25日	西山浄土宗宗務総長榊原是久師名義で, 4月15日付の「湾岸戦争被災者救護募金のお礼とお願い」が掲載される。現在, 150件, 総額3,396,733円が寄せられている, と報じる。	1991年4月15日	災害支援ボランティア

出典	記事	日時	福祉分野
『ひかり』第375号，1991年5月1日	行願寺（京都市南区久世）の高城良雄住職より，檀家の子供3人が貯めた2,831円を湾岸戦争悲哀者救援基金として本山に手渡された，と報じる。	1991年5月1日	国際福祉，その他の福祉
『西山』第443号，1991年8月25日	6月25, 26日に下関において，同宗連部落解放基礎講座が開催され，西山浄土宗からは漆間正道委員が参加した。	1991年6月25日	同和事業，福祉教育・職員養成
『西山』第447号，1991年12月25日	6月25, 26日に下関市の海関荘において，同宗連部落解放基礎講座が開催され，西山浄土宗からは漆間正道委員が参加した。	1991年6月25日	同和事業，福祉教育・職員養成
『西山』第439号，1991年4月25日	7月3日に人権擁護推進協議会を開催予定。	1991年7月3日	同和事業
『西山』第442号，1991年7月25日	7月3日に本山信徒会館において，人権擁護推進協議会を開催した。	1991年7月3日	同和事業
『西山』第443号，1991年8月25日	7月10, 11日に新潟県魚沼において第6回部落解放基礎講座が開催され，神田主事，筒井出仕補が出席した。	1991年7月10日	同和事業，福祉教育・職員養成
『西山』第443号，1991年8月25日	7月23日に浄土宗宗務所（同宗連の事務局が置かれている）において，同宗連実践交流懇談会が開催され，西山浄土宗からは柴田部長，神田主事が出席した。	1991年7月23日	同和事業，福祉教育・職員養成
『西山』第442号，1991年7月25日	「同和研修資料　御経野の子守唄」と題し，天理市解放保育研究会の一文を掲載。	1991年7月25日	同和事業，福祉教育・職員養成
『西山』第443号，1991年8月25日	7月29日に東山のパークホテルにおいて，部落解放同盟中央本部役員と同宗連加盟教団行政責任者懇談会が開催され，西山浄土宗からは榊原宗務総長，柴田部長，神田主事が出席した。	1991年7月29日	同和事業，福祉教育・職員養成
『西山』第443号，1991年8月25日	「同和研修資料　荒堀夜明念仏」と題した一文が掲載される。	1991年8月25日	同和事業，福祉教育・職員養成

出典	記事	日時	福祉分野
『西山』第445号, 1991年10月25日	8月26日から3日間, 臨済宗妙心寺花園会館において, 「全国大行進を前にして」をテーマに, 同宗連第24回研修会が開催された。	1991年8月26日	同和事業, 福祉教育・職員養成
『西山』第444号, 1991年9月25日	8月31日と9月1日に和歌山市梶取の総持寺において, 南部地方教学講習会が開催され, その中で「部落差別と宗教」と題し, 伝承文化研修家の乾武俊氏が講演を行う。	1991年8月31日	同和事業, 福祉教育・職員養成
『西山』第444号, 1991年9月25日	9月17日付で西山浄土宗宗務総長の榊原是久師より台風被害の被災寺院に対しお見舞いの一文が掲載される。	1991年9月17日	災害救済支援
『西山』第446号, 1991年11月25日	9月18日から10月14日まで, 部落解放基本法制定を要求する大行進を行い, 西山浄土宗も参加した。	1991年9月18日	同和事業
『西山』第445号, 1991年10月25日	9月14, 27日の2度にわたり西国地方を襲った台風被害について, 宗務総長の榊原是久師は, 10月4日から3日間, 加来俊治庶務部長と共に視察・お見舞いを行った。	1991年10月4日	災害救済支援
『西山』第447号, 1991年12月25日	11月19, 20日に同宗連の加盟教団の行政責任者を対象とした「現地」研修会が開催され, 西山浄土宗からは宗務総長の代理として, 教学部長が参加した。	1991年11月19日	同和事業, 福祉教育・職員養成
『西山』第445号, 1991年10月25日	12月9, 10日に平成3年度布教師研修会を開催予定。その中で, 「差別用語の話」と題して京都新聞論説委員で仏教短大講師の吉田賢作氏が講演予定。	1991年12月9日	同和事業, 福祉教育・職員養成
『西山』第445号, 1991年10月25日	12月12, 13日に本山において平成3年度後期人権擁護推進協議会を開催予定。	1991年12月12日	同和事業
『西山』第448号, 1992年1月25日	12月12, 13日に本山において平成3年度後期人権擁護推進協議会を開催した。	1991年12月12日	同和事業
『西山』第448号, 1992年1月25日	映画「橋のない川」のチケット購入のお願いが掲載される。	1992年1月25日	同和事業

出典	記事	日時	福祉分野
『西山』第451号, 1992年4月25日	2月13, 14日に三重県四日市市で, 第6回人権啓発研究集会が開催され, 西山浄土宗からは森海玄師(人権擁護委員), 淀川隆顕(教学部), 筒井厚純(本山部)が出席した。	1992年2月13日	同和事業, 福祉教育・職員養成
『西山』第449号, 1992年2月25日	「仏教と部落問題」と題し, 「同宗連」議長浄土宗同和推進事務局参与の蓮地瑞旭師の一文が掲載される。同宗連発足の経緯, 具体的な差別事例等について記載される。	1992年2月25日	同和事業
『西山』第450号, 1992年3月25日	2月26日に第74通常宗会が開催され, 西山浄土宗宗務総長の榊原是久師の所信表明が発表され, その中で, 同和対策についてふれる。	1992年2月26日	同和事業
『西山』第450号, 1992年3月25日	2月26日に第74通常宗会が開催され, その代表者質問および答弁において, 「脳死」と「心臓死」について質問があり, 現在宗門としての方向, 態度は決まっておらず, 近日中委員会を発足させ, 検討していく, と答弁する。	1992年2月26日	その他の福祉
『西山』第450号, 1992年3月25日	「バンコクスラムの子らに給食　地元の寺と共同で」と題して, 3月1日に『中日新聞』で報道された記事を転載する。	1992年3月25日	国際福祉
『西山』第451号, 1992年4月25日	3月28, 29日に総本山光明寺において, 平成3年度西山浄土宗保育連盟大研修会が開催された。	1992年3月28日	児童福祉, 福祉教育・職員養成
『西山』第451号, 1992年4月25日	「平成4年教学部行事予定」として, 3月28, 29日に保育連盟研修会を開催予定。	1992年3月28日	児童福祉, 福祉教育・職員養成
『西山』第452号, 1992年5月25日	4月4日から6日に総本山禅林寺において, 平成4年度西山三派中央教学講習会が開催され, その中で, 「脳死と臓器移植」と題し, 大正大学教授の藤井正雄氏が講演を行った。	1992年4月4日	その他の福祉, 福祉教育・職員養成
『西山』第451号, 1992年4月25日	6月10日に本山において平成4年度前期人権擁護推進協議会を開催予定。	1992年6月10日	同和事業

出典	記事	日時	福祉分野
『西山』第453号，1992年6月25日	5月24, 25日に福岡県行橋市の龍泉寺において，平成4年度西部地方教学講習会が開催され，その中で，「日常の差別」と題して，本派本願寺派の田中師が講演を行った。	1992年5月24日	同和事業，福祉教育・職員養成
『西山』第453号，1992年6月25日	5月28日に本山において人権擁護推進協議会が開催された。	1992年5月28日	同和事業
『西山』第451号，1992年4月25日	6月3, 4日に愛知県知多郡の西岸寺において，第45回東部地方教学講習会が開催予定。その中で，3日には「脳死問題を契機とする西山教学実践論」と題し，深草派京都長仙院住職吉良潤師が講義を行い，4日には「同和問題と差別の実態に学ぶ」と題し，大谷派名古屋教区教化センター主幹の清沢隆信師が講義を行う予定。	1992年6月3日	同和事業，福祉教育・職員養成
『西山』第451号，1992年4月25日	「平成4年教学部行事予定」として，6月10日に人権擁護推進協議会を開催予定。	1992年6月10日	同和事業
『西山』第451号，1992年4月25日	「平成4年教学部行事予定」として，6月15, 16日に保育連盟研修会を開催予定。	1992年6月15日	児童福祉，福祉教育・職員養成
『西山』第454号，1992年7月25日	6月16, 17日に福岡県行橋市箕島周防館において，平成4年度西山浄土宗保育連盟園長・主任研修会を開催した。	1992年6月16日	児童福祉，福祉教育・職員養成
『西山』第454号，1992年7月25日	7月9日に信徒会館において，役職員が集まり，第1回同和・人権啓発丈内研修会を開催。	1992年7月9日	同和事業，福祉教育・職員養成
『西山』第455号，1992年8月25日	7月21, 22日に和歌山市紀の国会館において，「同宗連」第7回部落解放基礎講座が開催され，三浦行雄師，守中隆宣師が出席した。	1992年7月21日	同和事業，福祉教育・職員養成
『西山』第454号，1992年7月25日	「1992年度『同宗連』事業計画」と題し，重要活動方針について掲載。	1992年7月25日	同和事業
『西山』第457号，1992年10月25日	9月13日に第2回同和・人権啓発丈内研修会を開催した。	1992年9月13日	同和事業，福祉教育・職員養成

出典	記事	日時	福祉分野
『西山』第457号，1992年10月25日	9月29日から10月1日までの3日間，大阪において，部落解放研究第26回全国集会が開催され，西山浄土宗では池田幸一師（人権擁護推進委員）と淀川隆顕師（教学部）が出席した。	1992年9月29日	同和事業，福祉教育・職員養成
『西山』第459号，1993年1月25日	11月12，13日に鎌倉市の臨済宗建長寺派の建長寺において，全日本仏教会が主催する「第12回同和研修会」が開催された。	1992年11月12日	同和事業，福祉教育・職員養成
『西山』第448号，1992年1月25日	「同和研修　差別の実態」と題した一文を掲載。	1992年1月25日	同和事業，福祉教育・職員養成
『西山』第459号，1993年1月25日	11月28日に京都市満福寺（内海一乗住職）の六満保育園（内海奐乗園長）では，創立40周年，夜間保育所六満こどもの家創立10周年祝賀会を開催した。	1992年11月28日	児童福祉
『西山』第451号，1992年4月25日	「平成4年教学部行事予定」として，12月に人権擁護推進協議会を開催予定。	1992年12月	同和事業
『西山』第459号，1993年1月25日	12月3日に信徒会館において，平成4年度後期人権擁護推進協議会が開催された。	1992年12月3日	同和事業
『西山』第459号，1993年1月25日	人権擁護推進協議会の「平成4年度事業経過」および「平成5年度事業計画」を掲載する。	1993年1月25日	同和事業
『西山』第460号，1993年1月25日	「同和問題の本質」と題し，京都府発行の『啓発の手引き』を転載。	1993年1月25日	同和事業
『西山』第461号，1993年2月25日	平成5年2月付で，西山浄土宗宗務総長榊原是久師名義で「同和研修の徹底を期す」と題し，1月30日に西山短期大学において「社会調査論」講師Aによって，「身元調査」を容認する差別発言があった，と報じる。	1993年2月	同和事業
『西山』第461号，1993年2月25日	2月8日に京都府部落解放センターにおいて，西山短期大学差別事件第1回糾弾会が開催され，その糾弾会の要綱を掲載する。	1993年2月8日	同和事業

西山浄土宗戦後仏教社会福祉事業年表

出典	記事	日時	福祉分野
『西山』第462号, 1993年3月25日	2月13, 14日に神奈川県民ホールにおいて, 世界人権宣言45周年・部落解放研究所創立25周年記念として, 第7回人権啓発研究集会が開催された。	1993年2月13日	同和事業, 福祉教育・職員養成
『西山』第462号, 1993年3月25日	2月18日に信徒会館において, 第3回丈内同和研修会が開催され, 西山短期大学差別事件について研修を行った。	1993年2月18日	同和事業, 福祉教育・職員養成
『西山』第462号, 1993年3月25日	2月25, 26日に第76通常宗会が開催され, 西山浄土宗宗務総長の榊原是久師の所信表明を掲載する。その中で, 同和対策についてふれる。	1993年2月25日	同和事業
『西山』第462号, 1993年3月25日	3月1日に西山短期大学において, 宗門の在京関係校, 西山短大, 西山高校, 向陽幼稚園へ呼びかけ, 「西山短大差別事件に学ぶ宗門在京関係校合同研修会」を開催。	1993年3月1日	同和事業, 福祉教育・職員養成
『西山』第462号, 1993年3月25日	3月3日に信徒会館において, 平成4年度第3回人権擁護推進協議会が開催され, 西山短期大学差別事件を中心に協議された。	1993年3月3日	同和事業
『西山』第463号, 1993年4月25日	4月2日に総本山光明寺信徒会館において, 第77臨時宗会が開催された。今回の宗会は「西山短期大学差別事件」について当宗が部落解放同盟より糾弾を受けている6つの要綱に対する「回答」案を宗会において審議・決議することによって当宗の「同和・人権」問題に取り組む姿勢を明確にしようとするものであった。(「回答」は次号掲載予定とあるが次号に掲載されず)	1993年4月2日	同和事業
『西山』第464号, 1993年5月25日	4月16日に京都府部落解放センターにおいて, 第2回西山短期大学差別事件の第2回糾弾会が開かれた。	1993年4月16日	同和事業

出典	記事	日時	福祉分野
『西山』第464号, 1993年5月25日	4月16日の西山短大差別事件の第2回糾弾会の厳しい状況をふまえて, さらに西山浄土宗の姿勢を検討するため, すでに人権擁護推進協議会の中に設置されている小委員会メンバーと糾弾会に出席した関係者による会議を, 4月20日, 27日, 5月12日に開いた。	1993年4月20日	同和事業
『西山』第464号, 1993年5月25日	4月23日に浄土真宗本願寺派において, 第13回同宗連総会が開催され, 西山浄土宗は常任会議委員教団, 財団特別委員会委員教団に就任した。	1993年4月23日	同和事業
『西山』第463号, 1993年4月25日	「西山浄土宗 同和・人権問題意識啓発 平成3年度活動報告」と題して, 活動報告を掲載する。	1993年4月25日	同和事業
『西山』第463号, 1993年4月25日	「西山浄土宗 同和・人権問題意識啓発 平成4年度活動報告」と題して, 活動報告を掲載。	1993年4月25日	同和事業
『西山』第463号, 1993年4月25日	「『西山』掲載同和人権関係記事」と題して平成3年4月号から平成5年度2月号までの関連タイトルを掲載。	1993年4月25日	同和事業
『西山』第463号, 1993年4月25日	「西山浄土宗『同和・人権』啓発 平成5年度活動計画 テーマ『西山短大差別事件に学ぶ』」と題する一文を掲載。	1993年4月25日	同和事業
『西山』第463号, 1993年4月25日	「西山短大差別事件に関する定宗以後今日までの経緯」と題して3月1日から31日までの関連動向を掲載。	1993年4月25日	同和事業
『西山』第464号, 1993年5月25日	5月10日に丈内役員・職員を対象とした同和研修会(丈内同和研修会)を開催。	1993年5月10日	同和事業, 福祉教育・職員養成
『西山』第465号, 1993年6月25日	5月19日に(狭山事件の)石川一雄氏の仮出獄を求める同宗連の要請行動が行われ, 西山浄土宗は常任会議構成教団の一員として, 東京高裁・東京高検に仮出獄要請文書を手渡した。	1993年5月19日	同和事業

出典	記事	日時	福祉分野
『西山』第464号, 1993年5月25日	「1993年度『同宗連』事業計画」と題し,「重要活動方針」,「今年度の事業計画」が掲載される。	1993年5月25日	同和事業
『西山』第465号, 1993年6月25日	5月29日に部落解放研究教育センター（大阪市）で部落解放宗教部会5月例会が開催され, 西山浄土宗からは2名が参加した。	1993年5月29日	同和事業, 福祉教育・職員養成
『西山』第466号, 1993年7月25日	6月23, 24日に福岡において第18回部落解放西日本夏期講座が開催され, 安生寺の上村隆峰師が参加した。	1993年6月23日	同和事業, 福祉教育・職員養成
『西山』第465号, 1993年6月25日	かねて同和人権意識の啓発について, 西山浄土宗としては人権擁護推進協議会を中心に教学部が担当してきているが, 昨今「西山短大差別事件」をはじめ, 同宗連活動などその重要性に鑑み, 本格的取り組みの必要性が要望されていた。その一環として, このほど教学部内に「同和対策推進室」を設け, 藤田俊晃師（亀岡・清現寺住職）を室長とする, と報じる。	1993年6月25日	同和事業, 団体・組織
『西山』第466号, 1993年7月25日	7月2日に同宗連事務所（浄土真宗本願寺派宗務所内）で1993年度第2回同宗連常任会議が開催され, 常任会議教団として藤田, 淀川が出席した。	1993年7月2日	同和事業
『西山』第466号, 1993年7月25日	7月6日にホテルニュー京都において, 京都府主催による宗教法人関係者第5回同和研修会が開催され, 西山浄土宗からは柴田師, 藤田師が出席した。	1993年7月6日	同和事業, 福祉教育・職員養成
『西山』第466号, 1993年7月25日	7月6日に花園の妙心寺において, 全日本仏教会の「同和推進担当者連絡会」が開催された。	1993年7月6日	同和事業
『西山』第466号, 1993年7月25日	「引導下炬にある性差別一考」と題し, 宗門で発刊された立教開宗800年記念蓮門法式集増補改訂版の中の, 引導下炬の例文に性差別とみられるものがある, と報じる。	1993年7月25日	その他の福祉

出典	記事	日時	福祉分野
『西山』第466号，1993年7月25日	7月26日に解放センターにおいて，第3回西山短大差別事件糾弾会が開かれる予定。	1993年7月26日	同和事業
『西山』第467号，1993年8月25日	7月29，30日に横浜市大本山総持寺において，第8回部落解放基礎講座が開催され，首都圏開教寺務所の筒井厚純が報告する。	1993年7月29日	同和事業，福祉教育・職員養成
『西山』第468号，1993年9月25日	9月4，5日に中部地方教学講習会が開催され，その中で「西山短大差別事件に学ぶ」と題し，西山短期大学講師の村上純一氏が講演を行う。	1993年9月4日	同和事業，福祉教育・職員養成
『ひかり』第405号，1993年11月1日	京都市久世祐楽寺（神田光晴住職）は9月23日に鹿児島災害支援コンサートを開催し，義捐金を京都新聞社会福祉事業団に寄託した。	1993年9月23日	ボランティア，災害救済支援
『西山』第468号，1993年9月25日	同宗連が主催する第8回部落解放基礎講座が開催され，人権擁護推進協議会委員で舜青寺住職の漆間正道師が参加し報告の一文を掲載。（日付，場所記載なし）	1993年9月25日	同和事業，福祉教育・職員養成
『西山』第468号，1993年9月25日	「同和問題関係図書紹介」と題して3冊の図書が紹介される。	1993年9月25日	同和事業，福祉教育・職員養成
『西山』第468号，1993年9月25日	西山浄土宗は同宗連の第4連絡会に所属しているが，本年度第1回の第4連絡会が光明寺において開催された，と報じる。（日時不明）	1993年9月25日	同和事業
『西山』第468号，1993年9月25日	平成5年度第2回人権擁護推進協議会が開催された，と報じる。（日時不明）	1993年9月25日	同和事業
『西山』第469号，1993年10月25日	10月4日に第78臨時宗会が開催され，西山浄土宗宗務総長の榊原は久師の臨時宗会挨拶が掲載され，その中で，「人権の平等，差別撤廃の推進について」「災害見舞御協力の御礼」について記される。	1993年10月4日	同和事業，災害救済支援

出典	記事	日時	福祉分野
『西山』第469号, 1993年10月25日	10月4日に第78臨時宗会が開催され, 「議案第4号 人権擁護推進協議会規定一部改正の件」「議案第5号 人権擁護推進協議会支部会規定承認の件」が審議され, 原案通り可決した, と報じる。「西山浄土宗人権擁護推進協議会規定」「西山浄土宗人権擁護推進協議会規定内規」「西山浄土宗人権擁護推進協議会支部会規定」「西山浄土宗人権擁護推進協議会支部会に対する補助金交付額平成5年度補助額」掲載。	1993年10月4日	同和事業
『西山』第470号, 1993年11月25日	10月19日から21日までの3日間, 名古屋市において部落解放研究の第27回全国集会が開催され, 西山浄土宗より榊原宗務総長, 柴田教学部長, 藤田室長, 淀川(教学部), 野田(教学部), 松山(教学部)が出席した。	1993年10月19日	同和事業, 福祉教育・職員養成
『西山』第474号, 1994年3月25日	10月19, 20日に半田常楽寺において, 全国布教師総会と研修会が開催され, 「差別戒名・差別墓石に問われる」と題して川崎隆道師(真宗大谷派同和協議会委員)が講演を行った。	1993年10月19日	同和事業, 福祉教育・職員養成
『西山』第470号, 1993年11月25日	10月22日に京都部落解放センターにおいて, 部落解放同盟京都府連による「西山短大差別事件」第4回糾弾会が開かれた。この回において総本山光明寺への糾弾会が中間総括として終了した。	1993年10月22日	同和事業
『ひかり』第406号, 1993年12月1日	10月25日に西山短期大学の第44回開学記念式が光明寺において行われ, その中で, 人権落語家の露の新治氏の記念講演を行った。	1993年10月25日	同和事業, 福祉教育・職員養成
『西山』第470号, 1993年11月25日	10月28日に神戸市において, 第41回近畿教誨師研修大会が開催され, 松尾全弘師が研究発表を行った。	1993年10月28日	更生保護・教誨
『西山』第470号, 1993年11月25日	11月17日に西本願寺において, 同宗連常任会議が開催される予定。	1993年11月17日	同和事業

出典	記事	日時	福祉分野
『西山』 第471号, 1993年12月25日	11月17日に浄土真宗本願寺派において, 同宗連の第4回常任会議が開催された。	1993年11月17日	同和事業
『西山』 第470号, 1993年11月25日	11月22日に人権擁護推進協議会を開催予定。	1993年11月22日	同和事業
『西山』 第471号, 1993年12月25日	11月22日に京都市において, 西山浄土宗人権擁護推進協議会委員会を開催した。	1993年11月22日	同和事業
『西山』 第470号, 1993年11月25日	西山短期大学差別事件について, 西山浄土宗総本山光明寺への糾弾要綱に対する所信表明を西山浄土宗が公表した。	1993年11月25日	同和事業
『西山』 第470号, 1993年11月25日	11月25, 26日に保育連盟研修会を開催予定。	1993年11月25日	児童福祉, 福祉教育・職員養成
『西山』 第470号, 1993年11月25日	「同和対策制度法律」と題し, 関連の制度・法律を年代順に紹介。	1993年11月25日	同和事業
『西山』 第471号, 1993年12月25日	11月25, 26日に総本山光明寺において平成5年度西山浄土宗保育連盟研修会を開催。	1993年11月25日	児童福祉, 福祉教育・職員養成
『西山』 第471号, 1993年12月25日	12月3日に京都市の平安会館において, 京都府・京都府宗教連盟・同和問題に取り組む京都府宗教者連絡会議が主催する宗教法人関係者同和研修会が開催され, 教学部の長谷川是修と淀川隆顕が参加。	1993年12月3日	同和事業, 福祉教育・職員養成
『西山』 第471号, 1993年12月25日	12月3日に千代田公会堂において, 世界人権宣言45周年記念東京集会が開催された。	1993年12月3日	同和事業, 福祉教育・職員養成
『西山』 第471号, 1993年12月25日	12月4日から10日までの人権週間に, 宗務総長を先頭に, 職員全員が街頭に立ち, 人権擁護の呼び掛けを行った。	1993年12月4日	同和事業
『ひかり』 第407号, 1994年1月1日	12月7日からの1週間, 本山役員による人権週間街頭啓発活動が行われた。	1993年12月7日	同和事業, 福祉教育・職員養成

出典	記事	日時	福祉分野
『西山』 第471号, 1993年12月25日	12月17日に信徒会館において，丈内同和研修会を開催した。解放同盟京都府連安田書記次長を講師として迎える。講演テーマは「部落の歴史と今日的課題」。	1993年12月17日	同和事業，福祉教育・職員養成
『西山』 第472号, 1994年1月25日	1月14日に人権擁護推進協議会を開催予定。	1994年1月14日	同和事業
『西山』 第472号, 1994年1月25日	1月14日に宗門人権擁護推進協議会を開催予定。	1994年1月14日	同和事業
『西山』 第473号, 1994年2月25日	1月14日に西山浄土宗人権擁護推進協議会を開催。	1994年1月14日	同和事業
『西山』 第472号, 1994年1月25日	1月20日に同宗連常任会議が開催される予定。	1994年1月20日	同和事業
『西山』 第472号, 1994年1月25日	1月21日に「同宗連」と「府県同宗連」との連絡協議会が開催される予定。	1994年1月21日	同和事業
『西山』 第472号, 1994年1月25日	同宗連の「人権差別撤廃条約ならびに国際人権規約の早期完全批准を求める署名活動」の一環として，西山浄土宗では2万人署名（1寺院30名）獲得の依頼を行った，と報じる。	1994年1月25日	同和事業
『西山』 第472号, 1994年1月25日	「平成6年教学部行事予定」を掲載。同和事業関連，保育連盟関連等の予定が記載されている。	1994年1月25日	児童福祉，同和事業，福祉教育・職員養成
『西山』 第472号, 1994年1月25日	1月27日に第25回「同宗連」研修会が開催される予定。	1994年1月27日	同和事業，福祉教育・職員養成
『西山』 第473号, 1994年2月25日	1月27, 28日に岡山県金光教本部において第25回同宗連研修会が開催され，教学部長等が出席した。	1994年1月27日	同和事業，福祉教育・職員養成
『西山』 第472号, 1994年1月25日	1月28日に全日仏人権委員会が開催される予定。	1994年1月28日	同和事業
『西山』 第472号, 1994年1月25日	1月31日に全日仏第2回同和推進担当者連絡会が開催される予定。	1994年1月31日	同和事業
『西山』 第473号, 1994年2月25日	1月31日に真宗大谷派宗務所において，全日本仏教会が主催する第2回同和推進担当者連絡会が開催された。	1994年1月31日	同和事業

出典	記事	日時	福祉分野
『西山』 第472号，1994年1月25日	2月に丈内同和研修会を開催予定。	1994年2月	同和事業，福祉教育・職員養成
『西山』 第473号，1994年2月25日	2月7日に大阪府同和地区総合福祉センターで，第5回社会啓発連続学習会が開催された。	1994年2月7日	同和事業，福祉教育・職員養成
『西山』 第474号，1994年3月25日	2月25，26日に第79通常宗会が開催され，西山浄土宗務総長の榊原是久師の所信表明が掲載され，人権尊重の推進についてふれられる。	1994年2月25日	同和事業
『西山』 第474号，1994年3月25日	2月25，26日に第79通常宗会が開催され，その代表質問および答弁として，人権擁護，被差別部落に対する差別撤廃の推進について，「西山短期大学差別事件」の内容，事件に対する自己反省，取り組み，学習，宗門と大学との連携，今後の運動方針，啓発資料等について質問があり，それに対して，近時「人権だより」を開版して周知徹底に努め，特に平成6年度の活動目標を「住職・持続の人権意識の高揚」とする，と答弁した。	1994年2月25日	同和事業
『西山』 第474号，1994年3月25日	2月25，26日に第79通常宗会が開催され，第6号議案として「西山浄土宗人権擁護基本理念承認の件」が審議され，一部修正のうえ可決された。「西山浄土宗人権擁護基本理念」が掲載される。	1994年2月25日	同和事業
『西山』 第474号，1994年3月25日	平成4年度西山浄土宗歳入歳出決算書が掲載され，その中の会議費として人権擁護推進協議会費の予算が200万円であるのに対し，支出済額が2,193,770円である，と報じる。	1994年3月25日	同和事業
『西山』 第474号，1994年3月25日	平成6年度西山浄土宗歳入歳出予算書が掲載され，会議費として人権擁護推進協議会費が150万円（昨年は200万円）計上された。また教学費の中の人権擁護推進費として350万円（平成6年度より新たに計上された）計上される，と報じる。	1994年3月25日	同和事業

出典	記事	日時	福祉分野
『西山』第474号, 1994年3月25日	「メイ・サイのプロジェクト支援を」と題し, 鳴海誓願寺住職の山田隆光師の一文が掲載される。日本の仏教者のNGOを通して, タイの教育プロジェクトを支援したいという趣旨。	1994年3月25日	国際福祉, 児童福祉
『西山』第472号, 1994年1月25日	4月に人権擁護推進協議会を開催予定。	1994年4月	同和事業
『西山』第472号, 1994年1月25日	4月に丈内同和研修会を開催予定。	1994年4月	同和事業, 福祉教育・職員養成
『西山』第472号, 1994年1月25日	4月に宗門校合同同和研修会を開催予定。	1994年4月	同和事業, 福祉教育・職員養成
『西山』第472号, 1994年1月25日	4月に人権支部長会を開催予定。	1994年4月	同和事業
『西山』第472号, 1994年1月25日	5月に同宗連研修会が開催される予定。	1994年5月	同和事業, 福祉教育・職員養成
『西山』第472号, 1994年1月25日	6月に保育連盟研修会を開催予定。	1994年6月	児童福祉, 福祉教育・職員養成
『西山』第477号, 1994年6月25日	6月7, 8日に一宮苅安賀誓願寺において, 第47回東部地方教学講習会が開催され, その中で, 「知的障害時 (者) の人権侵害の現状と対応」と題して, 日本福祉大学助教授の高橋智氏が講演を行った。	1994年6月7日	知的障害児・者福祉, 福祉教育・職員養成
『西山』第480号, 1994年9月25日	6月11, 12日に北九州市東岸寺において, 西部地方教学講習会が開催され, その中で「みのまわりの差別」と題し, 北九州市大里東児童センター館長の川上龍馬氏が講演を行った。	1994年6月11日	同和事業, 福祉教育・職員養成
『西山』第472号, 1994年1月25日	7月に丈内同和研修会を開催予定。	1994年7月	同和事業, 福祉教育・職員養成
『西山』第478号, 1994年7月25日	「西山短期大学人権擁護推進計画」と題し, 「人権擁護推進についての基本姿勢」「平成6年度計画」が報じられる。	1994年7月25日	同和事業
『西山』第478号, 1994年7月25日	「西山高校同和教育年間計画」と題し, 「基本方針」「具体的活動」が掲載される。	1994年7月25日	同和事業

出典	記事	日時	福祉分野
『西山』第478号,1994年7月25日	「向陽幼稚園人権擁護推進計画」と題し,「基本方針」「平成6年度の取り組み計画」について掲載される。	1994年7月25日	同和事業
『ひかり』第414号,1994年8月1日	「私はタイ国のエイズ患者の人たちのお役に立ちたいのです」と題し,宗門の外郭団体として,「ボランティアの会」を結成して,タイのエイズ患者救援活動に取り組むこととし,先月その第1回目の発起人会を開いた,と報じる。	1994年8月1日	国際福祉,その他の福祉
『西山』第480号,1994年9月25日	8月27,28日に壇林総持寺において,南部地方教学講習会が開催され,その中で「同和研修」と題し,和歌山県教育委員会学校教育課主幹の藪添泰弘氏による講演を行った。	1994年8月27日	同和事業,福祉教育・職員養成
『西山』第472号,1994年1月25日	9月に人権擁護推進協議会を開催予定。	1994年9月	同和事業,福祉教育・職員養成
『西山』第480号,1994年9月25日	9月3,4日に西山短期大学と信徒会館において,中部地方教学講習会が開催され,その中で「人権研修」と題し,浄土真宗本願寺派宗務事業局長の廣川智遵師が講演を行った。	1994年9月3日	同和事業,福祉教育・職員養成
『ひかり』第417号,1994年11月1日	京都久世祐楽寺住職の神田光晴師は,9月22日にチャリティーフォークコンサートを開催し,来場者からの寄金15万円を京都新聞社社会福祉事業団に贈った。	1994年9月22日	ボランティア
『西山』第472号,1994年1月25日	10月に丈内同和研修会を開催予定。	1994年10月	同和事業,福祉教育・職員養成
『西山』第481号,1994年10月25日	10月13日に東京グランドホテルにおいて,「東日本の部落史」をテーマに,第9回教団行政責任者研修会が開催される予定。	1994年10月13日	同和事業,福祉教育・職員養成
『西山』第481号,1994年10月25日	京都市南区の祐楽寺住職の神田光晴師が自坊の本堂で「チャリティフォークコンサート」を開催した,と9月20日付の京都新聞朝刊で掲載される。	1994年10月25日	ボランティア

出典	記事	日時	福祉分野
『西山』 第483号，1994年12月25日	11月16，17日に開智中学等において，西山浄土宗保育連盟園長・主任研修会が開催された。	1994年11月16日	児童福祉，福祉教育・職員養成
『西山』 第483号，1994年12月25日	11月28日に総本山光明寺において，人権擁護推進協議会が開催された。	1994年11月28日	同和事業
『西山』 第483号，1994年12月25日	12月4日から10日までの人権週間に，宗務総長を先頭に職員全員が街頭に立ち，人権擁護を呼びかける標語入りティッシュを配布した。	1994年12月4日	同和事業
『西山』 第483号，1994年12月25日	12月5，6日に琵琶湖グランドホテルにおいて，全日本仏教会主催の第3回同和推進担当者連絡会が開催された。	1994年12月5日	同和事業
『ひかり』 第419号，1995年1月1日	川崎観随宗務総長をはじめ，本山役職員全員と人権擁護推進委員は，12月5日から7日までの3日間，ＪＲと阪急の各駅前で，人権週間の街頭活動を行った。	1994年12月5日	同和事業
『西山』 第484号，1995年1月25日	12月16日に中部青年僧の会主催の成道会寒中托鉢が行われ，8万円を超える浄財が集まり，京都新聞社会福祉（事業）団を通じて歳末助け合い運動基金に寄託した。	1994年12月16日	ボランティア
『西山』 第485号，1995年2月25日	1月20日から27日の1週間の間，総本山光明寺職員，随身学生，中部青年僧の会，西山浄土宗有志が集まって，阪神大震災義捐金寒中托鉢を行った。1,199,156円が集まり，京都新聞を通じて被災者に送られた。	1995年1月20日	災害救援支援，ボランティア
『ひかり』 第421号，1995年3月1日	本山光明寺丈内職員，随身学生，中部青年僧の会，西山浄土宗有志は，1月20日から27日までの1週間，阪神大震災義捐寒中托鉢を行い，1,199,156円の義捐金を集めた。	1995年1月20日	災害救済支援，ボランティア
『西山』 第484号，1995年1月25日	1月17日に発生した阪神淡路大震災に対して，西山浄土宗宗務総長の川崎観随師名義で「兵庫県南部地震による災害御見舞い」が掲載された。	1995年1月25日	災害救援支援

出典	記事	日時	福祉分野
『西山』第484号, 1995年1月25日	「ひとみなおなじ　一人の幸せのために」と題して, 花園大学助教授の中尾良信氏の一文を掲載。(全仏404号より転載)	1995年1月25日	同和事業, 福祉教育・職員養成
『西山』第484号, 1995年1月25日	西山浄土宗として, 阪神淡路大震災に対するお見舞いの一文を掲載。	1995年1月25日	災害救援支援
『西山』第484号, 1995年1月25日	西山浄土宗青年僧の会と西山浄土宗有志の会では, 阪神淡路大震災被災者のために, 寒中托鉢を行う予定であり, 托鉢の参加者を募集する一文を掲載する。	1995年1月25日	災害救援支援, ボランティア
『ひかり』第422号, 1995年4月1日	西山ボランティアの会がメンバーを組み, 2月末日まで, おりおりに西宮市の凧川小学校を拠点として, 炊き出しの奉仕活動を行った, と報じる。	1995年2月1日	災害救済支援, ボランティア
『西山』第485号, 1995年2月25日	阪神大震災義捐金の芳名を掲載する。2月13日現在で6,212,450円が集まり, 2月末日に京都新聞洛西支局へ義捐金として送付予定。	1995年2月13日	災害救援支援, ボランティア
『西山』第485号, 1995年2月25日	阪神淡路大震災により被災した本山に対する見舞の芳名を掲載する。2月14日現在で8,705,000円が集まっている。	1995年2月14日	災害救援支援, ボランティア
『西山』第486号, 1995年3月25日	2月23, 24日に第81通常宗会が開催され, 西山浄土宗宗務総長の川崎観隨師の所信表明が掲載され, その中で, 阪神大震災や人権意識の高揚についてふれられた。	1995年2月23日	災害救援支援, 同和事業
『西山』第486号, 1995年3月25日	2月23, 24日に第81通常宗会が開催され, 代表質問および答弁が行われ, 阪神大震災に対する西山浄土宗の取り組みや, ボランティア活動について複数の質問および答弁が行われた。	1995年2月23日	災害救援支援, ボランティア
『西山』第485号, 1995年2月25日	「南部青年僧の会阪神大震災現地救援活動」と題し, 南部青年僧の会が街頭募金活動を行った後, 実際に被災地に行き, 救援物資の運搬等の支援活動を行った, と報じる。	1995年2月25日	災害救援支援, ボランティア

出典	記事	日時	福祉分野
『ひかり』第 423 号，1995 年 5 月 1 日	阪神大震災救援義捐金を全国寺院に呼びかけたところ，多額の寄進が寄せられ，3 月 3 日に京都新聞社会福祉事業団へ 1000 万円を寄託した。	1995 年 3 月 3 日	災害救済支援，ボランティア
『ひかり』第 423 号，1995 年 5 月 1 日	京都市久世祐楽寺（神田光晴住職）は 3 月 21 日に阪神大震災被災者支援チャリティーコンサートを開催し，収益金を京都新聞社会福祉事業団に寄託した。	1995 年 3 月 21 日	災害救済支援，ボランティア
『西山』第 486 号，1995 年 3 月 25 日	阪神大震災義捐金の芳名を掲載する。累計 15,907,538 円が集まり，一部を宗内被災寺院へのお見舞金として，残金を京都新聞洛西総局へ寄託予定，と報じる。	1995 年 3 月 25 日	災害救援支援，ボランティア
『西山』第 486 号，1995 年 3 月 25 日	阪神大震災により被災した本山に対する見舞金として，累計 14,355,000 円が集まった，と報じる。	1995 年 3 月 25 日	災害救援支援，ボランティア
『西山』第 486 号，1995 年 3 月 25 日	平成 5 年（原文ママ　平成 6 年？）度西山浄土宗歳出歳出決算書が掲載され，その中で，諸会議費の人権擁護推進協議会費として 240 万円が予算計上されているのに対し，2,621,110 円が支出済額である，と報じる。	1995 年 3 月 25 日	同和事業
『西山』第 486 号，1995 年 3 月 25 日	平成 7 年度西山浄土宗歳入歳出予算書が掲載され，その中で，諸会議費の中の人権擁護推進協議会費として 150 万円が計上される，と報じる（前年度予算においても同額の 150 万円が予算として計上されている）。また，教学費の中の人権擁護推進室費として，2,884,000 円が計上される，と報じる（前年度予算においては 350 万円が計上されており，本年は前年に比べ 616,000 減額されている）。	1995 年 3 月 25 日	同和事業
『西山』第 487 号，1995 年 4 月 25 日	阪神淡路大震災に対する義捐金が累計 16,346,267 円となり，一部を宗内被災寺院へのお見舞金とし，残金を京都新聞洛西総局へ寄託する予定，と報じる。	1995 年 4 月 25 日	災害救援支援，ボランティア

出典	記事	日時	福祉分野
『西山』第487号, 1995年4月25日	阪神淡路大震災で被災した本山に対して, 累計16,584,000円が集まった, と報じる。	1995年4月25日	災害救援支援, ボランティア
『西山』第489号, 1995年6月25日	5月23日に京都市の六満保育園において, 平成7年度西山浄土宗保育連盟理事会が開催された。	1995年5月23日	児童福祉, 福祉教育・職員養成
『西山』第488号, 1995年5月25日	阪神淡路大震災に対する義捐金が累計16,556,532円集まった, と報じる。	1995年5月25日	災害救援支援, ボランティア
『西山』第488号, 1995年5月25日	阪神淡路大震災で被災した本山に対して, 累計17,649,000円集まった, と報じる。	1995年5月25日	災害救援支援, ボランティア
『西山』第488号, 1995年5月25日	3月28日に西山短期大学内教学研究所において, 研究所役員会が開催された。現行の教学研究所の組織や研究内容等が紹介され, その中で「現代教学部門」として, 脳死・臓器移植, 宗内の戦争責任, 経典・法語の中の差別語・差別表現をテーマに研究が行われている, と報じる。	1995年5月25日	同和事業, その他の福祉
『西山』第487号, 1995年4月25日	5月27, 28日に福岡県黐雲寺において, 西部地方教学講習会が開催され, その中で「同和」についての講習も行われる予定。	1995年5月27日	同和事業, 福祉教育・職員養成
『西山』第489号, 1995年6月25日	5月27, 28日に福岡県黐雲寺において, 西部地方教学講習会が開催され, その中で「仏教と同和について」と題し, 古賀町役場同和対策室長で真宗長泉寺住職でもある松平正信師が講演を行った。	1995年5月27日	同和事業, 福祉教育・職員養成
『西山』第489号, 1995年6月25日	6月6, 7日に東海市の常蓮寺において, 第48回東部地方教学講習会が開催され, その中で, 「カトリックと福祉」と題し, カトリック名古屋教区事務局局長の太田実氏が講演を行った。	1995年6月6日	その他の福祉, 福祉教育・職員養成

出典	記事	日時	福祉分野
『西山』 第490号，1995年7月25日	6月22，23日に「布教のあり方」・「布教と人権～自己啓発」をテーマとして，平成7年度布教師研修会を開催した。	1995年6月22日	同和事業，福祉教育・職員養成
『西山』 第489号，1995年6月25日	阪神淡路大震災に対する義捐金として，累計16,646,532円が集められた，と報じる。	1995年6月25日	災害救援支援，ボランティア
『西山』 第489号，1995年6月25日	阪神淡路大震災で被災した本山に対して，累計18,647,500円集まった，と報じる。	1995年6月25日	災害救援支援，ボランティア
『西山』 第488号，1995年5月25日	7月7日から9日までの3日間，総本山永観堂禅林寺において，平成7年度三派中央教学講習会が開催される予定。その中で「仏教と差別思想」と題し，全日本仏教会同和推進部長の伊東俊彦師が講演を行う予定。	1995年7月7日	同和事業，福祉教育・職員養成
『西山』 第490号，1995年7月25日	阪神淡路大震災に対する義捐金として，累計16,669,152円が集められた，と報じる。	1995年7月25日	災害救援支援，ボランティア
『西山』 第490号，1995年7月25日	阪神淡路大震災で被災した本山に対して，累計18,837,500円集まった，と報じる。	1995年7月25日	災害救援支援，ボランティア
『西山』 第492号，1995年10月1日	西山保育連盟新役員が掲載される。理事長脇田元應（向陽幼稚園園長），副理事長菅田良憲（仏徳幼稚園園長），理事若松啓雅（松原幼児園園長 原文ママ），理事内海奐乗（六満保育園園長），理事田淵諦寛（真光院保育園園長），監事上田知通（善立寺保育園園長）	1995年10月1日	児童福祉，団体・組織
『西山』 第493号，1995年11月1日	阪神淡路大震災に対する義捐金として，累計16,689,152円が集められた，と報じる。	1995年11月1日	災害救援支援，ボランティア
『西山』 第493号，1995年11月1日	阪神淡路大震災で被災した本山に対して，累計20,427,500円集まった，と報じる。	1995年11月1日	災害救援支援，ボランティア
『西山』 第494号，1995年12月1日	西山浄土宗人権擁護推進協議会は，12月4日から10日までを人権週間とするという一文を掲載。	1995年12月1日	同和事業

出典	記事	日時	福祉分野
『西山』第496号, 1996年2月1日	1月26日に人権擁護推進協議会を開催予定。	1996年1月26日	同和事業
『西山』第496号, 1996年2月1日	「平成8年教学部行事予定」を掲載。同和事業関連, 保育連盟関連等の予定が記載されている。	1996年2月1日	児童福祉, 同和事業, 福祉教育・職員養成
『西山』第498号, 1996年4月1日	2月26日から28日までの3日間, 光明寺信徒会館において, 第83通常宗会が開催され, 西山浄土宗宗務総長の川崎観随師の所信表明が掲載され, その中で, 人権擁護推進についてふれる。	1996年2月26日	同和事業
『西山』第496号, 1996年2月1日	4月に人権擁護推進協議会を開催予定。	1996年4月	同和事業
『西山』第496号, 1996年2月1日	4月に丈内同和研修会を開催予定。	1996年4月	同和事業, 福祉教育・職員養成
『西山』第496号, 1996年2月1日	4月に人権支部長会を開催予定。	1996年4月	同和事業
『西山』第498号, 1996年4月1日	平成6年度西山浄土宗歳入歳出決算書が掲載され, その中で, 会議費の中の人権擁護推進協議会費として120万円が予算計上されているのに対し, 支出済額として892,715円が計上される, と報じる。また, 教学費の中の人権擁護推進費として350万円が予算計上されているのに対し, 支出済額として1,665,964円が計上されている。	1996年4月1日	同和事業
『西山』第498号, 1996年4月1日	平成8年度西山浄土宗歳入歳出予算書が掲載され, その中で, 会議費の中の人権擁護推進協議会費として145万円（前年度は150万円が計上されており, 5万円の減額となる）が計上される。また, 教学費の中の人権擁護推進室費として2,522,000円（前年度は2,884,000円が計上されており, 362,000円の減額となる）が計上される, と報じる。	1996年4月1日	同和事業
『西山』第496号, 1996年2月1日	5月に同宗連研修会が開催される予定。	1996年5月	同和事業, 福祉教育・職員養成

出典	記事	日時	福祉分野
『西山』 第502号，1996年8月1日	6月28日に光明寺において，全日本仏教会が主催する第16回同和研修会が開催された。	1996年6月28日	同和事業，福祉教育・職員養成
『西山』 第496号，1996年2月1日	7月に丈内同和研修会を開催予定。	1996年7月	同和事業，福祉教育・職員養成
『西山』 第502号，1996年8月1日	8月24，25日に梶取総持寺において，南部地方教学講習会が開催される予定であり，その中で，「住職としての同和教育」と題し，西山浄土宗宗務総長の川崎観随師が講演予定。	1996年8月24日	同和事業，福祉教育・職員養成
『西山』 第502号，1996年8月1日	8月31日と9月1日に西山短期大学において，中部地方教学講習会を開催予定であり，その中で，「人権同和を考え直そう」と題して，西山浄土宗人権擁護推進協議会委員長の池田幸一師が講演を行う予定。。	1996年8月31日	同和事業，福祉教育・職員養成
『西山』 第505号，1996年11月1日	8月31日と9月1日に，中部地方教学講習会が開催され，その中で「人権同和を考え直そう」をテーマに西山浄土宗人権擁護推進委員会委員長の池田幸一師が講演を行った。	1996年8月31日	同和事業，福祉教育・職員養成
『西山』 第496号，1996年2月1日	9月に人権擁護推進協議会を開催予定。	1996年9月	同和事業
『西山』 第496号，1996年2月1日	10月に丈内同和研修会を開催予定。	1996年10月	同和事業，福祉教育・職員養成
『ひかり』 第432号，1996年2月1日	11月12日に阪急電鉄の駅で，西山浄土宗中部青年僧が今年で4回目となる，成道会歳末助け合い托鉢を行い，浄財を京都新聞社会福祉事業団，善意の小箱に届けた。	1996年11月12日	ボランティア
『西山』 御遠忌特集号，1997年1月1日	11月23，24日に総本山光明寺において，御遠忌記念西山浄土宗保育連盟大会が開催された。	1996年11月23日	児童福祉，福祉教育・職員養成
『西山』 第506号，1997年1月1日	「平成9年教学部行事予定」を掲載。同和事業関連，保育連盟関連等の予定が記載されている。	1997年1月1日	児童福祉，同和事業，福祉教育・職員養成
『西山』 第506号，1997年1月1日	1月に人権擁護推進協議会を開催予定。	1997年1月	同和事業

出典	記事	日時	福祉分野
『西山』第504号, 1996年10月1日	広源寺（栗田利竜住職）は, 介護福祉士を養成する和歌山社会福祉専門学校を建設中であり, 平成9年4月1日に開校予定である。	1997年4月1日	高齢者福祉, 福祉教育・職員養成
『西山』第506号, 1997年1月1日	4月に丈内同和研修会を開催予定。	1997年4月	同和事業, 福祉教育・職員養成
『西山』第506号, 1997年1月1日	4月に人権支部長会を開催予定。	1997年4月	同和事業
『西山』第506号, 1997年1月1日	4月に人権擁護推進協議会を開催予定。	1997年4月	同和事業
『西山』第509号, 1997年4月1日	平成7年度西山浄土宗歳入歳出第2回補正予算が掲載され, その中で, 会議費の人権擁護推進協議会費の既決予算額が150万円であったのに対し, 補正予算額では50万円が減額され, 100万円となる, と報じられる。	1997年4月1日	同和事業
『西山』第509号, 1997年4月1日	平成7年度西山浄土宗歳入歳出決算書が掲載され, 諸会議費の中の人権擁護推進協議会費として, 100万円の予算額に対し, 804,000円が支出済額である, と報じる。また, 教学費の中の人権擁護推進費として, 2,884,000円の予算額に対して, 2,113,295円が支出済額である, と報じる。	1997年4月1日	同和事業
『西山』第509号, 1997年4月1日	平成9年度西山浄土宗歳入歳出予算書が掲載され, 諸会議費の中の人権擁護推進協議会費として145万円（前年度も補正予算で減額の後, 145万円となる）が計上される。また, 教学費の中の人権擁護推進委室費として2,522,000円（前年度も同額）が計上される, と報じる。	1997年4月1日	同和事業
『西山』第510号, 1997年5月1日	5月24, 25日に平成9年度西部地方教学講習会を開催予定であり, その中で,「私が人権学習で学んだ事」と題し, 大分県同和問題啓発推進協議会研修講師の吉野純一師が講演を行う予定。	1997年5月24日	同和事業, 福祉教育・職員養成

出典	記事	日時	福祉分野
『ひかり』第 450 号，1997 年 8 月 1 日	西山ボランティアの会は，5 月 30 日に初めて「緑の協力隊」を編成し，中国内蒙古クブチ砂漠へと向かった。	1997 年 5 月 30 日	国際福祉，ボランティア
『西山』第 506 号，1997 年 1 月 1 日	7 月に丈内同和研修会を開催予定。	1997 年 7 月	同和事業，福祉教育・職員養成
『西山』第 511 号，1997 年 6 月 1 日	8 月 30，31 日に梶取総持寺において，南部地方教学講習会を開催予定。その中で，「人権の世紀へ。釈尊・法然上人の教えにかえって～布教活動を」をテーマに，浄土宗専念寺住職の中西恭雄師が講演を行う予定。	1997 年 8 月 30 日	同和事業，福祉教育・職員養成
『西山』第 511 号，1997 年 6 月 1 日	8 月 30，31 日に西山短期大学において，中部地方教学講習会を開催予定。その中で，「僧侶と人権問題（仮題）」と題し，浄土真宗大谷派の同和推進本部事務局事務部長の脇坂真師が講演を行う予定。。	1997 年 8 月 30 日	同和事業，福祉教育・職員養成
『西山』第 515 号，1997 年 10 月 1 日	8 月 30，31 日に西山短期大学において，平成 9 年度中部地方教学講習会が開催され，「僧侶と人権問題」と題して，浄土真宗大谷派同和推進本部事務局事務部長の脇坂真師が講演を行った。	1997 年 8 月 30 日	同和事業，福祉教育・職員養成
『西山』第 506 号，1997 年 1 月 1 日	9 月に人権擁護推進協議会を開催予定。	1997 年 9 月	同和事業
『西山』第 506 号，1997 年 1 月 1 日	10 月に丈内同和研修会を開催予定。	1997 年 10 月	同和事業，福祉教育・職員養成
『西山』第 514 号，1997 年 9 月 1 日	全日本仏教会は，10 月 16 日に「被災者の皆さんを忘れてはいない」の気持ちを込めて，阪神淡路大震災の被災者支援バザーを開催予定，と報じる。	1997 年 10 月 16 日	災害救済支援，ボランティア
『ひかり』第 444 号，1997 年 2 月 1 日	青年僧の会は 11 月 18 日に，西山上人 750 回御遠忌記念「さだまさし」コンサートを開催し，長岡市身体障害者団体連合会を招待するとともに，350,588 円を同団体に寄付した。	1997 年 11 月 18 日	障害児・者福祉，ボランティア

出典	記事	日時	福祉分野
『西山』第519号，1998年4月1日	2月26，27日に総本山光明寺において第86通常宗会が開催され，宗務総長の川崎観随師の所信表明が掲載され，その中で人権擁護推進活動についてふれている。	1998年2月26日	同和事業
『西山』第519号，1998年4月1日	平成8年西山浄土宗歳入歳出決算書が掲載され，諸会議費の中の人権擁護推進協議会費として145万円が予算計上され，109,000円が支出済額である，と報じる。また，教学費の中の人権擁護推進費として2,522,000円が予算計上され，1,974,040円が支出済額である，と報じる。	1998年4月1日	同和事業
『西山』第519号，1998年4月1日	平成10年度西山浄土宗歳入歳出予算書が掲載され，諸会議費の中の人権擁護推進協議会費として，63万円（前年度は145万円であり，82万円の減額となる）が計上され，また教学費の中の人権擁護推進室費として239万円（前年度は2,522,000円であり，132,000円の減額となる）が計上された，と報じる。	1998年4月1日	同和事業
『ひかり』第458号，1998年4月1日	「受刑者とお念仏」と題し，和歌山刑務所教誨師である高木歓恒師（和歌山市阿弥陀寺住職）の一文が掲載される。	1998年4月1日	更生保護・教誨
『西山』第520号，1998年5月1日	5月23，24日に椎田町西福寺において，平成10年度西部地方教学講習会を開催予定。その中で「人権講座（講題未定）」を椎田町人権擁護委員の藤田昭司氏が講演予定。	1998年5月23日	同和事業，福祉教育・職員養成
『西山』第522号，1998年7月1日	5月23，24日に椎田町西福寺において，平成10年度西部地方教学講習会を開催。その中で「子どもたちとの出会いの中から」をテーマに，椎田町人権擁護委員の藤田昭司氏が講演を行った。	1998年5月23日	同和事業，福祉教育・職員養成

出典	記事	日時	福祉分野
『西山』第520号，1998年5月1日	5月28，29日に半田市常楽寺において，平成10年度東部地方教学講習会を開催予定。その中で，「もう一人の私をたずねて」と題し，愛知尼僧堂の青山俊董師が講演予定。	1998年5月28日	同和事業，福祉教育・職員養成
『西山』第522号，1998年7月1日	5月28，29日に成岩常楽寺において，第51回東部地方教学講習会を開催した。その中で，人権講座として「もう一人の私をたずねて」をテーマに，愛知県尼僧堂長の青山俊董師が講演を行った。	1998年5月28日	同和事業，福祉教育・職員養成
『西山』第521号，1998年6月1日	6月22，23日に平成10年度布教師研修会を開催予定。その中で，「人権学習」として部落解放同盟亀岡支部の村嶋みよ子氏が講演予定。	1998年6月22日	同和事業，福祉教育・職員養成
『西山』第523号，1998年8月1日	6月22，23日に総本山光明寺において，平成10年度布教師研修会を開催。その中で，部落同盟亀岡支部の村嶋みよ子氏による人権学習を行った。	1998年6月22日	同和事業，福祉教育・職員養成
『西山』第521号，1998年6月1日	6月24，25日に平成10年度寺庭夫人法務講習会を開催予定。その中で，「障害児・高齢者と癒されと私」（原文ママ）と題し，一谷彊氏が講演予定。	1998年6月24日	高齢者福祉，障害児・者福祉，福祉教育・職員養成
『西山』第534号，1999年8月1日	6月28日に総本山光明寺において，第89臨時宗会を開催し，議案第8号として「人権擁護推進協議会支部会規定一部改正の件」が協議され，原案通り可決された。	1998年6月28日	同和事業
『西山』第522号，1998年7月1日	8月29，30日に西山短期大学において，平成10年度中部地方教学講習会を開催予定。その中で，「きっと笑ってあえる日を」と題し，部落解放同盟大阪府連合会北芝支部の井上泰子氏が講演を行う予定。	1998年8月29日	同和事業，福祉教育・職員養成

出典	記事	日時	福祉分野
『西山』 第525号, 1998年10月1日	8月29, 30日に西山短期大学において, 平成10年度中部地方教学講習会を開催。その中で, 「きっと笑ってあえる日を」と題し, 部落解放同盟大阪府連合会北芝支部の井上泰子氏が講演を行った。	1998年8月29日	同和事業, 福祉教育・職員養成
『西山』 第530号, 1999年4月1日	2月25, 26日に光明寺信徒会館において, 第88通常宗会が開催され, 西山浄土宗宗務総長の西山哲昭師が所信表明を行い, その中で, 人権尊重についてふれる。	1999年2月25日	同和事業
『西山』 第530号, 1999年4月1日	平成9年度西山浄土宗歳入歳出決算書が掲載され, 諸会議費の中の人権擁護推進協議会費として145万円が予算計上されたのに対し, 572,250円が支出済額として計上された。また, 教学費の中の人権擁護推進室費として2,522,000円が予算計上されたのに対し, 2,411,520円が支出済額として計上された, と報じる。	1999年4月1日	同和事業
『西山』 第530号, 1999年4月1日	平成11年度西山浄土宗歳入歳出予算書が掲載され, 諸会議費の中の人権擁護推進協議会費として63万円(前年度も同額予算)が計上される。また, 教学費の中の人権擁護推進室費として263万円(前年度は239万円計上され, 本年は24万円増額された)が計上された, と報じる。	1999年4月1日	同和事業
『西山』 第531号, 1999年5月1日	西山浄土宗ボランティアの会は, 6月1日から8日まで中国砂漠植林(3回目)を行う予定であり, 参加者を募集する。	1999年6月1日	国際福祉, ボランティア
『ひかり』 第474号, 1999年8月1日	6月1日から8日まで, 「西山浄土宗ボランティアの会」の緑の協力隊の活動が行われた。	1999年6月1日	国際福祉, ボランティア
『ひかり』 第474号, 1999年8月1日	7月1日に, 西山浄土宗ボランティアの会(会長：柴田康英東海市常蓮寺前住職)から本山光明寺に車いす2台が寄贈された。	1999年7月1日	ボランティア, その他の福祉

出典	記事	日時	福祉分野
『西山』 第534号, 1999年8月1日	平成10年西山浄土宗歳入歳出決算書（案）が掲載され，諸会議費の中の人権擁護推進協議会費として，63万円の予算額に対して，512,700円が支出済額として計上された。また，教学費の中の人権擁護推進室費として239万円が予算計上されたのに対し，1,943,430円が支出済額として計上された，と報じる。	1999年8月1日	同和事業
『西山』 第536号, 1999年10月1日	8月26, 27日に旭川市興隆寺において，平成11年度北海道東西合同教学講習会が開催され，その中で「同和問題について」と題し，長岡京市浄土谷楊谷寺住職の日下悌宏師が講演を行った。	1999年8月26日	同和事業，福祉教育・職員養成
『ひかり』 第477号, 1999年11月1日	西山浄土宗は，10月7日に，トルコと台湾の大地震への被災者への義捐金100万円を日本赤十字社に寄託した。	1999年10月7日	国際福祉，災害救済支援
『西山』 第540号, 2000年2月1日	12月8日，西山短期大学に於いて，平成11年度西山学会研究発表大会が開催され，大田俊明氏が「仏教カウンセリングに関する一考察」と題して発表を行った。	1999年12月8日	その他の福祉
『西山』 第541号, 2000年3月1日	西山浄土宗は，トルコ，台湾の大地震に対して，義捐金100万円を日本赤十字社に寄託した，と報じた。	2000年4月1日	国際福祉，災害救済支援
『西山』 第541号, 2000年3月1日	西山浄土宗は，平成12年度西山浄土宗歳入歳出予算書において，「人権擁護推進協議会費」として63万円，「人権擁護推進室費」として263万円が計上された，と報じた。	2000年4月1日	同和事業
『西山』 第541号, 2000年3月1日	西山浄土宗は，5月21, 22日に北九州市の称名院に於いて，平成12年度西部地方教学講習会を開催する予定。その中で，加来俊一師が「人権と宗教」と題して講演をする（予定）。	2000年5月21日	同和事業，福祉教育・職員養成

出典	記事	日時	福祉分野
『西山』第545号, 2000年7月1日	西山浄土宗は,5月21,22日に北九州市の称名院に於いて,平成12年度西部地方教学講習会を開催した。その中で,加来俊一師が「人権と宗教」と題して講演を行った。	2000年5月21日	同和事業,福祉教育・職員養成
『西山』第544号, 2000年6月1日	西山浄土宗は,6月22,23日に平成12年度布教師研修会を開催する予定。その中で,人権学習として光澤寺住職杉本昭典師が講演予定。また,極楽寺住職の橋本随暢師が「教師の使命と浄土教～ターミナルケアについて～」と題して講演を行う(予定)。	2000年6月1日	その他の福祉,福祉教育・職員養成
『西山』第548号, 2000年10月1日	西山浄土宗は,9月2,3日に西山短期大学に於いて,平成12年度中部地方教学講習会を開催した。その中で,浄土宗本願寺派基幹運動本部員の杉本昭典師が「布教上の諸問題と差別語」と題して講演を行った。	2000年9月2日	同和事業,福祉教育・職員養成
『ひかり』第488号, 2000年10月1日	総本山光明寺から東海地方を中心とする集中豪雨による災害のお見舞いの一文が掲載される。	2000年10月1日	災害救済支援
『西山』第549号, 2000年11月1日	西山浄土宗は,宗報である『西山』549号に於いて,「寺院教会等級調査書」(平成12年12月1日現在)を掲載した。その調査書の中で施設を問う項目があり,「公益事業の名称」「事業内容」を記入する欄を設けている。	2000年11月1日	その他の福祉
『ひかり』第490号, 2000年12月1日	「21世紀を人権確立の世紀に」と題して,西山浄土宗人権擁護推進協議会が,人権月間を通じて一人一人の問題として考え,行動しようと呼びかけの一文を掲載した。	2000年12月1日	同和事業
『西山』第549号, 2000年11月1日	西山浄土宗の人権擁護推進協議会は,12月4日から10日までを人権週間として,人権擁護推進を呼びかけた。	2000年12月4日	同和事業

出典	記事	日時	福祉分野
『ひかり』第492号，2001年2月1日	昨年の年の暮れに，本山光明寺の随身学生らが歳末助け合い托鉢を行い，浄財を新聞社を通じて寄付した，と報じる。	2001年2月1日	ボランティア
『ひかり』第504号，2002年2月1日	昨年末，本山光明寺の随身学生10名が恒例の「歳末助け合い托鉢」を行い，托鉢募金140,210円を新聞社に寄託した，と報じる。	2002年2月1日	ボランティア
『ひかり』第512号，2002年10月1日	北九州在住のミャンマー僧ウスセイナ師のミャンマーに小学校を建設する運動に土井歓晃師（大阪府岬町宝樹寺住職）などが協力し，6月30日に第1校目の落成式が行われた。	2002年6月30日	国際福祉，児童福祉
『ひかり』第518号，2003年4月1日	8月26日から31日まで，西山浄土宗ボランティアの会が主催する，第6次緑の協力隊の活動が行われた。	2002年8月26日	国際福祉，ボランティア
『ひかり』第516号，2003年2月1日	12月9日から3日間，本山光明寺の随身学生が「歳末助け合い托鉢」を行い，121,433円の浄財を京都新聞社に寄託した。	2002年12月9日	ボランティア
『ひかり』第528号，2004年2月1日	12月15日から本山光明寺の随身学生が「歳末助け合い托鉢」を行い，浄財135645円を京都新聞社に寄託した。	2003年12月15日	国際福祉，児童福祉
『ひかり』第538号，2004年12月1日	「ミャンマー僧との出会いから」と題し，馬場俊良師（福岡県宗像市専修寺住職）のミャンマーに小学校を建設する活動の一文が掲載される。	2004年12月1日	国際福祉，児童福祉
『ひかり』第540号，2005年2月1日	12月7日からの3日間，本山光明寺の随身学生が「歳末助け合い托鉢」を行い，浄財124,732円を京都新聞社に寄託した。	2004年12月7日	ボランティア
『ひかり』第540号，2005年2月1日	「スマトラ沖大地震・津波災害救援のお願い」と題し，西山浄土宗総本山光明寺がスマトラ地震義捐金の呼び掛けを行う，と報じる。	2005年2月1日	国際福祉，災害救済支援
『ひかり』第550号，2005年12月1日	西山短期大学は平成18年度より，仏教保育専攻課程（保育コース）を開設する，と報じる。	2006年4月1日	福祉教育・職員養成

あ と が き

　淑徳大学は，2015（平成 27）年に創立 50 周年を迎えた。昨年 9 月には大学創立の地である千葉キャンパスにおいて，多数のご来賓や大学関係者をお迎えし盛大な記念式典と祝賀会が催されている。また，同日には，創立者である長谷川良信の 50 回忌の法要も挙行された。

　本書の刊行は，「学祖 50 回忌・創立 50 周年」事業の一つとして企画されたものである。本書の書名である『共生社会の創出をめざして』は，長谷川匡俊理事長より提案されたものである。本書の冒頭にも述べたように，この書名は『淑徳大学ヴィジョン』と同じである。『淑徳大学ヴィジョン』は，建学の精神を「利他共生」におく本学が，創立 50 年を経て，高等教育機関として今後の進むべき道の方向性を指し示したものである。

　さて，本書を刊行するねらいの一つは，これまでの，あるいは現在の教育研究活動を振り返り，その課題を見出そうとするところにある。執筆者は学内の専任教員から募っている。本学は複数の学部と学科，大学院研究科を有する大学ではあるが，50 周年を迎えるのは総合福祉学部社会福祉学科ということもあり，同学科に所属する教員が執筆者の多数を占めている。本書は，執筆者一人ひとりが，学祖の書き残した文章を改めて読みなおしたり，その事績を振り返ったり，あるいは聞きなれた言葉の意味を今一度考えを深めたりしながら，それぞれの取り組み方によって，そして執筆者個々の自らの研究や教育実践と関連づけて論を展開している。

　さて，ここでは大変おこがましいのであるが，本書を構成する各論文から，本学の教育上の検討課題を見出していきたい。その過程において各論文のポイントなり要点をまとめることになるが，その理解は執筆者の意図とは随分と異なっているかもしれない。ご寛恕を請うばかりである。

　第 1 部は 4 つの論文から構成されている。磯岡論文は宗教教育の概念整理か

らスタートする。宗教教育の目的をふまえ，宗教教育実践における「建学の精神」の役割や意義について論じている。宗教的背景を有する社会福祉事業は，現在も，そして歴史をさかのぼってみても数多あるだろう。藤森論文は，伝統的仏教教団の一つである西山浄土宗を取り上げ，教団としての仏教社会福祉事業の取り組みの歴史的経過と現状を追う。第2次世界大戦後に焦点を当て，社会経済情勢の区分ごとの諸活動が概観されている。渡部論文は，「利他共生」の思想史的考察として，二宮尊徳と長谷川良信を取り上げ，2人の思想家であり実践家のなかに見出される「利他共生」の考え方の持つ普遍性，そして「利他共生が根底に持つ捨身の純粋性」が指摘されている。田中（一）論文は，学祖長谷川良信の一つの言葉に注目した論考である。長谷川良信の言である「トギヤザーウイズヒム」を取り上げ，それが救済の在り方を語っているだけではなく，「われわれ自身の存在の原理」であり，「自然状態における本来の姿である」ことを明らかにしている。

　学内のさまざまな出版物に日常的かつ頻繁に登場する渡部論文での「利他共生」，田中（一）論文での「トギヤザーウイズヒム」について，それらが有する語としての深淵さを改めて確認させられた。例えば，初年次教育の場面で，語の持つ意味をどのようにして伝えたらよいのであろうか。一通りの説明は容易かもしれないが，「捨身の純粋性」はどうであろうか。学祖の社会福祉にまい進した熱情をどのようにしたら，我々は学生諸君と共有できるのだろうか。私学において「建学の精神」は教育の基点である。建学の精神を教育課程の内外にいかに位置づけていくか。自校史教育の観点からの検討課題であろう。社会福祉分野の歴史研究は奥行きのある学びのみならず，学修態度の育成に有用性を発揮するのではないだろうか。

　第2部も4編の論文より構成されている。佐藤論文は人間の尊厳を問い続けたフランクルによる「不完全さ」という存在のあり方への関心を軸に，不完全な存在であることが人間関係的存在であることを教えてくれるのであり，さらに一人でできないことをも可能にしてくれると説いている。対人援助における人間関係の基盤ともなる共生の意味があぶりだされている。米村論文では，共

生社会の実現を目指す社会福祉実践の基盤として仏教思想をとらえている。そのうえで，ソーシャルワークの基盤としての仏教思想，仏教思想の諸説とソーシャルワーカーに求められる姿勢・態度に見出されるものとの連関性について言及し，臨床ソーシャルワークの特性を論じている。山口論文は「福祉の仕事をする意味」に関して，学祖長谷川良信による「社会のため，他者のために立ち働くことにより，結果的に自己のためにもなる」という言葉に貫かれている「利他共生」について，実態調査結果や公開サイトの介護従事者の声等から探りながら，実践者の声の根底に共通する「利用者から何らかの喜びや力を得ていること」また「利用者を支えているとともに，利用者から支えられてもいる」という事実を再確認する。そのうえで，福祉労働従事者の心のよりどころと仏教的基盤としての「利他共生」との接点，繋がりについて考察している。戸塚・齊藤論文は共生社会における実践の共通基盤として，東アジア圏で行われてきているソーシャルワークの背景としての文化的要素に着目して，それらの要素が垣間見える事例をモチーフとしながら，事例検討への東洋的論理思考の応用可能性や韓国の福祉関連法制度下におけるソーシャルワーク実態を考察している。一連の作業を通じて，日本や韓国さらには東アジア諸国のソーシャルワークに携わる実践家たちと同じ援助基盤に身をおきながら，それぞれの苦悩を共に分かち合いつつも共に成長しあえるような（＝共生き），アジア的文化要素に充分配慮したソーシャルワークモデルの構築を構想している。

　以上4論文から，「共生」という言葉がもつ奥深さと，幅の広さ，そしてこの言葉が醸し出す未来への可能性を確認できる。それは，我々に重大な課題を突き付ける。この奥行きのある言葉をどのような方法で，あるいはどのような場面を用意して，学生に考えさせ，理解させればよいのであろうか。「共生」の語は，手強い教育テーマである。ソーシャルワークを貫く「共生」が学生にどのように浸透していくのか，どのような化学反応を起こしていくのであろうか。

　第3部は5編の論文から編成されている。結城論文では，社会保障制度における世代間の「所得の再分配」機能の危機的状況について論及し，その背景に

ついて世帯単位を基本軸とする制度の歪み，税制上の問題や雇用の流動化による影響，そして教育と経済格差問題等から説き起こし，「福祉部門への集中的な投資」による「福祉循環型社会システム」の構築が提唱されている。渋谷論文では，生活困窮者自立支援制度の柱である自立支援事業の実施機関に対する現状分析から，福祉事務所におけるソーシャルワーク機能の低下や専門職配置の問題が明らかにされている。柏女論文では，「子ども・子育て支援制度」と「児童福祉制度」，「障害児支援」の分断のおそれが指摘され，当事者の尊厳，人権擁護，地域における包括的対応を基盤とする共生社会創出の視点から，そのあり方を検討している。子ども家庭福祉の原理論の必要性について，ソーシャル・インクルージョンと共生社会の創出を挙げている。山下論文では，障害者権利条約の採択と批准そして関係する国内法（障害者関連法制）の整備状況を確認するための検証作業が行われている。この障害者権利条約の中心を貫く考え方をふまえ，本論文は「地域社会の中での障害のある人とない人が共に暮らしていくことの実現に向けての論点」が明確に指摘されている。下山論文は，介護保険制度の改正作業の過程で登場してきた地域包括ケアシステムについて，この間の政策としての形成過程を整理しつつ，それに内包されるいくつかの問題点を指摘している。一つは，地域包括ケアシステムが登場することによる，コミュニティレベルでのさまざまな社会福祉の非営利活動の先駆性や開拓性への影響への懸念であり，もう一つはコミュニティ再生の課題と可能性である。

　これらの諸論文は，いずれも社会福祉政策や制度研究のアプローチによるものである。共生社会を構想する場合，対人サービスの局面における臨床的技法や実践方法の開発は極めて重要な位置を占める。同時に，狭義の社会福祉制度の現状分析や政策課題の検証，また社会保障制度の持続可能性への問い掛けも避けて通ることはできない。教育上の課題は，このような硬質の学修内容をいかにして学生に伝えていけばよいのかということである。資格試験のことを考えれば，「必要十分な知識を付与」しなければならない。しかし，それを受け入れる側の学生の主体的な学修態度，学修への動機づけに結びつく教育方法の

開発は避けて通れない。アクティブ・ラーニング，ルーブリックは救世主となるであろうか。

　第4部では，本多論文はルーマンの機能分化社会論と包摂／排除の考え方を基本的なフレームワークとして議論を進めている。現代社会における累積的排除の観点から，機能システムとしての社会福祉の在り方に言及する。排除に対しては，「人間としての尊厳」を重視した包摂の在り方が提起されている。河津論文では，本学の創立者長谷川良信がすでに大正期に児童虐待の問題性を論じていることをふまえ，児童虐待が決して今日の問題だけではないことを指摘している。戦前から今日までの児童虐待の動向を総覧し，当時の社会事業家による実践的取り組みを紹介している。そのうえで，近年の社会的報道と虐待通告の増加の関連性について言及し，児童虐待に関する一般市民の認知の状況と通告義務のあり方，そして今後の研究課題が述べられている。加藤論文は，本学教育福祉学科の保育・教職課程の現役学生と卒業生（主に社会福祉学科教職課程）を対象に実施したアンケート調査により，教育内容の点検を行うことを通じて，今後に向けての改善策や充実策を探ろうとしている。「福祉マインド」を構成する7つの事項について分析をすすめ，その有用性を指摘するとともに「正課外を中心とした幅広い体験，そこでの多様な人々との出会い」といった教育課程外での体験型の教育機会の重要性を強調している。看護栄養学部に所属する田中（秀）論文は，高度化・専門化する看護職養成の現状をふまえつつ，さまざまなニーズを有する患者のセルフケア能力を高めるための看護のあり方について論じている。大学の教育理念である「彼のためにではなく，彼とともに」という学祖の言をヒントに，セルフケアにおける看護の役割について論究している。さらに，鈴木論文は，看護学のテキストの分析を基盤として，とりわけ看護の歴史の概観を通じて看護学の教育研究者の立場から，建学の精神を仏教思想とする高等教育機関における看護学教育のこれからの課題などを論じている。

　排除や包摂の概念を学生に理解させるにはどうしたらよいのか。学生が専攻する学問分野の基本用語の習得は，その後の学習過程の成否に大きく影響す

る。導入教育の在り方は検討課題の一つである。児童虐待は明らかに社会的問題である。虐待の基準はどのようにして作られたのか。自分自身の価値基準に偏りはないか，有する価値を振り返るような教育機会はどのようにして提供できるのであろうか。ところで，高等教育機関の教育の成否はキャンパスライフにある。授業以外の場面での教師や友人との交流こそ重大な意味を持つ。学習環境，学修以外の環境に我々は関心を持つべきであろう。看護教育では，現状は，看護師の国家試験の合格率が重視される。ただ，教育課程の組み立てによっては，仏教思想に触れる機会は学生の視野を広げることになるのではないだろうか。

　第5部では，山本論文は排除の典型の一つである自殺を取り上げている。その論考では，「地域社会のつながり」と「自殺許容」との関連分析などを通じて，「地域への愛着」や「近隣互助関係」が自殺許容度を低下させることを明らかにしている。矢尾板論文は，人口減少社会における地域社会が直面する危機について整理し，それを乗りこえていくための合意形成の困難さを確認する。内発的動機づけの重要性を指摘して，コミュニティ再生の手がかりについて論じている。境・土屋論文は，「共生のリーダーシップ開発」の要件の実証的検討との関連で，「利他行動の実践体験」の重要性を指摘している。能動的学習の必要性，共生理念の社会的意義の体験的理解に通じる教育手法等の開発が提起されている。斉藤論文は，現代マーケティング論を考察するうえでキー概念となる「共生」と「ケア」について整理し，共生とケアを基盤にしたマーケティングの在り方について論じている。森田論文は，本学の中でもっとも新しい学科の一つである歴史学科の調査実習を紹介したものである。この論考では丸の内ビジネス街におけるアクティブ・ラーニングの手法によるフィールドワークの有効性が語られている。同時に，この教育方法のマネジメント研究の不足を指摘している。松薗論文は，ソーシャル・キャピタル論を手掛かりに，タイにおけるコミュニティ開発の背景を探ることから，「地域社会における共生は，住民がともに考え，ともに作り出していく『仕組み』の中から」作り上げられていくことを論証している。統合型のネットワークと橋渡し型のネットワーク

が連携することの意義，住民の自発的協調関係を高めるとともに，プロセス重視と住民の主体的な取り組みの重要性が指摘されている。

　共生社会を創出していくうえで，コミュニティの再生をどのレベルで構想するのか。われわれが日常生活を営む地域社会においてか，あるいはビジネス街や職場集団そして企業コミュニティなのか，さらに海外にまでその研究のフィールドを広げることが可能である。いずれにしても，教室のみで終わることではない。われわれは，大学以外の誰と，あるいはどこと，どのような連携のもとに教育活動を展開していくべきであろうか。

　さて，本書の刊行にあたり，用意された執筆期間は極めて短期間であった。そのような条件のもと，原稿をお寄せいただいた教員諸氏に対して深く感謝申し上げる次第である。また，本企画にご賛同いただき，編集の任をお引受けいただいた学文社社長田中千津子氏並びに編集部諸氏に深く謝意を表すものである。良質な学術専門出版社のご理解とご支援がなければ，とうてい短時日での刊行には至らなかった。

平成 28 年 6 月

編集担当　　磯岡哲也／大谷則子／下山昭夫／戸塚法子／山本　功

（五十音順）

共生社会の創出をめざして

2016 年 8 月 2 日　第一版第一刷発行

編　者　淑徳大学 50 周年記念論集刊行委員会

発行者　田 中 千 津 子　〒 153-0064 東京都目黒区下目黒 3-6-1
　　　　　　　　　　　　　電話　03（3715）1501 ㈹
　　　　　　　　　　　　　FAX　03（3715）2012
発行所　㍿学 文 社　http://www.gakubunsha.com

Ⓒ Shukutoku University Printed in Japan 2016　　　印刷／倉敷印刷株式会社
乱丁・落丁の場合は本社でお取替します。
定価は売上カード，カバーに表示。

ISBN 978-4-7620-2663-8